„WIR LASSEN UNS NICHT UNTERKRIEGEN"

AJC Berlin Ramer Institute

Wir danken dem AJC Berlin Lawrence & Lee Ramer Institute for German-Jewish Relations für die freundliche Unterstützung dieser Publikation.

Die Deutsche Nationalbibliothek verzeichnet diese Publikation in der Deutschen Nationalbibliografie; detaillierte Daten sind im Internet über https://portal.dnb.de/ abrufbar.

© 2023 Hentrich & Hentrich Verlag Berlin Leipzig
Inh. Dr. Nora Pester
Haus des Buches
Gerichtsweg 28
04103 Leipzig
info@hentrichhentrich.de
http://www.hentrichhentrich.de

Lektorat: Philipp Hartmann
Umschlag: Gudrun Hommers
Gestaltung: Michaela Weber
Druck: Winterwork, Borsdorf

1. Auflage 2023
Printed in Germany
ISBN 978-3-95565-557-0

Monty Ott, Ruben Gerczikow

„WIR LASSEN UNS NICHT UNTERKRIEGEN"

Junge jüdische Politik in Deutschland

Mit Geleitworten von
Remko Leemhuis und Felix Klein

Inhalt

Geleitwort

Jüdisches Engagement blickt in Deutschland auf eine lange Geschichte und Tradition zurück und hat in den letzten Jahren an neuer Dynamik gewonnen. Im Jahr 2016 wurde die Jüdische Studierendenunion Deutschland gegründet und auch im Rahmen des Festjahres „321–2021: 1 700 Jahre jüdisches Leben in Deutschland" wurde deutlich: Junge Jüdinnen und Juden wollen ihre Narrative selbst bestimmen – gerade auch im engen Wortsinn von „Stimme".

Trotz langer Geschichte und Tradition kann allerdings nicht von Kontinuität gesprochen werden. Mit dem Zivilisationsbruch der Shoa brach die Kontinuität jüdischen Aktivismus in Deutschland zunächst ab und wandelt sich seitdem. Nach seiner Befreiung aus dem Konzentrationslager Theresienstadt wurde Leo Baeck mit den Worten zitiert: „Unser Glaube war es, dass deutscher und jüdischer Geist auf deutschem Boden sich treffen und durch ihre Vermählung zum Segen werden könnten. Dies war eine Illusion – die Epoche der Juden in Deutschland ist ein für alle Mal vorbei." Wer hätte es gewagt, ihm angesichts der beispiellosen Verbrechen gegen die Menschheit und im Angesicht der Opfer des Nationalsozialismus zu widersprechen?

Die jüdische Zuwanderung aus Staaten der ehemaligen Sowjetunion brachte neue Sprachen, Traditionen und Lebensgeschichten in die jüdische Gemeinschaft ein. Neue Fragen wurden aufgeworfen, neue Herausforderungen mussten gelöst werden – eine neue Dynamik entstand und mit ihr das neue Fundament, auf das jüdischer Aktivismus heute baut.

Was bedeutet es vor diesem Hintergrund, jung, jüdisch und politisch zu sein? Die Beiträge im vorliegenden Band geben dazu vielseitige Einblicke. Sicher ist, dass auch die Schattenseiten, mit denen jüdisches Leben in Deutschland konfrontiert ist, von jüdischem Aktivismus kaum ignoriert werden können. Antisemitische Einstellungen sind in Deutschland weit verbreitet. Im Jahr 2021 wurde eine neue Rekordzahl von antisemitischen Straftaten registriert. Charlotte Knobloch schrieb nach einem dieser Übergriffe auf einen Kippa tragenden Juden auf Twitter Folgendes: „Wenn jüdisches Leben nur versteckt in unserem Land möglich ist, dann hat es keine Zukunft."

Dann sind da noch Grauzonen, die ebenfalls zeigen, was es bedeuten kann, in einer zwar nicht per se antisemitischen, aber doch mehrheitlich nichtjüdischen Umgebung Jüdin oder Jude zu sein: Da ist beispielsweise der jüdische Arzt eines großen Klinikums in Süddeutschland oder die jüdische Lehrerin in Berlin, die gegenüber ihren Kolleginnen und Kollegen nicht erwähnen, dass sie Juden sind. Sie haben sich für diesen Umgang entschieden, weil sie nicht in jeder Pause als vermeintliche „Expertin" zum Nahostkonflikt oder zum Antisemitismus befragt werden wollen, weil sie nicht durch die externe Linse ihres Jüdischseins wahrgenommen werden möchten. Weil die nichtjüdische Mehrheitsgesellschaft zuweilen ein Problem mit dem „richtigen" Umgang mit Jüdinnen und Juden hat. Weil Juden auch einfach Vegetarier oder Försterinnen sind, gestresst oder glücklich. Und nicht unbedingt jüdische Vegetarier und jüdische Försterinnen, jüdisch gestresst oder jüdisch glücklich. Dies aber gleichzeitig natürlich dann doch auch.

Ein jüdischer Aktivismus, der als dezidiert jüdisch auftritt, leistet also auch den Spagat, die Komplexität und Vielschichtigkeit dessen, was es bedeutet, jüdisch zu sein, mit zu reflektieren. Er ist kein Lückenfüller, er ist kein „Erklärer des Judentums", aber er stößt auf die beschriebene Reibung. Er kann aufzeigen, dass jüdisches Leben in Deutschland in Vielfalt existiert. Dass Jüdinnen und Juden Menschen aus Fleisch und Blut sind.

Die Spannweite dessen, was „jüdisch" überhaupt meint, mag zunächst überraschen. Ist es eine primär religiös zu verstehende, eine halachisch verstandene Kategorie? Hier könnte die Diskussion um die sogenannten Vaterjuden einen Einblick geben, der auch die Vielstimmigkeit gerade unter jüdischen Aktivisten aufzeigt. In der politischen Sphäre sollten wir also nicht das Denkmuster wiederholen, das sich am Kollegium des süddeutschen Krankenhauses oder der Berliner Schule entfaltet. Jüdische Stimmen sind nicht für die Lösung des Nahostkonflikts oder die Bekämpfung von Antisemitismus verantwortlich.

Antisemitismus ist ein Querschnittsthema, das für die gesamte Bundesregierung von höchster Bedeutung ist. Als Beauftragter der Bundesregierung für jüdisches Leben und den Kampf gegen den Antisemitismus bringe ich meinen Grundsatz häufig auf diese gängige Formel: Jüdisches Leben in Deutschland muss sicher und sichtbar sein. Sicherheit ist die Voraussetzung für Sichtbarkeit, Sichtbarkeit aber ist – Charlotte Knobloch hat es auf den Punkt gebracht – die Voraussetzung für die Zukunft jüdischen Lebens in Deutschland. Ich mache mich daher vor allem auch dafür stark, dass Antisemitismus nicht „nur" als Gefahr für Jüdinnen und Juden wahrgenommen wird, sondern als Bedrohung für unsere Demokratie, für unser Miteinander. Antisemitismus ist ein Angriff auf unsere Werte und auf unsere Freiheit. Und somit ist Antisemitismusbekämpfung auch ein Kampf um unsere Republik, um die Integrität und Glaubwürdigkeit unserer Demokratie.

Dennoch darf sich der gesellschaftliche und politische Blick nicht auf Antisemitismus verengen, wenn über jüdisches Leben in Deutschland gesprochen wird. Auch deswegen sind jüdische Stimmen in der politischen Sphäre von so großer Bedeutung. Für das Gespräch über jüdisches Leben sind jüdische Stimmen unverzichtbar. Für alle anderen Themen sind sie in unserer freiheitlichen, demokratischen und pluralen Gesellschaft eine Bereicherung.

Wir können Leo Baeck nicht mehr fragen, ob er auch heute an seinem Diktum „die Epoche der Juden in Deutschland ist ein für alle Mal vorbei," festhalten würde. Und ich halte es auch für richtig, mit der Wunde und dem Schmerz zu leben, die in Leo Baecks Worten so augenscheinlich werden. Die nichtjüdische Mehrheitsgesellschaft kann jedoch die heute in Deutschland lebenden Juden fragen, was sie denken. Sie ist verpflichtet so zu handeln, damit die Frage positiv verneint werden kann.

Dr. Felix Klein
Beauftragter der Bundesregierung für jüdisches Leben in Deutschland und
den Kampf gegen Antisemitismus

Geleitwort

Wenn über die jüdische Gemeinschaft hierzulande gesprochen wird, dann ist (junges) jüdisches politisches Engagement und der dazugehörige Aktivismus in der Regel nicht das Erste, was einem in den Sinn kommt. Wie sollte es im Land der Täterinnen und Täter, im Schatten von Auschwitz und vor dem Hintergrund des seit Jahren steigenden und sich immer aggressiver äußernden Antisemitismus auch anders sein?

Gerade deswegen ist das vorliegende Buch so wichtig, da es nicht nur die weitgehend vergessene Geschichte der (jungen) jüdischen Politisierung und des damit verbundenen Aktivismus nach 1945 in Deutschland erzählt, sondern gleichsam auch die Geschichte der Selbstermächtigung und des Eintretens für die eigenen Interessen in der postnazistischen Gesellschaft. Dabei werden die Geschichte und Gegenwart einer vielfältigen und selbstbewussten jüdischen Gemeinschaft fernab der ritualisierten Gedenktage freigelegt und dargestellt.

Besonders macht dieses Buch dabei auch und vor allem, dass es abseits der bekannten Institutionen und Themen Jüdinnen und Juden als Akteurinnen und Akteure in (politischen) Subkulturen sichtbar macht. Wer hat schließlich bisher über Jüdinnen und Juden als Aktive in den Fußball-Fanszenen dieses Landes oder als Street-Artists nachgedacht, geschweige denn geschrieben? Wer hat mit Jüdinnen und Juden in queeren Bewegungen gesprochen, die immer wieder aus der Bewegungsgeschichte ausgeschlossen wurden?

Bei aller Originalität werden in dem Buch aber ebenso Kontinuitäten und Themen sichtbar, die nicht ausschließlich (junge) jüdische Aktivistinnen und Aktivisten, sondern auch ältere Gemeindemitglieder bereits vor Jahrzehnten beschäftigt und ihren Widerspruch herausgefordert haben. Besonders in Erinnerung geblieben, ist etwa die Besetzung der Bühne der Frankfurter Kammerspiele im Jahr 1985, als dutzende Mitglieder der Jüdischen Gemeinde Frankfurts die Uraufführung des antisemitischen Theaterstücks *Der Müll, die Stadt und der Tod* von Rainer Werner Fassbinder verhinderten. Angesichts eines massiven Antisemitismusproblems in der deutschen Kunst- und Kulturszene, die sich in den vergangenen Jahren vor allem in der Unterstützung der antisemitischen BDS-Kampagne und einer fast konsensualen Israelfeindschaft in diesem Milieu ausdrückt, wird hier eine Kontinuität deutlich sichtbar.

Zu denken ist aber auch an die Solidarität von Jüdinnen und Juden mit Opfern rassistischer Gewalt. So war es die Jüdische Studierendenunion Deutschlands (JSUD), die nach dem antisemitischen und rassistischen Terroranschlag an Jom Kippur in Halle im Jahr 2019 Geld für die Betreiber eines Döner-Imbisses gesammelt hat, um die sich von bundespolitischer und landespolitischer Seite kaum gekümmert wurde. Auch dieses Engagement ist, wenn man in die jüngere Geschichte blickt, keineswegs außergewöhnlich. Hier drängt sich der Vergleich zu dem Besuch von Ignatz Bubis in Rostock-Lichtenhagen nach den rassistischen Pogromen im Jahr 1992 förmlich auf. Während Bundeskanzler Helmut Kohl seinerzeit nicht einmal zum Ort des Geschehens reiste und stattdessen, wie auch die meisten anderen Vertreterinnen und Vertreter des gerade erst wiedervereinigten Deutschlands, die Gelegenheit nutzte, um gegen das Grundrecht auf Asyl mobilzumachen und vor „kriminellen Ausländern" zu warnen, war es einer Delegation des Zentralrates der Juden in Deutschland unter Führung ihres

Präsidenten als nahezu einziger relevanter Organisation der Zivilgesellschaft vorbehalten, ihrer Solidarität mit den Angegriffenen Ausdruck zu verleihen. Sichtlich bewegt antwortete Bubis damals auf eine Reporterfrage nach den sozialen Ursachen der Ereignisse mit dem einfachen, aber deswegen nicht weniger wahren Satz, dass soziale Umstände das eine seien, aber dass die Opfer der tagelangen Gewaltorgie organisierter Neonazis und eines nicht nur applaudierenden Mobs doch nichts für diese sozialen Verwerfungen könnten. Dass er sich im Zuge seines Besuchs vom damaligen Bürgermeister der Hansestadt auch noch antisemitisch beleidigen lassen musste, überrascht kaum vor dem Hintergrund des gesellschaftlichen Klimas.

Es sind diese Perspektiven auf die Kontinuitäten und die bereits erwähnten neuen und ungewöhnlichen Einblicke in den (jungen) jüdisch-politischen Aktivismus, die das vorliegende Buch der beiden Autoren so anregend macht und den Blick auf einen Teil der vielfältigen Realität jüdischen Lebens öffnet, den es bisher so noch nicht gab.

Ebenso offenbaren das Buch und die in ihm vorgestellten Protagonistinnen und Protagonisten und Organisationen ein neues Selbstbewusstsein gerade junger Jüdinnen und Juden in ganz unterschiedlichen Bereichen der gegenwärtigen deutschen Gesellschaft, das darauf hindeutet, dass ihre Präsenz in diesen selbstverständlicher ist und wird, ohne freilich die Geschichte dabei zu vergessen.

Dr. Remko Leemhuis
Direktor des AJC Berlin Lawrence & Lee Ramer Institute for German-Jewish Relations

Die Vielfalt jüdischen Lebens und politischer Kämpfe

Es war ein frühsommerlicher Abend im West-Berliner Bezirk Charlottenburg-Wilmersdorf. Das Schwarze Café liegt an der stark frequentierten Kantstraße. Eine Straße, die vor allem mit ihrer Gastronomie die diversesten Menschengruppen anzieht. Der erste Lockdown war gerade überstanden. Zu diesem Zeitpunkt war noch nicht abzusehen, ob die Pandemie jemals ein Ende finden würde. Die Welt suchte verzweifelt nach einem Impfstoff gegen das Coronavirus. Man traf sich nur im kleinen Kreise. Für einen kurzen Augenblick schien eine „neue Normalität" einzukehren – eine, in der Rücksichtnahme, Abstände und Masken als selbstverständlich galten. Genauso selbstverständlich wurden scheinbar auch verschwörungsideologische Demonstrationen und der zunehmend offenere und gewaltbereitere Antisemitismus. So stellte sich die Welt dar.

Ein frisch gezapftes Augustiner brachte uns an jenem Abend im Schwarzen Café zusammen. Wir, das sind Monty und Ruben, zwei zugezogene Juden im (bundes-)politischen Kosmos der deutschen Hauptstadt. Zwei Menschen, die sich für Geschichte, Politik, Star Wars und Fußball interessieren. Zwei Menschen, die sich seit Jahren zwischen politischem Aktivismus und Parteipolitik bewegen. Und zwei Menschen, die nach den politischen Stimmen der jungen Generation von Jüdinnen*Juden suchten.

An diesem Abend sollten wir uns richtig kennenlernen. Jeder für sich, hatten wir uns bereits in jungen Jahren für politische Zusammenhänge interessiert. Und wir haben versucht, unseren Platz in dieser komplexen Welt zu finden. Unsere politischen Findungsprozesse verliefen keinesfalls geradlinig. Uns wurde kein abgeschlossenes politisches Weltbild in die Wiege gelegt. Das Glück, bereits als junger Mensch eine solch abgeschlossene Haltung gehabt zu haben, überlassen wir neidlos anderen. Wir haben Erfahrungen gemacht. Und diese Erfahrungen haben uns geprägt. Sie haben auch unser Interesse an Menschen mit Biografien voller Brüche und Widersprüche begründet.

So fanden wir uns an vielen Abenden zusammen und diskutierten politische Entwicklungen in Bundespolitik, (Sub-)Kultur, Fanszenen und vielem mehr. Es stellte sich heraus, dass wir uns beide mit den Auswirkungen von Antisemitismus, Rassismus, Rechtsradikalismus, Islamismus und der Rolle von Jüdinnen*Juden in der deutschen ‚Erinnerungskultur' beschäftigten. Das taten wir zwar in unterschiedlicher Art und Weise, aber unsere Arbeit fügte sich wie ein Puzzleteil in die des anderen. Und wir stellten immer die Frage danach, wie wir selbst unsere Geschichten erzählen könnten. Wir fragten uns, was es braucht, damit die Pluralität jüdischen Denkens einen Raum bekommt. So konnten wir das eigene Unwissen und die eigenen Leerstellen hinterfragen. Wir begannen damit, zu verstehen, wie durch viele Perspektiven ein umfassenderes Bild entstehen kann. Wir haben gestritten, wir haben diskutiert, wir haben uns auch bestärkt. Und viele der Gedanken, die wir an jenen Abenden artikulierten, fanden schließlich Einzug in die folgenden Seiten. An einem dieser Abende kamen wir dann auch auf die Idee, dieses Buch zu schreiben. Ein Buch voller Portraits, voller Fragmente des vielfältigen jüdischen Lebens. Wir haben uns dazu entschieden, darüber zu berichten, wie wir mit den vielen spannenden Menschen ins Gespräch kommen, die sich in ganz unterschiedlichen Sphären politisch betätigen. So entstand dieser Reportageband.

Unsere Arbeit an diesem Buch erlaubte es uns beiden, ein Dutzend beeindruckender, inspirierender Menschen, die sich zumeist sehr sachlich und unaufgeregt in Debatten einmischten, kennenzulernen. Doch warum wurden ihre Geschichten so selten erzählt? Wenn sie einmal in der Öffentlichkeit reden durften, beschränkten die Fragen, die ihnen gestellt wurden, sie auf gewisse Themen – etwas, das wir selbst allzu häufig erleben mussten. Wir haben erlebt, dass Menschen die Erwartung an uns richten, uns auf eine Weise darzustellen, wie wir uns selbst nicht sehen. Wir sollten „generisch jüdisch" sein, ohne Widersprüche und Brüche. Der jüdische Mensch wird, so schreibt es Esther Dischereit, „in der öffentlichen Wahrnehmung wieder und wieder ,Jude' und nichts als Jude, gleichsam tot, was seine Zugehörigkeit zur Gattung betrifft".[1] Es sammelte sich eine ganze Reihe grotesker Erzählungen an, mit denen man unter anderen jungen Jüdinnen*Juden in geselliger Runde einen gequälten Lacher erzielen kann: Sei es die Aufforderung zur „jüdischen Performance" wie das Anlegen von Tefillin[2], während eine Kamera auf dich gerichtet ist, oder dass das eigene Gesicht für eine Fernsehreportage unabgesprochen auf die Betonstelen des Denkmals für die ermordeten Juden Europas in Berlin projiziert wird.

Aus der Erfahrung der Fremdzuschreibung rührte vielleicht auch unser Interesse für die Auseinandersetzung mit jüdischer Widerständigkeit. So haben wir uns gefragt, wo die Geschichten der politisch aktiven Jüdinnen*Juden sind. Ob nun die Verzweiflungstat des jungen Herschel Grynszpan am 7. November 1938[3], die jüdische Beteiligung an der Resistenza gegen Benito Mussolinis faschistisches Regime in Italien, die Bühnenbesetzung und Verhinderung der Uraufführung von Rainer Werner Fassbinders *Der Müll, die Stadt und der Tod* 1985 durch die Jüdische Gemeinde Frankfurt, der Protest der Klarsfelds gemeinsam mit französisch-jüdischen Aktivist*innen gegen die Ausweisung von Sinti*zze[4] und Rom*nja 1992, die Bedeutung von Widerständigkeit innerhalb der jüdisch-religiösen Quellen oder die Politisierung vieler Jüdinnen*Juden seit dem rechtsterroristischen Anschlag auf die Synagoge in Halle an der Saale am 9. Oktober 2019. Ihre Kämpfe werden nur selten erzählt und scheinen hinter anderen Geschichten zu verschwinden. Diese Leerstellen wollten wir nicht akzeptieren. Wir wollten, dass die jungen Jüdinnen*Juden ihre Geschichten selbst erzählen.

Doch als das Jubiläum „1700 Jahre jüdisches Leben in Deutschland" anbrach, waren vor allem diejenigen zu sehen, die man ohnehin schon kannte. Menschen, die sich bereits einen Platz in der öffentlichen Wahrnehmung geschaffen oder erkämpft hatten. Ein vollumfängliches Bild des heutigen jungen jüdischen Lebens in Deutschland schien allein schon deshalb eine ungeheure Herausforderung, weil – um mit dem bekannten jüdischen Philosophen Walter Benjamin zu sprechen – es schwerer ist, „das Gedächtnis der Namenlosen zu ehren als das der Berühmten". Eine Enzyklopädie des jungen jüdischen Lebens war von Anfang an nicht unser Anspruch. In zahlreichen gemeinsamen Vorträgen und gemeinsam publizierten Artikeln setzten wir uns mit einzelnen Fragmenten jungen jüdischen Lebens auseinander.

Das vorliegende Buch deutet bereits an, was bisher nur selten Aufmerksamkeit erfahren, was nur selten die Wahrnehmungsschwelle überschritten hat. Und jede einzelne Geschichte hat uns berührt, mitgerissen und viel Freude beim Schreiben bereitet. Wir hätten gerne noch viel mehr Geschichten erzählt. Zwar unterstützen wir nicht jede einzelne Position, nicht jede politische Forderung, aber wir erkennen sie als eine von vielen jüdischen Realitäten in diesem Land an, die einen politischen Beitrag dazu leistet, dass jüdisches Leben in seinen vielfältigen politischen Ausprägungen wahrgenommen wird. Denn als wir damit begannen, an diesem Faden zu ziehen, entdeckten wir ein großes Knäuel. Wir haben uns an einem jener Abende dazu entschlossen, etwas zu ändern. Einerseits, weil wir das Engagement besagter Menschen so ungemein wertschätzen. Andererseits, weil wir mit der Wucht jüdischer Lebenswirklichkeit die Gewohnheiten in der Wahrnehmung von jüdischem Leben in diesem Land in Frage stellen wollten. Schreiben, das ist für uns auch eine Form des Aktivismus. Es eröffnet Denk- und Diskursräume. Die Interviews geben uns die Chance, die Perspektive zu wechseln.

Umso dankbarer sind wir allen Beteiligten dafür, dass sie uns ihr Vertrauen geschenkt haben und bereit waren, mit uns zu sprechen und ihre Geschichten, Gedanken und Wünsche mit uns und den Leser*innen dieses Buches zu teilen. Wir danken all den Menschen, die uns auf diesem Weg begleitet haben. Wir danken ihnen für hartes, direktes und ehrliches Feedback. Wir danken ihnen für ihre klugen Hinweise, für die Vermittlung von Kontakten und die vielen Gespräche. Ohne sie alle wäre dieses Buch ein anderes. Schlussendlich danken wir allen mutigen jüdischen Stimmen, die sich tagtäglich Gehör verschaffen.

Stand with Ukraine
Die überwiegende Mehrheit der Interviews für die Reportagen ist bereits vor dem Beginn des brutalen russischen Angriffskrieges gegen die Ukraine am 24. Februar 2022 entstanden. Daher kommt dieses wichtige Thema in unserem Buch leider nicht in dem Maße vor, wie wir uns das gewünscht hätten. Der Krieg betrifft die jüdischen Gemeinden in Deutschland sehr stark. Ein Großteil der Jüdinnen*Juden in Deutschland hat ihre Wurzeln in der ehemaligen Sowjetunion, über 90 Prozent der jüdischen Gemeinschaft ist russischsprachig und 45 Prozent der Mitglieder haben eine Familiengeschichte in der Ukraine. Einige Interviewpartner*innen, aber auch viele andere junge Jüdinnen*Juden, leisten seit Kriegsbeginn einen wichtigen gesellschaftspolitischen Beitrag. Er reicht von Übersetzungshilfen, Unterbringung und Versorgung von Geflüchteten, Organisation von politischen Veranstaltungen bis hin zu Reisen an die ukrainische Grenze und Unterstützung der Betroffenen vor Ort. Auch sie verdienen unseren Dank und unsere Anerkennung.

ні війні. нет войне.

Kapitel 1 – Historische Facetten

Junger jüdischer Aktivismus in Deutschland nach 1945

In diesem Buch möchten wir etwas über die jungen Jüdinnen*Juden, die heute in Deutschland Politik machen, erfahren: Welche Ideale haben sie? Wie wollen sie die Gesellschaft (mit-)gestalten? Welche Träume und Ziele haben sie? Welche Denker*innen beeinflussen sie? Was treibt sie auf die Straße? Gibt es eine Verbindung zwischen ihrem politischen Engagement und ihrer Jüdischkeit[5]? Wie sieht diese Verbindung aus und was sagt sie uns darüber, wie Menschen aus marginalisierten Gruppen politisch wirksam werden, wie sie Handlungsmacht entwickeln und um Definitionsmacht streiten?

Wir haben uns allerdings dafür entschieden, mit dem ersten Kapitel noch einen anderen Weg einzuschlagen. Wir wollen einen Blick zurück auf bereits vergangene Kämpfe werfen. Denn: So richtig vergangen sind sie eigentlich nicht. Sie wirken auf vielfältige Weise bis in unsere Gegenwart fort und haben nachfolgende Generationen nachhaltig beeinflusst.

Aktivismus und Wissenschaft zwischen Deutschland und Israel

Die unterschiedlichen Lebensstationen unseres ersten Gesprächspartners verbinden viele Ursprünge des jüdischen Lebens in Deutschland nach der Shoa. Nun ist er selbst zu einer Person geworden, die – so nannte er es im Gespräch mit uns – die „Vorzeit" in die Gegenwart hinüberträgt. Der Historiker Dan Diner, mit dem wir sprechen, hat die unterschiedlichen Stationen des Judentums in Deutschland seit 1946 mehr oder weniger persönlich miterlebt. In jenem Jahr wurde er in einem Camp für jüdische Displaced Persons (DP) „in München geboren, aber nicht in Deutschland", wie er es selbst in der Retrospektive beschreibt.[6] Im Jahr 1949 machte seine Familie Alijah[7], ehe sie 1954 wieder nach Deutschland zurückkehrte. Diner schloss zunächst die Realschule ab und ging in die Lehre als Feinmechaniker, bevor er am Ulrich-von-Hutten-Gymnasium im hessischen Schlüchtern sein Abitur machte. Anschließend studierte er in Frankfurt am Main Rechts- und Sozialwissenschaft an der Johann Wolfgang Goethe-Universität. Im Jahr 1973 promovierte er und sieben Jahre später wurde er habilitiert. Zwischen 1983 und 1985 unterrichtete er im dänischen Odense an der dortigen Universität moderne arabischen Geschichte, bevor er 1985 nach Essen auf den Lehrstuhl für außereuropäische Geschichte berufen wurde. Im Jahr 1988 erhielt er dann zusätzlich eine Professur für europäische Geschichte an der Universität in Tel Aviv, wo er zwischen 1994 und 1999 auch die Leitung des Instituts für deutsche Geschichte übernahm, außerdem leitete er von 1999 bis 2014 als Direktor das Leipziger Simon-Dubnow-Institut. Neben seiner Tätigkeit als Autor von zahlreichen Publikationen zur Geschichte des 20. Jahrhunderts, zur jüdischen Geschichte, zur Geschichte des Mittleren Ostens und zur deutschen Geschichte, insbesondere zu Nationalsozialismus und der Shoa, wurde er 2020 auch zum Vorstand der Stiftung und Vorsitzendem des Stiftungsrats der Alfred-Landecker-Foundation berufen. Diners zahlreiche Professuren in Geschichte verdeutlichen sein enormes historisches Bewusstsein. Er kann nicht nur aus einer geschichtswissenschaftlichen Perspektive etwas zu den von uns skizzierten politischen Themen beitragen, sondern darüber hinaus von Ereignissen, die zur Politisierung der jüdischen Jugend in Deutschland beigetragen haben, aus erster Hand berichten.

Dan Diners Familie kam 1954 aus dem jüdischen Staat nach Deutschland. Vorher hatten sie in der US-Besatzungszone gelebt, was sich nach Diners Aussage „nicht wie Deutschland anfühlte". Sie kamen als Israelis nach Deutschland, es war keine Rückkehr. Ihre Entscheidung galt als „Tabubruch […], als etwas, das die jüdische Staatsgründung gleichsam ungeschehen macht, als ob man über das hinweg geht, was geschehen ist".[8] Das, was geschehen ist. Seine Eltern waren ein Teil dieser leidvollen Geschichte, hatten miterleben müssen, wie viele Freund*innen und Familienmitglieder systematisch ermordet wurden, wie die Deutschen und ihre Verbündeten das jüdische Leben in Europa nahezu vernichteten. Ihrem Sohn beantworteten sie keine Fragen dazu – nicht zum Krieg und nicht zu denen, die industriell ermordet wurden.

Diners Studienzeit in Frankfurt markiert einen Übergang. In jener Zeit veränderte sich etwas innerhalb der deutschen Studierendenschaft. Im ersten Nachkriegsjahrzehnt kehrten Intellektuelle aus dem Exil nach Deutschland zurück, die Hoffnung auf Veränderung hatten. Das trifft sowohl für West- als auch für Ostdeutschland zu. Die Hoffnungen lagen vor allem auf einer jungen Generation, mit der man eine neue Gesellschaft formen wollte. In Frankfurt gehörten zu diesen Remigrant*innen u. a. die Denker*innen der Frankfurter Schule wie Max Horkheimer und Theodor W. Adorno. Sie waren durch die Vorstellung aneinandergebunden, dass nach der Niederlage Nazideutschlands etwas Neues entstehen könnte und dass die relativen Freiheiten ein Fundament dafür sein könnten, gerade junge Menschen für die Möglichkeiten einer besseren, lebenswerteren Gesellschaft zu gewinnen. Diese Hoffnung wird deutlich, wenn man Adornos Brief an den ebenfalls zum Umfeld der Frankfurter Schule gehörenden Leo Löwenthal liest. Mit der ihm eigenen Ironie schrieb „Teddie" 1949:

Mein Seminar gleicht einer Talmudschule – ich schrieb nach Los Angeles [an Thomas Mann], es wäre, wie wenn die Geister der ermordeten jüdischen Intellektuellen in die deutschen Studenten gefahren wären.[9]

Eigenartig ist das Bild, weil Adorno selber nie eine Talmudschule besucht hatte. Doch was er wahrscheinlich ausdrücken wollte, war, dass seine Lehre „Pflanzstätte einer neuen deutsch-jüdischen Intellektualität" sein sollte.[10] Es war ein unausgesprochener Tausch: Loyalität und Schüler*innenschaft gegen die intellektuelle Gabe und die Möglichkeit einer „alternativen intellektuellen Herkunft" – also eine Möglichkeit, die mit Täter*innenschaft behaftete biologische Herkunft zu konterkarieren. Während die erste Generation von Adornos Studierenden in den 1950er Jahren diesen Anspruch zu erfüllen schien, zerriss das dünne Band schon zehn Jahre später in der zweiten Generation. Die eben skizzierte stille Übereinkunft der ersten Generation wurde durch eine Identifikation der Nachgeborenen mit den Opfern überwunden, in deren Namen sie zu sprechen und anzuklagen glaubten. Diese Identifikation reichte bei manchen so weit, dass sie sich als die „neuen Juden" begriffen und sich damit selbst entlasteten und viktimisierten.

Jüdische Studierende organisieren sich

Wir wollen mehr über diese Zeit erfahren und darüber, wie junge Jüdinnen*Juden sie erlebten. Also rufen wir Dan Diner an. Dass er die richtige Wahl war, macht er direkt deutlich, als wir danach fragen, wie er sich selbst beschreiben würde:

> Ich würde sagen, ich bin – das ist ein Wort, das heute keine Bedeutung mehr hat, aber aus dem 19. Jahrhundert stammt, und ich gehöre irgendwie noch ein bisschen dem 19. und dem 20. Jahrhundert an –, das Wort ist intellektuell, Intellektueller. Das bedeutet, jemand, der sozusagen aus der Zeit für die Zeit denkt, nachdenkt über die Zeit.

Das Intellektuellendasein drückt sich innerhalb von Diners Biografie in einem „langen Leseleben" aus. Neben vielen anderen politischen und philosophischen Fragen habe ihn vor allem auch ein Thema bewegt, „wie man das vielleicht früher ausgedrückt hätte, auch im 19. Jahrhundert, eben die jüdische Frage". Doch, so führt es Diner aus, in seinem Denken beschränke er sich, auch aufgrund seiner israelischen Herkunft, keineswegs nur „auf Europa und auf den Westen", sondern gehe darüber hinaus, „auch auf den Orient", wie er es nennt. Das kann wohl als Folge davon verstanden werden, dass er sich als „zwischen zwei Welten" stehend bzw. diese miteinander verbindend begreift: „Das ist das, was man unter dem Westen versteht, oder ich würde sagen: die säkularisierte Christenheit und der vordere Orient." Diese Verbindung sorgte dafür, dass er sich auch in seiner Forschung „von klein auf mit der kolonialen Frage beschäftigt" habe. Die zwei Welten, das waren – in der Sprache einer anderen Zeit –, die „Judenfrage, was den europäischen Kontinent angeht", und die „koloniale Frage, was Außereuropa betrifft".

Voller Ruhe seziert Diner die Debatten der Gegenwart. Im Gespräch mit ihm erleben wir, in welch langer Tradition diese Debatten stehen. Sie sind nicht wie eine Katastrophe, wie ein Naturphänomen, wie ein unentrinnbares Schicksal über uns hereingebrochen, sondern haben sich lange angekündigt. Das macht es heutzutage wahrscheinlich auch so kompliziert, ihrer habhaft zu werden. Schicht für Schicht heben wir ab und entdecken immer wieder aufs Neue Ursprünge von gegenwärtigen Konflikten. Das Gespräch mit Dan Diner hilft uns, zu begreifen und einen Überblick zu gewinnen.

Tatsächlich war auch die Gründung des Bundesverbands Jüdischer Studenten in Deutschland (BJSD) eng mit diesen Entwicklungen verknüpft: Wie auch heute – beispielsweise durch die Anwesenheit der BDS[11]-Kampagne an Hochschulen – jüdische Hochschulpolitik von der Auseinandersetzung mit israelbezogenem Antisemitismus und dem arabisch-israelischen Konflikt geprägt ist, war sie es auch in den 1960er und 1970er Jahren. Damals gab es freilich die BDS-Kampagne noch nicht, aber in jener Zeit waren es deutsche Studierende, die anfingen, sich für die vorgeblich palästinensische Sache zu begeistern. Bei manchen blieb es bei einer sachlichen Auseinandersetzung, andere hingegen verbanden ihre Begeisterung mit einem ebenso obsessiven und negativen Verhältnis zu Israel.

Wir wollen einen genaueren Blick auf die Kämpfe jüdischer Studierender an den deutschen Universitäten damals werfen. Hilfreich ist es dafür, sich ein Ereignis aus dem Folgejahr der Gründung des BJSD 1968 genauer anzusehen. Neben der Gründung des BJSD kam es in der Mainmetropole Frankfurt in jenem Jahr zu einer Auseinandersetzung, an der das veränderte Verhältnis der Studierendenbewegung zu Israel wahrnehmbar wurde.

Der bereits erwähnte Theodor W. Adorno schrieb 1969 einen Brief an seinen Philosophenkollegen Herbert Marcuse. Adorno hatte zu jenem Zeitpunkt selbst seine Vorlesung einstellen müssen, weil es vermehrt zu Konflikten mit den Studierenden gekommen war. Gegenüber Marcuse berichtete Adorno von den Vorgängen an der Frankfurter Goethe-Universität:

> Nachdem man in Frankfurt den israelischen Botschafter niedergebrüllt hat, hilft die Versicherung, das sei nicht aus Antisemitismus geschehen, und das Aufgebot irgendeines israelischen APO-Mannes nicht das mindeste. Die Gefahr des Umschlags der Studentenbewegung in Faschismus nehme ich viel schwerer als Du. Du müßtest nur einmal in die manisch erstarrten Augen derer sehen, die, womöglich unter Berufung auf uns selbst, ihre Wut gegen uns kehren.[12]

Das Niederbrüllen des israelischen Botschafters, das Adorno hier anspricht, ist ein Ereignis, das wir uns hier näher anschauen wollen. In der linken Studierendenbewegung wurde damals nicht nur der Vietnamkrieg aufgeheizt thematisiert, sondern auch der sogenannte Sechstagekrieg Israels gegen drei arabische Länder (Ägypten, Jordanien und Syrien), die durch den Irak, Kuwait, Algerien, Saudi-Arabien, die Sowjetunion und die Palestine Liberation Organization (PLO) unterstützt wurden. Auf Demonstrationen wurde mit Blick auf den Krieg in Vietnam „USA-SA-SS" skandiert, was jüdische Aktivist*innen als Verharmlosung der SS beschrieben. Ebenso riefen die Demonstrierenden in Anlehnung an die massenweise im Vietnamkrieg durch die USA eingesetzte Brandwaffe „Shalom gleich Napalm".

In dieser Stimmung sollte ein Vortrag des israelischen Botschafters, Nazi-Jägers und Shoa-Überlebenden Asher Ben-Natan an der Universität stattfinden. Der BJSD hatte eingeladen. Doch der Vortrag wurde durch Zurufe immer wieder unterbrochen, bis schließlich das Mikrofonkabel durchgeschnitten wurde. Ben-Natan nahm ein Megafon, doch wurde weiter durch Zurufe wie „Faschist" und „Zionisten raus aus Palästina" unterbrochen.[13] Gemeinhin wird berichtet – vor allem durch den Chronisten der Studierendenbewegung, den Historiker Wolfgang Kraushaar, und durch Ben-Natan selbst –, dass der Botschafter dann die bedeutungsschweren Worte sprach: „Es würde ein geschichtliches Ereignis sein, wenn Sie diese Diskussion heute Abend unmöglich machen. Dies nämlich ist in Deutschland das letzte Mal vor 34 Jahren geschehen."[14] Doch wie kam es überhaupt dazu, dass Ben-Natan zu jener Zeit eingeladen wurde? Und warum war der BJSD in jener Zeit überhaupt entstanden?

Um diese Fragen zu beantworten, wird uns einerseits Dan Diners Erinnerung zur Seite stehen. Andererseits möchten wir dem israelischen Reiseleiter und späterem BJSD-Vorsitzenden und -Geschäftsführer Uriel Kashi dafür danken, dass er uns seine unveröffentlichte Magisterarbeit zur Verfügung gestellt hat, in der er die Geschichte des BJSD bis 1989 aufgearbeitet hat. Uriel hat Erziehungswissenschaften und Judaistik an der Freien Universität zu Berlin sowie an der Hebrew University in Jerusalem studiert. Zwischen 2007 und 2010 war er Mitarbeiter der International School for Holocaust Studies in Yad Vashem.

Der Gründung des BJSD waren bereits Gründungen von anderen jüdischen Studierendenverbänden vorangegangen. So berichtet Uriel davon, dass sich schon kurz nach dem Ende des Krieges mehrere Verbände gegründet hatten, darunter z. B. der Jüdische Studentenverband der Überlebenden in der bayerischen Landeshauptstadt München. Zu jenem Zeitpunkt war der Schwerpunkt des „gesellschaftlichen Lebens" im Studierendenverband, während der Kontakt zur nichtjüdischen Umwelt und zu nichtjüdischen Studierenden gering blieb. Vor allem, weil die meisten jüdischen Studierenden aufgrund der Shoa (Halb-)Waisen waren, bildeten die Verbände ein wichtiges Umfeld. Die meisten Studierendenverbände lösten sich schnell wieder auf und es dauerte bis Ende der 50er Jahre, ehe eine neue Phase dieses Verbandslebens eintrat: Dann entstanden deutsch-jüdische Verbände, die als Vereinigungen allen jungen Jüdinnen*Juden offen standen.

Ende der 1960er Jahre war Diner dann gemeinsam mit seinen Mitstreiter*innen im jüdischen Studierendenverband in seiner Heimatstadt Frankfurt aktiv. Sie wollten sich als Studierende organisieren, weil sie sich mit den großen Fragen der Studierendenbewegung jener Zeit beschäftigten, „als deren Teil wir uns auch empfunden haben". Warum man dann nicht einfach Teil der allgemeinen Studierendenbewegung wurde, sondern sich in einem partikular-jüdischen Verband organisierte? Die Gruppe um ihn herum „habe auch gemerkt, dass es sowas gibt, irgendwas mit den Juden. Das hat uns immer beunruhigt, angezogen, abgestoßen", erklärt uns Diner.

Eine Rolle habe auch der Standort gespielt: „Frankfurt, das war eben die Stadt der Kritischen Theorie und die Stadt der Studentenbewegung. Die geheime Hauptstadt der Bundesrepublik Deutschland." Hier entstand aus den vielfältigen kulturellen und historischen Einflüssen eine Melange, die für die jungen Studierenden auch den Gestus des Rebellischen versprach:

> Dank dem Flughafen, der Amerikaner und so weiter und so fort. Sodass dieses Milieu auch sehr wichtig war. Eben Rock 'n' Roll und Jazz und alles, was damit einhergegangen ist: Lederjacken, Motorräder und so weiter.

Mit der Gründung des BJSD fand auch eine ideelle Neuausrichtung statt. Dan Diner übernahm den Vorsitz des Vereins seiner Erinnerung nach zwischen 1969 und 1970. Doch zuvor hatte er bereits der Gründungsriege um Georg Jurek Heuberger und Benjamin Bennek Korn angehört. Bis zu jenem Zeitpunkt galten jüdische Institutionen und kulturelle Einrichtungen als „Provisorium", deren Aufgabe es war, Alijah zu ermöglichen. Diese Zielsetzung jüdischer Jugendarbeit wurde auf dem Gründungstreffen des BJSD kontrovers diskutiert. Die Auswanderung nach Israel wurde z. B. von Georg Heuberger nicht grundsätzlich in Frage gestellt, aber sie als einziges Ziel der Jugendarbeit auszugeben, hätte die eigene Existenz in Deutschland untergraben, für die es „seiner Meinung nach […] ein jüdisches Selbstbewusstsein" gebraucht habe.[15]

Seinerzeit gab es auch eine Studierendenvereinigung, in der sich hauptsächlich israelische Studierende trafen: Israela. Mit ihrer unpolitischen und sozial-kulturellen Ausrichtung stellte sie einen scharfen Kontrast zum BJSD dar, in dem die jungen, in Deutschland heranwachsenden Jüdinnen*Juden „sich intellektuell mit dem eigenen Dasein als Juden in Deutschland auseinander[setzen]" wollten.[16] Im Interview mit Uriel Kashi betont Georg Heuberger, durch welche Einflüsse diese Auseinandersetzung geprägt wurde:

> Wir, die wir hier in Deutschland auf die Schule gegangen sind und die wir intellektuell erzogen wurden […] waren von linken Ideen und Strömungen [beeinflusst]. Also, ich bringe […] ein Beispiel, ich bin noch als Schüler hier in Frankfurt zu den Vorlesungen von Adorno, von Horkheimer […] gegangen, wir haben die Schule geschwänzt, um bei Adorno Vorlesungen zu hören.[17]

Vor diesem „politisch-kulturellen Hintergrund", wie Diner es ausdrückt, kam es schließlich im Juni 1967 und der daran anschließenden Zeit zur „großen Krise", in deren Kontext wiederum auch die Gründung des BJSD verstanden werden sollte. Die Krise entstand aus vielen sich überlagernden und ineinander schiebenden Ebenen, die Diner beispielhaft benennt: „Naher Osten und Palästinenser und Israelis und Juden und Linke." Und die Krise hatte auch zur Folge, dass sich innerhalb des BJSD scharfe Trennlinien entwickelten: „Wir haben uns politisch auch ein wenig auseinandergelebt." Für Diner und weitere Gründungsmitglieder führte der Weg zu einer Gruppe, „die sich als revolutionäre Sozialisten-Zionisten begriffen haben". Damit übersetzte man die sozialistischen und linken Diskussionen der nichtjüdischen Studierendenschaft in einen jüdischen Rahmen, freilich ohne dabei Religion eine höhere Bedeutung beizumessen.[18] Für diesen sozialistisch-zionistischen Teil der Gründungsgeneration stand die Auseinandersetzung mit linken Strömungen in der jüdischen Geschichte und mit sozialistischen Zionist*innen wie Ber Borochov im Fokus.[19] Sie gründeten einen eigenen Verlag (Borochov Press), Diner bezeichnet sie in der Erinnerung gar als „Borochovisten".

Indem sie sich in Deutschland organisierten, hatten sie auch die Möglichkeit, am weltweiten jüdischen Studierendenaktivismus teilzuhaben. So berichtet Diner davon, dass er in der World Union of Jewish Students (WUJS) aktiv wurde. Er kandidierte sogar als stellvertretender Vorsitzender, wurde gewählt und brachte sich anlässlich des 15. WUJS-Kongresses im israelischen Arad im Juli 1970 intensiv in die Formulierung des „Jerusalemer Programms" ein. In jenem Jahr hatte sich die WUJS bereits auf vielfältige Weise verändert. Zu den 35 Länderdelegationen kam zum ersten Mal eine Delegation der nordamerikanischen Studierendenvertretung hinzu. An jenem Tag setzten sich Entwicklungen fort, die bereits in den 1960er Jahren begonnen hatten: Es wurde ein Antrag verabschiedet, in dem die Antragsteller*innen forderten, dass die WUJS die politische, wirtschaftliche und kulturelle Unterdrückung von Völkern verurteilte. Ganz im Sinne der damaligen Studierendenbewegung positionierten sich die jüdischen Studierenden in Arad gegen „ausländische Streitkräfte" in Vietnam, Kambodscha, Thailand und Laos und forderten, dass diese abgezogen werden. Wie sehr sie sich dem internationalistischen Selbstverständnis der Studierendenbewegung anschlossen, wird deutlich, wenn die weiteren Punkte des Antrags betrachtet werden:

- Unterstützung der Befreiungsbemühungen in Afrika, Lateinamerika und Asien
- Verurteilung des „von Portugal gegen die Völker von Angola, Bissau, Guinea und Mosambik geführten Kolonialkrieg[es]"
- Verurteilung der „rassistische[n] Politik der Regime von Südafrika und Rhodesien"
- Verurteilung der „faschistischen" Militärjunta in Griechenland
- Verurteilung der „Intervention der Streitkräfte des Warschauer Paktes in der Tschechoslowakei"

Insbesondere am letztgenannten Punkt wird deutlich, dass die WUJS eine differenziertere Haltung einnahm als Teile der antiimperialistischen, stalinistischen Linken.

Für einen tiefgreifenden Konflikt sorgte allerdings ein anderer Teil des Antrags. Diner erzählt, dass man eine Forderung unterbrachte, die „natürlich zu massiven Konflikten geführt" habe: Es hieß, dass die „Anerkennung der Palästinenser als Voraussetzung der Erfüllung des Zionismus" zu betrachten sei. Diese Anerkennung sei ein notwendiger Baustein, um den Nahostkonflikt zu bewältigen. Es müsse den Palästinenser*innen das Recht auf Selbstbestimmung zugestanden werden – vor allem durch die israelische Regierung. Doch auch in dieser Forderung traten die jüdischen Studierenden weitaus differenzierter auf als viele ihrer (insbesondere deutschen) Kommiliton*innen. Denn sie ergänzten, dass der Terrorismus verschiedener palästinensischer Organisationen unbedingt zu verurteilen sei. Uriel meint, dass sich die WUJS so durch den Einfluss Diners „auf dem äußersten linken Flügel des zionistischen Spektrums" positioniert habe.

Vonseiten zionistischer Organisationen, insbesondere des Zionistischen Weltkongresses (World Zionist Organisation), gab es massive Kritik. In der israelischen Politik wurde über alternative Studierendenorganisationen nachgedacht, die Studierenden mussten sich in ihrem Umfeld Anfeindungen aussetzen und selbst ihre finanzielle Förderung wurde untergraben. Für Diner führten diese Auseinandersetzungen in eine „antizionistische, linke, israelische Organisation", in die 1962 gegründete Matzpen[20].

(Linke) jüdische Politiken in Deutschland

Auch in der jüdischen Gemeinschaft in Deutschland machten die jungen Jüdinnen*Juden Politik. Dabei schafften sie eine kleine Revolution:

In dieser Zeit des Aktivismus – Ende der 60er, Anfang der 70er – hatten wir uns auch als Gruppe zur Wahl gestellt, in den Frankfurter jüdischen Gemeindewahlen. Und wir haben als Liste die meisten Stimmen bekommen. Und ich hatte die meisten Stimmen und bin dann auch als Vertreter der Gemeinde in das Direktorium des Zentralrats gewählt worden, was als Revolution galt.

Durch die Mitgliedschaft im Direktorium des am 19. Juli 1950 gegründeten Zentralrats gewann Diner tiefe Einblick in das institutionalisierte jüdische Leben in Deutschland. Auf diese Weise konnte er einiges über die Zusammensetzung und das politische Bewusstsein der jüdischen Gemeinschaft lernen:

> Dass sich die jüdische Gemeinschaft konservativ – rechts würde ich nicht sagen –, staatstreu, staatsgläubig und so weiter versteht, früher hätte ich mit dem erhobenen Zeigefinger herumgefuchtelt. Heute bin ich … wie soll ich sagen … Jedenfalls stößt das auf größeres Verständnis bei mir.

Hierbei habe sich in den vergangenen Jahrzehnten nur wenig geändert. Aber diese Staatsnähe zu erkennen, habe „viele Jahre" gebraucht, sagt Diner. Nicht, weil es damals nicht wahrnehmbar gewesen sei, sondern weil „wir wollten, dass die jüdische Gemeinschaft links ist. Das war vielleicht eine Absicht, die nicht ganz so mit der Realität einherging."

Doch inzwischen sei ihm bewusst, dass es auch damit zu tun habe, dass sich „die jüdische Gemeinschaft in Deutschland, aber nicht nur in Deutschland, sagen wir, bedroht fühlt". Die Auseinandersetzung mit jüdischer Geschichte am Simon-Dubnow-Institut habe ihm allerdings gezeigt, dass das „nichts Neues" sei. So sei bereits im Mittelalter der „Schutz der Juden der Kaiser gewesen. Und die Volksbewegungen waren die Feinde der Juden." Wenn es zur Krise kam, waren Jüdinnen*Juden „relativ schutzlos". Daher suchten sie den Schutz des Staates und „wenn der Staat ihnen dann feindlich gegenübersteht, dann gibt es natürlich ein großes Problem". Daher sei es „im Prinzip so, dass die Juden eben staatsfreundlich sind". Aus dem Wunsch, diese Kontinuität zu verändern, sei mit der Zeit Anerkennung für die „Unveränderlichkeit von bestimmten Strukturen" geworden, was vielleicht auch „mit meinem Alter zusammenhängt".

Im politischen Bewusstsein vieler Jüdinnen*Juden bestünde allerdings noch ein weiteres Spannungsverhältnis, das „auch in den gegenwärtigen Diskussionen aufscheine". Dieses Spannungsverhältnis begegne uns heute in „einer sehr verschlüsselten Form, verdeckten Form, unbewussten Form, aber das ist was Bleibendes, was man so kaum oder gar nicht wegbekommt". Es gehe um den Widerspruch von Universalismus und Partikularismus. „Im Prinzip ist es so", fängt Diner an, die Spannung zu ergründen, „dass die Juden das Universelle brauchen". Das Universelle, das sind „Freiheit, Gleichheit und alles, was damit einhergeht". Gleichermaßen seien jüdische Kämpfe in universalistischen Bewegungen immer von der Konfrontation mit der Forderung gezeichnet gewesen, „sich zu assimilieren bzw. früher zum Glaubensübertritt".

Vor diesem Spannungsverhältnis fand auch die politische Entwicklung des jungen Dan Diner statt, der „Anfang der 70er Jahre ganz in die Linke übergewechselt" ist. Zu jener Zeit hatte er „Kontakt mit jüdischen Menschen meiner Generation". Die Verbindung war „immer sehr stark", aber sie war „nicht mehr jüdisch institutionalisiert". Rückblickend sagt Diner: „Es ging immer jüdisch weiter, nur war man sich dessen natürlich nicht so bewusst." So zog sich das Spannungsverhältnis durch Diners Jugend. Seine „starke israelische Orientierung" hatte zur Folge, dass er sich „einer antizionistischen Organisation angeschlossen hat, deren Substanz israelisch gewesen ist, nicht jüdisch". Sie übte eine große Anziehungskraft auf ihn aus, dennoch diente er in den israelischen Verteidigungsstreitkräften. Während seine israelische und jüdische Position seine Perspektive grundierte, verstand er sich dennoch „sehr stark als Internationalist".[21] So war die Verbindung „jüdisch-arabisch" für ihn etwas, dass er als „selbstverständlich" empfand.

Zu jener Zeit, der „Zeit mit Cohn-Bendit und Joschka Fischer"[22], orientierte er sich an Menschen, die „so etwas wie ein internationalistisches Leben, ein revolutionäres Leben geführt haben". Viele von ihnen waren zehn oder 20 Jahre älter, lebten in Frankreich und waren in den 1950er Jahren aus Ägypten und Nordafrika nach Frankreich emigrierte Jüdinnen*Juden. Diner bezeichnet sie als „einen Stamm, einen jüdischen Stamm, der eben nicht jüdisch war, aber doch jüdisch war". Zu ihnen zählt Diner: Maxime Rodinson, Eli Löbel, Eric Rouleau und Albert Memmi. „Sie waren meist ägyptischer oder nordafrikanischer Herkunft, aber auch verbunden mit aschkenasischen Juden, die wiederum aus Osteuropa kamen." Inwiefern diese Intellektuellen, vor allem die marxistischen und trotzkistischen Linken, ein Identifikationsangebot für ihn darstellten, erklärt uns Diner anhand eines Witzes:

> Es gibt diesen Witz über die Ligue Communiste Revolutionaire, die trotzkistische Organisation, die der vierten Internationalen anhing. Über die hieß es: Die sprechen alle Französisch aus einem Grunde, denn sonst würden sie alle Jiddisch sprechen. Bis auf Daniel Bensaïd, ein jüdischer Trotzkist aus Algerien, der konnte eben kein Jiddisch.

Die „Katastrophe"

Den Vortrag mit Ben-Natan an der Goethe-Universität hatten Diner und der BJSD organisiert. Er war Teil des generellen Bemühens der jungen Studierenden, unter den Kommiliton*innen und in der deutschen Gesellschaft über den jüdischen Staat aufzuklären. Sie boten auch Seminare an, mit denen sie „die jüdischen Studenten in ihrer Öffentlichkeitsarbeit für Israel unterstützen" wollten.

Der Vortrag mit dem israelischen Botschafter, welcher den jüdischen Studierenden aufgedrängt wurde, sollte ebenfalls die Auseinandersetzung vorantreiben, insbesondere seitdem sich eine „antiisraelische Grundstimmung an den deutschen Universitäten" ausbreitete. Zu der Diskussionsveranstaltung mit dem Titel „Frieden in Nahost" war ein plurales Feld an Vortragenden geladen, wobei heutzutage meist die Vorfälle um Ben-Natan im Fokus stehen. Dass der damals recht unbekannte Botschafter Israels eingeladen und den offiziellen israelischen Standpunkt vertreten sollte, kam für viele linke Studierende und vor allem den SDS einer Provokation gleich.

Diner hatte sich in Israel nach Panelteilnehmenden umgeschaut. Dazu gehörten vor allem die Protagonist*innen der zionistischen Linken, „obwohl wir auch den Chef der Maki, der Kommunistischen Partei, eingeladen hatten. Ich habe aber keine Erinnerung mehr daran, ob er gekommen ist oder nicht." Die Planungen für die Veranstaltungen waren schon weit vorangeschritten, als bei Diner das Telefon klingelte. Am anderen Ende der Leitung: die israelische Botschaft in Berlin. Diese schlug vor, dass sie den

Botschafter Asher Ben-Natan einladen sollten. „Und wir waren nicht angetan davon. Wir wollten das nicht", betont Diner. „Und er wurde uns reingedrückt. Das hat dann die Katastrophe ausgelöst." „Eine Katastrophe?", haken wir nach. Diner erklärt:

Es war eine Katastrophe, weil es als Provokation empfunden wurde. Und dann kippte damals die Stimmung. Das habe ich von der Bühne mitbekommen. Und das hat mich erschreckt, das Kippende. Weil ich Leute sah, die vorher eigentlich sehr pro-israelisch waren. Also deutsche Studenten, die klopften alle auf den Tischen, mit den Fäusten, und skandierten: „Ha-Ha-Ha, Al-Fatah ist da!" Und dieses Umkippen war für mich ein Schock. Also ich hatte sehr gute Beziehungen zu den arabischen Studenten, die dann später auch führende Kader in der PLO gewesen sind. Wir haben natürlich gestritten, aber wir waren auch befreundet und haben dann miteinander geredet. Aber dass das deutsche Milieu so umgekippt ist, innerhalb von Minuten, das hat mich erschreckt.

Im Nachhinein habe er sehr viel darüber nachgedacht, wie diese Entwicklung eintreten konnte. Er setzte sich mit dem Grund für sein Erschrecken auseinander: Wie konnten die deutschen Studierenden so „umkippen"? „Wie kommt es, dass man so schnell einfach ,die Fronten wechseln kann'?" Diner versucht sich an einer Erklärung:

Und wenn ich flapsig bin und völlig untheoretisch, dann würde ich sagen: Naja, in dem Augenblick, wo es gegen die Juden geht, wird das kollektive Unbewusste losgetreten. Das hat mich sehr schockiert. Zwei Tage darauf gab es ein Massaker im Hörsaal. Leute wurden blutig geschlagen, waren im Krankenhaus. Messer wurden gezückt. Das war für mich ein Gründungsereignis meiner Absatzbewegung im jüdischen Bereich.

Und auch wenn man sich im BJSD einig war, dass „eine öffentliche Kritik nicht die vitalen Interessen der israelischen Bevölkerung gefährden" dürfe, wurden keineswegs skeptische oder kritische Haltungen und Stellungnahmen unterbunden.[23] So berichtet Uriel von einem Referat, in dem unser Gesprächspartner Dan Diner damals noch als Student dazu aufforderte, dass man in Israel „Land und Leute mit kritischen Augen" sehen sollte, um das „von aller Schwärmerei freie, nüchterne Verhältnis" zu erreichen. Diner war keineswegs eine Randposition, sondern wurde von manchen als der „alles überstrahlende[…] Stern am Himmel des BJSD" bezeichnet.[24]

Für die Absatzbewegung aus dem „jüdischen Bereich", die Diner beschreibt, gab es sicher mehrere Gründe. Dazu gehörte vielleicht auch das komplexe Verhältnis zu Deutschland, dem Land der Täter*innen, in dem man lebte. In diesem musste es ein besonderer Schock gewesen sein, das „Umkippen" der Studierenden zu erleben. Denn bei vielen der damaligen Mitstreiter*innen Diners handelt es sich „durch die Reihe um Kinder von osteuropäischen DPs, die es irgendwie nach Frankfurt verschlagen hat".

Spannungen, Widersprüche und die „Vorzeit"

Für die jungen Studierenden rund um Dan Diner ergab sich daraus ein Spannungs-feld zu Deutschland, das von Anziehung und „Distance" zugleich geprägt war. Bei all der Ablehnung gegenüber den politischen Verhältnissen des postnazistischen West-deutschlands erlebten sie auch

> eine unbeschreibliche Anziehung zur deutschen Intellektualität: Denken, Literatur, Philosophie. Und das ist eine ziemliche Spannung gewesen, die durch die gan-ze Generation durchgegangen ist. Frankfurt waren ja immerhin Horkheimer und Adorno. Das ist ja nicht ohne gewesen. Da war alles, Sigmund-Freud-Institut, die Mitscherlichs, da war das Institut für Sozialforschung, da war die größte Judaica-Bibliothek, die Universitätsbibliothek. Das war eine Stadt von Rückkehrern, von Remigranten, vornehmlich der linken Juden. Das muss man sich alles mal vor-stellen, das ist Gewebe. Und man war natürlich angezogen von alldem. Und ein jüdischer Übersetzer der deutschen Klassik, der dann nach Amerika emigriert ist, der hat einen Satz geprägt, der für die Zeit des 19. Jahrhunderts gilt, aber das galt für uns auch: „Es ist immer dasselbe: Die einen sind deutsch und die anderen können es."

Eine besondere Beziehung zur deutschen Kultur und Denktradition bestand bei den jungen, jüdischen Studierenden, aber sie „haben sich mit Deutschland nicht identi-fiziert", betont Diner. Man habe sich „mit vielen deutschen Themen, Inhalten, Tradi-tionen identifiziert", wozu für die linken Studierenden Marx, Freud, Adorno und Hork-heimer gehörten. Man könne es „als deutsch bewerten", aber man „kann das nicht als Deutschland bezeichnen". Doch so, wie sie sich auf diese intellektuelle Weise als deutsch begriffen, sahen sie sich auch als jüdisch an:

> Na gut, wir sind mit den Eltern in die Synagoge zu den Hohen Feiertagen gegan-gen. Sind dann hinterher in den Club Voltaire gegangen, oder ins Jazz-Lokal. Also das war nicht sehr jüdisch, aber trotzdem waren wir alle Juden.

Doch Diner und sein Umfeld setzten sich nicht nur mit Theorie auseinander. Denn die großen Ereignisse jener Zeit forderten ihnen politische Positionierung ab. Für Diner ist heute klar: „Wir waren links." Das führte sie vor dem Hintergrund des Auschwitz-Pro-zesses zu Veranstaltungen der Vereinigung der Verfolgten des Nazi-Regimes (VVN)[25]. Hier erlebten sie eine „deutsche, linke Tradition", welche „eigentlich aus der Zwischen-kriegszeit, oder aus der Weimarer Zeit kam", und sie wurden zum Teil der „Verinselung dieser Tradition in der Gegenwart". Doch es sollte sich schnell zeigen, dass der VVN zwar einen universellen Anspruch hatte, dabei aber bestimmte Erfahrungen ausgelas-sen wurden. Diese Leerstellen hatten zur Folge, dass Diner heute von einem „Fehler" spricht, wenn er von der Teilnahme an VVN-Veranstaltungen erzählt. Denn die Aktiven des VVN haben sich sozusagen als Opfer des Nazi-Regimes dargestellt, aber die haben eigentlich das, womit wir immer konfrontiert waren, aber dafür noch keine Sprache hatten, das haben die immer ausgelassen. Wenn sie von Auschwitz sprachen, dann sprachen sie von Auschwitz-Monowitz und nicht von Birkenau. Und die haben dann von '45 von Befreiung geredet, aber nicht von Rettung. Die hatten einen anderen Blick, die hatten einen politischen Blick auf den Nationalsozialismus. Politisch, wie die Kommunisten in den Lagern das gesagt haben: Nach Hitler wir. Aber für viele Juden gab es kein nach Hitler.

Erinnern heißt kämpfen. Doch wenn gegen die Kontinuitäten im postnazistischen Deutschland gekämpft wird, dann durfte Antisemitismus dabei nicht vergessen werden. Dieser war doch zentral, um das „Kernereignis des Nationalsozialismus", wie es Diner einmal bezeichnete, also „die Vernichtung der europäischen Juden", zu begreifen.

Weil es in Deutschland schwierig war mit linken Identifikationsfiguren, suchte man anderweitig. Ein Glück war es dabei vor allem, dass die jungen jüdischen Studierenden „mit Personen in Berührung kamen, die aus anderen Zeiten in unsere Zeit herübergekommen waren". Dabei handelte es sich um Menschen, „die die Zwischenkriegszeit erlebt haben" und die „in der Emigration waren", die „politisch waren", die „Kulturschaffende waren". Mit ihnen traten Diner und seine linken jüdischen Kommiliton*innen in Austausch:

Und deren Erfahrungen, Erinnerungen, Gedächtnis und so weiter haben sie uns irgendwie übertragen. Mehr unbewusst als bewusst. Und wir waren so viel, viel stärker an die Vorzeit gebunden. Also Vorzeit heißt: Sowohl an Weimar oder an die Zwischenkriegszeit, an die Kriegszeit, an die unmittelbare Nachkriegszeit. Und ich glaube, dass die späteren Generationen diese Unmittelbarkeit nicht mehr hatten, die wir hatten. Also wir hatten zwar keine angenehme Zeit, aber wir haben unglaublich viel erfahren und gelernt darüber. Und ich bezweifle, dass das die nachfolgenden Generationen, dass das bei denen ähnlich ist. Und das gilt für Juden wie für Nichtjuden.

Sie erlebten eine Unmittelbarkeit der Erfahrungen von Menschen, welche vor allem die erste Hälfte des 20. Jahrhunderts erlebt hatten. Diese Menschen hatten andere gesellschaftliche Zustände erlebt, in denen das deutsche Judentum noch nicht vernichtet und die Gesellschaft bis in die kleinste Ecke hinein durch einen totalitär-antisemitischen Staat verändert war.

Sie hatten ein anderes politisches und ein anderes jüdisches Bewusstsein als diejenigen, die zum Teil „die zweite Kindergruppe ihrer Eltern" waren. Während manche derjenigen, die aus der „Vorzeit" herüberkamen, wie es die Publizistin Dorothea Razumovsky einst ausgedrückt hatte, erst unter dem Eindruck der Verfolgung, des Massenmordes und der äußeren Zuschreibung wieder einen stärkeren Bezug zum Judentum entwickelten, gab es bei dieser jungen Generation einen anderen Bezug zum Judentum.[26] „Wir waren nicht unbedingt erpicht darauf, uns sehr positiv jüdisch zu definieren. Sondern wir waren jüdisch, das war selbstverständlich." Sie waren sich sicher in ihrer Jüdischkeit, sie „brauchtes es auch nicht, in die Synagoge zu gehen", es war ihnen „angeboren", aber nicht „in dem Sinne, dass man sagt ,geborener Jude'". Ihr Bewusstsein des eigenen Judentums kam daher, dass ihnen „die Zeichen noch eingebrannt" waren, auch wenn sie sich dem nicht bewusst gewesen seien. Die erste Kindergruppe ihrer Eltern war nicht an einem Umweltereignis gestorben, sondern ihnen entrissen und ermordet worden. Die Eltern hatten den deutschen Vernichtungswahn überlebt. Und dessen Schatten prägte auch die zweite Kindergruppe. Im Bewusstsein dessen musste niemand ihnen erklären, „was jüdisch ist und was nicht jüdisch ist". Es gehe dabei nicht um „Identität", betont Diner:

> Das ist was ganz, ganz anderes. Und das Wort Identität passt dann für die auch gar nicht. Weil von Identität reden nur die, die sie eigentlich nicht haben. Weil diese müssen sie sich erst einreden.

Das Fundament der Gegenwart

Junge Jüdinnen*Juden haben sich in den vergangenen Jahrzehnten sowohl in der deutschen politischen Landschaft als auch in ihren Gemeinden in den unterschiedlichsten Zusammenhängen engagiert. Sie wollten und wollen mitgestalten. Doch es lässt sich auch feststellen, dass viele der Namen, die uns bei der Beschäftigung mit der Vergangenheit begegnet sind, heute größere Prominenz und Anerkennung genießen. Ihre Prominenz entstand auch in Zeiten einer schmerzhaften Leere. Anders als heute gab es nur wenige junge Jüdinnen*Juden, die überhaupt den Schritt in die Öffentlichkeit wagen konnten. Die schmerzhafte Leere ist ein Ausdruck der verminderten Diskontinuität ist, die das Judentum in Deutschland erlebt hat. Mit verminderter Diskontinuität meinen wir, dass – anders als es das Jubiläum „1700 Jahre jüdisches Leben" vermitteln vermag –, das Judentum in Deutschland nahezu vernichtet wurde. Das Band der deutsch-jüdischen Kontinuität wurde durch die Shoa zerschnitten. Das heutige jüdische Leben in Deutschland ist durch die damit einhergehenden Leerstellen geprägt. Eine vermeintliche Stunde Null hat es für Jüdinnen*Juden nicht gegeben. Die Ermordeten entstiegen nicht einfach aus ihren nicht vorhandenen Gräbern und das zerstörte jüdische Leben in Europa konnte nicht einfach wiederhergestellt werden.

Der Blick in die Gegenwart zeigt, dass der Antisemitismus keineswegs überwunden wurde. Und so stellen die Erfahrungen von Dan Diner und seinen Zeitgenossen unter Beweis, unter welchen Umständen junge Jüdinnen*Juden sich politisiert haben. Ihre Biografien, ihre Widersprüche und Brüche vermitteln einen Eindruck davon, wie in den vergangenen Jahrzehnten Räume erkämpft worden sind – Räume, von denen junge Jüdinnen*Juden heutzutage profitieren. Sie haben das Fundament geschaffen, auf dem heutige Generationen wiederum einen Schritt weitergehen können und auf dem die heutigen Kämpfe stattfinden. Viele der Geschichten, die wir in den kommenden Kapiteln erzählen werden, stehen somit in gewisser Weise auch in dieser Tradition. Gleichermaßen ist es allerdings nicht die einzige Traditionslinie, sondern lediglich eine weitere, die sich zu ganz individuellen Beweggründen für eine Politisierung hinzugesellt.

Kapitel 2 – Jüdischer Studierenden-aktivismus

(Dis-)Kontinuitäten

Kurz vor dem Jahreswechsel 2016 / 2017 kamen im Berliner InterContinental Hotel am Zoologischen Garten junge Jüdinnen*Juden auf dem Gemeindetag des Zentralrats zusammen.[27] 2016 war das Jahr, in dem man den Entschluss in die Tat umsetzte, wieder eine bundesweite Vertretung junger Jüdinnen*Juden in Deutschland aufzubauen. Doch was war geschehen? Hatten wir nicht im letzten Kapitel noch erzählt, dass es seit 1968 bereits einen jüdischen Studierendenverband gegeben hatte? Der Verband, zu dessen Vorstand in unterschiedlichen Generationen Dan Diner, Michel Friedman, Rafael Seligmann und Michael Brenner gehört hatten. Er wurde am 29. März 1968 in Schmitten im Taunus gegründet, in der Anwesenheit von Vertreter*innen von Studierendenverbänden aus Berlin, Aachen, Frankfurt, München, Heidelberg und Düsseldorf. Ebenfalls fanden sich zwei Vertreter der WUJS ein – die einst, im Jahr 1924, in Antwerpen gegründet worden war und sich mit einem ersten Präsidenten mit dem Namen Albert Einstein rühmen kann –, um eine Verbindung zum jungen jüdischen Leben in Deutschland aufzubauen. Doch 2013 musste der BJSD seine Tätigkeit einstellen, der Nachwuchs blieb aus und damit verloren junge jüdische Menschen in Deutschland ihre politische Interessenvertretung.[28] Erst drei Jahre später fand sich eine kleine Gruppe junger jüdischer Studierender zusammen, die ein neues Kapitel im jüdischen (Studierenden-)Aktivismus schreiben wollte.

Der BJSD hat mit seinen Kämpfen nicht nur viel von dem heutigen Engagement erst möglich gemacht. Manche der damals geführten Kämpfe und Aushandlungsprozesse scheinen sich heute auf eine andere Weise zu wiederholen. Der Blick zurück kann vielleicht auch dabei helfen, zu verstehen, auf welchem Fundament heutige Konflikte stehen. Gerade was die Frage einer jüdischen Identität in Deutschland und damit das Verhältnis sowohl zur nichtjüdischen deutschen Gesellschaft, zum deutschen Nationalgedanken und eben auch die Beziehung zum jüdischen Staat Israel betrifft, scheint damals der Grund bereitet worden zu sein, den junge Jüdinnen*Juden auch in der Gegenwart wieder betreten.

Sichtbar wurde das zum Beispiel beim Besuch der WUJS-Delegation auf der Gründungsversammlung. So hatte sich der Historiker und Vorsitzende der Zionistischen Organisation Deutschlands (ZOD) Arno Lustiger dafür starkgemacht, dass der Boykott des jüdischen Lebens in Deutschland bzw. der jüdischen Institutionen durch die internationale zionistische Dachorganisation endet. Währenddessen wollten die jüdischen Studierenden auch überregional eine Plattform schaffen, auf der ein Gespräch über das Verhältnis zu Israel möglich ist. Doch die Gründung war vor allem daher notwendig, dass sich anders nur schwerlich Finanzmittel organisieren ließen. Denn z. B. der Zentralrat als eine der finanziell bestausgestatteten Organisationen des jüdischen Lebens in Deutschland hielt an der Politik fest, nur überregionale Organisationen zu fördern.

Die Vernetzung bot auch die Möglichkeit, der Frage nachzugehen, was es bedeutet, als Jüdin*Jude in Deutschland zu leben. Das Aufwachsen war für die jungen jüdischen Studierenden tief geprägt von der „Abneigung und Furcht insbesondere der Elterngeneration gegenüber Deutschland".[29] Auch wenn man sich der Förderung durch die Uni wegen als Studierendenverband bezeichnete, waren auch nichtstudentische jüdische Jugendliche willkommen. Die Mitgliedschaft stand allen jüdischen Studieren-den offen und war nicht an eine Gemeindemitgliedschaft gebunden.

Die regionalen Verbände waren stark durch ihr lokales Umfeld (v. a. der jeweiligen Besatzungszone) geprägt, wie die jüdischen Gemeinden auch: In Heidelberg, wo die US-Amerikaner*innen stationiert waren, kamen viele jüdische Kinder von Angehörigen der US-Armee zu den Treffen der 1963 gegründeten Jüdischen Studentenvereinigung Heidelberg (JSH).[30] „In den Studentenverbänden thematisierten viele Studenten erst-mals die zunehmend empfundene ‚Unehrlichkeit', die sowohl auf christlich-deutscher wie auf jüdischer Seite den Alltag prägte", stellt Uriel fest.[31] Geprägt durch die Erfah-rungen der eigenen Eltern setzten sich die jüdischen Studierenden damit auseinander, dass man einerseits „Deutschland nicht als neue Heimat akzeptieren" wollte und „an-geblich auf ‚gepackten Koffern'" saß, und es andererseits „kaum ernsthafte Bestrebun-gen [gegeben habe], Deutschland tatsächlich den Rücken zu kehren".[32]

Das Bedürfnis, zunehmend die Selbstverständlichkeit jüdischen Lebens zu be-haupten, welches in den 1960er Jahren einsetzte, wurde von der Kritik an der post-nazistischen Gesellschaft begleitet. Sie beschäftigte sich sowohl mit der mangelhaf-ten Auseinandersetzung mit der nationalsozialistischen Vergangenheit als auch den antisemitischen Kontinuitäten. All das, während sich die Gesellschaftskritik der Kom-militon*innen „oft als Versuch [entpuppte], sich der Verantwortung des nationalso-zialistischen Erbes zu entziehen und dem unterbewusst noch immer existenten anti-semitischen Gedankengut zu frönen", bemerkt Uriel.[33] So entstand ein konfliktreiches Verhältnis aus Identifikation und Distanz, was nicht selten die Konsequenz hatte, dass sich Jüdinnen*Juden aus linken Bewegungen zurückzogen.

Obwohl es alle zwei bis fünf Jahre dazu kam, dass die Vorstände und die in den Verbänden aktiven Funktionär*innen wechselten, scheint es doch eine „in sich schlüs-sige[...] Gesetzmäßigkeit" gegeben zu haben, die bedingte, dass bestimmte Themen-komplexe immer aufs Neue verhandelt wurden. Uriel erkennt darin einen „Kreislauf einer immer wiederkehrenden Standortbestimmung der jungen Juden [...], die auf diese Art und Weise die Kreierung einer eigenen kulturellen Identität in Angriff nahm".

Das zeigt, wie die Studierenden Anteil an der unermüdlichen Suche hatten, eine neue jüdische Identität im postnazistischen Deutschland zu begründen. Sowohl der „idealisierende" Blick, bei dem „jede Kritik an der Politik Israels auch als Herabsetzung des geringen positiven Selbstwertgefühls empfunden wurde", als auch die zum Teil „radikale[...] Kritik an Israel und dessen Institutionen durch linke jüdische Studenten" waren aus Uriels Perspektive verschiedene Arten der Suche nach Identität.[34] Erstere verbanden die Vorstellung eines „ungestörten starken und schönen Bildes jüdischen Lebens" mit Israel, was in der Welt nach Auschwitz ein wenig „Stolz und Selbstver-trauen" gab.[35] Für diejenigen, die einen strengen Blick auf die Widersprüche warfen, war es die Enttäuschung darüber, dass „der idealisierte Staat Israel [...] nicht den mo-ralischen Ansprüchen" entsprach, wie zionistische Anführer*innen wie Ber Borochov sie formuliert hatten. Sie distanzierten sich aus diversen Gründen von Israel, insbeson-dere nach dem Libanonkrieg 1982. Das führte allerdings nicht dazu, dass sie sich nun mit Deutschland identifizierten. Doch hatten ihre Ablehnung und ihre radikale Kritik an Israel zur Folge, dass sie Vorbilder in ihrem näheren Umfeld zu suchen begannen. Sie grenzten sich zwar von deutschen Täter*innen und Mitläufer*innen ab, betonten dafür allerdings die Rolle der „guten Deutschen", die „während des Nationalsozialismus Juden geholfen hatten".

Mögen die Gründe für das „umfangreiche Israelengagement" vielfältig gewesen sein, so lassen sich doch zwei Einflüsse gesondert hervorheben: Einerseits, so beschreibt es Dan Diner 1970 in seinem Text *Der Zionismus und die jüdische Frage heute*, sei eine jüdische Identität, die sich eines starken Bezuges zu Israel und dem Zionismus verweigert, nach „nach der fast gelungenen Ausrottung" nicht denkbar gewesen.[36] Doch dieser Bezug müsse individuell an das politische Weltbild angepasst wurde: So forderte Diner, den Zionismus als eine Befreiungs- und Emanzipationsbewegung zu begreifen, die die „Emanzipation der autochthonen Bevölkerung [...] [niemals] stören" würde, eher habe sie zum Ziel, die „Befreiung von Repression jeglicher Art" herbeizuführen, die dem „demokratischen Sozialismus" den Weg ebne.[37]

Andererseits kam hinzu, dass im Schatten von Auschwitz ein besonderes „Bedürfnis nach Zusammenhalt und Einheit" unter Jüdinnen*Juden bestanden habe, welches an die Stelle der „vielfältigen und fruchtbaren Diskussionen vor dem Zweiten Weltkrieg" getreten sei. Ein Bedürfnis, das insbesondere dadurch noch verstärkt wurde, dass in der deutschen Gesellschaft Antisemitismus weitgehend ungehindert fortexistierte[38] und auch an den Universitäten und in der politischen Linken keineswegs überwunden war.[39] Uriel beschreibt die Auseinandersetzungen um das Verhältnis zu Israel innerhalb jüdischer Communities als Suche nach einem neuen Kern jüdischer Identität:

> Nach der Zerstörung sowohl des osteuropäischen als auch des klassisch deutschen Judentums und in einer Zeit, in der Religion schon lange nicht mehr die identifikationsstiftende Rolle wie vor dem Nationalsozialismus einnehmen konnte, war für die Studenten die Suche nach Gemeinsamkeiten mit der sehr inhomogenen Gruppe jüdischer Jugendlicher von größter Wichtigkeit.[40]

Während sich die ersten jüdischen Studierendenorganisationen noch intensiv mit dem Nationalsozialismus beschäftigt hatten, schien diese Auseinandersetzung sukzessive abzunehmen: „Sowohl Cilly Kugelmann als auch Hans Jakob Ginsburg betonen in ihren Interviews, dass das Thema zu ihrer Zeit im BJSD [nach 1968 bis Mitte der 1980er Jahre] überhaupt keine Rolle spielte."[41] Ein sehr viel drängenderes Thema war „zeitübergreifend" für sie und die jüdischen Studierendenorganisationen, die Erörterung, „wie man gegenwärtig als junger Jude gerade in Deutschland leben konnte".[42] Kugelmann merkte 1977 an, dass das „Misstrauen gegenüber der deutschen Umwelt", welches es in vielen Familien gegeben habe, später zu Identitätskonflikten unter den Kindern geführt habe. Insbesondere die erste Nachkriegsgeneration, so stellt es Uriel fest, habe versucht die Binarität zwischen „positiver Innenwelt (jüdische Gemeinde) und negativer Außenwelt (restliche deutsche Gesellschaft)" zu durchbrechen, „ohne die Würde der Eltern sowie der sechs Millionen in deutschem Auftrag ermordeten Juden zu verletzen".[43]

Die Konflikte der Gegenwart um den Umgang mit Pluralität in jüdischen Communities und die „Unfähigkeit, interne Kritik zu akzeptieren oder gar zu fördern", scheinen ihre Vorbilder während der aktiven Zeit des BJSD gehabt zu haben. Was sich allerdings verändert hat, ist, dass es heute nicht mehr an ‚Vorbildern' innerhalb der jüdischen Communities mangelt. Wenngleich wir den Begriff des Vorbilds kritisch betrachten, ist uns bewusst, dass es enorme Herausforderungen mit sich gebracht hat, die Suche nach einer positiven Identität zu gestalten, ohne dabei durch Lehrer*innen, Rabbiner*innen, Zentralratsrepräsentant*innen oder Gemeindevorstände begleitet werden zu können.

Uriel unterstreicht, dass die junge Generation die „Folgen der nationalsozialistischen Vernichtungspolitik [...] auf diese Weise schmerzlich zu spüren" bekam und dass die „Distanzierung [...] vom jüdischen Establishment" wiederum daraus resultierte. Umso wichtiger war es, dass die Studierendenverbände bis heute „eine Art ‚Experimentierwiese'" darstellen.[44] In der Vergangenheit versuchten die jüdischen Studierenden in diesen Räumen „eine ‚neue' jüdische Identität zu kreieren und diese letztendlich im Nachkriegsdeutschland zu etablieren".[45]

Im Gespräch mit Dan Diner fiel der Blick auch auf die Gegenwart. Nach all den Kämpfen und Aushandlungsprozessen, die Diner miterlebt und selbst geführt hat, sagt er heute etwas resignativ: „Ich beneide diejenigen, die jetzt im jugendlichen Alter sind, nicht um ihre Lage." Heute würden „Selbstverständlichkeiten", die einmal bestand hatten, „zur Debatte" stehen. Dabei zielt er auf ein bestimmtes Thema ab, dass in den vergangenen Jahrzehnten zunehmend stärker in den Mittelpunkt öffentlicher Diskussionen gerutscht ist: „Also ich würde sagen, jetzt tut sich ein Hiatus[46] auf zwischen Anti-Antisemitismus und Anti-Rassismus. Und das ist eine sehr undankbare Konstellation." Es habe sich eine „ziemlich, ziemlich schwierige" Lage entwickelt, die zunehmend „noch schwieriger" wird, so Diner weiter. Wir bitten den Historiker, der sich auch intensiv mit der Geschichte und Bedeutung der Shoa auseinandergesetzt hat, uns das näher zu erklären:

Ich würde sagen, die Antisemiten hatten recht, als sie sagten, im 19. Jahrhundert, die ‚Judenfrage' ist eine Weltfrage. Und heute wird sie's aufs Neue werden. Die Nazis haben mit Auschwitz – also nicht dem Ort, sondern dem Vorgang – die Juden in die Rolle einer besonderen Opferschaft gedrängt. Und diese Rolle wird man den Juden nicht ‚gönnen'. Es wird geradezu als Privileg, wenn auch als ein negatives, interpretiert. Das führt dann dazu, dass sich Genozid gegen Holocaust stellt. Das müsste nicht so sein.

Es fehle heutzutage an einem historischen Bewusstsein für diese Vorgänge, was Konflikte für junge Jüdinnen*Juden nach sich ziehe. Doch dieser Prozess, der aktuell im Gange ist, sei keineswegs unumkehrbar. Dabei sollten allerdings bestimmte Gewohnheiten und Selbstverständliches in Frage gestellt werden. So ist in den vergangenen Jahren immer häufiger zu vernehmen, dass mit dem Sterben der letzten Shoa-Überlebenden der Kampf gegen Antisemitismus und die Erinnerung an den systematischen Massenmord vor besonderen Herausforderungen stehe. Dazu bemerkt Diner:

Wenn wir von Überlebenden reden, die damals gesprochen haben, dann waren es meistens intellektuelle Überlebende. Also wie zum Beispiel Jean Améry oder so. Das heißt, sie sprechen dann weniger als Überlebende, sie sprechen als Intellektuelle, die auch überlebt hatten. Insofern glaube ich nicht, dass es irgendwie was Ikonisches auf sich hat, wenn keine Überlebende existieren, die Zeugenschaft repräsentieren. Ich glaube nicht, dass die Präsenz von Personen, die etwas erlebt haben, die Sache verständlicher macht.

Jüdische Studierendenverbände haben sich heute engagiert in diese Debatten eingeschaltet. Die Stimme ihrer Vertreter*innen sind immer häufiger zu vernehmen und sorgen zumeist dafür, dass ein pluralistisches Judentum in der Öffentlichkeit wahrgenommen wird.

In der Begründung für die Auszeichnung der JSUD, der Nachfolgeorganisation des BJSD, mit dem WUJS-„Union of the Year"-Award im Jahr 2019 waren vor allem drei Aktionen der jüdischen Studierenden als ausschlaggebend genannt worden. Der erste Jewish Women Empowerment Summit in Frankfurt am Main, die Jüdische Campus Woche (JCW) und die erste Deutsch-Israelische Studierendenkonferenz (DISK). Die erste DISK fand vom 15. bis 16. Juni 2019 auf dem Campus der Goethe-Universität Frankfurt am Main statt und wurde u. a. von Jungen Forum der Deutsch-Israelischen Gesellschaft, dem *freiem zusammenschluss von student*innenschaften* und der JSUD organisiert. Die Intention der Organisator*innen war es, einen übergreifenden Raum zu etablieren, der die Möglichkeit bot, einen Austausch zwischen deutscher und israelischer Hochschulpolitik zu schaffen. Das Datum der Konferenz war hierbei nicht zufällig gewählt, sondern sollte an ein historisches Ereignis anknüpfen. Denn rund 50 Jahre vor der DISK, am 9. Juni 1969, wurde der damalige israelische Botschafter in Deutschland Asher Ben-Natan bei seinem Vortrag an der Goethe-Universität von pro-palästinensischen und PLO-solidarischen Studierenden gestört und antisemitisch beleidigt.

An diesem geschichtsträchtigen Datum sollten 50 Jahre später Studierende über die Beziehungen des jüdischen Staates mit der Bundesrepublik Deutschland sprechen, diskutieren und neue Kontakte knüpfen. Neben Workshops, Vorträgen und Partys besuchte auch der damalige israelische Botschafter in Deutschland Jeremy Issacharoff die Deutsch-Israelische Studierendenkonferenz. Als politische Konsequenz aus der zweitägigen Konferenz kamen zur Abschlussveranstaltung Vertreter*innen der gastgebenden Organisationen sowie vier der fünf großen hochschulpolitischen Studierendenverbände zusammen. Das Junge Forum der Deutsch-Israelischen Gesellschaft, der *freie zusammenschluss von student*innenschaften*, die JSUD, der Ring Christlich-Demokratischer Studenten, die Juso-Hochschulgruppen, der Bundesverband Liberaler Hochschulgruppen und *Campusgrün – Bündnis grün-alternativer Hochschulgruppen* unterzeichneten die Resolution „Gegen BDS und jeden Antisemitismus". In der Resolution bekennen sich die Organisationen zum Existenzrecht und zur Sicherheit Israels, erkennen Antisemitismus in all seinen Formen als Bedrohung für jüdisches Leben und die Demokratie an, fordern die Einrichtung von Lehrstühlen im Themenbereich Antisemitismusforschung, verurteilen die BDS-Kampagne und stellen sich hinter die IHRA-Arbeitsdefinition.

Eine junge jüdische Stimme

Es ist ein verregneter Tag im Berliner Westen. Der Regen tropft auf das verglaste, py-ramidenförmige Dach der Hotellobby. Die wenigen Gäste laufen geschäftig durch die Lobby des InterContinental. Es befindet sich fußläufig zum Berliner Zoo. Benjamin Fi-scher hebt die Tasse an. Er nimmt einen großen Schluck Kaffee. Wir sitzen auf den schweren Sesseln in der Lobby. Der Anfang 30-Jährige schaut sich das eilige Trei-ben der Gäste an und wirkt dabei fast ein wenig nostalgisch. Denn hier, nur unweit des weltberühmten Boulevards Ku'damm, trat der jüdische Studierendenaktivismus in Deutschland in eine Phase ein, die man wohl als Renaissance bezeichnen könnte.

Wir begeben uns mit Benjamin, den seine Freund*innen liebevoll Benny nennen, auf eine kleine Zeitreise. Genau genommen begeben wir uns zurück zum 8. Dezember 2016. Die vergangenen Tage hatte es viel geregnet und sogar etwas geschneit. An die-sem Tag sollte aber die Sonne durch die dicke Wolkendecke brechen. Sehr pathetisch, aber doch zutreffend. Denn an jenem Tag haben Benny als Gründungspräsident und seine vier Mitstreiter*innen Dalia Grinfeld, Mike Samuel Delberg, Arthur Bondarev und Lionel Reich auf dem Gemeindetag die Jüdische Studierendenunion Deutschland ge-gründet. „Wir brauchten damals eine demokratisch legitimierte Vertretung. So etwas hat lange Zeit gefehlt", erklärt Benny seine Motivation. In der Folge dieses Tages hat Benny tiefgreifend dazu beigetragen, dass die Gründung als Erfolg beschrieben werden kann. Seitdem wurde die JSUD innerhalb des Zentralrats der Juden eingegliedert und organisiert. Im Jahr 2016 war Benny amtierender Präsident der European Union of Je-wish Students, hatte seinen Lebens- und Arbeitsmittelpunkt in der belgischen Haupt-stadt Brüssel und damit im Zentrum der internationalen Politik.

Eine neue bundesweite Studierendenvertretung zu gründen war kein einfaches Vorhaben. Dass es gelang, hatte auch viel mit Bennys persönlichem und politischem Werdegang zu tun. In Berlin war er sehr aktiv im jüdischen Jugendzentrum und auf den Machanot der ZWST, nach dem Abitur zog er dann zum Studium nach Hamburg. In der Hansestadt erhielt er ein Stipendium beim Ernst Ludwig Ehrlich Studienwerk (ELES), in dem er erst Regionalgruppensprecher Nord und später auch Gesamtsprecher wur-de. Benny berichtet von jener Zeit:

> Dadurch war ich auch für den Aufbau der studentischen Repräsentanz des Stu-dienwerks mitverantwortlich. Der Stipendiatische Rat war ein hochpolitisches Gremium. Das war das einzige jüdische Engagement, außer Madrich zu sein, das ich neben dem Studium noch hatte.

Sein politisches Engagement fand vor allem außerhalb der jüdischen Gemeinden und in universitären Kontexten, also im Plenum oder auf Demonstrationen, statt. Ein prä-gendes Erlebnis für Bennys Politisierung war seine Zeit als Guide der Synagoge der Jüdischen Gemeinde Hamburg. Neben den vielen positiven Erfahrungen hätten ihn vor allem überraschende und antisemitische Aussagen von Schüler*innen und Lehrer*in-nen während seiner Führungen „politisch nachhaltig beeinflusst", betont Benny.

In einer Partei fand er keine politische Heimat, trotz einiger ernster Bemühungen. Über ELES durfte Benny Anfang 2015 auf das erste „EU-Activism"-Seminar[47] der European Union of Jewish Students nach Brüssel fahren, und diese Erfahrung sollte im Nachhinein sein Leben und das Leben jüdischer Studierender in Deutschland grundlegend verändern: „Ich hatte damals überhaupt keine Ahnung, was EUJS war. Was ich wusste, war, was der BJSD war." Im Zuge dessen lernte er mehr über die European Union of Jewish Students, die Strukturen und Vernetzung des internationalen jüdischen Studierendenaktivismus: „Ich war total begeistert von der Strahlkraft und Wirkmächtigkeit dieser politischen Organisation."

Hier wurde der Grundstein für die spätere Gründung der JSUD gelegt. Denn für Benny stellten sich zwei Fragen: Wieso war er die einzige Person aus Deutschland? Und wieso gab es so etwas nicht auch in Deutschland? In den nächsten Monaten fuhr Benny auf weitere Seminare, u. a. mit der EUJS-Delegation zum „Global Forum" des American Jewish Committee nach Washington, D. C. Diese vielen und intensiven Erfahrungen des internationalen Austauschs von jüdischen Aktivist*innen in der US-amerikanischen Hauptstadt bestärkten Benny darin, noch mehr machen zu wollen.

In einem Gespräch mit der damaligen EUJS-Präsidentin Jane Braden-Golay und dem Geschäftsführer Jonathan Keyson traf er den Entschluss, sich auf der Summer U[48] 2015 in Portugal für den Vorstand zu bewerben. In einem daran anschließenden Gespräch mit dem Geschäftsführer des Ernst Ludwig Ehrlich Studienwerks, Jo Frank, stellten beide fest, dass „es eine einmalige Chance ist, für das Präsidentenamt zu kandidieren". Da Deutschland zu dem Zeitpunkt keine aktive jüdische Studierendenunion hatte, wurde Benny für seine Kandidatur von der Unione Giovani Ebrei d'Italia, der jüdischen Studierendenunion Italiens, nominiert. Deren Repräsentant*innen hatte er zuvor beim Global Forum in Washington, D. C. kennengelernt. Am Ende des Wahlgangs gewann Benny mit einer Zweidrittelmehrheit und seinem Wahlversprechen, bis zur nächsten Wahl die jüdische Studierendenrepräsentanz in Deutschland wiederzubeleben. Rückblickend beschreibt er, was als nächstes geschah:

Mit dem Beginn meiner Präsidentschaft haben wir direkt versucht, die deutsche Community in unsere Arbeit mit einzubinden. Mein Anspruch war, dass kein Seminar mehr gemacht wird ohne deutsche Teilnehmende.

Ab diesem Moment schlugen die jüdischen Studierenden Pflöcke in den deutsch-jüdischen Diskurs ein. Jüdinnen*Juden aus Deutschland fuhren mit EUJS in die USA, Israel oder in andere europäische Staaten, erzählt der damalige EUJS-Präsident. Somit stand der Neugründung der Studierendenunion nichts mehr im Weg. Und beim Jugendkongress konnten bereits erste Gespräche über das Vorhaben u. a. mit dem Geschäftsführer des Zentralrats Daniel Botmann, mit dem Leiter des Referats für Jugend und Gemeinden Marat Schlafstein und mit dem damaligen stellvertretenden Direktor und heutigen Direktor der ZWST Aron Schuster geführt werden. Am Ende einer langen Reise voller Meetings, Gespräche und Diskussionen standen zur Gründung am 8. Dezember 2016 das Fundament der künftigen Union sowie wichtige Bausteine fest: eine Organisationsstruktur, ein Gründungsvorstand und eine Satzung, die die grundlegenden Positionen und Arbeitsweisen der der Organisation darstellt.

Laut ihrer Satzung sieht sich die JSUD nicht nur als politische Interessensvertretung der jüdischen Studierenden, sondern aller jungen jüdischen Erwachsenen. Dabei ist die „Förderung jüdischen Bewusstseins bei jüdischen Studierenden und jungen jüdischen Erwachsenen sowie ihre Solidarität untereinander" eine Aufgabe der Organisation. Des Weiteren fordert die Satzung die Bekämpfung aller Diskriminierungsformen, insbesondere des Antisemitismus, und die Sensibilisierung der nichtjüdischen deutschen Öffentlichkeit für jüdische Themen. Weiterhin sollen die (Vorstands-)Mitglieder sich für die „Förderung der Solidarität mit dem Staat Israel" einsetzen und das zivilgesellschaftlich-demokratische Engagement in Deutschland stärken.

Bereits kurz nach der Gründung hatte der Gründungsvorstand schon so viel Lärm gemacht, dass sich immer mehr Interessierte meldeten, die mitmachen wollten. Plötzlich meldeten sich immer mehr Menschen und regionale Verbände bei dem fünfköpfigen Vorstand. Heute erhebt die JSUD den Anspruch, die bundesweite Vertretung von rund 25 000 jungen jüdischen Erwachsenen im Alter von 18 bis 35 Jahren zu sein.

Die inhaltliche Dimension der Organisation wird durch die angenommenen Policies bestimmt, die auf jeder Vollversammlung eingebracht, diskutiert und abgestimmt werden. Dazu gehörten in der Vergangenheit u. a.: „Kampf gegen BDS", „Plastik und Müllreduzierung bei der JSUD", „IHRA-Arbeitsdefinition von Antisemitismus", „Umgang mit sexuellen Minderheiten", „Umgang mit der AfD" oder „Präsenz am Campus".

Diese Policies bilden den Rahmen für die Arbeit des Vorstandes und der Geschäftsführung. Sie gelten als inhaltliche und organisatorische Leitlinie für die Ausrichtung von Veranstaltungen wie z. B. Seminaren oder Protestaktionen. Außerdem bilden sie das Fundament für Gespräche mit anderen Organisationen, mit Verbänden und Politiker*innen. So trifft sich und kooperiert die JSUD mit allen demokratischen Parteien in den 16 Landtagen, dem Deutschen Bundestag und dem Europäischen Parlament.

Die ersten zwei Jahre, von 2017 bis 2019, arbeitete der erste gewählte Vorstand, bestehend aus Benny (schied 2018 aus), Dalia, Mike, Aaron Serota, Arthur Poliakow und Boris Liven, sowie die Geschäftsführung mit Aktiven aus ganz Deutschland in Referatsgruppen zusammen. Diese referatsorientierte Arbeit erfolgt nach den Themengebieten Policy, Gesellschaft, Soziales, Religion und Öffentlichkeit. Dabei betreute jedes Vorstandsmitglied ein Referat und beschäftigte sich gemeinsam mit den involvierten Personen mit der Umsetzung von Themen und Anliegen der Jüdischen Studierendenunion. Sie waren auch der Ursprung für die Planung und Umsetzung neuer Kampagnen und Veranstaltungen.

Infolge des Umstrukturierungsprozesses unter dem zweiten gewählten Vorstand Michael Ushakov (schied 2020 aus), Anna Staroselski, Lars Umanski, Ruben Gerczikow, Avital Grinberg und Jakob German im Herbst 2019 wurden die Referate aufgelöst und ihre Tätigkeiten an eine projektbasierte Arbeitsweise angepasst. Das ermöglichte jungen jüdischen Aktiven aus ganz Deutschland, sich die ehrenamtliche Arbeit innerhalb der JSUD zeitlich besser einzuteilen, indem man sich einzelnen Projekten widmen konnte. Ein langfristiges Projekt ist die Jüdische Campus Woche, die erstmalig im Sommer 2019 stattfand. Eine Woche lang, an neun Standorten und in sieben Bundesländern, konnten die Besucher*innen ein kulturelles, religiöses, politisches und diverses jüdisches Programm an ihren Universitäten und Städten erleben. Das selbsterklärte Ziel der JCW ist es, jüdisches Leben als selbstverständlichen Teil des universitären Alltags zu behaupten, das Kennenlernen jüdischer Religion und Kultur zu ermöglichen und das interkulturelle Miteinander zu fördern.

Darüber hinaus sollen die Veranstaltungen die Wahrnehmung des Judentums in der Studierendenschaft verändern. Während die allgemeine Wahrnehmung von Jüdinnen*Juden häufig auf die erinnerungspolitische Komponente der Shoa, die Bekämpfung des grassierenden Antisemitismus oder die Auseinandersetzung mit dem israelisch-arabischen Konflikt beschränkt bleibt, erhebt die JCW einen anderen Anspruch. In dieser Woche stehen das positive Narrativ und ein facettenreiches Judentum im Vordergrund. Gemeinsam mit den verschiedenen jüdischen Hochschulgruppen, die direkt in den Universitätsstrukturen eingegliedert sind, und den regionalen jüdischen Studierendenverbänden[49] wird ein inhaltliches Rahmenprogramm angeboten, das an diesen Leitlinien ausgerichtet wird. Es reicht von Filmabenden und Podiumsdiskussionen über kulinarische Kostproben bis hin zu gemeinsamen Feiern. Heute gilt die JCW als Aushängeschild der Jüdischen Studierendenunion. Nachdem sie 2020 coronabedingt ausfallen musste, fand die zweite Auflage der JCW zu Beginn des Wintersemesters 2021 statt. In Zusammenarbeit mit zehn Regionalverbänden konnten deutschlandweit 13 Standorte und Aktivitäten für die JCW organisiert und durchgeführt werden.

In den vergangenen Jahren mussten sich die deutsche Gesellschaft, aber auch die jüdischen Gemeinden verschiedenen gesellschaftlichen und politischen Herausforderungen stellen. Diese Herausforderungen wirken auch auf die Arbeit der JSUD. So definiert die Organisation ihre Ziele für eine bessere Gesellschaft in einem „Vision und Mission Statement". Dabei ist die Vision der jüdischen Studierenden:

> Empowerte und engagierte junge Jüdinnen und Juden gestalten ein pulsierendes, facettenreiches sowie nachhaltiges jüdisches Leben in Deutschland und tragen zu einer vielfältigen und hassfreien Gesellschaft bei.

Aus dieser Vision resultiert die Bündelung ihrer Aktivitäten in der folgenden Mission:

> Inspiriert durch unsere jüdischen und demokratischen Werte bestärken wir junge Jüdinnen und Juden ihre jüdischen und gesellschaftspolitischen Interessen zu diskutieren, zu bündeln und eröffnen breite Möglichkeiten, diese durch gemeinschaftliches Handeln in jüdische Institutionen als auch in die Gesamtgesellschaft einzubringen.[50]

Auch Benny sieht in der Arbeit von jüdischen Studierendenverbänden heutzutage nicht nur einen rein partikularen Ansatz, sondern betont die Wichtigkeit eines universalistischen Blickwinkels:

> In der dann der JSUD haben wir sichergestellt, dass ein Selbstverständnis des jüdischen Studierendenaktivismus verankert ist, das wir so bei EUJS kennengelernt haben. Und das war das Selbstverständnis, dass wir als Juden in die Gesellschaft hineinwirken wollen, und das bedeutet eben nicht nur jüdische Repräsentanz, sondern eben auch einen Beitrag zum Übergeordneten.

Seit ihrer Gründung im Jahr 2016 hat die JSUD auch im internationalen jüdischen Studierendenaktivismus an Anerkennung gewinnen können. Bereits im ersten Jahr nach der Gründung, also 2017, wurde sie ein vollwertiges Mitglied in den beiden interna-tionalen Dachorganisationen: der European Union of Jewish Students und der World Union of Jewish Students. Für den Gründungsvorstand war das ein wichtiges Zeichen der Anerkennung, denn es ging auch darum, mit dem neugegründeten Verband den BJSD schnellstmöglich abzulösen.

Benny erinnert sich an die erste JSUD-Delegation auf dem jährlich stattfindenden Kongress der World Union of Jewish Students in Jerusalem:

> Wir hatten uns direkt nach der Gründung für den gesamten Gründungsvorstand Tickets für den WUJS-Congress gesichert und sind dann als eigene Delegation hin. Es war auch sehr lustig, weil ich in Doppelfunktion dort war. Also stand ich als EUJS-Präsident und als JSUD-Gründungspräsident vor der Generalversammlung, um den Aufnahmeantrag der JSUD durchzuboxen. Das war am Anfang auch ein Streit, weil es hieß: „Wir können keine deutsche Union aufnehmen, wenn es noch einen deutschen Repräsentanten gibt."

Nach langen Diskussionen und Streitigkeiten wurde die JSUD schlussendlich doch als gesamtdeutsche Vertretung als WUJS-Mitglied aufgenommen. Seit ihrer vollwertigen Mitgliedschaft bei EUJS stellte die JSUD bereits drei Mal die Vizepräsidentschaft der europäischen Organisation und zwei Mal bei der WUJS. Ebenso handelt es sich mit der 2022 gewählten Präsidentin Avital Grinberg um ein ehemaliges Vorstandsmitglied der JSUD.

Auch die Arbeit und die Kampagnen der jüdischen Aktivist*innen aus Deutsch-land konnten weltweit für Aufmerksamkeit sorgen. Trotz ihres jungen Alters konnte die JSUD bereits einige der „WUJS Student Awards"[51] nach Berlin bringen. Im ersten Jahr ihrer Gründung wurde die JSUD als „Developing Union of the Year" ausgezeichnet. Ein Jahr später erhielt sie mit ihrer „#AfNee – Diese Alternative ist nicht koscher"-Kam-pagne den „Campaign of the Year"-Award. Beim letzten analogen WUJS-Kongress vor der Corona-Pandemie in Israels Hauptstadt Jerusalem wurde die JSUD zwei Mal aus-gezeichnet. Zum einen erhielt sie für den ersten Jewish Women Empowerment Sum-mit (JWES) den „Maurice L. Perlzweig Social Action Award" für besonderes soziales Engagement und zum anderen den wichtigsten WUJS-Award: den „Union of the Year"-Award als aktivste und innovativste Union.

Das Gespräch neigt sich dem Ende zu. Inzwischen hat die JSUD mit Anna Staro-selski, Hanna Veiler, Lars Umanski, Lena Prytula und Julia Kildeeva einen dritten ge-wählten Vorstand. Benny lehnt sich in seinen schwarzgepolsterten Sessel zurück. Er wirkt sichtlich zufrieden mit den Entwicklungen, die die JSUD seit der Gründung ge-nommen und die er mit angestoßen hat:

> Studierendenaktivismus nimmt eine unglaubliche Rolle im politischen Diskurs ein. Einfach, weil man sich noch mehr traut und vielleicht auch etwas idealistischer an politisches Alltagsgeschehen rangeht. Gerade der jüdische Studierendenakti-vismus. Dabei geht es ja auch darum, in die Gemeinden hineinzuwirken und neue Debatten anzustoßen. Es geht dabei um mehr als nur Sichtbarkeit, es geht darum, aktiv mitzugestalten.

Kapitel 3 – Eine neue Dynamik ...

Der Denk- und Streitraum jüdischer Studienförderung

Aus ganz Deutschland sind junge jüdische Akademiker*innen am 12. Mai 2022 in die Hauptstadt gekommen. Erst geht es für sie zu einem Festakt in das Jüdische Museum Berlin. Für manche geht es ein paar Stunden später noch weiter. In geselliger Runde trifft man sich bei kalten Getränken in der Bar ada auf der Neuköllner Sonnenallee. Es ist ein freudiger Anlass, der sie zusammengeführt hat. Sie alle sind Stipendiat*innen oder Alumni des vom Bundesministerium für Bildung und Forschung, von der Europäischen Kommission und vom Auswärtigen Amt geförderten Ernst Ludwig Ehrlich Studienwerks, und knapp einen Monat zuvor hat ELES die 1000. Person in ihre Begabtenförderung aufgenommen.

ELES ist eines der 13 Begabtenförderungswerke, die es heute in der Bundesrepublik gibt. Von diesen setzen einige religiöse und ethnisch-kulturelle Schwerpunkte[52] in ihrer Förderung, andere wiederum politische[53]. Derzeit werden ca. 320 Stipendiat*innen (Stand Juli 2022) von ELES gefördert, wobei viele von ihnen eine Migrationsgeschichte haben: So hatten im Mai 2017 etwa 87 Prozent der Stipendiat*innen selbst oder in ihrer Familie Migrationserfahrungen.

Auf Initiative der Leo Baeck Foundation wurde ELES im Jahr 2008 gegründet. Mitte November 2009 wurde es durch die damalige Präsidentin des Zentralrats, Charlotte Knobloch, und die CDU-Bundesbildungsministerin Annette Schavan eröffnet. Zu den vielen bekannten Persönlichkeiten, die mit dem Studienwerk verbunden sind, gehören u. a. die heutige Schirmherrin und Präsidentin der Israelitischen Kultusgemeinde München und Oberbayern K. d. ö. R. Charlotte Knobloch, die Soziologin Paula-Irene Villa Braslavsky, die Soziologin Julia Bernstein, der Pädagoge Micha Brumlik, die Theaterwissenschaftlerin und Direktorin des Jüdischen Museums Berlin Hetty Berg, der Jurist und Grünen-Politiker Sergey Lagodinsky MdEP, der Soziologe Natan Sznaider, der Jurist und Autor Ronen Steinke und der Historiker und Präsident des Deutschen Historischen Museums Raphael Gross. Was sich damit bereits andeutet, wird noch klarer ersichtlich, wenn man sich näher mit den vielen Stipendiat*innen beschäftigt, die derzeit von ELES gefördert werden oder inzwischen Alumni sind: ELES schafft es, Stipendiat*innen aus den unterschiedlichsten Disziplinen zusammenzubringen und das Gespräch über Gemeinsames wie auch Unterscheidendes zu ermöglichen. So betont auch die Erziehungswissenschaftlerin Sandra Anusiewicz-Baer:

> Was ELES, denke ich, besonders macht, ist, dass es tatsächlich so viele junge Jüdinnen und Juden zusammenbringt, die ansonsten als lose Elementarteilchen einfach so herumschweben würden an den Universitäten. Dass man tatsächlich über diesen gemeinsamen Nenner Judentum zusammenkommt und sich findet. Egal, ob man jetzt jüdische Studien studiert oder eben Medizin oder Jura.[54]

Nun ist es naheliegend, dass ein Ort akademischer Förderung Platz für verschiedenste Debatten bieten sollte. Gleichermaßen wird damit auch ein Gedanke des 2007 verstorbenen Namensgebers des Studienwerkes erfüllt. Der jüdische Historiker und Religionswissenschaftler Ernst Ludwig Ehrlich formulierte den Gedanken wie folgt:

> Zunächst einmal ist man sich auf christlicher Seite allzu oft über die Vielfalt der Möglichkeiten im unklaren, Jude zu sein. Das Judentum ist weder hierarchisch gegliedert, noch besitzt es eine Weltzentrale. Es vermag in seinem vielräumigen Haus die verschiedensten Bewohner zu dulden. Sie werden zwar unter sich nicht immer besonders gut übereinander sprechen, die Form der Gottesdienstausübung des anderen Juden nicht schätzen, einander vorwerfen, intolerant, zu orthodox, zu liberal, zu chauvinistisch, zu universalistisch, zu assimilatorisch, zu gettohaft, zu kritisch, zu wenig kritisch, zu wissenschaftlich oder zu fundamentalistisch zu sein. Aber es sind alles Juden, und vor allem: Sie erkennen sich gegenseitig als Juden an. Zur Wirklichkeit des Judentums gehört seine Vielfalt, sein Pluralismus.[55]

Als 2009 die ersten Stipendiat*innen aufgenommen wurden, hatte man bei ELES erst einmal den Anspruch, mit anderen Studienwerken auf Augenhöhe zu kommen. Doch um die Entwicklung besser nachvollziehen zu können, haben wir Jo Frank gebeten, uns ein paar Fragen zu beantworten. Zu jenem Zeitpunkt war er Geschäftsführer von ELES, Projektleiter der Programme „Dialogperspektiven" und DAGESH, dazu einer von drei Verleger*innen des Verlagshaus Berlin, Autor und Übersetzer, sowie Vater zweier Kinder. Gegenüber dem Deutschlandfunk bezeichnete Jo das Studienwerk einmal als „Labor, Diskursmaschine und Familie", womit gemeint war:

> ELES ist einerseits Labor für jüdische Identitäten, Labor aber auch für Überlegungen, wie die jüdische Gemeinschaft Gesellschaft gestalten kann. Die Diskursmaschine ist ELES durch die vielen Sachen, die wir eben nicht nur innerhalb der Gemeinschaft, sondern außerhalb machen, ob das Ausstellungen sind oder Diskussionsabende, und die Familie ist ein Begriff, den wir übernommen haben von den Stipendiatinnen und Stipendiaten, die ELES selbst als Familie bezeichnen.[56]

Jo war von Anfang an dabei. Aus einer Mitwirkung bis zur Eröffnung 2009 wurde eine Mitarbeit über die ersten zwei Generationen, schließlich blieb er 13 Jahre bei ELES. Jo erklärt, dass der Aufbau von ELES vor allem ein „dynamisches Geschehen" gewesen sei, das sich aus dem Engagement von Mittelgeber*innen, fast 50 Beiratsmitgliedern, 100 Vertrauensdozent*innen, dem Team und den Stipendiat*innen zusammengesetzt habe. Neben der finanziellen Förderung gehört zu ELES auch ein breites ideelles Förderprogramm, „das unsere Stipendiat*in stärken soll und ihnen Möglichkeiten bietet zur intensiven Auseinandersetzung mit einem möglichst breitem Spektrum an Themen", führt Jo aus. Das betont auch der ehemalige ELES-Stipendiat, JSUD-Gründungspräsident und heutige Vertrauensdozent des Studienwerks Benny Fischer:

> ELES war für mich der erste Raum, in dem ich das Gefühl hatte, dass mein universales Interesse und meine jüdische Wesensart im Einklang stehen konnten. Ich war das erste Mal in jüdischen Räumen, und nicht nur, weil ich einen jüdischen

Raum suchte. Sondern weil hier Dinge passieren, die mich in meinem ganzen Wesen ansprechen. Also als Studierender, als Aktivist, als Jude und als Mensch.

Dazu gehören unterschiedliche Angebote: von Sprachkursen über Auslandsaufenthalte bis hin zum Netzwerk der Beiratsmitglieder, Vertrauensdozent*innen und Ehemaligen. Begleitet wird das Programm auch von liberalen und orthodoxen Rabbiner*innen. Doch neben dem Kerngeschäft, das sich so oder so ähnlich bei allen Stiftungen finden lässt, „bietet ELES einen dynamischen Rahmen für weitere Anliegen". Dazu gehört es, „wichtige Themen der jüdischen Gemeinschaft zu reflektieren, politische Entwicklungen in Deutschland und Europa zu analysieren", genauso wie „die enge und wirklich außerordentlich wichtige Zusammenarbeit mit den anderen Begabtenförderungswerken". Dabei wird gegenüber den Stipendiat*innen allerdings auch in aller Klarheit eine Erwartungshaltung formuliert:

> Jedes Privileg bringt auch eine Forderung mit sich. Und unsere wird immer wieder selbstbewusst formuliert: Ob in den Wissenschaften, in der Kultur, der Politik, der jüdischen Gemeinschaft – wir erwarten, dass unsere Stipendiat*innen etwas zurückgeben.

In vielen Gesprächen der vergangenen Jahre, die sich um die Frage gedreht haben, welche Zäsuren das (junge) jüdische Leben am tiefgreifendsten geprägt haben, kam man immer wieder auf ELES zurück. Vor dem historischen Hintergrund, mit seinen vielen Strängen, die sich in der Gegenwart auch immer wieder in den großen medialen Debatten zu kreuzen scheinen, setzte mit ELES eine neue Phase ein. Das betont auch Jo: „Rückblickend würde ich sagen, dass ELES eine katalysatorische Wirkung auf das junge jüdische Leben hatte." Während in den 2000er Jahren die Zahl (überregionaler) jüdischer Organisationen begrenzt war, hat sich inzwischen in Deutschland eine „fast schon unübersichtliche Vielfalt jüdischer Organisationen, Initiativen, Vereine, Gruppen" entwickelt. Natürlich ist das alles nicht denkbar ohne die Transformation des jüdischen Lebens, welche durch die jüdischen Zuwandernden zwischen 1991 und 2005 eingesetzt hat. ELES kann allerdings als weiterer Teil dieser Veränderung begriffen werden: „Die meisten jungen Initiativen wurden von ELES-Stipendiat*innen und Ehemaligen gegründet", sagt Benny.

Die Gründe für das Engagement sind vielseitig – was in den folgenden Kapiteln zunehmend veranschaulicht wird. Doch gerade die finanzielle Absicherung und die ideellen Bildungsprogramme haben das Fundament dafür gelegt. Auch in dem Sinne, dass sich Studierende hier ausprobieren, wie auch Vorstellungen und Weltsichten debattieren konnten. Jo denkt, dass es ein wichtiger Beitrag von ELES war, gerade die „Stärkung der Pluralität der Gemeinschaft" voranzutreiben. Die „Diversität im Judentum, die ich sonst nur in internationalen Räumen erfahren durfte", erklärt Benny, habe er durch das ELES mitgestalten können, da es solche Räume „in Deutschland so gut wie gar nicht gab". Welche Rahmenbedingungen dafür formuliert wurden, erklärt Jo:

> Bei der allerersten Beiratssitzung wurde ELES gedacht als „Big Jewish Tent" – als Institution, in der Jüdinnen*Juden aller Denominationen wie säkulare Jüdin-

nen*Juden zusammenkommen, Studierende aller Fachrichtungen und Promovierende aller Disziplinen miteinander lernen, streiten, gestalten. ELES ist so immer schon ein Ort der Aushandlungen gewesen, die sich dann auch in andere Strukturen übersetzt haben. Hierzu gehört sicher auch die demokratische Mitgestaltung von ELES durch unsere Stipendiat*innen.

Das Aushalten und das Aushandeln von Pluralität ist eine notwendige Grundlage. Denn nur so kann das Studienwerk als „innerjüdischer intellektueller Streitraum" funktionieren, aus dem heraus „immer wieder neue Anliegen und Ziele" formuliert werden. Doch der Streit soll kein Selbstzweck sein – so hat eine ehemalige Stipendiatin das Prinzip von Machloket[57] für ELES fruchtbar gemacht, was später als Prinzip des Studienwerkes übernommen wurde. Diese Beobachtung unterstrich auch die ehemalige ELES-Gesamtsprecherin Alissa Frenkel 2019 im Gespräch mit dem Deutschlandfunk:

> Mit dem Begriff Labor verbinde ich ELES eher nicht, das ist mir zu steril, aber eigentlich ist ELES ganz vielfältig und bunt und ich denke, Familie trifft es aus meiner Perspektive schon eher, obwohl wir alle sehr unterschiedlich sind, haben wir alle diesen gemeinsamen Nenner, nämlich die Förderung bei ELES und auch gemeinsame Ziele, würde ich sagen, nämlich einfach das vielfältige Judentum in Deutschland zu fördern und auch die Gesamtgesellschaft mehr fürs Judentum zu öffnen und uns da mehr einzubringen.[58]

Jo hat die Beobachtung gemacht, dass der „zielgerichtete und auch lustvolle Streit um Positionen für uns und unsere Stipendiat*innen unheimlich produktiv" sei. Und das eröffnete auch den Raum für ganz diverses politisches Engagement, wie es Benny, der 2016 die Ernst Ludwig Ehrlich Studienmedaille erhalten hat, beschreibt:

> Mein politisches Engagement hat damals innerhalb der jüdischen Community wenig Raum gefunden, muss ich sagen. Ich hab das immer als unterschiedliche Bubbles wahrgenommen. Also, dass ich mein politisches Engagement hatte und das Engagement in der jüdischen Community. Da bin ich dann relativ schnell Regionalgruppensprecher Nord geworden. Dadurch war ich quasi mit am Aufbau der studentischen Repräsentanz des Studienwerks beteiligt. Es ging darum, dass wir den StiRa (stipendiatischen Rat) gegründet haben. Das war ne super Truppe, ein hochpolitisches Gremium.

Dieses Empowerment führt auch zu größeren Veränderungen, wie Jo bemerkt: „Gerade die Übernahme von Verantwortung in der jüdischen Gemeinschaft und der nichtjüdischen Gesellschaft durch unsere Stipendiat*innen und Ehemalige wächst stetig." Jede neue Generation von Stipendiat*innen wende sich „stärker politischen Themen" zu. Wobei das Gefühl besteht, dass die „vielen Errungenschaften vergangener Generationen fast schon selbstverständlich" seien. Sie haben allerdings das Fundament dafür gelegt, dass unter der „großen Zahl jüdischer Wissenschaftler*innen, aber auch Künstler*innen, Aktivist*innen, der Anteil an ELES-Stipendiat*innen sehr groß" sei. Doch nicht nur die Möglichkeiten für die Stipendiat*innen nehme stetig zu, darauf weist Jo hin, sondern auch die Herausforderungen und Bedrohungen:

> ELES stand eine ganze Weile für eine neue Sichtbarkeit jungen, pluralen Lebens in Deutschland. In Anbetracht des dramatischen Anstiegs antisemitischer Straftaten, aber auch Einstellungen innerhalb unserer gemeinsamen Gesellschaft, müssen wir die Frage der Sichtbarkeit auch kritisch hinterfragen. Das ist sicher die bedrückendste und auch besorgniserregendste Einsicht aus den letzten 13 Jahren ELES: dass der Antisemitismus in diesem Land und darüber hinaus immer stärker wird; dass Jüdinnen*Juden heute in Deutschland zwar selbstbewusster, sichtbarer, lauter geworden sind – gleichzeitig aber so bedroht sind, wie es zu Beginn unserer Arbeit nicht gewesen ist.

Gleichermaßen habe ELES, so Jo weiter, durch „die Anbindung in die Wissenschaft auch ganz eigene, einmalige Potentiale" dafür, sich in dem zunehmend komplexeren Feld von Antisemitismus- und Rassismuskritik zu bewegen. Insbesondere mit dem wachsenden Erfolg postkolonialer Theorien und Konzepte, aber auch einem in Teilen dieser Denkschule und des entsprechenden Aktivismus angesiedelten Antisemitismus, kam es vor dem Hintergrund der postnazistischen und postkolonialen deutschen Gesellschaft immer wieder zu gesellschaftlichen Auseinandersetzungen. Das jüdische Studienwerk habe es sich in seinem breiten Betätigungsfeld deshalb zum Schwerpunkt gemacht, „jüdische Positionen in ihrer Vielfalt vor allem in den Wissenschaftsdiskurs einzubringen", hält der Geschäftsführer resümierend fest.

In einem der Interviews für dieses Buch, das wir mit dem Regisseur Arkadij Khaet geführt haben, betont dieser, dass viele jüdische Kulturproduktionen der vergangenen Jahre, die auch eine gesellschaftspolitische Wirkung entfaltet haben, ohne ELES nicht möglich gewesen seien: „Ich glaube, ohne ELES kein *Masel Tov Cocktail*. Ich würde aber auch behaupten: Ganz ohne ELES auch kein *Desintegriert Euch!* und auch keine Radikalen Jüdischen Kulturtage." Im Rahmen von ELES sei über Themen und Probleme, über Entwicklungen und Kontinuitäten gesprochen worden, und „dann sieht man Jahre später, an unterschiedlichen Orten, wie das verarbeitet wurde in der Kunst". Doch ELES habe noch mehr als das hervorgebracht: Das Studienwerk habe einen Ort erschaffen, der das „Repertoire" für Jüdinnen*Juden in der deutschen Gesellschaft ganz „im Sinne eines Pluralismus" erweitert. So betont Arkadij: „Man muss niemandem gerecht werden. Es ist gelebter jüdischer Pluralismus. Es ist ein Raum, wo Dinge diskutiert werde, wo über Dinge gestritten wird."

Arkadij betont, dass man bei „ELES nichts erklären muss, nicht das eigene Judentum, nicht das Migrantsein, gar nichts".[59] Und vielleicht gerade weil man es nicht erklären muss, sondern das auch als selbstverständlich angenommen wird, ist der Raum für die gemeinsame Erkundung und den produktiven Streit über eine der zentralen Fragen da: So werde immer wieder verhandelt, was jüdische Identität sei. In der Reclam-Einführung *Das Judentum*, die von Norman Solomon, Fellow am Oxford Centre for Hebrew and Jewish Studies, verfasst wurde, beschreibt dieser, was jüdisch ist:

Gehört die Tomate zum Obst oder Gemüse? Für den Botaniker unzweifelhaft zum Obst, für den Küchenchef zum Gemüse – was aber würde die Tomate selbst sagen? Wenn sie überhaupt über die Sache nachdächte, würde sie wohl die gleiche Identitätskrise erleben, in die Juden leicht geraten, wenn man sie in die Zwangsjacke einer Rasse, einer ethnischen Gruppe oder einer Religion zu stecken versucht. Lässt man sie in Ruhe, sind Tomaten und Juden weder besonders komplizierte noch obskure Wesen. Sie passen aber nicht ohne weiteres in die bequemen Kategorien wie ‚Obst' oder ‚Gemüse', ‚Nation' oder ‚Religion', die zur Klassifizierung anderer Nahrungsmittel und Menschen sonst so nützlich sind.[60]

Die Aushandlung dessen, was es bedeutet, jüdisch zu sein, führe viele (junge) Jüdinnen*Juden zu ELES, erklärt Sandra.[61] Es seien viele Fragen, die sie bewegen und die vielleicht auch weit über den jüdischen Kontext hinausreichen würden: „Wer sind wir, woher kommen wir, was ist uns wichtig, welche Gesellschaft wollen wir? Und was heißt das eben für die eigene Herkunft und für das eigene Erbe?"[62]

Der Festakt war ein freudiges Ereignis. Ein Augenblick, in dem auf die beeindruckende und bedeutsame Geschichte des Studienwerkes zurückgeblickt wurde. Ein Abend, an dem die vielseitigen Räume, die in ihrer Entstehung durch das Studienwerk begünstigt wurden, erkundet werden konnten. Doch neben der Freude über den Anlass mischte sich in jenen Tagen auch Ungewissheit und ein Schock über das Studienwerk und seine Zukunft. Grund dafür war ein Skandal, wie die *Jüdische Allgemeine* in ihrem Nachbericht bemerkte.[63] Berichte über sexualisierte Übergriffe am Potsdamer Abraham Geiger Kolleg durch den Mann des Rektors des Kollegs und Direktors von ELES hatten zur Folge, dass Letzterer zu jenem Zeitpunkt seine Ämter ruhen ließ. Auf besagtem Festakt betonte der Geschäftsführer des Studienwerkes, Jo Frank, dass die Vorwürfe ernst genommen und nun Strukturen gestärkt werden sollten, „um sexualisierter Belästigung und Machtmissbrauch noch entschiedener und vor allem rasch entgegenzutreten".[64] Auch wolle man sich „zugleich solidarisch mit Betroffenen zeigen", „Fehlverhalten benennen und ahnden und – in Zusammenarbeit mit anderen Organisationen – professionelle Schutzräume aufbauen".[65] Auch der Zentralrat reagierte auf die Nachrichten aus Potsdam. Am 19. Mai 2022 gab der Dachverband bekannt, dass eine Rechtsanwaltskanzlei beauftragt wurde, um „die im Raum stehenden Vorwürfe der sexualisierten Belästigung und des Machtmissbrauchs am Abraham-Geiger-Kolleg in Potsdam zu untersuchen".[66] Außerdem können dort betroffene Personen anonym aussagen.

Da sich der Skandal während der Abfassung dieses Textes ereignete, haben wir uns dafür entschieden, an dieser Stelle transparent zu machen, dass er auch zu einer Diskussion über das vorliegende Kapitel geführt hat. Da in verschiedenen Gesprächen die Bedeutung des Studienwerkes hervorgehoben wurde, war es uns wichtig einen Einblick in das Wirken von ELES zu vermitteln. ELES hat wichtige Denk- und Diskursräume geschaffen, aus denen ebenfalls Impulse für jungen jüdischen politischen Aktivismus hervorgegangen sind. Gleichermaßen haben wir uns bereits während der Konzeption des vorliegenden Bandes dafür entschieden, den Fokus auf die Einzelpersonen und nicht auf Organisationen zu legen. Eben wegen der besonderen Bedeutung, die das Studienwerk nicht nur für jüdisches Leben generell, sondern auch für die von uns interviewten Gesprächspartner*innen hatte, ist es zwingend notwendig, dass besagte Vorfälle restlos aufgeklärt und geahndet werden.

Das ist besonders wichtig, weil ELES so viele Impulse für das aktuelle Selbstbewusstsein und die Dynamiken jüdischen (politischen) Lebens gegeben hat. So gebe es, laut Benny, heute in der „jüdischen Landschaft kaum eine Person, die nicht durchs Ernst-Ludwig-Ehrlich Studienwerk und / oder die JSUD gegangen ist". Wer für sich selbst eine „jüdische aktiv-politische Rolle" in Anspruch nimmt, „die sich dezidiert als jüdisch versteht und gerade Dinge bewirkt", sei „aus diesem Dunstkreis" gekommen.

Kapitel 4 – Aktivismus in Widersprüchen. Queerness und Feminismus zwischen Kongressen, Organisation und Aktivismus

Der „richtige Verein zur richtigen Zeit" – *Keshet Deutschland e. V.*

> Wir haben uns damals Sorgen gemacht, wie die Vereinsgründung und die Ziele des Vereins in der jüdischen Gemeinschaft ankommen würden. Die Sorgen waren berechtigt, da zum damaligen Zeitpunkt queeres Leben in unseren Gemeinden nicht sichtbar war, tabuisiert und häufig auch diskriminiert wurde. Aber dann haben wir viele positive Reaktion erhalten. Diese stammten jedoch ganz überwiegend nicht von Gemeindevertreter*innen der Einheitsgemeinden oder Rabbinern, sondern von gemeindeunabhängigen jüdischen Organisationen, vereinzelten Vertreter*innen der Reformgemeinden und überwiegend jungen Menschen. Ich glaube, dass vor allem die junge Generation erkannte, dass es für eine pluralistische jüdische Gemeinschaft wichtig ist, dass queer-jüdisches Leben in den Organisationen sichtbar ist.

So erzählt es uns Leo Schapiro, als wir uns mit ihm in die kirschroten Sitze seines Hörsaals fallen lassen. Hier hat er gerade noch eine Vorlesung gegeben. Doch wir haben uns mit Leo nicht getroffen, weil er uns als Professor für Wirtschafts-, Urheber- und Medienrecht beraten soll. Vielmehr verbindet Leo und mich (Monty) eine lange Freundschaft, die im gemeinsamen queer-politischen Aktivismus begonnen hat. Wir haben uns dazu entschieden, dass wir in diesem Kapitel (abweichend vom Rest des Buches) häufiger meine Perspektive einnehmen werden. Damit soll transparent gemacht werden, wie ich in die hier beschriebenen Entwicklungen eingebunden war und damit nicht nur eine beobachtende, sondern gleichermaßen eine teilnehmende Rolle hatte.

So ist die Geschichte, die Leo uns an diesem warmen Sommertag erzählt, nicht allein seine Geschichte. Es ist zu einem gewissen Teil auch die meine. Viel mehr noch: Es ist die Geschichte vieler mutiger Menschen. Es ist eine geteilte Geschichte. Daher treffen in diesem Abschnitt persönliche Erfahrungen aus meiner teilnehmenden Beobachtung auf die Perspektiven und Wahrnehmung vieler Mitstreiter*innen. Leo ist einer von ihnen. Wir beginnen dieses Gespräch mit Leo, weil er uns einen von zwei Erzählsträngen liefern kann, die zur Gründung des queer-jüdischen Vereins *Keshet Deutschland* geführt haben.

Leo lächelt und beginnt langsam zu sprechen. Immer wieder hält er kurz inne, denkt nach. Er ist der Typ Mensch, der immer den richtigen Ton trifft. In seiner Erinnerung geht er weit zurück vor die Gründung des Vereins im Jahr 2018. Genau genommen nimmt er uns mit in einen Urlaub auf der anderen Seite der Welt: nach Australien. Dort hatte er eine Synagoge besucht, die einen Pride Shabbat veranstaltet hat. Schwierig war es zum damaligen Zeitpunkt, sich etwas Genaueres darunter vorzustellen, weil es hierzulande wenig lokales oder gar überregionales Angebot für queere Jüdinnen*Juden gab. Also besuchte er interessiert die Gemeinde in Melbourne, der Millionenstadt an der Südostküste Australiens. Dort sah er, mit welcher Selbstverständlichkeit eine jüdische Gemeinschaft queer-inklusiv sein konnte: „Alle jüdischen Menschen, die ich traf, waren sehr darum bemüht, eine inklusive Atmosphäre zu schaffen", hält er seine Erinnerung fest. Nach dieser Erfahrung wollte Leo mehr darüber wissen, wie sich queere Jüdinnen*Juden in Australien organisierten. Also traf er sich mit den Vertreter*innen unterschiedlicher queer-jüdischer Organisationen. Es war ein Urlaub, der Leo noch lange beschäftigen sollte. Bereits auf dem Flug zurück nach Deutschland begannen die Gedanken zu kreisen:

> Auf dem Rückflug habe ich dann lange darüber nachgedacht, warum in den deutschen Gemeinden queeres Leben öffentlich nicht stattfand und queere jüdische Menschen in Deutschland sich daher häufig nicht outeten oder die Gemeinden verließen, um ihre queere Identität zu leben. Ich habe mich gefragt, warum wir nicht auch in deutschen Synagogen queer-jüdische Shabbatot feiern und damit queer-jüdisches Leben sichtbar machen. Hierbei wurde mir bewusst: Der einzige Weg, um queer-jüdisches Leben in Deutschland selbstverständlich zu machen, bestand darin, eine bundesweite queer-jüdische Organisation zu gründen.

Es war eine Idee, die Leo antrieb. So erzählt er es, während die Lichtstrahlen, die durch das Fenster dringen, zu wandern beginnen. Kurz unterbricht eine Studentin, die sich offenbar im Raum geirrt hat, das Gespräch. Sie öffnet die Tür nur kurz und lässt sie gleich wieder zufallen. Nach kurzem Stocken fährt Leo fort. Er spricht darüber, wie er mit seinen Recherchen begann. Er wandte den Blick in den anglo-amerikanischen Raum, nach Frankreich und nach Italien. Alles Länder, in denen bereits queer-jüdische Organisationen existierten. Besonders die Organisationen in den USA und in Großbritannien gewannen sein Interesse. Sie trugen den hebräischen Namen *Keshet*, was auf Deutsch übersetzt Regenbogen bedeutet. Bereits damals handelte es sich dabei um professionelle Institutionen. Sie sollten als Vorbild dienen für das, was Leo gerne auch in Deutschland aufbauen wollte. Doch warum war das überhaupt notwendig? Um diese Frage zu beantworten, müssen wir etwas ausholen.

In Berlin gibt es tatsächlich so etwas wie eine queer-jüdische „Szene". In der Spree-Metropole gibt es und gab es soziale Räume, in denen queere Jüdinnen*Juden sich zusammenfinden konnten. Das gilt auch für manch andere Großstadt wie Köln, München oder Frankfurt am Main. Doch in der weit überwiegenden Mehrheit deutscher Städte fehlt es queeren Jüdinnen*Juden zum Teil bis heute an Räumen und Ansprechpersonen. Es fehlt an Orten, an denen sie darüber sprechen können, was es bedeutet, Erfahrungen in dieser Gesellschaft zu machen, die durch Jüdischkeit und Queerness geprägt sind. Erfahrungen, die sich miteinander verschränken. Außerhalb der genannten Großstädte haben mir in den vergangenen Jahren viele queere Jüdinnen*Juden von einem Gefühl der Einsamkeit berichtet. Manche fühlen sich allein gelassen. Die Organisationen und Ansprechpersonen, an die sie die Erwartung richten, dass sie für sie da sind, haben in der Vergangenheit zu oft für Enttäuschungen gesorgt. Auch wenn sich etwas geändert hat, blieb ein skeptisches, vielleicht sogar misstrauisches Gefühl bestehen. Häufig ist zu lesen, dass Menschen, die sich marginalisierten Gruppen zugehörig fühlen, die Erfahrung machen, nie irgendwo wirklich dazuzugehören. Davon haben in Vergangenheit und Gegenwart auch immer wieder Jüdinnen*Juden berichtet. Nun ist es nicht verwunderlich, dass in einer so pluralen Gemeinschaft wie der jüdischen viele Menschen aus ganz unterschiedlicher Perspektive die Erfahrung machen, sich nicht hundertprozentig zugehörig zu fühlen oder auch ausgeschlossen zu werden.

Die Grenzen der Zugehörigkeit werden immer wieder ausgehandelt. In Deutschland zum Teil sogar öffentlich, mit bemerkenswerter Einmischung von Nichtjüdinnen*Nichtjuden.

Die lokale jüdische Gemeinde, der lokale jüdische Studierendenverband, queere Beratungsangebote und queer-politische Gruppen sind oft die einzigen Räume, in denen man einen Teil dieser Erfahrungen zur Sprache bringen kann. Doch allzu oft war es der Fall, dass man unterschiedliche Erfahrungen auf unterschiedliche Räume verteilen musste. Das fand in die Metapher Einzug, die in den Jahren nach der *Keshet*-Gründung häufiger verwendet werden sollte: Es war ein Zustand, in dem man beim Betreten queerer Räume seine Jüdischkeit an der Garderobe abgeben musste, in jüdischen Gemeinden hingegen seine Queerness. Viele machten zusätzlich die Erfahrung, dass sie auch in der Stadtgesellschaft sehr aufmerksam sein mussten und es nicht möglich war, offen als queer und jüdisch aufzutreten. Wie notwendig es also war, einen Verein wie *Keshet* auf überregionaler Ebene zu gründen, betonte Dalia Grinfeld, die Gründungs-Co-Vorsitzende, in einem Interview mit Sharon Adler:

> Mit *Keshet Deutschland* haben wir schon in den ersten drei Jahren eine Community mit queeren jüdischen Menschen aufgebaut, wie es sie in der Form noch nie gab. Wir sind mittlerweile mit Regionalgruppen in Berlin, Frankfurt, München und NRW deutschlandweit vertreten, in denen sehr viele Menschen tagtäglich aktiv sind. Diese Community ist Gold wert. Und dieses Gefühl, wenn die Menschen über *Keshet* sagen, das sei der erste Ort, wo sie queer und jüdisch gleichzeitig sein können.[67]

Dalia kannte ich bereits vor unserer gemeinsamen Zeit im Vorstand von *Keshet Deutschland*. Heute ist sie stellvertretende Direktorin für Europäische Angelegenheiten bei der Anti-Defamation League (ADL). Sie selbst bezeichnet sich als jüdisch-politische Aktivistin. Dalia ist hierzulande in den unterschiedlichen Communities verankert. Das zeigt sich daran, dass sie als Kind den jüdischen Kindergarten sowie die jüdische Grundschule besuchte und ihr Abitur am Jüdischen Gymnasium Moses Mendelssohn absolvierte. In dieser Zeit war sie zudem mehrfach Klassen- und später Schulsprecherin. Diese Verankerung setzte sich auch nach der Schule fort, als sie in Heidelberg ein Studium in Politikwissenschaft und Jüdischen Studien absolvierte. Hinzu war sie Madricha der ZWST, baute den Bund Jüdischer Studierender Baden (BJSB) wieder auf und engagierte sich in der JSUD maßgeblich als erste gewählte Präsidentin und Teil des Gründungsvorstandes.[68] Anfang 2018 schrieb mir Dalia eine Nachricht. Sie wusste, dass ich in meiner Doktorarbeit zu queerer Jüdischkeit forschte und fragte daher, ob ich nicht auf einem Panel die JSUD vertreten könnte. „LGBTI + Judentum – Welche Identität? Queere Juden zwischen Homophobie und Antisemitismus in Deutschland und in Frankreich" war der Titel. Ebenfalls auf dem Panel saßen Alain Beit von der französischen queer-jüdischen Organisation *Beit Haverim*, wie auch Jalda Rebling und Anna Adam von der Berliner Gemeinde *Ohel Hachidusch*.

Für mich persönlich war dieses Panel deshalb bedeutsam, weil sich währenddessen meine Rolle immer stärker verschob. Davon berichtet auch Dalia, als sie zu unserem Austausch mit Leo im Hörsaal hinzustößt. Die ehemalige JSUD-Präsidentin setzt sich auch auf einen der kirschroten Klappstühle und erzählt uns, wie sich die Situation vor der Gründung für sie dargestellt hatte:

> Den Kontakt zu dir hatte ich mal aufgenommen wegen so 'nem Panel. Da warst du ja als JSUD-Repräsentant und hast auf dem Panel zu LGBTIQ* und jüdisch gesprochen. Und es war auch quasi dein Outing, wenn ich mich richtig erinnere.

Tatsächlich hatte ich das Panel noch in einer analytischen Perspektive begonnen und schließlich damit geendet, auch in der Öffentlichkeit meine Queerness mitzuteilen. Im Anschluss erschien ein Onlinebericht[69] des Rundfunk Berlin-Brandenburg (RBB), der über den Abend berichtete. Neben Jalda, Alain und Anna wurde ich als junger, queer-jüdischer Panelteilnehmer vorgestellt. Durch den Bericht wurde auch Leo auf mich aufmerksam und lud mich gemeinsam mit Dalia ein, Teil der „Task Force" zu werden. Dalia fährt fort:

> Und wir drei kamen ja dann, lass mich kurz überlegen, am 4. September gemeinsam mit Mitgliedern der Arbeitsgruppe LGBTIQ*-Inklusion der JSUD im JSUD-Büro zusammen. Da hatten wir ein erstes buntes Arbeitstreffen, bei dem wir Pläne geschmiedet haben. Dabei hat sich auch langsam herauskristallisiert, dass wir drei, also du, Leo und ich, bereit wären, für den Vorstand zu kandidieren. Ich erinnere mich aber auch, dass es nicht leicht war, Menschen zu finden, die bereit waren, mit dem Thema und in der Funktion in die Öffentlichkeit zu treten.

Gemeinsam verlassen wir den Hörsaal und begeben uns in die Cafeteria. Vor uns stehen vier Becher mit Heißgetränken. Um uns herum sind viele Studis, die zwischen ihren Seminaren und Vorlesungen eine Stärkung holen wollen oder einfach nur ihre Kommiliton*innen treffen. Leo nimmt einen großen Schluck und beleuchtet, wie es überhaupt dazu kam, dass Dalia und er zusammengefunden haben:

> Alleine wäre es nicht möglich gewesen, ein solch großes Projekt in die Tat umzusetzen. Auf dem Geburtstag meines Freundes David lernte ich glücklicherweise dann Dalia kennen. Sie berichtete mir davon, dass man in der JSUD schon eine Task Force gegründet hat, die sich mit LGBTIQ*-Themen befasste. Ich erzählte ihr dann von meinem Vorhaben, und gemeinsam beschlossen wir dann nachts auf dem Geburtstag, den Verein zu gründen.

Auch Dalia erzählt von dem Geburtstag:

> Auf einem wertvollen Geburtstag eines späteren Gründungsmitglieds haben Leo und ich uns kennengelernt. Zum ersten Mal, tief in der Nacht, haben wir über den Bedarf von queer-jüdischen Räumen gesprochen. Leo fragte, wie es sich gerade unter jüngeren Jüdinnen*Juden mit dem Thema LGBTIQ* verhält. Er merkte positiv an, dass die JSUD sich diesem Thema bereits angenommen hatte, obwohl es auf Unverständnis bei einigen gestoßen ist.

Bereits auf dem Berliner Christopher Street Day 2018, also noch vor der Gründung von *Keshet*, gab es eine jüdische „Queer & Allies"-Laufgruppe. Sie war aus der Arbeitsgruppe der JSUD entstanden. Dalia erklärt, wie die Arbeitsgruppe aufgebaut war:

> In dieser Arbeitsgruppe haben sich innerhalb der jüdischen Studierendenunion Menschen zusammengefunden, die dieses Thema in die institutionalisierte jüdische Community hineinbringen wollten. So wollten sie dafür sorgen, dass sich in den jüdischen Gemeinden etwas ändert und queere jüdische Menschen mitbedacht und inkludiert werden, aktiv sowie passiv.

Diese Arbeitsgruppe war aber auch aus einem eher sozialen Grund entstanden. Viele queere Jüdinnen*Juden in Deutschland kannten sich kaum, betont Dalia. Es habe kaum Vernetzung gegeben, von den „Gay Israelis in Berlin" einmal abgesehen. Dalia bezieht sich damit darauf, dass es viele Israelis in den vergangenen Jahrzehnten in die deutsche Hauptstadt gezogen hat. Darunter befinden sich auch viele Queers, die aufgrund von wirtschaftlichen, politischen und sozialen Problemen sowie Queerfeindlichkeit nach Deutschland umziehen.[70]

Damals habe es aufgrund der eklatanten Leerstellen „einfach einen Bedarf gegeben". Es habe „eine Leerstelle für Menschen gegeben, die sowohl in der jüdischen als auch in der queeren Szene aktiv waren". Dadurch lassen sich, so Dalia, wahrscheinlich auch die überschwänglichen Reaktionen erklären, die den zehn Gründungsmitgliedern entgegenkamen, als der Verein endlich gegründet wurde. Sie sagt: „Es war der richtige Verein zur richtigen Zeit." Doch damit das klappen konnte, brauchte es genügend Vorbereitung, erklärt Leo:

> Begonnen hat es dann mit einer Task Force im Büro der JSUD. Da haben wir beschlossen, wie wir die Gründung durchführen wollen. Dann haben wir queer-jüdische Bekannte und Freund*innen gesammelt und uns dann zur Vereinsgründung getroffen.

Wie Dalia im Interview mit Sharon betonte, war es „Gold wert", dass es mit *Keshet Deutschland* wieder eine Community gab – vielleicht das Gold am Ende des Regenbogens. In der Zeit davor wurde nach Gleichgesinnten gesucht, nach Verbündeten, nach anderen Menschen, die artikulieren konnten, was für einige schwierig auszusprechen war. Es war die Suche nach Orientierung und Halt und auch nach einer gemeinsamen Sprache. Daher war es so wichtig, dass es Menschen gab, die ihre Erfahrung mal zornig und stürmisch, mal ruhig und bedacht in die Welt riefen. Indem sie ihre Gedanken, Erfahrungen und Perspektiven verschriftlichten oder in Interviews und Podcasts das Wort ergriffen, konnten ihre Stimmen potenziell überall und nicht nur lokal begrenzt gehört werden.

In der Zeit, in der nur wenige queere Jüdinnen*Juden in der Öffentlichkeit standen, war Debora Antmann mit ihrem Blog *Don't degrade Debs* und ihrer Kolumne im *Missy Magazine* zweifelsfrei eine der wichtigsten Teile der Kette der queer-jüdischen (Dis-)Kontinuität. Die „weiße, lesbische, jüdische, analytische Queer_Feministin, Autorin und Körperkünstlerin"[71], politische Bildnerin und wissenschaftliche Mitarbeiterin am

Jüdischen Museum Berlin schuf Denkräume für queere Jüdinnen*Juden. In der Ausgabe vom 22. Oktober 2021 schreibt Antmann über jene Zeit:

> Ich schreie meine bedingungslose Solidarität mit Jüd*innen seit zehn Jahren in den deutschsprachigen Orbit und ich glaube, manchmal ist Leuten nicht bewusst, wie einsam diese Arbeit am Anfang war. Ich war da vor den Keshets und Rainbow Chawurahs, vor den Telegrammgruppen und sogar vor den desintegrativen Kongressen. Ich habe für queere jüdische Geschichte und Wissen, für jüdische Wirklichkeiten und Legitimität eingestanden, wo es keine Community gab, wo für alle die Isolation noch viel größer war als jetzt – zehn, acht, sechs Jahre später, weil es einfach NICHTS gab. Umso wohltuender ist es heute, Teil eines Kanons zu sein. Umso schmerzhafter wäre es, wenn schon eine Generation später alle Spuren von uns von anderen – von Nicht-Jüd*innen überschrieben worden wären. Wir müssen uns unsere Geschichte(n) gegenseitig erzählen![72]

In einer Zeit, wo es an Ansprechpersonen in der Öffentlichkeit mangelte, wo queerjüdische Erfahrungen nahezu nirgends gehört wurden, waren Deboras Texte für viele ein Fixpunkt am dunklen Nachthimmel.

Daraus resultierte dann auch der Ansatz von *Keshet Deutschland*. Die Gründungsmitglieder schrieben sich auf die Regenbogenfahne, dass man nicht nur Anlaufstelle für queere Jüdinnen*Juden in Berlin sein, sondern im ganzen Bundesgebiet queerjüdische Menschen miteinander vernetzen will. Daher gibt es mittlerweile Regionalgruppen in Berlin, Frankfurt, München und Nordrhein-Westfalen.

Doch steht auch fest, dass die Arbeit von *Keshet* vor allem auch deshalb möglich wurde, weil bereits Raum in der deutschen Gesellschaft für queere Jüdinnen*Juden erkämpft worden war. Neben Debora und weiteren vereinzelten Stimmen waren das vor allem queer-jüdische Initiativen, die entweder lokal gewirkt haben, oder die mit der Zeit wieder inaktiv wurden bzw. deren Aktivitäten bereits längere Zeit zurückliegen. Dazu gehörte zum Beispiel die *Rainbow Chavurah*. Ihre Mitglieder beschrieben die Motivation der Gruppe so, „dass es innerhalb bestehender jüdischer Strukturen in Deutschland oft keinen Ort gibt, an dem wir genau so sein können, wie, wer und was wir (nicht) sind".[73] Denn es sei „zermürbend und schwer erträglich", auch in „jüdischen Räumen […] Teile von uns selbst unsichtbar machen zu müssen".[74] Deshalb entschieden sich die Aktiven der *Rainbow Chavurah* 2017, die Gruppe in Berlin zu begründen. Weit vor ihnen gingen bereits *Yachad*, *Bet Debora* und der *Shabbeskreis* diesen Weg. Auch sie hatten die Leerstellen erkannt und waren in unterschiedlichem Maße Orte, an denen queer und jüdisch sein nicht als Widerspruch inszeniert wurde. Die *Chavurah* sollte „ein für queere, jüdische Menschen und ihre Liebsten autonomer und sicherer Ort" sein.[75]

Queer-jüdische Gruppen tragen auch weiterhin dazu bei, dass *ent*-schwiegen wird, was auch weiterhin in vielen Räumen *unsagbar* bleibt. *Unsagbar* nicht nur, weil das Aussprechen Konsequenzen hat, sondern auch *unsagbar*, weil wir weiterhin noch am Anfang stehen, eine gemeinsame Sprache zu finden. Dafür braucht es Sozial- und Denkräume, wie queer-jüdische Gruppen sie darstellen. Denn sie bringen queere Jüdinnen*Juden ins Gespräch. Orte, an denen sie sich über ihre Erfahrungen austauschen können. An denen die Verletzungen mitgeteilt werden können. Und an denen Raum für Heilung ist.

Die Konflikte, von denen queer-jüdische Gruppen gezeichnet sind, sind auch eine Folge der Erfahrungen, die viele queere Jüdinnen*Juden machen mussten – Erfahrungen der Ausgrenzung in jüdischen und queeren Räumen und damit einhergehend Enttäuschungen und Vertrauensbrüche. Diese Erfahrungen haben ein Misstrauen geschaffen, von dem queere Zusammenschlüsse immer wieder gezeichnet sein können. Es bedarf daher umso mehr Arbeit, Verständnis und Empathie füreinander und Durchhaltevermögen. So können Räume entstehen, in denen wir Verletzungen begegnen können.

Queer-jüdische Räume sind notwendig, weil die Möglichkeiten für Zugehörigkeit in sowohl queeren als auch jüdischen Communities sehr unterschiedlich sind. Blicken wir zuerst auf jüdische Gemeinden. Anhand der Berichte vieler queerer Jüdinnen*Juden wird deutlich, dass sich der Status Quo von Gemeinde zu Gemeinde stark unterscheiden kann. Wie inklusiv eine Gemeinde gegenüber Queerness ist, entscheidet sich nicht allein an der religiösen Strömung. In Deutschland sind das liberal, konservativ, orthodox oder auch Jewish Renewal. Außerdem spielen auch die Altersstruktur, die Fluktuation unter den Mitgliedern / Beter*innen (z. B. als Studierendengemeinde), die Region u. v. m. eine Rolle bei der Frage, ob queere Jüdinnen*Juden in der Gemeinde einen Platz finden.

Ein weiteres *Keshet*-Mitglied, das sich in unterschiedlichen Gemeinden bewegt und hier anonym bleiben möchte, erzählt uns von seinen Erfahrungen: Am stärksten fortgeschritten sei die Inklusion von queeren Jüdinnen*Juden in Theologie und Selbstverständnis von liberalem und konservativem Judentum. Während auf theologischer und programmatischer Ebene intensiver über Ausgrenzungen diskutiert werde, sei es nicht ausgeschlossen, dass es auch in progressiven Gemeinden zu Diskriminierung komme. Dennoch haben die vielen Rabbiner*innen zumindest auf der theologischen Ebene den vermeintlichen Widerspruch zwischen Queersein und jüdischer Religiosität aufgelöst. Doch die Widersprüche zwischen Theologie und Programmatik auf der einen Seite und der gelebten Realität auf der anderen Seite seien keineswegs auf die gerade beschriebenen Denominationen beschränkt.

Auch für orthodoxe Gemeinden und Rabbiner(*innen)[76] lasse sich da keineswegs ein Pauschalurteil fällen. Die Diskriminierung von queeren Jüdinnen*Juden werde häufig verurteilt: „Die Mehrheit orthodoxer Rabbiner und Gemeinden in Deutschland halte allerdings an theologischen Vorstellungen fest, in denen queere Hochzeiten und Veränderungen von Sitzordnungen – die z. B. nonbinären oder trans Jüdinnen*Juden einen Raum geben würden – nicht umgesetzt werden." Dieses Spannungsfeld sorge allerdings keineswegs dafür, dass sich queere Jüdinnen*Juden grundsätzlich von orthodoxen Gemeinden abwenden.

Queer-jüdische Gruppen und Organisationen sind auch deshalb notwendig, weil viele queere Jüdinnen*Juden die Erfahrungen eines doppelten Outings beschreiben. Damit wird einerseits die Erfahrung beschrieben, im gesamtgesellschaftlichen Rahmen „out of the closet" zu kommen. Andererseits soll jedoch auch darauf hingewiesen werden, welche Konsequenzen auf das Mitteilen bzw. (vermeintliche) Erkanntwerden als jüdisch in queeren Räumen folgen können. Denn sobald man sich als jüdisch offenbart oder nichtjüdische Menschen ein vermeintliches Jüdischsein zu erkennen glauben, erleben viele (queere) Jüdinnen*Juden Erfahrungen des Otherings[77]. Zu diesen Erfahrungen tritt das Bewusstsein darüber, dass es regelmäßig in queeren Gruppen zu offen antisemitischen Vorfällen kommt. Dabei bleibt häufig die Solidarität mit den von Antisemitismus betroffenen Personen aus. Auf die fehlende Solidarisierung mit jüdischen Queers folgt dann deren Rückzug aus diesen Räumen.

Doch warum kommt es ausgerechnet in queeren Bewegungen zu Antisemitismus? Also in Bewegungen, die sich den Anspruch auf die Regenbogenfahne schreiben, gegen jegliche Diskriminierungsform einzustehen und in denen sich in den vergangenen Jahrzehnten vor allem konsequent antirassistische Positionen durchgesetzt haben? Einerseits kann man das auf die Haltung von Judith Butler zu diesem Thema zurückführen. Andererseits gibt es auch historische Kontinuitäten des Antisemitismus in progressiven, linken und feministischen Bewegungen, die sich bis in die Gegenwart fortsetzen.

Butlers Werke sind vor allem für die deutsche Debatte um Queerness zentral: *Das Unbehagen der Geschlechter* und *Körper von Gewicht. Die diskursiven Grenzen des Geschlechts* haben bis heute eine hervorgehobene Rolle in Debatten um Sexualität, Geschlecht und Körper in Deutschland. So wichtig das (Früh-)Werk von Butler war und so intensiv sie dazu beigetragen hat, die subversiv gewendete Variante von „queer" im deutschen Diskurs zu verorten, so dramatische Konsequenzen haben ihre Haltungen zu Israel und Antisemitismus für die Auseinandersetzung mit diesen in queeren, intersektionalen und antirassistischen Bewegungen gehabt. Butlers positive Bezugnahme auf die BDS-Kampagne und ihre scharfe Ablehnung jüdischer Staatlichkeit wurde in der Vergangenheit wiederholt als antisemitisch eingeordnet. Und tatsächlich steht der Konflikt um Butler beispielhaft für ein weitaus größeres Problem.

An dieser Stelle sei allerdings ein wichtiger Einwand erwähnt: (Israelbezogener) Antisemitismus ist kein Problem, das sich allein auf (queer-)feministische Bewegungen begrenzt. Genauso wenig sollte die (auch hier vorgetragene) Kritik an diesen Zuständen dazu dienen, die Anliegen dieser Bewegungen in Gänze zu delegitimieren. Doch um gerade die progressive Stoßrichtung dieser Bewegungen zu erhalten, ist eine Kritik an diesen Missständen notwendig.

Missstände, die sich z. B. 2021 in Berlin gezeigt haben, als es zu antisemitischen Ausfällen im Rahmen eines queeren Zusammenschlusses kam. Die Internationalist Queer Pride for Liberation 2021, die sich wie zuvor der Radical Queer March als radikaler Gegenpart des als zu angepasst empfundenen CSD versteht, wurde u. a. durch BDS-Berlin und BDS unterstützende Organisationen initiiert. In ihrem Aufruf hatte es noch geheißen, dass alle Menschen inkludiert würden und ein intersektionaler Charakter in Anspruch genommen werde.

Doch der im Aufruf formulierte inklusive Anspruch blieb hinter der Realität zurück. Es kamen annähernd 3 000 Menschen, die an dem Marsch durch Neukölln teilnahmen. Journalist*innen, die das Demogeschehen beobachteten und ihrer Arbeit nachgingen, wurden beschimpft und körperlich angegangen. Immer wieder wurden sie von Teilen der Demoteilnehmenden als „Zionistenpresse" beleidigt.[78] Schon 2019 war es beim „Vorgänger", dem Radical Queer March, zu einer Auseinandersetzung mit Aktivist*innen und Sympathisant*innen der BDS-Kampagne gekommen:

Bereits im Vorlauf der Demo kam es zu Konflikten, als gefragt wurde, wie die Veranstaltung mit der Teilnahme der BDS-Bewegung umgehen wolle. Nachdem sich die Veranstalter:innen gegen eine entsprechende Teilnahme aussprachen, kam [es] nach kurzem Zuspruch zu einem Shitstorm von BDS-Anhänger:innen. Als Kompromiss wurden jegliche Nationalflaggen untersagt. Trotz alledem tauchte am Tag ein geschlossener Block mit BDS-Anhänger:innen, Palästinaflaggen und antisemitischen Transparenten und Parolen auf.[79]

Es werden in queeren und intersektionalen Bewegungen erbitterte Auseinandersetzungen darum geführt, wie mit Antisemitismus und dem jüdischen Staat umzugehen sei. Dabei bleiben queere Jüdinnen*Juden häufig auf der Strecke. Das ist es, was der Sommer 2021 gezeigt hat. Sachliche Kritik an den Vorgängen in Sheikh Jarrah[80] und den Raketenangriffen der Hamas trat in den Hintergrund, während israelfeindliche Aktivist*innen in sozialen Netzwerken das Wort ergriffen. Viele progressive Bewegungen, von Umweltschützer*innen über intersektionale Feminist*innen bis hin zu queeren Aktivist*innen, teilten teilweise antisemitische Stereotype in sozialen Medien. In vielen Gruppen, die sich diesen Milieus zuordnen, schien sich eine These der Historikerin Shulamit Volkov zu bewahrheiten:

Er [der Antizionismus] ist zum Erkennungszeichen der Zugehörigkeit zu einem bestimmten, subkulturellen Milieu geworden … Er ist vor allem als Loyalitätstest geeignet, besonders für Juden.[81]

Antisemitismus ist in queeren Communities genauso zuhause wie in der gesamten Gesellschaft. Die Vorstellung, dass progressive oder linke Gruppierungen dagegen per se immun wären, wurde in den vergangenen Jahren regelmäßig dekonstruiert. Genauso oft ist es zu erleben, dass queere Jüdinnen*Juden als Token[82] gegen den jüdischen Staat Israel oder vermeintlich konservative jüdische Communities in Stellung gebracht werden. So werden auf konservative Jüdinnen*Juden häufig antijudaistische Vorstellungen archaischer Religiosität und Starrsinns projiziert, während jüdische Queers als progressives Gegenbeispiel integriert werden. Teile und herrsche, oder wie es mit Blick auf Jüdinnen*Juden oft heißt: „Guter Jude, schlechter Jude." So betont Dalia in unserem Gespräch:

Und es gibt noch immer viele Themen, die noch enttabuisiert werden müssen. Da wird gerade erst an der Oberfläche gekratzt. Damit meine ich vor allem den Antisemitismus in queeren Szenen und Queerfeindlichkeit in der jüdischen Community.

Doch das alles wäre nicht möglich gewesen, wenn sich nicht von Anfang an auch Jüdinnen*Juden für LGBTIQ*-Rechte stark gemacht hätten, die selbst nicht primär von Queerfeindlichkeit betroffen sind. Ihren Einsatz hebt Leo hervor, während wir gemütlich über den Campus zum Ausgang des Uni-Gebäudes schlendern:

Es war vor allem sehr mutig von allen Beteiligten, auch von denjenigen, die uns begleitet und unterstützt haben, ohne selbst betroffen zu sein. Sie haben alle Großes für die Gründung und das Aufblühen des Vereins geleistet.

Damit wird auch noch einmal deutlich, warum *Keshet Deutschland* die Sensibilisierung und Aufklärung gegenüber sexueller und geschlechtlicher Vielfalt innerhalb jüdischer Communities als zweitwichtigste Aufgabe hinter der psychosozialen Unterstützung Betroffener benennt. Anders als in den USA, wo allein aufgrund der Geschichte, der Kontinuität und der schieren Anzahl an Jüdinnen*Juden die Gründung queerer Gemeinden möglich war, sollte in Deutschland in die Gemeinden hineingewirkt werden. Anstatt Parallelstrukturen aufzubauen, will man die bestehenden Institutionen gemeinsam weiterentwickeln. Damit wird queeres Judentum auch als selbstverständlicher Bestandteil des institutionalisierten jüdischen Lebens in Deutschland angesehen. Das spiegelt sich auch in Dalias Abschiedsworten wider, die sie zu uns sagt, als uns vor dem Gebäude der Uni die Sonne ins Gesicht scheint:

Die Gründung *Keshet Deutschlands* hat dazu beigetragen, einer neuen jüdischen Generation in Deutschland, die Lust hat, etwas zu bewegen, eine Stimme zu geben. Sowohl innerhalb der jüdischen Gemeinschaft, aber auch darüber hinaus. Es hat die Möglichkeit geschaffen, mitzugestalten. Denn Deutschland ist auch ein Ort, an dem wir uns weiter sehen, den wir insbesondere als jüdische Community claimen oder reclaimen wollen. Gleichzeitig erkämpfen wir in der deutsch-jüdischen Gesellschaft, dass queere jüdische Menschen selbstverständlich dazugehören, als Individuen und auch als Gruppe.

Chancen erkämpfen – Jewish Women Empowerment Summit

Während des Austausches mit Dalia und Leo fiel der Fokus auch kurz auf ein weiteres Projekt, das viele junge Jüdinnen*Juden in den vergangenen Jahren bewegt hat. Dieses will aus jüdischer Perspektive Räume schaffen und Zusammenhänge zwischen Rollenzuschreibung, Genderidentität, Diskriminierung und Empowerment in und außerhalb der jüdischen Communities zusammenzuführen. Darauf hatte Dalia bereits im Interview mit Sharon Adler hingewiesen:

Das Jewish Women Empowerment Summit ist ein einzigartiger Ort, an dem junge jüdische Frauen zusammenkommen können und sowohl ihre feministischen Träume entdecken oder intensivieren können, als auch sich mit den Überschneidungsthemen von jüdisch und Frau auseinandersetzen können, und an dem wir untereinander in einem sicheren Raum diskutieren und uns austauschen können, etwas gemeinschaftlich aufbauen und bilden können.[83]

JWES[84] wurde 2019 durch die JSUD und den Zentralrat ins Leben gerufen. Doch die Idee ist bereits ein Jahr zuvor entstanden. Aus der Ferne haben wir beobachtet, wie damals in Frankfurt am Main dieses neue Format auf die Beine gestellt wurde. Um mehr darüber zu erfahren, wollen wir mit einem der Köpfe hinter dem Summit sprechen. Deshalb setzen wir uns in den ICE-Sprinter in Richtung Mainmetropole. Knapp vier Stunden später sind wir da – in der Stadt, die sowohl vor 1933 als auch nach 1945 einen besonderen Platz im jüdischen Leben Deutschlands hatte.

Im Zug haben wir uns noch einmal alles durchgelesen, was wir zu politisierten Jüdinnen*Juden in Frankfurt in Zeiten des postnazistischen Deutschlands finden konnten. Dazu gehören etwa die Frankfurter Studierendenproteste und der Eklat um den verhinderten Vortrag des ersten israelischen Botschafters Asher Ben-Natan an der Frankfurter Goethe-Universität, genauso wie die Verhinderung der Uraufführung des Fassbinder-Stückes *Der Müll, die Stadt und der Tod* durch die Frankfurter jüdische Gemeinde. Das waren politische Ereignisse, bei denen die Frankfurter Jüdinnen*Juden bewusst ein Zeichen nach außen gesetzt haben. Jüdische politische Bewegungen passen nach Frankfurt.

Das hat vielleicht auch damit zu tun, was über die Stadt gesagt wird: Berlin sei eine Stadt mit vielen Jüdinnen*Juden, wohingegen Frankfurt eine jüdische Stadt sei. Die ZWST befindet sich bereits seit der Wiedergründung in Frankfurt. Ebenso entsteht auch die Jüdische Akademie des Zentralrats genau hier: Von Frankfurt aus soll ein Licht der Bildung in die jüdischen Communities in Deutschland getragen werden. Anders als die historischen politischen Ereignisse in Frankfurt ist der Summit nicht nur ein politischer Raum, sondern auch ein pädagogischer. Die Organisator*innen wollten nicht nur ein Zeichen nach außen setzen, sondern auch eine Kultur nach innen verändern. „Still und nicht maximal sichtbar", wie es unsere Gesprächspartnerin betonte, die wir euch gleich vorstellen wollen.

Mit dem ersten Summit wurden Denkräume und Netzwerke begründet. Wir wollen besser verstehen, was der Summit für die Teilnehmenden bedeutet hat. Deshalb haben wir uns mit einem der Köpfe hinter der Tagung ausgetauscht: Laura Cazés ist Autorin und die Leiterin der Abteilung „Kommunikation und Digitalisierung" bei der ZWST. Laura ist in Deutschland aufgewachsen und sieht sich selbst als eine „Beobachterin". Damit ist gemeint, dass sie jüdische Gegenwart und gesellschaftliche Schnittstellen beobachtet. Laura sieht ihre Aufgabe als die einer „Übersetzerin":

Ich habe mich vor allem damit beschäftigt, die Kontexte, die ich beobachte, zu übersetzen: Deutschen Israel erklärt und Israelis Deutschland. Einem internationalen Kontext die deutsch-jüdische Identitätskrise und umgekehrt. Der Mehrheitsgesellschaft die jüdische Community usw. Vom Analogen ins Digitale, vom Traditionellen ins Progressive und umgekehrt. Dabei geht es mir aber nie darum, eine reine Binarität darzustellen, sondern vor allem auch gemeinsame Nenner, Facetten herauszuarbeiten.

Ihre persönliche Aufgabe kam auch nicht von ungefähr. So habe ihr Leben immer in „mehreren Sprachen und mehreren Kontexten gleichzeitig stattgefunden", womit sie geradezu prädestiniert dafür zu sein scheint, zu übersetzen. Sie selbst sagt von sich, dass ihre jüdische Sozialisation „traditionell, aber undogmatisch, offen, aber verbunden" gewesen sei.

Das meint nicht nur die Verbindung aus Tradition und Offenheit, sondern auch die „sehr unterschiedlichen jüdischen kulturellen Bezüge", aus denen ihre Eltern stammen: Sie haben sowohl einen aschkenasischen als auch einen sephardischen Kontext.[85] Sich selbst beschreibt Laura als „säkular lebende Person, und die Familie meines Vaters in Argentinien würde sich eher als progressiv, auch institutionell progressiv bezeichnen", wobei sie gleichermaßen auch „in der Schule und durch die Machanot der ZWST mit einer eher orthodoxen Perspektive auf das Judentum aufgewachsen" ist.[86] Das Judentum sieht Laura als eine „Ressource", die „zu unterschiedlichen Zeitpunkten unterschiedliche Rollen" annehmen kann: „Es kann ein spiritueller Anker sein, eine intellektuelle Herausforderung, ein Orientierungspunkt, eine Antithese, ein Ort, an dem ich mich nicht erklären muss." Als die Kunsthistorikerin und heute stellvertretende Kulturchefin beim Tagesspiegel Ronja Merkel Laura für das *Journal Frankfurt* anlässlich des JWES interviewt und fragt, ob sie sich zuerst als Deutsche, Jüdin oder Feministin bezeichnen würde, erklärt Laura, wie diese Identitäten in unterschiedlichen Kontexten wirken:

> Es gibt Kontexte, in denen ich mein Frausein weniger erstreiten muss. Das gleiche gilt aber auch für mein Jüdischsein. Die Mehrheitsgesellschaft bietet Situationen, in denen mein Geschlecht oder meine jüdische Herkunft nicht hinterfragt werden, in der ganz selbstverständlich ist, wer ich bin, ohne dass ich mich extra positionieren muss. In einer solchen Umgebung stehen meine Stellungen als Frau oder als Jüdin nicht an erster Stelle. Aber wie gesagt: Es kommt darauf an, wann du mir diese Frage stellst. Alle drei Aspekte gehören zu meinem Identitätsverständnis.[87]

Sie habe alle jüdischen Strukturen ‚durchlaufen', „die man so durchlaufen kann", wodurch sich ihre „jüdische Sozialisierung von der der meisten jüdischen Kinder und Jugendlichen in Deutschland" unterscheide. Einen weiteren Unterschied zu anderen jungen Jüdinnen*Juden gibt es dadurch, dass Laura für die altehrwürdige ZWST – also eine jüdische Organisation – arbeitet. Doch gerade diese Arbeit biete ihr „einen Zugang zu unterschiedlichen jüdischen Lebensrealitäten". Dazu zähle auch die Beobachtung, wie und warum „jüdische Gemeinden in Deutschland heute so aufgebaut und strukturiert sind". Weil sie bereits seit Kindertagen an von der ZWST organisierten Aktivitäten teilgenommen hatte, begann sie auch damit, sich ehrenamtlich in der jüdischen Jugendarbeit zu engagieren. Dadurch war sie der Organisation bereits über viele Jahre verbunden. Seit Laura hauptamtlich für die ZWST tätig ist, hat sie allerdings auch eine „ideelle Verbindung in Bezug auf die Verbandshistorie entwickelt". Konkret ist damit gemeint, dass die ZWST von Pionierinnen der sozialen Arbeit gegründet wurde, betont Laura. Es waren Personen wie Bertha Pappenheim, Cora Berliner, Sidonie Werner, Hannah Karminski und später Jeanette Wolff, welche durch ihren Beitrag dafür gesorgt haben, dass die ZWST „in ihrer heutigen Form" entstanden sei. Außerdem beschreibt Laura eine ähnliche Wahrnehmung, über die wir an anderer Stelle bereits geschrieben haben. Der Widerspruch, den es in der Repräsentation von Jüdinnen*Juden in den erinnerungskulturell geprägten Diskursen gibt und der zur Folge hat, dass queere und widerständige Jüdinnen*Juden verschwinden, stelle sich auch für Jüdinnen dar:

> Ich erwähne die Frauen explizit, weil ihre Leistungen und die Opfer, die sie im Dienste der jüdischen Gemeinschaft gebracht haben, in unserem kollektiven Gedächtnis keine hinreichende Würdigung finden. Sie haben soziale Themen aus ihrer Arbeit mit Frauen abgeleitet und in Zeiten größter Krisen und Not gesellschaftlichen Fortschritt erwirkt, Menschen gerettet und ein strukturelles Vermächtnis hinterlassen, das uns auch heute als Kompass für gegenwärtige Herausforderungen dient. Wir lernen auch heute noch von ihnen.

Darüber hinaus seien sie auch ein Vorbild für Laura, das sie regelmäßig daran erinnere, aus der jüdischen-feministischen Perspektive nicht nur „religiöse Räume für sich zu beanspruchen", sondern die jüdische Gemeinde als sozialen Raum zu verstehen.

Dieser Raum steht vor enormen Herausforderungen, wie Laura es auch betont: Da sei unter anderem die Überalterung, die die Demografie der Gemeinden massiv verändert. Und es seien „vulnerable Zielgruppen", welche ebenfalls von den „großen Themen" betroffen seien. Themen, wie „politische und gesellschaftliche Umbrüche, große Krisen, der Klimawandel und disruptive Innovation". Sie alle greifen „in die Gesellschaften und die Zeit, in denen wir leben, immer schneller und auch brutaler" ein. Die jüdische Gemeinschaft in Deutschland könne dementsprechend als eine „Community against all odds" verstanden werden. Das meint, dass keine „demografische Prognose vor 150 Jahren die Aufstiege und Abgründe hätte vorhersehen können". Dass im Jahr 2021 ein Jubiläum wie „1 700 Jahre jüdisches Leben„ begangen würde und die jüdischen Communities 200 000 Menschen zählen, sei in den 1950er Jahren „unvorstellbar" gewesen, betont Laura. In Anbetracht all dessen, so Laura weiter, stehe „die jüdische Community in Deutschland für mich für Resilienz und auch ein Bewusstsein, dass alles immer möglich ist – zum Guten wie zum Schlechten".

Mit der *Frankfurter Rundschau* (FR) hatte Laura hinsichtlich des ersten JWES darüber gesprochen, dass es darum gehe, „Frauen das Gefühl zu geben, dass, auch wenn sie noch nicht alle Chancen haben, sie sich diese erkämpfen können".[88] Der JWES kann also ähnlich wie *Keshet Deutschland* als Raum begriffen werden, der das Soziale politisch macht. Das Netzwerk soll die Teilnehmenden dazu ermutigen, sich selbst innerhalb der jüdischen und der nichtjüdischen Gesellschaft zu behaupten. Es geht aber auch um mehr, z. B. den Aushandlungsprozess, was es in einem jüdischen Kontext eigentlich bedeutet, nicht cis-männlich und heterosexuell zu sein. Deshalb findet es Laura wichtig, sich folgende Fragen zu stellen: „Welche Sozialisierungsräume gibt es und welche nicht? Wie hat das meine Perspektive geprägt, wie werde ich gesehen, wie denken andere?"

Den Bedarf für diesen Raum deuten bereits die Zahlen des ersten Summits an. Für die gesamte Konferenz hatten sich annähernd 120 Teilnehmende angemeldet. Und bereits 2019 bemerkte Laura, dass die „Nachfrage […] enorm [war], nicht nur in der jüdischen Community".[89] Damit war auch die Möglichkeit geschaffen, Signale an die Mehrheitsgesellschaft und in andere Communities zu senden: Denn „sich gerade als Jüdin zu feministischen Fragen zu positionieren", führe dazu, dass eine größere Komplexität in der Wahrnehmung jüdischen Lebens durch die nichtjüdischen Teile der Gesellschaft errungen wird.[90]

Deshalb sei es auch ein Ziel des Summits gewesen, die Vernetzung jüdischer FLINTA* voranzutreiben. Ein weiteres Ziel war, führt Laura aus, durch „Ressourcen- und Kompetenzstärkung auch langfristig eine strukturelle Veränderung innerhalb der jüdischen Community zu fördern". Als soziale Räume funktionieren jüdische Communities „nicht so viel anders als andere gesellschaftliche Räume". Auch hier gebe es „bestimmte gelernte patriarchale Mechanismen", welche sich nicht „immer nur auf eine religiöse, ergo eine traditionell-konservative Ausrichtung" zurückführen ließen. Weil es in der Gesamtgesellschaft eben auch Rollenzuschreibungen gebe, sei es wenig verwunderlich, dass diese auch in jüdischen Communities existieren. Aber, gibt Laura zu bedenken:

> Ich glaube, die Art und Weise, wie Frauen in der jüdischen Community Rollen automatisch und teils auch unbewusst zugewiesen werden, ist nicht unbedingt immer beabsichtigt ausschließend gedacht.

Um sich damit kritisch auseinanderzusetzen, stehen auf dem Programm des Summit jede Menge Arbeitsgruppen, Podien und Vorträge. Auf Facebook kündigten die Veranstalterinnen an: „Wir reden Tacheles!" und betonten:

> In Deutschland wurden politische, kulturelle und religiöse Diskurse von jüdischen Frauen entscheidend geprägt. Anlässlich #100JahreFrauenwahlrechts setzt die Summit junge jüdische Frauen* auf ein neues in Bewegung! Wohin die Reise geht – entscheidet ihr!

Inhaltlich wurden dem Summit nur wenige Grenzen gesetzt. Es wurde alles diskutiert, was für jüdische FLINTA* zwischen 18 und 35 relevant sein kann: „Vereinbarkeit von Job und Familie, Ambivalenzen von Frauen in der Sexualität oder auch das Verhältnis zur eigenen Religion."[91] In diesem „Raum für Empowerment" sollte ein Verständnis erkundet werden, wie jüdische Communities als „soziale Räume" funktionieren und „warum es so wenige Frauen in Vorständen von Jüdischen Gemeinden gibt".[92] Ein Problem dafür sei, darauf weist Laura im Gespräch mit Sharon Adler hin, dass „vielleicht die Art und Weise, wie ein Vorstand arbeitet, nicht kompatibel mit Care-Arbeit ist".[93] Im Fokus stehe allerdings ebenso, Seh- und Denkgewohnheiten wie auch klassische Rollenzuweisungen zu reflektieren und unterschiedliche Lebensentwürfe und Perspektiven sichtbar zu machen.[94] Ein wichtiges Thema sei auch der Umgang mit orthodoxen Frauen in den Räumen, die beim Summit entstehen:

> Gibt es Platz für die Orthodoxie in diesen Räumen? Vor allem orthodoxe jüdische Frauen sind noch mal einer ganz anderen Form der Alltagsdiskriminierung ausgesetzt, weil sie aufgrund ihrer Kleidung oder weil sie ihre Haare bedecken, als jüdisch gelesen werden. Daher schützen wir sie mit, denken wir sie mit. Das sind total wichtige Faktoren, wenn wir darüber sprechen, wie jüdische Perspektiven in solchen feministischen und auch nationalen Räumen mitberücksichtigt werden sollten.[95]

Auch die Frankfurterin Sabena Donath, die Direktorin der Bildungsabteilung des Zentralrats und der entstehenden Jüdischen Akademie, gab der FR Einblicke, was sie sich unter dem Summit vorstellt. So soll es laut Sabena nicht nur um Feelgood-Themen gehen, auch die drängenden politischen Probleme sollen aufs Tableau kommen: Man beschäftigte sich zum Beispiel damit,

> wie es sein könne, dass Frauen heute so gut ausgebildet seien wie nie zuvor, aber nach wie vor unterrepräsentiert seien in Politik und Wirtschaft. Es werde um „toxische Maskulinität" gehen, um das Verhältnis zur jüdischen Orthodoxie und um die anstehenden Parlamentswahlen in Israel, bei denen die Arbeiterpartei verstärkt auf Kandidatinnen setze.[96]

Wir fragen Laura, wie die Idee für den Summit eigentlich entstanden ist. Sie erklärt uns, dass am Anfang ein „Anstoß von Dalia Grinfeld" gestanden habe, die auf die Bildungsabteilung des Zentralrats zugetreten sei. Die designierte Direktorin der Bildungsabteilung, Sabena, habe dann nicht nur Dalia und Laura darin bestärkt, das Format „auch größer zu denken", sondern dessen Realisierung durch die eigene Unterstützung erst ermöglicht. Laura hebt die besondere Rolle von Sabena beim Summit hervor. Sie erinnert sich daran, dass sie und Dalia zu Beginn an ein Seminar dachten und Sabena von Anfang an für ein Großformat, eine Konferenz, plädierte. Laura fasst Sabenas alltägliche Arbeit und ihren Anteil am JWES wie folgt zusammen:

> Sabena identifiziert Themen, die für jüdische Bildung relevant sind oder es werden könnten. Sie hat über die Einbettung in die Bildungsformate des Zentralrates eine Trägerschaft initiiert, die das Format erst abgesichert hat. Und sie lebt die Themen ideell und ist in der Lage, sie mit ihrer pädagogischen Kompetenz in institutionelle Strukturen einzubetten, ohne dass es künstlich anmutet.

Im Konzept, das Laura entwickelt hat, war es von besonderer Bedeutung, dass die Themen Relevanz „für junge jüdische Frauen in ihrer alltäglichen Lebenswelt" haben. An dieser Stelle habe das Format auch gut als Schnittstelle zwischen der Arbeit der JSUD und der Bildungsabteilung des Zentralrates funktioniert. Laura wollte auch „die Potenziale dessen ausreizen, was ein jüdischer Raum sein kann". Wichtige Impulse seien allerdings schon in den Jahren zuvor durch ihre internationalen Begegnungen gesetzt worden. Laura habe immer wieder die Erfahrung gemacht, dass es in ganz Europa eine große Zahl junger jüdischer Menschen in jüdischen Institutionen gebe, „denen etwas an jüdischen Räumen liegt, sie diese aber häufig als begrenzt empfinden und ihre eigenen Lebenswelten nicht darin wiederfinden". Ihre eigenen Lebenswelten nicht wiederzufinden, bedeute zum Beispiel, dass diverse Lebensentwürfe und progressive politische Positionen keinen Platz finden. Jüdische Frauen und Personen aus der queeren Community seien Beispiele für Menschen, die sich wünschen, dass die Verhandlung von feministischen Positionen und Fragen zu Gleichberechtigung „in den traditionellen, in den jüdischen Gemeinden eben, und nicht außerhalb" stattfindet.

Dass es Teil ihrer Arbeit ist, andere Menschen zu empowern, erkläre sich für Laura auch durch das Leitbild der ZWST. Es baue auf den maimonidischen Stufen der

Zedaka auf, also auf dem sozialethischen Verständnis von ausgleichender Gerechtigkeit im Judentum. Laura führt aus:

> Die höchste Stufe der Zedaka besteht darin, einen Menschen in die Lage zu versetzen, sich selbst helfen zu können. Diese Auffassung bricht auch mit dem binären Bild der „Helfenden" und der „Hilfsbedürftigen". Jeder Mensch kann im Laufe seines Lebens in beiden Rollen sein. Soziale, pädagogische und politische Arbeit, die die „Hilfe zur Selbsthilfe„ als Maxime versteht, denkt diese Potenziale immer mit. Empowerment ist letztlich genau das.

Ganz in diesem Sinne versteht Laura auch die Politisierung junger Jüdinnen*Juden in Deutschland als einen „fortlaufenden Selbstermächtigungsprozess". In diesem Prozess könnten sie damit anfangen, „die jüdische Identität als Ressource zu verstehen", darüber hinaus kann das Empowerment in jüdischen Organisationen sie im Bewusstsein bestärken, „in gesamtgesellschaftlichen Kontexten Verantwortung zu übernehmen".

Mit dieser Ausrichtung habe der JWES bereits nach dreimaliger Durchführung wichtige Erfolge erzielt. Dazu gehört die Stärkung der Wahrnehmung, dass es „eine Vielzahl und große Bandbreite jüdisch-feministischer Positionen gibt", unterstreicht Laura. Der Summit wurde zur Plattform, auf der diese Positionen, die „in dieser Form im Grunde bislang überhaupt nicht zueinander gefunden haben", aufeinandertrafen. Laura analysiert, dass es sowohl an vertikalem, also transgenerationalem, als auch dem horizontalen Austausch, „also zwischen Personen, die unterschiedliche Positionen vertreten oder bislang auch noch keine eigene gefunden haben", gemangelt habe. Doch allen voran sei die Signalwirkung wichtig gewesen, die man mit dem Summit ausgesendet habe. So hat die Wahl des Raumes unterstrichen, dass „es eben möglich ist, innovative Formate mit progressiven Themen in einer jüdischen Gemeinde auszuhandeln".

Damit werde auch ersichtlich, auf welche Weise sich jüdische Communities in den vergangenen Jahren entwickelt haben. Es existiere inzwischen eine „Vielfalt jüdischer Perspektiven", welche „maßgeblich von der Migration aus den Ländern der ehemaligen Sowjetunion geprägt ist". Diese Pluralität sei dazu geeignet, „mit den hermetischen und projektiven Bildern" zu brechen, welche „im gesellschaftlichen Raum in Deutschland von Jüdinnen und Juden existieren". Vor diesem Hintergrund sei „eine große Bandbreite jüdischer Positionen im öffentlichen Raum sicht- und hörbar geworden". Es sei inzwischen einfach so, dass „jüdische Menschen ihre Geschichten heute selbst erzählen" wollen. Gehemmt werde das allerdings vor allem dadurch, dass „ihre Sprache noch unfertig ist, sie noch nicht alles ausformulieren können, was sie erleben", und dass „nicht alle Konzepte z. B. aus dem Bereich der Antidiskriminierungsarbeit auf jüdische Personen anwendbar sind".

Dazu gehöre zum Beispiel das Konzept der Intersektionalität[97] – zumindest in manchen Verständnissen, die derzeit sehr verbreitet sind. Die Kategorienbildung[98], wie sie oft vorgenommen werde, könne, so Laura, „Antisemitismus nicht abbilden".[99] Dabei bleibe zu oft unbeachtet, dass „jüdische Frauen oder auch nicht binäre Personen von Mehrfachdiskriminierungen betroffen sein können" und dass insbesondere die Antisemitismusforschung in den vergangenen Jahren regelmäßig Erkenntnisse darüber geliefert hat, wie sich Sexismus und Antisemitismus ineinander verschränken.[100] Das meint, so Laura im Gespräch mit Sharon Adler, „dass Sexismus und Antisemitismus sich an vielen Punkten ganz anders ausprägen, als wenn sich Antisemitismus gegen männliche Personen richtet".[101]

Doch auch jüdische Communities seien weiterhin durch bestimmte Leerstellen geprägt. Eine davon stehe Laura zufolge vor allen anderen: die Shoa. Warum jüdische Communities heute so sind, wie sie sind, ließe sich nur dann verstehen, wenn man sich die Shoa als „erste Leerstelle" vergegenwärtigt. Denn diese Leerstelle sei es, die auch alle anderen erklären könne. Das sei besonders in dominanzgesellschaftlichen Settings immer wieder zu betonen, bevor „über irgendetwas anderes" gesprochen wird.

Zu sprechen gelte es aber auch darüber, wie die Erfahrungen jüdischer FLINTA* mit Antisemitismus sich von denen cis-männlicher Juden unterscheiden. Denn das Zusammenspiel von Antisemitismus und Sexismus habe „einen Einfluss auf die Lebensrealitäten von jüdischen Frauen und von nichtmännlichen jüdischen Personen".[102] Gleichermaßen fehlten lange Zeit die jüdischen Adressat*innen, die in queer-feministischen Räumen hätten angesprochen werden können. Dabei müsse festgehalten werden, dass „auch progressive Räume nicht zwangsläufig frei von Antisemitismus sind".[103] Laura führt das im Gespräch mit Sharon Adler aus:

> Das ist eine wichtige Erkenntnis. Nur weil ein Raum progressiv ist, ist er nicht zwingend diskriminierungsfrei. Und er ist nicht zwingend frei von gelernten Weltanschauungsmustern, das entlastet diese Räume nicht. Das kann nur dann aufgebrochen werden, wenn jüdische Personen an diesen Räumen beteiligt sind. Dafür braucht es aber erst mal Räume, in denen verhandelt wird, was jüdischer Feminismus ist, was jüdische Perspektiven auf Feminismus sind, ob es überhaupt nur diese eine Perspektive gibt und ob das schon jemand vor uns gemacht hat.[104]

Ein kleiner Blick in die Geschichtsbücher verdeutlicht, was Laura in dem Interview nur streift. So kam es beispielsweise auf der ersten UN-Weltfrauenkonferenz 1975 in Mexiko-Stadt zu einem Eklat: Als „eine der schmerzvollsten Erfahrungen meines Lebens" beschrieb die amerikanisch-jüdische Feministin Betty Friedan die Konferenz später.[105] Neben der toxischen Atmosphäre, die jüdische Teilnehmende im Nachhinein beschrieben, war es vor allem die Abschlusserklärung, die massive Kritik auf sich zog. Sie wurde mit 89 zu 3 Stimmen angenommen.[106] Es wird die Rolle hervorgehoben, die Frauen einerseits im Kampf „für die nationale Befreiung, die Stärkung des internationalen Friedens" eingenommen haben, und andererseits wird eine Reihe von Übeln aufgezählt, bei deren „Beseitigung" („elimination") Frauen eine wichtige Rolle einnehmen: „Imperialismus, Kolonialismus, Neokolonialismus, Fremdbesetzung, Zionismus, Fremdherrschaft, Rassismus und Apartheid".[107] Um „[i]nternationale Zusammenarbeit und Frieden" zu erreichen, müsse u. a. Zionismus ‚beseitigt' werden.[108] Der Antizionismus wurde auf der UN-Weltfrauenkonferenz zum Mittel, um gemeinsam an einem Strang zu ziehen. Die Harmonie sollte zu Lasten von Jüdinnen*Juden erreicht werden, die nicht bereit waren, Israel derart zu dämonisieren. Ähnliches wiederholte sich auf der Weltfrauenkonferenz in Nairobi und auf der Durban-Konferenz von 2001.

Das alles mache es dringend notwendig, dass auch an die „Allianzen" anders gedacht werde, stellt Laura fest. Ein Problem sei, dass Allianzen „heutzutage oft gruppenbezogen gedacht" und darauf aufbauend „Linien gezogen" werden. Es sei problematisch, wenn pauschale Schubladen aufgemacht werden und dann politische Parteien, Minderheiten oder Gruppen in Kollektivhaftung dafür genommen werden, die Interessen der jüdischen Gemeinschaft nicht im Sinn zu haben oder exklusiv den Antisemitismus zu reproduzieren. Laura kritisiert diese Denkweise als „verkürzt". Denn:

> Es gibt in Deutschland im Jahre 2022 keinen antisemitismusfreien Raum. Und es gibt auch keine Gruppierung oder Milieu, die sich als pauschal antisemitisch bezeichnen lassen, sofern sie sich auf einem ideologischen Spektrum nicht aktiv dort verorten.

Um tatsächlich Allianzen zu begründen, sei es daher zwingend notwendig, in „langwierige Aushandlungsprozesse" zu gehen. Begegnung allein reiche da nicht aus. Für Laura folgt daraus eine klare Linie, was ihre Bündnispolitiken betrifft:

> Ich habe häufig das Gefühl, dass ich es mir unabhängig von meinen persönlichen politischen Positionen und meiner Weltanschauung gar nicht leisten kann, mir ein Wohlfühlmilieu auszusuchen. Mein Rückzugsraum, der Raum, in dem ich mich sicher fühle, ist bei weitem auch kein ausschließlich jüdischer. Es ist ein Raum, in dem Aushandlung stattgefunden hat, manchmal schmerzhaft, manchmal wortlos, in dem Ambiguitätstoleranz existiert, in dem Realitäten nebeneinander stehend ausgehalten werden, in dem ich in all meinen Facetten gesehen werde und sehen kann.

Doch gleichermaßen betont Laura, dass „es diese Allianzen geben muss" – denn mit ihnen könnten „geteilte[…] Erfahrungen" sichtbar gemacht werden.[109] Was das genau meint, macht Laura anhand eines Beispiels fest:

> Beispielsweise die Frage des Identitätskonfliktes, den nicht nur jüdische Personen aus unterschiedlichen Gründen häufig haben, sondern auch Personen mit einer anderen Migrations- oder gar Fluchtbiographie, den Konflikt mit Deutschland, mit dieser Gesellschaft, mit anderen Minderheiten. Diesen Identitätskonflikt als Ressource zu verstehen, ist eine Erfahrung, die man gemeinsam machen kann und die total wertvoll ist, wenn es einen Raum dafür gibt. Diese Gemeinsamkeiten miteinander zu besprechen und festzustellen, dass man damit nicht alleine ist.[110]

Doch es müsse auch möglich sein, dass die so entstehenden Räume ein Ort sind, an dem Widerspruch und Kritik möglich ist, an dem „Differenzen ausgehandelt werden und auch Schmerz ausgesprochen wird".[111] Das meint, dass es möglich sein muss, gleichermaßen über den Rassismus in jüdischen wie auch über den Antisemitismus in muslimischen Communities zu sprechen und ihre Ursprünge zu erkunden. Dafür muss aber erst einmal eine Basis geschaffen werden, eine Basis des Aufeinander-Achtgebens, der Ergründung geteilter Erfahrungen und des daran anschließenden Aushandelns von Differenzen.

Zum Abschluss wollten wir von Laura noch wissen, was sie heute jungen Jüdinnen und nichtbinären Jüdinnen*Juden mit auf den Lebensweg geben würde:

Es gab so vieles vor uns, wovon wir nicht wissen, was wir vermutlich nie erfahren werden. Es lohnt sich, da hinzuschauen. Wir wissen gar nicht, was wir sein könnten.

Kapitel 5 – Zwischen Gemeinde und Parlamentarismus

Jüdinnen*Juden in demokratischen Parteien

Politisch aktiv zu sein und sich zu engagieren, ist nicht gleichbedeutend damit, sich in einer Partei zu engagieren. Doch Parteien sind in unserem demokratischen System ein wichtiges Werkzeug, um die Gesellschaft zu verändern, Ungerechtigkeiten zu bekämpfen, Chancen zu schaffen, das Bestehende zu bewahren, oder für manche auch, um die Verhältnisse umzuwerfen. Insofern haben Jüdinnen*Juden durch ihr Engagement in ihnen einerseits die Möglichkeit, die politische Bildungsarbeit mitzugestalten. Andererseits können sie, indem sie Ämter und Funktionen besetzen, ihr Judentum und die damit verbundenen Erfahrungen in den Gesetzgebungsprozess einfließen lassen. Und darüber hinaus können sie für andere Jüdinnen*Juden eine Vorbildfunktion einnehmen. So können sie anderen Mut machen, selbst in diesem Bereich wirksam zu werden.

Das parteipolitische Engagement junger Jüdinnen*Juden zu betrachten, wirft Fragen auf: Wie werden ihre Arbeit und ihr Engagement von den nichtjüdischen Mitgliedern ihrer Parteien wahrgenommen? Welche Probleme und Hindernisse für jüdisches Engagement in Parteien sehen jüdische und nichtjüdische Mitglieder? Aus diesem Grund haben wir uns dafür entschieden, dass jedes jüdische Parteimitglied, mit dem wir gesprochen haben, durch eine Einschätzung eines langjährigen nichtjüdischen Mitgliedes des Deutschen Bundestags der demokratischen Fraktionen ergänzt wird. Die Reihenfolge der Parteien resultiert dabei aus ihrer Fraktionsstärke. Die Interviews mit den Berufspolitiker*innen erfolgten noch in der 19. Legislaturperiode, während wir mit den Jungpolitiker*innen auch noch in der 20. Wahlperiode gesprochen haben. Dabei haben wir den Fokus auf die grundsätzliche Haltung gegenüber der Inklusion von marginalisierten Gruppen, insbesondere Jüdinnen*Juden, die große Kritikpunkte, die von Jüdinnen*Juden in den vergangenen Jahren an den Parteien geäußert wurden, und besonders relevante Entwicklungen mit Blick auf das Thema dieses Buches gelegt.

Das sozialdemokratische Halle: Igor Matviyets und Dr. Karamba Diaby

Die drei Buchstaben S, P und D stehen für viel Tradition und erzählen die lange Geschichte der ältesten Partei Deutschlands. Eine Geschichte, die vier politische Systeme erlebt und überlebt hat. Und das, obwohl sie zwischenzeitlich verboten wurde. Die Gründung der Sozialdemokratischen Partei Deutschlands im Jahr 1890 wurde auch durch die Zunahme von Arbeiter*innen im Rahmen der Industrialisierung begünstigt. Während der Weimarer Republik entwickelte sich die SPD aufgrund ihrer politischen Unterschiede zu einem Hauptfeindbild von Adolf Hitlers Nationalsozialistischen Deutschen Arbeiterpartei (NSDAP). Geschlossen stimmte die SPD-Fraktion am 23. März 1933 im Reichstag gegen das sogenannte Ermächtigungsgesetz, aber nur drei Monate später wurde die SPD verboten. Der Parteivorstand ging 1934 ins Exil. Viele SPD-Mitglieder wurden verfolgt und in Konzentrationslagern und Zuchthäusern ermordet.

Einige SPD-Mitglieder leisteten im In- und Ausland aktiven Widerstand gegen das nationalsozialistische deutsche Regime. Einer davon war der spätere Kanzler Willy Brandt, der ab 1933 in Norwegen lebte. Auch heute sehen sich viele Sozialdemokrat*innen in der Traditionslinie ihrer Genoss*innen der 1930er Jahre.

Bis heute besteht auch eine traditionelle Verbindung zwischen Jüdinnen*Juden und der Sozialdemokratie. Das hängt nicht nur damit zusammen, dass einige der Begründer*innen selbst jüdisch waren, sondern auch damit, dass linke Bewegungen Emanzipation versprachen, also die Möglichkeit zur Teilhabe an der Gesellschaft als gleichberechtigte Mitglieder. Hinzu kam ebenfalls die jüdische Bildungstradition: Bildung als portables, als mobiles Gut, das einem weder durch Pogrome noch durch Vertreibung entrissen werden kann, traf sich mit dem Aufstiegsversprechen durch Bildung, das die Sozialdemokratie lange Zeit zu ihren Kernanliegen zählte.

Ein Blick in die Gegenwart führt nach Halle an der Saale. Rund 240 000 Einwohner*innen wohnen in der größten Stadt Sachsen-Anhalts. Die ostdeutsche Großstadt ist zu Fuß gut zu durchlaufen. Beim Durchqueren der Straßen fallen aufmerksamen Beobachter*innen immer wieder Modemarken wie Yakuza oder Thor Steinar auf, die sich bei Rechtsradikalen und Neonazis großer Beliebtheit erfreuen. Diese Straßenszene kennt auch der SPD-Politiker Igor Matviyets. Er ist zwar in der Ukraine und Westdeutschland aufgewachsen, aber wohnt inzwischen seit mehreren Jahren im Osten der Bundesrepublik.

Igor, der im ukrainischen Mykolajiw am Schwarzen Meer geboren ist, gibt auf einem Spaziergang Einblicke in die Vergangenheit der Stadt. Für ihn gehört auch folgende Geschichte dazu: Halle ist die Geburtsstadt des SS-Obergruppenführers Reinhard Heydrich. Er war Mitorganisator der Wannsee-Konferenz am 20. Januar 1942, auf der die „Endlösung der Judenfrage" besprochen wurde. Igor erzählt, dass Heydrichs Geburtshaus in der Gütchenstraße stand, die wiederum in die Adam-Kuckhoff-Straße führt, und „da habe ich mal ein paar Jahre ganz schön gelebt".

Bevor Igor nach Deutschland kam, lebte der inzwischen Anfang 30-Jährige in der Ukraine. Im Jahr 1999 stieg der siebenjährige Igor mit seinen Eltern in den Reisebus mit zahlreichen anderen Familien und fuhr mit ihnen die mehr als 2000 Kilometer nach Saarbrücken. Schon als Kind verstand der heutige Sozialdemokrat, dass Politik einen direkten Einfluss auf das Leben der Bürger*innen haben kann:

Nur diejenigen, die vom System profitieren oder sich in einem Status Quo befinden, in dem sie keine Veränderungen wollen oder brauchen, spüren das nicht oder verdrängen diese Tatsache. Für mich als Migrant, der mit sieben nach Deutschland kam, war Veränderung immer ein Thema und daher habe ich früh verstanden, wie wichtig Politik ist und wie wichtig das Mitmachen ist.

Igor sieht sich selbst im linken Flügel der Sozialdemokratie. Er ist sich aber auch bewusst, dass er mit seinen Meinungen nicht immer Applaus von seinen linken Genoss*innen bekommt. Beispielsweise ist eine grundsätzliche Ablehnung des Militärs nicht Teil seines politischen Weltbildes. Igor ist wegen seines Studiums aus seiner damaligen Heimatstadt Heidelberg nach Halle gezogen. Hier studierte er Politikwissenschaft und Russistik. Weil der Namensgeber der Martin-Luther-Universität Halle-

Wittenberg zahlreiche antisemitische Thesen verfasst hat und einige Wissenschaftler*innen immer wieder betonen, dass er eine Inspiration für Adolf Hitler gewesen sei,
befürwortet Igor eine Umbenennung der Universität. Durch seinen Umzug aus West-
nach Ostdeutschland hat Igor die unterschiedlichen Lebensrealitäten kennengelernt.
Er beschäftigt sich mit den Herausforderungen in beiden Teilen des Landes. Wobei er
auch festhält, dass er in Westdeutschland weniger Politik gemacht habe:

> In erster Linie sehe ich da Schnittmengen zwischen der mangelnden Repräsen-
> tation von Ostdeutschen innerhalb Deutschlands und der sehr dürftigen Reprä-
> sentation von Minderheiten, Menschen aus der ehemaligen Sowjetunion und Jü-
> dinnen*Juden. Auch meine frühen Erfahrungen in der Ukraine direkt nach dem
> Zusammenfall der Sowjetunion helfen mir, die Menschen in Ostdeutschland zu
> verstehen und mich dem Kampf gegen anhaltende Ungleichverteilung von Res-
> sourcen und Mitsprache anzuschließen. Aus meiner Zeit in Heidelberg weiß ich
> aus praktischer Erfahrung, wie spürbar der Wohlstand einer Region sein kann.
> Diese Erfahrungen haben mich auf jeden Fall auch geprägt.

Auf dem Universitätsplatz steht auch ein Denkmal für den jüdischen Schriftsteller
Heinrich Heine. Auf ihm stehen Zeilen aus Heines Gedicht „Zu Halle auf dem Markt",
welches Heine im 19. Jahrhundert der Stadt bei seinem Aufenthalt gewidmet hat. Auf
demselben Platz verbrannten die Nazis am 12. Mai 1933 Bücher, die sie ihrer Ideologie
nach als „entartet" ablehnten oder die von jüdischen Autor*innen geschrieben worden
waren.

Wie stark ihn die Universität als Ort von Bildung und gesellschaftlichem Austausch
geprägt hat, wird anhand von Igors politischer Mission deutlich: Er setzt sich u. a. stark
für „bessere und kostenlose Bildung von Kita bis zum Meister / Hochschulabschluss
und allgemein lebenslanges Lernen" ein und will „politische Selbstwirksamkeit als Wert
flächendeckend und altersunabhängig" vermitteln. Generell findet der Hallenser Jude,
dass

> alle Menschen mitbestimmen können sollen, wie der Staat um sie herum aussieht.
> Leider werden Gesetze und andere Bedingungen unseres Zusammenlebens sehr
> stark von Menschen geprägt, die viele Privilegien bündeln. Dabei wird es ein Ge-
> winn für uns alle sein, wenn vielfältige Perspektiven und Sozialisierungen eine
> gleichberechtigte Rolle bei politischen Entscheidungen haben.

Nicht nur Igor hat in Deutschland bzw. in Halle eine neue Heimat gefunden. Auch der
SPD-Bundestagsabgeordnete Karamba Diaby wohnt in der Stadt an der Saale. Diaby
ist 1961 in Marsassoum im Senegal geboren und wuchs dort als Waise auf. Bereits
mit seinem 14. Lebensjahr wurde er politisch aktiv, erzählt er uns im Gespräch. Heute macht Diaby Bundespolitik und sitzt für die SPD im Ausschuss für wirtschaftliche
Zusammenarbeit und Entwicklung, im Unterausschuss für Globale Gesundheit und im
Auswärtigen Ausschuss. Bildungspolitik, Chancengleichheit und der Wunsch nach Veränderung spielten auch im Karamba Diabys Leben eine wichtige Rolle. Von 1982 bis
1984 studierte er Geologie und Biologie an der Universität in Dakar. Mit Mitte 20 erhielt

der heutige Bundestagsabgeordnete die Möglichkeit, mit einem Stipendium des Internationalen Studentenbundes in der damaligen DDR zu studieren. Für diese Chance ist er bis heute sehr dankbar. An der Universität Halle-Wittenberg hat er dann Chemie studiert und später im Bereich der Geoökologie promoviert. Sowohl im Senegal als auch in der DDR wollte er die Studienbedingungen verbessern und wurde später auch Sprecher des Internationalen Studentenkomitees:

Obwohl mein Schwager Analphabet war und nie sein Dorf verlassen hat, hatte er dieselbe Philosophie wie Willy Brandt: „Nichts kommt von selbst. Und nur wenig ist von Dauer. Darum – besinnt euch auf eure Kraft und darauf, dass jede Zeit eigene Antworten will und man auf ihrer Höhe zu sein hat, wenn Gutes bewirkt werden soll." Da wusste ich, die Partei von Willy Brandt ist meine Partei.

Igors ukrainische Migrationsgeschichte, die erlebten Hindernisse, seine Erfahrungen in Ost- und Westdeutschland und seine politischen Ansichten haben ihn direkt in die Sozialdemokratische Partei Deutschland geführt, wie er ausführt:

Meine Partei hat in ihrer über 150-jährigen Geschichte immer das Ideal gelebt, dass die Herkunft von Menschen keinen Einfluss auf ihr Recht auf Mitsprache hat. Das leben wir innerparteilich und auch in die Gesellschaft hinein. Als jemand, der nicht in Deutschland geboren ist und bis auf die Hautfarbe und sexuelle Identität und Orientierung wenige Dinge mit der Mehrheitsgesellschaft teilt, war mir diese Offenheit besonders wichtig.

Auch Karamba Diaby betont, dass seine Familiengeschichte ihm keine Wahl hinsichtlich der Parteimitgliedschaft gelassen habe:

Ich habe mich in vielen NGOs, politischen Organisationen und außerdem in einer parteinahen Stiftung engagiert. Für die SPD habe ich mich entschieden, weil mein Lebenslauf ein klassisch sozialdemokratischer ist: Jemand, der als Waisenkind aus einem kleinen Dorf kommt, mit der Unterstützung Dritter durch Bildung aufsteigen konnte und das unabhängig vom Geldbeutel der Eltern. Das sind alles Kernpunkte der Sozialdemokratie: In junge Menschen investieren, vom Kindesalter an bis in den Beruf oder bis zum Studium, damit sie weiterkommen.

Auf dem Weg durch Halle zeigt Igor uns auch die Spuren des Judentums in der Stadt. Am Jerusalemer Platz steht ein Denkmal, das an das Eingangsportal einer Synagoge erinnert. Diese Assoziation ist nicht zufällig. Tatsächlich soll der Portalnachbau an den Eingang der Hallenser Synagoge erinnern, die 1938 von Hallenser*innen während der Reichspogromnacht zerstört wurde. Nur wenige Meter entfernt steht das Gemeindehaus der heutigen Jüdischen Gemeinde. Sie zählt etwas mehr als 500 Mitglieder.
    In der SPD gibt es einen Arbeitskreis „Juden in der SPD". Igor war selbst auf einigen seiner Jahreskonferenzen mit dabei und ist froh, dass es so eine Struktur in seiner Partei gibt. Nichtsdestotrotz „passierte da zu wenig Politik, und die Kraft, die so eine offizielle Struktur innerhalb der SPD entfalten könnte, wird bis heute nicht ausreichend

genutzt", gibt er kritisch zu bedenken. Auch gebe es aktuell keine Strategie seitens der Partei, explizit Jüdinnen*Juden für sich zu gewinnen, erzählt Igor.

Die Straßen von Halle erzählen ihre eigene Geschichte, und eine Geschichte hat direkt mit Igor zu tun. Denn der junge politische Aktivist hat am 6. Juni 2021 bei der Landtagswahl in Sachsen-Anhalt für die SPD im Wahlkreis 37, Halle lll kandidiert. Sein Gesicht, sein Name und seine Botschaften hingen an den Laternen seiner Wahlheimat. Die SPD erhielt landesweit nur 8,4 Prozent der Stimmen und auch Igor konnte kein Direktmandat erringen. Für ihn war die Kandidatur dennoch die richtige Entscheidung, wie er uns zu verstehen gibt:

> Mit dem einfachen Beitritt in eine Partei ist die Teilhabe nicht erledigt. Vielmehr gibt es innerhalb von Parteien Gremien und in den Vorständen dieser Gremien werden Entscheidungen getroffen. Wenn man dort sein will, wo die Entscheidungen getroffen werden und wenn man auch andere Mitglieder motivieren will mitzugestalten, dann muss man innerhalb der Partei und der Gesellschaft mehr Verantwortung übernehmen.

Diaby sah in Igors Kandidatur eine Vorbildfunktion für andere jüdische Politiker*innen: „Alltagserfahrungen mit Antisemitismus, gerade Erfahrungen im Kindesalter, können dazu führen, dass man sich aus der Gesellschaft ausgeschlossen fühlt." Er appelliert daran, sich in den parteipolitischen Strukturen weiter zu engagieren: „Die Repräsentation Einzelner in der Gesellschaft muss sich auch in den Strukturen widerspiegeln, damit sich alle Teile der Gesellschaft in ihnen wiederfinden, sowohl in der Verwaltung als auch in der Politik und der Bildung". Diaby habe immer wieder Rückschläge erfahren. Er spricht davon, dass er in bestimmte Strukturen hineingekommen sei und dort das Gefühl gehabt habe, nicht willkommen zu sein. Für ihn gilt es, Rückschläge wegstecken und Widerstände aushalten zu können.

Igor fährt fort und erzählt von den weitestgehend guten Erfahrungen, die er in seiner Wahlkampfphase gemacht habe: „Meine Erfahrungen sind tatsächlich sehr positiv. Ich habe viel Interesse und Unterstützung aus der jüdischen Community in Deutschland erhalten. Meine jüdische Identität wurde im Wahlkampf nur positiv wahrgenommen." Dezidiert negative Erfahrungen habe er kaum gehabt, sagt er. „Das ist allerdings eher dem Umstand geschuldet, dass die regionale rechte Szene sich eher mit Protesten gegen Corona-Maßnahmen beschäftigt hat und der Landtagswahlkampf allgemein ein bisschen ‚unterm Radar' lief", analysiert er weiter. Es war nicht Igors erster Wahlkampf in Halle:

> Als ich nach Halle zog, begann gerade Karamba Diabys Wahlkampf. Erst ging es darum, innerhalb der SPD aufgestellt zu werden und dann um den Wahlkampf zur Bundestagswahl 2013. Da habe ich bereits ehrenamtlich die Öffentlichkeitsarbeit in den sozialen Netzwerken betreut und nach seinem Einzug in den Bundestag habe ich das dann auch als Job fortgesetzt. Das war eine sehr aufregende Zeit, weil wir alle spürten, welche gesellschaftliche Relevanz Karambas Kandidatur hatte und wie viele Menschen sein Weg inspirierte. Für mich war und ist er ein Vorbild, wenn es darum geht, nicht nur die eigene Minderheit zu repräsentieren,

sondern die eigenen Erfahrungen so zu übersetzen, dass daraus politische Ziele werden, von denen viele Menschen profitieren können.

Das politische Engagement junger Jüdinnen*Juden in Deutschland empfindet der ehemalige Landtagskandidat als elementar, weil es genau diese Übersetzung in vielen Fällen betreibt. Es ist ein Ausbrechen aus Zuschreibungen, die Jüdinnen*Juden immer wieder auf eine bestimmte Rolle festlegen. Und erst mit diesem Ausbrechen wird deutlich, wie auch gemeinsam Kämpfe geführt werden können:

Schließlich redet ganz Deutschland über unsere Probleme, aber in den wenigsten Fällen reden wir mit, und wenn, dann werden wir nur als „Expert*innen" für unsere eigene Lebenssituation angehört. Dabei bringt unsere jüdische Perspektive auf das Leben in Deutschland viel mehr Erfahrung mit, von der nicht nur die jüdische Gemeinschaft profitiert, sondern viel mehr Menschen. Denn unser Interesse daran, hier in Deutschland in Sicherheit leben zu können, nutzt am Ende allen Menschen.

Obwohl Igor für ein starkes jüdisches Engagement innerhalb der Politik plädiert, sind ihm die Hindernisse für Jüdinnen*Juden durchaus bekannt: „Die Gefahren sind belegbar durch eine Kontinuität der Gewalt gegen Minderheiten in diesem Land. Neu ist, dass wir Minderheiten in der Politik und in der Öffentlichkeit stärkere Verantwortung übernehmen können." Gerade auch „Hass und Hetze" im digitalen und öffentlichen Raum machen Igor Sorgen. Er selbst hat in seinem Leben bereits viele Erfahrungen mit antisemitischen Beleidigungen und Bedrohungen machen müssen. Auch während seiner Arbeit hat er das Ausmaß miterleben können:

Durch die Betreuung der sozialen Netzwerke habe ich allerdings auch direkt mitbekommen, wie die Hetze im Netz deutlich zunahm. Anfeindungen, die unter Klarnamen auf den Anrufbeantworter gesprochen wurden. Nazis, die versuchten, aktiv Karambas Veranstaltungen zu stören, und viele andere Angriffe waren auch Teil der Jahre bei Karamba. Er ist auch abseits der Politik ein sehr zugewandter und hilfsbereiter Mensch und mir über die Jahre auch ein guter Freund geworden.

Über Beleidigungen, Drohungen und Angriffe kann Karamba Diaby traurigerweise viel erzählen. Der Abgeordnete ist seit Jahren im Visier des Hallenser Rechtsradikalen Sven Liebich und wird von ihm immer wieder rassistisch abgewertet. Liebich war ehemals Teil des neonazistischen *Blood and Honour*-Netzwerks, betreibt einen Online-Shop und organisierte während der Coronapandemie dutzende verschwörungsideologische Demonstrationen. Diaby berichtet von seinen Erfahrungen mit dem Hallenser Rechtsradikalen und von einer gewissen Enttäuschung über die Behörden:

Ich hätte mir sehr gewünscht, dass die Ermittlungsbehörden das Thema Sven L. ernst nehmen, weil wir so nicht weiterkommen. Seit Jahren sind wir mit dem Thema beschäftigt und er bedrängt mich, sobald er mich in Halle antrifft. Dann filmt er mich mit seinem Smartphone, stellt hetzerische Fragen und veröffentlicht sie auf

Telegram. Ich habe auch schon mehrmals Anzeigen gegen ihn gestellt, aber bislang ohne Erfolg. Die Staatsanwaltschaft stellt Meinungsfreiheit sehr hoch.

Dass es bei der Feindschaft, die Diaby erfährt, nicht nur bei rassistischen Beleidigungen bleibt, wurde zu Beginn des Jahres 2020 deutlich. Unbekannte schossen in einer Januarnacht auf das Wahlkreisbüro des Politikers, sodass Einschusslöcher in der Scheibe blieben. Gegenüber der Bedrohung zählt er auf die Unterstützung der gesamten Gesellschaft und lässt sich nicht einschüchtern: „Es ist nicht die Mehrheit in dieser Gesellschaft und das Wichtigste ist die Solidarität." Egal ob bei den Schüssen auf sein Wahlkreisbüro 2020 oder anderen Ereignissen, erklärt Diaby. Die Solidarität nach den Schüssen war tatsächlich groß. Diaby erhielt nicht nur in Halle, sondern auch von seinen Kolleg*innen im Bundestag sehr viel Zuspruch. Er und sein Team erhielten viele Briefe mit empathischen Botschaften und Blumen. Die damalige Bundeskanzlerin Angela Merkel sprach ihn sogar im Plenum an. Das habe ihn und sein Team gestärkt, erzählt er.

Doch Unterstützung sei nicht nur bei Antisemitismus wichtig, erklärt Igor. Denn auch abseits von konkreten antisemitischen Bedrohungen sieht Igor weitere Hürden für Jüdinnen*Juden, sich in Parteien zu engagieren, obwohl er selbst viele jüdische Parteimitglieder kennt: „Wir sind eine kleine Gruppe von (Leidens-)Genoss*innen. Wir sind zugezogen, streiten aus tiefster Überzeugung für unsere Sache und gehen Konflikten nicht aus dem Weg, nur weil es mal unbequem ist." Was er mit Konflikten meint, führt er direkt aus:

> Es gibt in meiner Partei auch Menschen, die gerne an den Holocaust erinnern, aber lebende Jüdinnen*Juden als verlängerten ‚imperialistischen Arm Israels' sehen und denken, dass die Forderung nach Gerechtigkeit für Palästinenser*innen gleichbedeutend ist mit der Selbstaufgabe des Wunsches nach einem jüdischen Staat. Das schreckt mit Sicherheit viele Jüdinnen*Juden von meiner Partei ab, aber leider gibt es keine Partei frei von antisemitischen Einzelpersonen und Vorfällen.

Karamba Diaby schätzt seine Partei ein bisschen anders ein, als Igors Ausführungen beschreiben:

> Innerhalb meiner Partei gibt es eine hohe Sensibilität gegenüber dem Judentum. Ich erwarte von meiner Partei, dass sie bei antijüdischer Gewalt deutliche Worte findet und sich solidarisch zeigt. Und ich glaube, sie wird diesem Anspruch gerecht.

Im November 2020 verabschiedeten die Jusos, die Jugendorganisation der SPD, auf ihrem Bundeskongress einen kontrovers diskutierten Antrag. Der Antrag thematisiert den israelisch-palästinensischen Konflikt und bekräftigt u. a. die Partnerschaft mit der Fatah-Jugend. Viele jüdische und israelische Organisationen kritisierten den Antrag scharf, da das Wappen der Fatah als Drohung gegen das Existenzrecht Israels interpretiert werden kann. Außerdem unterhält sie mit den al-Aqsa-Märtyrerbrigaden einen

bewaffneten Arm, der u. a. von der Europäischen Union als Terrororganisation eingestuft wird. Igor sah die Annahme des Antrags kritisch:

> Der Antrag war unnötig und eine klassische Spielübung einiger Menschen in der
> Partei, die sich lieber um theoretische Positionierungen streiten als die Bekämp-
> fung realer Missverhältnisse angehen. Weder die Jusos noch die Fatah-Jugend
> können aktiv etwas an den Lebensverhältnissen der Menschen in Israel und Pa-
> lästina verändern. Daher ist der Antrag ohnehin zahnlos.

Igors Unmut über den Fatah-Antrag wird deutlicher: Er leide auch daran,

> dass wir auch in der SPD und bei den Jusos Mitglieder haben, die es als mutig
> erachten, sich mit Israel und seinen Unterstützer*innen anzulegen. Wer sich auf
> dem Rücken einer Minderheit profilieren will, hat den solidarischen Grundgedan-
> ken unserer Partei nicht verstanden.

Diaby hält die SPD im Umgang mit Antisemitismus zwar grundsätzlich für sehr sensi-
bel, aber auch er würde nicht hundertprozentig seine Hand für alle Genoss*innen ins
Feuer legen. Gleichzeitig glaubt er an die klare Haltung der Partei:

> Ich kann nicht ausschließen, dass bei einer Partei mit 425 000 Mitgliedern der ein
> oder andere eine undifferenziertere Position als die Partei einnimmt. Ich kann nur
> versichern, dass, wenn eine antisemitische Haltung auffällt, diese Person Konse-
> quenzen zu spüren bekommen und deutlich gemacht wird, dass es nicht mit der
> Sozialdemokratie vereinbar ist. Das beste Beispiel ist Thilo Sarrazin.

Dass Igor keine Konflikte in seiner Partei scheut, wird relativ schnell klar. Er will die
SPD politisch nach vorne bringen und das am liebsten auch mit jungen jüdischen Genoss*innen. Schließlich habe die SPD eine jüdische Geschichte, die Igor auch inspi-
rierte. Er fängt an, vom ehemaligen sozialdemokratischen Bundestagsabgeordneten
Jakob Altmaier zu erzählen:

> Er floh 1933 aus Deutschland und im Exil war er unter anderem für den britischen
> Geheimdienst im Widerstand tätig. Nach dem Krieg gehörte er dem ersten Bun-
> destag an und half an der Seite von Konrad Adenauer, die Reparationszahlungen
> an Israel auszuhandeln. Damit hat er einen wesentlichen Beitrag dazu geleistet,
> dass der jüdische Staat in seinen jungen Jahren wirtschaftlich überlebensfähig
> wurde. Auf der anderen Seite saß da ein Jude 1949 im Parlament Seite an Seite
> mit Nazis, die aufgrund der mangelhaften ‚Entnazifizierung' ihre politischen Kar-
> rieren mit marginalen Unterbrechungen fortsetzen konnten. Dieser Mut, sich mit
> diesem braunen Dreck Stirn an Stirn auseinanderzusetzen, ist für mich eine gro-
> ße Inspiration.

Über Igors Wahlheimat Halle liegt seit dem 9. Oktober 2019 ein dunkler Schleier. Ein
Schleier, der vor allem zwei Orte in der Stadt bedeckt: die Synagoge und den ehema-

ligen KiezDöner. Der rechtsterroristische Anschlag erschütterte nicht nur die jüdische Gemeinschaft, sondern die ganze Bundesrepublik und machte Halle weit über die Landesgrenzen hinaus bekannt. Igor weiß, dass jüdisches Leben hierzulande bedroht ist:

> Daher war die Tatsache, dass ein Anschlag stattfindet, nicht überraschend, aber die Brutalität und das Ausmaß waren überraschend. Wir haben hier in Halle zwei Nachbar*innen verloren und auf der Flucht hat der rechtsextreme Mörder noch weitere Menschen verletzt.

Er veränderte Igors Alltag auch ganz konkret:

> Mein Judentum ist für mich dadurch präsenter geworden. Ganz praktisch allein schon, weil in der Hallenser Community wenige Menschen über ihr Judentum sprechen wollen. Daher bin ich in die Situation geraten, dass ich für viele Medien, Politiker*innen unterschiedlicher Parteien und Organisationen zur Ansprechperson für jüdisches Leben in Halle geworden bin. Auf mein Sicherheitsgefühl hatte der Anschlag keinen starken Einfluss. Meine Sorgen wurden bestätigt und ich blicke weiterhin immer mal wieder über die Schulter nach hinten.

Auch an Karamba Diaby ist der Anschlag in seiner Heimatstadt nicht spurlos vorbeigegangen: „Ich war nicht überrascht von diesem Anschlag oder überhaupt davon, dass so etwas irgendwo in Deutschland, ob Halle oder Hanau, passieren kann." Er kennt die jüdische Gemeinde, die Synagoge und das Gebäude sehr gut. Er hat viele jüdische Freund*innen: „Ich bin mit der jüdischen Gemeinde in Halle in sehr engem Kontakt. Der jetzige Vorsitzende Max Privorozki war mein Kollege im Eine-Welt-Haus Halle." Diaby sieht den Anschlag in einer Kontinuität rechten Terrors in Deutschland. Das empfinde er als traurig. Gleichzeitig plädiert er für eine Änderung der täterzentrierten Analyse von Anschlägen und ein Ende der Bezeichnung als „Einzeltäter" bei diesen und ähnlichen Fällen. Außerdem wünscht er sich eine stärkere Betonung der Betroffenenperspektive: „Nach Halle und Hanau ist uns deutlich geworden, dass das Gewaltpotenzial in unserer Gesellschaft gewachsen und der Ton allgemein rauer geworden ist."

Deutschlandweit stehen vor jüdischen Einrichtungen, Gemeindezentren oder Synagogen bewaffnete Polizist*innen, die die (meist gepanzerten) Eingangstüren bewachen. Am 9. Oktober 2019 stand keine Polizei vor der Synagoge in Halle, obwohl die Jüdische Gemeinde Halle mehrmals um Polizeischutz gebeten hatte. Zu den deutschen Sicherheitsbehörden hat Igor u. a. deswegen ein ambivalentes Verhältnis:

> Ohne Polizei fühlt man sich in der Synagoge nicht sicher und gleichzeitig gibt es immer wieder Fälle, in denen genau diesen Polizeikräften eine Nähe zum Rechtsextremismus nachgewiesen wird. NSU 2.0, rechtsextreme Gruppen in Polizei, Bundeswehr und Feuerwehr sind leider in den vergangenen Jahren zum alltäglichen Grundrauschen in den Nachrichtenmeldungen geworden. Ja, wir sehen als Staat genauer hin neuerdings, aber wir erkennen dabei, dass unsere Sicherheitsorgane eben auch Spiegel der Gesellschaft sind und es auch da eben immer wieder Menschen und Strukturen mit rechtsextremer Ideologie gibt. Im Gegensatz zu

Max Mustermann haben aber Sicherheitskräfte nicht nur eine gefährliche Ideologie, sondern auch Zugang zu Waffen. Daher muss der Staat diese Gefahr besonders ernst nehmen und bis dahin bleibt diese Unsicherheit leider bestehen.

Nach dem Anschlag in Halle wurde politisch und medial viel über den Kampf gegen Antisemitismus und Rechtsradikalismus debattiert. Hat sich seit dem 9. Oktober 2019 etwas für Betroffene von Antisemitismus verändert? „Es wird mehr getan, aber zu zögerlich. Es gibt mehr Strukturen, aber sie sind noch nicht ausreichend. Im Bewusstsein der Mehrheitsgesellschaft, auch direkt in Halle, ist unser Bedrohungsgefühl weiterhin nicht angekommen. Leider." Die Sozialdemokratie in Deutschland hat einen Anspruch, sich selbst dezidiert gegen Rechtsradikalismus zu stellen. Die Jusos initiierten aus dem Grund die Kampagne „Stabil gegen Rechts". Der SPD wird häufig vorgeworfen, die Gefahr des Islamismus zu verkennen und andere Prioritäten zu setzen. Igor stimmt dem teilweise zu:

Natürlich nimmt für die Sozialdemokratie, schon allein aufgrund ihrer langen Tradition im Kampf gegen Faschismus, Nationalsozialismus und allgemein nationalistische Bestrebungen, der Kampf gegen Rechts einen anderen Stellenwert ein als der Kampf gegen Islamismus.

Ein Ausblenden der islamistischen Bedrohung in seiner Partei will Igor jedoch nicht bestätigen und sieht in der Vernachlässigung des Themas ein gesamtpolitisches Problem:

In der Praxis betonen allerdings auch sozialdemokratische Innenminister*innen, dass der Islamismus genauso eine Gefahr für unser friedliches Zusammenleben ist wie der Rechtsextremismus. Es ist ja auch nicht so, dass CDU / CSU-Innenpolitiker*innen, die mindestens ein Mal die Woche vor der Gefahr des Islamismus warnen, dadurch konkret diese Gefahr bekämpfen. Ich würde hier also weniger mit Zeigefinger und Worten wie dem Wort ‚verschlafen' arbeiten und vielmehr die realen Verhältnisse betrachten.

Gerade im Kontext der deutschen Erinnerungskultur und im Umgang mit Minderheiten erkennt Igor einen Rechtsruck. Das bereite ihm zunehmend Sorgen und macht ihn nachdenklich. So hält er fest:

Ich sehe die Gefahr, dass nicht genug Menschen unsere Demokratie aktiv verteidigen. Wir erleben in den letzten Jahren, dass die Menschen aus Bequemlichkeit den Kampf für demokratische Werte und gegen rechtsextreme Umtriebe eher als Belästigung empfinden. Wer heute das Grundgesetz zitiert, gilt in manchen Kreisen schon als ‚Linksextremist'.

In seinem (politischen) Leben hat Igor schon einiges miterleben dürfen. Er spricht mehrere Sprachen, verfolgt verschiedene Debatten und kämpft innerhalb und außerhalb seiner Partei für ein sichtbares Judentum. Die Politik ist eine Leidenschaft von ihm und diese möchte er immer wieder aktiv mitgestalten. Der Großteil seines

Engagements hat sich in Deutschland abgespielt, aber was bedeutet ihm Deutschland? Deutschland ist …

> sehr komplex, schwer zu lieben, und dennoch möchte ich nirgendwo sonst leben. Mir ist es wichtig, dass ich auf meine Umwelt Einfluss nehmen kann, weil die Welt, wie sie ist, nicht gerecht ist. Das kann man in Deutschland in meinen Augen sehr gut tun. Aber weil man es in Deutschland so gut tun kann, mischen auch Leute mit, denen es nicht ungerecht genug ist und denen der Status Quo ganz gut gefällt. Daher ist Deutschland auf jeden Fall nicht langweilig, wenn man sich einbringen will.

Die Verschmelzung von liberalem und konservativem Denken: Illya Trubman und Hermann Gröhe

In den vergangenen Jahren wurde das Konzept der Volkspartei immer wieder für beerdigt erklärt. Fakt ist einerseits, dass die klassischen Volksparteien CDU und SPD nicht mehr die Erfolge feiern, wie es noch vor Jahrzehnten der Fall gewesen ist. Die Parteienlandschaft in Deutschland gestaltet sich heute weitaus diverser. Doch von den knapp 47 Millionen Menschen, die zur Bundestagswahl 2021 ihre Stimme abgegeben haben, konnten die Parteien der Großen Koalition immerhin noch fast die Hälfte auf sich vereinen. Im europäischen Vergleich – vor allem mit Blick auf die europäischen Stützen Paris, Rom und Berlin – ist das immerhin noch bedeutsam. Sozialdemokratische und christdemokratische Politik scheinen in einigen Ländern bereits der Vergangenheit anzugehören. Ersetzt wurden sie zum Teil durch einen Konflikt zwischen liberal-grünen und rechtspopulistischen Kräften. In Deutschland scheint dieser Abgesang genauso verfrüht wie der auf die Sozialdemokratie, von der man nach 16 Jahren unionsgeführter Kanzlerinnenschaft unter Angela Merkel davon ausging, dass sie bald ihren europäischen Pendants folgen würde. Es kam anders. Die SPD konnte 2021 die Bundestagswahl für sich entscheiden und Olaf Scholz eine sozialdemokratisch geführte Koalition auf die Beine stellen. Damit rückte die CDU in die Opposition und musste sich nach langen Jahren an den Schalthebeln in der Bundesregierung nun in einer neuen Rolle finden: der führenden Oppositionspartei.

Um darüber zu sprechen, was diese neue Rolle bedeutet und wie junge Jüdinnen*Juden sie mitgestalten können, haben wir glücklicherweise zwei passende Gesprächspartner gefunden. Was es bedeutet, als junger Jude christdemokratische Politik mitzugestalten, wird uns Illya Trubman berichten. Er ist Politikberater und beschreibt sich selbst als „manchmal ein bisschen zu nett, manchmal ein bisschen zu schnell, aber insgesamt sehr bodenständig". Er hat schon mehrfach in der CDU und ihren Jugendorganisationen Verantwortung übernommen. Dazu zählten sowohl die Schüler Union (SU) als auch die Junge Union (JU) in Mülheim an der Ruhr und dem Ruhrgebiet sowie die CDU in Mülheim. Heute ist Illya Kreisschatzmeister der JU im Berliner Bezirk

Pankow und im Kreisvorstand des CDU-Arbeitnehmerflügels, der Christlich-Demokratischen Arbeitnehmerschaft (CDA).

Es sind 36 Grad. Der bisher heißeste Tag des Jahres. Die Luft ist trocken. Die Berliner*innen ächzen. Die Passage zwischen Reichstag und Paul-Löbe-Haus (PLH), deren Flucht auf den Spreebogen und das Marie-Elisabeth-Lüders-Haus weist, ist geradezu ausgestorben. Die Sonne brennt, während wir auf Illya warten. Die meisten Politiker*innen befinden sich gerade in der Sommerpause. Der Parlamentsbetrieb in der Hauptstadt wird für fast zwei Monate unterbrochen, in denen die Abgeordneten in ihren Wahlkreisen tätig sind oder den längst überfälligen Urlaub genießen. Zufälligerweise kommt ein Abgeordneter, der als Nachwuchstalent der CDU gefeiert wird, mit seiner Mitarbeiterin die Treppen am Spreebogen hochgelaufen. Er passiert uns mit einem Nicken. Aus der anderen Richtung kommt uns Illya entgegen. Trotz der Hitze trägt er einen eleganten Anzug und ein weißes Hemd. Die Haare sind zum Seitenscheitel gekämmt. Er kommt direkt von der Arbeit. Nach einer kurzen Begrüßung betreten wir den häufig als „Maschinenraum" des Parlaments beschriebenen Gebäudekomplex des PLH. Abkürzungen wie diese sind im parlamentarischen Betrieb gang und gäbe. Mit seinen großen, wie im Zylindertrakt eines Motors angeordneten Sitzungssälen, bietet das PLH viel Raum für unser Interview. Wir betreten den Sitzungssaal des Europaausschusses. Es ist eine nette Anekdote, dass in einer Ecke des Saales noch ein Namensschild des jüdischen grünen Europaabgeordneten Sergey Lagodinsky steht. Wir setzen uns. Das Aufnahmegerät leuchtet und wir erzählen Illya davon, wer ebenfalls eine Rolle in diesem Kapitel einnehmen wird.

Illyas berufspolitisches Pendant dürfte den meisten wahrscheinlich in seinem Amt als Bundesminister für Gesundheit bekannt sein, welches Hermann Gröhe zwischen 2013 und 2018 im Kabinett der damaligen Bundeskanzlerin Angela Merkel ausübte. Dass Gröhe in der Bundestagsfraktion der CDU / CSU zum Zeitpunkt des von uns mit ihm geführten Interviews Beauftragter für Kirchen und Religionsgemeinschaften der CDU / CSU-Fraktion im 19. Deutschen Bundestag gewesen ist, war nur ein Grund, warum wir ihn als Interviewpartner ausgewählt haben. Darüber hinaus weiß Gröhe, was es bedeutet, als junger Mensch Politik zu machen. Er war bis zu seinem Einzug in den Bundestag 1994 fünf Jahre Bundesvorsitzender der JU. Wie Illya war auch Gröhe in seiner Jugend schon als Schüler in der JU aktiv. In seiner ersten Legislaturperiode (1994 bis 1998) war Gröhe Sprecher der Jungen Gruppe der Unionsfraktion im Bundestag. Doch die Gemeinsamkeiten erschöpfen sich nicht nur im parteipolitischen Engagement als junger Mensch, der gemeinsamen Partei und dem Bundesland, in dem die ersten politischen Erfahrungen gesammelt wurden. Gröhe bezeichnet sich nicht nur als „wertkonservativen Menschen mit liberalem Gesellschaftsbild"[112], er stellte das auch 2014 unter Beweis, als er die Möglichkeit bekam, im zweiten Wahlgang in das Bundespräsidium der CDU gewählt zu werden. Damals zog er zugunsten von Emine Demirbüken-Wegners zurück und begründete diesen Schritt mit den Worten: „Ich habe mich als Generalsekretär immer dafür eingesetzt, dass wir in unseren Gremien die Partei in ihrer ganzen Vielfalt abbilden."[113] Dabei ist eine Frauen-Quote bis heute in der Union umstritten. Und in ihrem Selbstverständnis christdemokratischer Politik, da treffen sich Illya und Hermann Gröhe.

Um besser verstehen zu können, welche Perspektive Hermann Gröhe als Beauftragter für Kirchen und Religionsgemeinschaften für unser Interview mitbringt, haben wir ihn gebeten, uns diese vorzustellen – vor allem in mit Blick darauf, in welchem Verhältnis er zu jüdischen Communities steht. Durch das Amt ist Gröhe „der Ansprechpartner meiner Fraktion für ebendiese Gruppen", was bedeutet, dass er regelmäßig im Austausch mit „vielen Vertreterinnen und Vertretern insbesondere christlicher, jüdischer und muslimischer Organisationen" ist. Hinzu komme noch der Kontakt mit Bürger*innen, die sich besonders für diesen Themenbereich interessieren, die Beratung von Fraktionskolleg*innen, sollten diese Fragen haben oder Einschätzungen erbitten, und das stetige Bemühen darum, „das Thema Kirche und Religions- und Glaubensgemeinschaften sowie Religion in die Öffentlichkeitsarbeit unserer Fraktion einzubringen". Dadurch ergaben sich auch die Berührungspunkte zu jüdischen Organisationen, erklärt der ehemalige Beauftragte. So stand und steht er im regelmäßigen Kontakt mit dem Präsidenten und dem Geschäftsführer des Zentralrats und ebenso mit Vertreter*innen des Berliner Büros des AJC und anderer Gruppen, wie auch dem Beauftragten der Bundesregierung für jüdisches Leben in Deutschland und den Kampf gegen Antisemitismus, Felix Klein. Als einen der Höhepunkte seines Wirkens in der 19. Wahlperiode bezeichnet Gröhe die Unterzeichnung des Staatsvertrages zur Einrichtung einer jüdischen Militärseelsorge in der Bundeswehr. Diese Unterzeichnung sei „gleichermaßen ein wichtiges Zeichen aus der jüdischen Gemeinschaft in Deutschland wie auch an die jüdische Gemeinschaft in Deutschland" gewesen, hält Gröhe fest.

Kommen wir nun zurück zum Protagonisten in diesem Kapitel: Illya wurde im Dezember 1994 in Kamenez-Podolskij geboren. Die westukrainische Stadt hatte vor sieben Jahren über 100 000 Einwohner*innen und gilt als älteste Stadt der Ukraine. Die vier großen Bevölkerungsgruppen – polnische, ukrainische, armenische und jüdische Einwohner*innen – prägen die Architektur der Stadt in den jeweiligen Wohnquartieren zum Teil bis heute. Obwohl Illya betont, dass seine Migrationsgeschichte ein „Teil von mir" ist, stellt er auch fest, dass „dieser Teil meiner Identität mich nie wirklich berührt hat", er habe „da nie eine starke emotionale Bindung gehabt". Er sei dort geboren und habe die ersten vier Jahre seines Lebens in Kamenez-Podolskij verbracht, aber der Umzug nach Deutschland habe dazu geführt, dass „sich hier meine Identität ausgebildet hat – auch die jüdische Identität".

Nachdem sie 1999 auswanderten, lebte Illya mit seiner Familie in Mülheim an der Ruhr, einer Großstadt mit 170 880 Einwohner*innen in der Nähe von Essen. Illya erzählt von dem bekannten Deutschrapper Manuellsen, der ebenfalls aus der Stadt kommt und fügt schmunzelnd an: „Und die ehemalige Ministerpräsidentin Hannelore Kraft kommt von dort." Erst mit dem russischen Angriffskrieg am 24. Februar 2022 auf die Ukraine habe sich seine „Verbindung" zu seinem Geburtsland verändert, sei „emotional" geworden. Deutschland und Israel waren bis dahin „bei meinen Identitäten so der Dreh- und Angelpunkt". Ersteres vor allem, „weil ich hier aufgewachsen bin, weil ich mich mit diesem Land einfach verbunden fühle". Dass er ebenfalls eine Verbindung zu Israel habe, erklärt er sich so:

Und Israel wahrscheinlich, weil das irgendwie durch die Feriencamps und die Integration in der jüdischen Gemeinschaft einfach mitvermittelt wurde als Kind. Und dann aber später auch in der bewussten Auseinandersetzung damit sich dann deutlich rausentwickelt hat. Und die Identität dann nochmal einen neuen Layer bekommen hat.

Doch auch, wenn er sich Deutschland so verbunden fühlt und dieses Land eine so wichtige Bedeutung für seine Identität hat, betont er: „Aber die Identität als Migrant war mir immer bewusst." Das habe allerdings auch damit zu tun, wie sein Umfeld mit diesen Tatsachen seines Lebensweges umgegangen ist: „Also man kann sich vorstellen, wie es ist als jüdischer, ukrainischer ausländischer Junge an einem Gymnasium im Ruhrgebiet zu sein. Und wenn dann noch die sexuelle Orientierung dazukommt, dann wird das auch ein interessanter Cocktail." Gemeint ist damit, dass er durch seine Mitschüler*innen Anfeindungen erfahren habe.

Umso wichtiger waren jüdische Organisationen. Von ihnen hat Illya zahlreiche durchlaufen. Dazu zählen die ZWST, *Lauder*, *Bnei Akiva* und auch ein kurzer Abstecher zu *jung und jüdisch*. Bei der ZWST habe er seinen „ersten Kontakt zum Judentum, zu den Traditionen, aber auch zu den Gebeten" gehabt. Bei *Lauder* habe er „den ganzen Spirit cool gefunden. Das hat mir Spaß gemacht, das einfach zu erkunden und auch die verschiedenen Ebenen der Religiosität zu erleben." Bei *Bnei Akiva* hat er sogar als Geschäftsführer gearbeitet und konnte über die Organisation auch ein Auslandsjahr in Israel absolvieren. Gerade diese Zeit habe „nochmal meine jüdische, israelische, zionistische, wie man auch möchte, Identität gestärkt".

Doch wie kommt es, dass sich Illya für die CDU entschieden hat? Warum war es ausgerechnet konservative, christdemokratische Politik, die er selbst mitgestalten wollte? Das habe schon als Jugendlicher angefangen, erklärt Illya. Er habe gute Politiklehrer*innen gehabt, „die uns doch immer wieder gesagt haben, dass wir uns einbringen sollen". Für ihn sei klar gewesen, dass der Weg, etwas zu bewegen, nur über eine Partei führe, „und für mich kam nur eine Partei in der Mitte infrage". Die „Ränder" hätten nicht zu ihm gepasst, führt er aus, sodass nur die CDU, die SPD, die FDP und die Grünen übrigblieben. Die Freien Demokraten und die Grünen kamen allerdings nicht in Betracht, denn es sollte eine Volkspartei sein. Das bedeutet für ihn, „dass man eben nicht eine bestimmte ideologische Position übergestülpt bekommt". Es sei die Zusammenführung von „Positionen aus der Mitte, von Mitte-links und Mitte-rechts". Dass in diesem Zusammenhang immer wieder der Vorwurf an die CDU gerichtet wird, ein „Fähnchen im Wind" oder „ideologiebefreit" zu sein, findet Illya „nicht fair". Denn für ihn ist es das, „was die CDU auszeichnet", und „genau das, was die Partei sein sollte". Nur dann könnte sie die „Partei in der Mitte der Gesellschaft" sein, eben „eine klassische Volkspartei". Und in einer Volkspartei, sagt Illya, habe er „das Gefühl, dass man sich da seine politische Orientierung zusammenstellen kann und sich wiederfindet". Damit sei gemeint, dass es zum Beispiel Arbeitsgruppen und Interessenvertretungen gibt, wie den Bundesverband Lesben und Schwule in der Union oder die Christlich-Demokratische Arbeitnehmerschaft und deren „Pendant", wie Illya es nennt, die Mittelstands- und Wirtschaftsunion.

Doch auch die SPD hat ähnliche Strukturen. Der „ausschlaggebende Grund" für die Union und eben nicht die Sozialdemokrat*innen, obwohl Letztere „im Ruhrgebiet ja super stark" sind, seien dann vor allem „persönliche Bekanntschaften" gewesen. Es war einer seiner engsten Freund*innen, der die Schüler Union in Mülheim an der Ruhr neugegründet hatte. Es hätte auch die SPD sein können, sagt Illya, aber „ich wollte mich halt auch mit meinen Freunden engagieren".

Als er dann in die SU und die JU „reingeschnuppert" habe, sei es die „Debattenkultur" gewesen, welche er als „sehr angenehm" empfunden habe. Aus seiner Perspektive werde „bei den Jusos und auch bei den Grünen ein gewisses Meinungsspektrum toleriert" und wenn es darüber hinausgeht, „wird auch die Debattenkultur wirklich unangenehm". Es käme „sehr viel Labeling, wenn man vom Mainstream abweicht", und es werde „zum Teil persönlich". In der JU sei das anders gewesen:

> Ich hab durchaus Positionen, die nicht unbedingt von der Breite der Partei mitgetragen werden. Aber dort hatte ich immer die Erfahrung gehabt, dass man sich hingesetzt hat und gesagt hat: „Lasst uns das ausdiskutieren." Und im schlimmsten Fall endete das Gespräch damit: „Ich stimme dir nicht zu, aber deine Meinung ist wertvoll."

Heute sieht er sich selbst „schon sehr in der Mitte, liberal", was sich allerdings je nach konkreten Vorhaben auch schon einmal in verschiedene Richtungen verschieben kann. Was die „Verheiratung von konservativen und liberalen Positionen" für ihn konkret bedeutet, erklärt Illya uns am Beispiel der Ehe für Alle. Er sei nicht für die Ehe für Alle, „obwohl" er konservativ ist, sagt Illya, sondern „weil ich konservativ bin." Ehe bedeute für ihn,

> dass sich zwei Menschen versprechen, füreinander Verantwortung zu übernehmen und sich eben nicht in die Obhut des Staates zu begeben und eben nicht auf den Staat angewiesen zu sein, wenn es hart auf hart kommt.

Das sei nun einmal „das Konservativste", weil „die Keimzelle des Konservatismus die Familie und Ehe" seien. Wenn sich „dann zwei erwachsene Menschen freiwillig für diesen Bund" entscheiden, würden sie sich somit „zu diesen konservativen Werten bekennen". Daher halte er einen „liberalen Konservatismus für genau das Richtige".

Doch die CDU sieht sich eben nicht nur als konservativ, sondern bezeichnet sich selbst als *christ*demokratisch. Daran entzündet sich immer wieder ganz unterschiedliche Kritik. Weil es sich um eine Partei handelt, die die längste Zeit Bundeskanzler*innen gestellt hat, wird die Frage in den Raum geworfen, ob hinsichtlich sinkender Mitgliedschaften in den christlichen Kirchen und der Tatsache einer Gesellschaft mit großen religiösen Minderheiten die Berufung auf das „Christliche" für eine Regierungspartei tatsächlich noch angemessen ist. Was bedeutet der Bezug zur christlichen Religion für die Politik der Partei? Für manche ist er nicht stark genug, weil doch die Mehrheit immer noch christlich sozialisiert sei. Doch was bedeutet es für einen Juden, sich in dieser Partei zu engagieren?

Illya sieht es als „Alleinstellungsmerkmal", dass vor den Parteitagen neben dem Singen der deutschen Nationalhymne ein G'ttesdienst abgehalten wird. Das christliche Zeremoniell stehe für Illya symbolisch für etwas anderes:

Und zwar, dass der religiöse Aspekt im öffentlichen Raum gefördert wird. Und ich finde, das ist wichtig. Wir sind kein laizistischer Staat. Schon in der Präambel des Grundgesetzes findet sich der G'ttesbezug.

Das sei nicht gleichbedeutend mit einer „christlichen Politik", sondern vielmehr damit, „dass man gewisse religiöse Werte einfach als Grundlage seiner Politik nimmt, und zwar ganz unabhängig davon, ob sie christlich, muslimisch, ob sie jüdisch sind". Es gebe „übergreifende Werte", betont Illya. Er macht das am Beispiel der für CDU-Anträge typischen Formel „In unserer Verantwortung vor G'tt und den Menschen" fest. Er erkenne darin, führt Illya aus, den „Gedanken, dass der Mensch im Antlitz G'ttes geschaffen wurde", woraus folgt, dass „man Menschenleben respektiert, dass man den Menschen an sich respektiert". Er störe sich auch nicht am christlichen Zeremoniell: „Wenn es meine religiösen Überzeugungen tangiert, dann nehme ich nicht teil. Und das findet auch überhaupt keinen Anstoß." Wenn es auf Parteitagen zu religiösen Akten kommt, dann nehme Illya die Rolle „als respektvoller Zuschauer" ein. Um uns seine Haltung dazu näherzubringen, bezieht sich Illya auf die akademische Philosophie:

Es gibt in der Philosophie – in der akademischen Tradition der Philosophie – dieses Spannungsfeld zwischen Jerusalem und Athen. Jerusalem, das religiöse Verständnis, und Athen, die Akademie. Und wir sehen, wenn es keine Balance gibt, in irgendeinem Land, egal in welche Richtung, dass es sehr, sehr schlimm endet.

Als Beispiele dafür, wenn es „nur die Tradition von Athen" gibt, nennt Illya „den Nationalsozialismus und den Kommunismus, wo auch an Menschen geforscht wurde, wo auch der ‚Fortschritt der Menschheit' über allem stand" und jedes Mittel recht gewesen sei. Das Gegenbeispiel, Gesellschaften in denen „wir Athen nicht haben, sondern nur Jerusalem", wäre dann jeder G'ttesstaat, sagt Illya. Eine konservative Partei sei dafür da, „genau diese Balance herzustellen, zwischen Jerusalem und Athen".

Daraus folgt auch Illyas Haltung zu Begriffen wie „christlich-jüdisches Abendland", der besonders von konservativen Politiker*innen häufig verwendet wird. Für ihn ist dieser Begriff „stark verknüpft auch mit der Leitkultur und der deutschen Leitkulturdebatte". Für ihn sei es wichtig, auf die eigenen Traditionen „zurückzuschauen". Als Migrant habe er sich immer gefragt: „Worein soll ich mich denn integrieren?", und wenn man Menschen auf der Straße nach der Bedeutung von Deutschsein und deutscher Identität frage, würden viele keine Antwort darauf finden, auch ihm selbst würde es spontan schwerfallen, eine griffige Definition zu geben. Weil „dieses Land, dieses Volk nie ein gesundes Verhältnis zu seiner Identität" hatte, sei es wichtig, dass „wir uns echt mal hinsetzen und in einem nationalen Dialog, von mir aus auch in einem europäischen Dialog, mal unsere Identität klären". Dann sei es eben auch möglich, über eine „deutsche Leitkultur" zu sprechen. In der Betonung eines christlich-jüdischen Abendlandes sieht Illya allerdings dann „doch ein Stückchen unserer Identität". Da gehe es eben um „genau diese Werte, dass der Mensch im Antlitz G'ttes geschaffen wurde und damit eine gewisse Politik vorgegeben wird, auch ein gewisses Sozialstaatspostulat vorgegeben wird".

Andere Religionen als Christentum und Judentum würden „erst seit Neuestem eine Rolle in der deutschen Gesellschaft spielen". Doch auch sie „gehören zu Deutschland", sagt Illya ganz im Wortlaut des ehemaligen christdemokratischen Bundespräsidenten Christian Wulff. Denn sie seien ebenfalls „Realität" in Deutschland, aber „identitätsstiftend, kulturstiftend", das seien „bislang das Christentum und das Judentum" gewesen. Das zeige sich zum Beispiel an einer genaueren Betrachtung der deutschen Sprache – gemeint sind hier jiddische Lehnwörter, von denen sich besonders viele in der Umgangssprache wiederfinden – und der öffentlichen Feiertage. Dieser „Status Quo" sei nicht unveränderbar, doch Illya sieht in der „Betonung des christlich-jüdischen Abendlandes auch ein Wertebekenntnis" zu „liberalen Werten", die sowohl Judentum als auch Christentum durch das Durchlaufen der Aufklärung erhalten hätten.

Illya ist auch nicht das einzige jüdische Parteimitglied, welches sich mit diesem Spannungsfeld auseinandersetzt. So erzählt uns der junge Politikberater von bekannten Jüdinnen*Juden in der CDU, wie Michel Friedman und Karin Prien. Hermann Gröhe kennt beide Personen gut. So hat er u. a. in seiner Funktion als JU-Bundesvorsitzender den damaligen Zentralrats-Präsidenten Friedman „für die Wahl in den Bundesvorstand der CDU vorgeschlagen". Die Vorsitzende des jüdischen Forums der CDU Karin Prien, die in der schleswig-holsteinischen Landesregierung unter Führung von CDU-Ministerpräsident Daniel Günther das Ministerium für Allgemeine und Berufliche Bildung, Wissenschaft, Forschung und Kultur verantwortet, lobt der ehemalige Bundesminister:

Es freut mich sehr, dass das Jüdische Forum jüdischen Parteimitgliedern in der CDU ein Gesicht gibt und Jüdinnen und Juden ermutigt, sich stark in unserer Partei einzubringen.

Illya erzählt von weiteren jüdischen Parteimitgliedern: „Ich kenne einen zum Beispiel, aus Berlin: Mike Delberg. Der arbeitet auch im Konrad-Adenauer-Haus, bei uns in der Parteizentrale." Er habe gehört, dass Mike versucht, ein Jüdisches Forum in der CDU Berlin zu begründen, und das sei auch ein „Novum", meint Illya. Wie wichtig eine solche Vernetzung ist, zeige sich allein daran, dass sich jüdische Parteimitglieder eher durch parteiferne Strukturen kennenlernen. So weiß Illya zum Beispiel noch, dass es „in anderen Kreisverbänden sogar einen orthodoxen jungen Herrn gibt, den ich in der JSUD kennengelernt habe". Trotz dieser Beispiele innerhalb der Union wünscht sich Hermann Gröhe eine stärkere Sichtbarkeit von Jüdinnen*Juden in der Bundespolitik und ist der Meinung, „dass Jüdinnen und Juden in allen demokratischen Parteien in unserem Land sehr willkommen sind!"

Rein traditionell sei die SPD die Partei gewesen, in der sich viele Jüdinnen*Juden wiedergefunden haben, was man schon an ihrer Gründungsriege und in ihrer über hundert Jahre alten Geschichte sehen könne. Auch mit dem Image der Partei der Bildungsaufsteiger*innen habe die SPD für Jüdinnen*Juden einen besonderen Reiz gehabt. Doch hier scheint sich etwas verändert zu haben, meint Illya. Das sei auch daran zu bemerken, wie Jüdinnen*Juden die CDU wahrnehmen. Dass er sich in einer christdemokratischen Partei engagiere, sorge nur selten für verwunderte Gesichter. Während er zum Beispiel von Jugendlichen aus der Mehrheitsgesellschaft „viel mehr contra" erlebe, sei das bei Jüdinnen*Juden anders. In der Mehrheitsgesellschaft, sagt

Illya, höre er zuweilen: „CDU in deinem Alter?! Wie kann das sein? So jung und schon so verdorben." Aber in jüdischen Communities sei man „traditionsbewusster". Selbst Jüdinnen*Juden, die atheistisch sind, seien „gewisse Traditionen wichtig". Gleichermaßen sei auch festzustellen, dass „die CDU sowohl für die jüdische Community in Deutschland als auch für das Land Israel eine sehr positive Linie fährt. Und daher findet das keinen Anstoß."

Doch auch wenn die Haltung gegenüber der CDU oder Parteien im Allgemeinen aufgeschlossen sei, gebe es weiterhin nur wenige bekannte Beispiele für jüdische Berufspolitiker*innen. Illya will andere ermutigen, selbst aktiv zu werden und sich zu engagieren. Er würde sich freuen, „wenn man mehr Sichtbarkeit herstellen würde, übrigens nicht nur für Jüdinnen*Juden, sondern für ganz viele verschiedene andere Menschen". Gleichermaßen sei es allerdings auch so, dass „gerade bei jungen Juden viele von uns erst jetzt anfangen". Dass es wenige Beispiele bis zum Ende der Sowjetunion gegeben habe, liege auch daran, dass die jüdische Gemeinschaft in Deutschland nur sehr klein war. Für diejenigen, die nach 1990 nach Deutschland gekommen sind, sei es erst einmal wichtig gewesen, anzukommen. Und Illya fügt an:

Und wir sind jetzt die erste Generation, die überhaupt mit der deutschen Staatsbürgerschaft an der Hand, die wir ja auch erlangen mussten, die Möglichkeiten hat, sich politisch aktiv und passiv einzubringen. Und da denke ich, dass man immer mehr davon sehen wird.

Er erkennt auch einen Trend, was das politische Engagement junger Jüdinnen*Juden angeht. So seien viele dadurch motiviert, dass sie „doch gewisse Erfahrungen gemacht haben, die man versucht, durch sein Engagement anderen zu ersparen". Indem man nun selbst „gute Politik macht und gute Aufklärung betreibt", sorge man dafür, dass nachfolgende Generationen auf weniger Hürden stoßen. Dabei betont er auch noch einmal, dass das auch durch die verschiedenen Formen an politischem Engagement erreicht wird:

Politik heißt nicht nur Engagement in der Partei. Auch interkultureller Austausch ist eine Form von Politik. *Meet a Jew* ist auch eine Form von Politik. *Keshet* ist auch eine Form von Politik. Und da sehe ich auch ein hohes Maß an Engagement. Deutlich höher als meines früher zumindest.

Wir fragen nach, was er genau meint, wenn er über die Hürden spricht, die sich besonders für jüdische Politiker*innen auftun. Seine Antwort zeigt, dass darin in gewisser Hinsicht auch immer eine universelle Erfahrung steckt. Denn nicht nur Jüdinnen*Juden sind von diesen Hürden betroffen, sondern viele Menschen mit unterschiedlichen Erfahrungen von Marginalisierung. Das betont auch Illya: „Ich glaube, dass Menschen, die einer Minderheit angehören, prinzipiell mehr ertragen müssen, wenn sie in der Öffentlichkeit auftreten." Es sei „mehr Angriffsfläche" da, die immer von politischen Gegner*innen genutzt werden könnte. Er könne nicht für andere sprechen, sagt Illya, aber ihn und seine Freund*innen, die engagiert sind, habe es eben nicht abgeschreckt. Auch wenn man nicht jeden Tag über mögliche Anfeindungen nachdenke, sei es in dem

Moment dann doch so, dass man sich frage: „Ist es das wert?" Für ihn selbst sei klar, dass er diese Frage immer wieder mit „Ja" beantworten würde und auch andere dazu ermutigen möchte, sie ebenfalls so zu beantworten. Aber ihm sei auch klar, dass man nicht verlangen kann, dass jede*r das aushält. Man könne nicht sagen:

> „Zum Wohle dieser Republik musst du das jetzt aushalten, das ertragen." Aber ich fände es schade, wenn diese Stimmen, die meiner Meinung nach sehr wertvoll sind, nicht Gehör finden, aus Angst.

Daher müsse auch die Partei an sich arbeiten. Denn in ihr gebe es, so „wie in jeder anderen Gruppe" auch, Hürden, erklärt Illya. In politischen Kämpfen komme es nun einmal vor, dass „sich manche auch ans kleinste Detail" klammern würden. Das gebe es „nun mal in jeder Partei", sagt er und führt aus, dass sich das nicht nur gegen Jüdinnen*Juden richte, denn „wenn es nicht das Jüdische wäre, wäre es halt was anderes". Hermann Gröhe erkennt auch „mehrere Gründe" dafür, dass nur wenige sichtbare Jüdinnen*Juden in der Bundespolitik aktiv sind. Dazu gehöre vor allem die verhältnismäßig geringe Zahl jüdischer Bürger*innen, wie auch der Umstand, dass „die eigene Religionszugehörigkeit für viele Menschen eher Privatsache sei und manche diese vielleicht gar nicht in die Öffentlichkeit tragen" wollen. Ergänzt werde das sicher noch durch die

> vielfältigen Herausforderungen und Aufgaben der jüdischen Gemeinschaft in unserem Land, welche eine starke Beteiligung an anderen gesellschaftlichen Bereichen wie der Politik zeitlich schwierig macht.

Mit dem Jüdischen Forum, das laut Gröhe Anfang 2018 von der damaligen Parteivorsitzenden, Angela Merkel, und der damaligen Generalsekretärin der CDU, Annegret Kramp-Karrenbauer, auf den Weg gebracht wurde, sei eine wichtige Institution geschaffen worden. Diese würde „darauf hinweisen, dass die Geschichte des deutschen Judentums wesentlicher Bestandteil der Geschichte unseres Landes ist". Und Gröhe ergänzt:

> Jüdisches Leben in Deutschland sollte und darf nicht allein vom Gedenken an die Shoa bestimmt sein. Jüdisches Leben ist eine Selbstverständlichkeit und findet sich überall in unserem Land. Wir müssen uns dafür einsetzen, dass Juden in Deutschland in der gleichen Normalität leben können wie alle Deutschen, ganz gleich ob im Beruf, in der Kultur, im Sport oder in der Wissenschaft.

Doch aktuell ließe „sich leider nicht abstreiten", führt der ehemalige Bundesminister aus, dass mit zunehmender Sichtbarkeit in der Öffentlichkeit „sicherlich auch gewisse Risiken" zunähmen, „in das Blickfeld radikaler Gruppen zu geraten". Daher sei der Staat verpflichtet, den „bestmöglichen Schutz seiner demokratisch gewählten Verantwortungsträger wie auch ganz allgemein jüdischer Menschen in unserem Land" zu gewährleisten.

Trotz alledem sieht Illya zumindest ein ehrliches Bemühen in Partei und Jugendorganisation, junge Jüdinnen*Juden zum Engagement zu ermutigen. Die JU „engagiert sich sehr stark", sei es durch Synagogenbesuche oder „auch dutzende Leitanträge auf dem Deutschlandtag". Es würden „konkrete Policies angenommen, wo sich jeder Zionist wiederfinden kann". Und die CDU versuche auch, durch öffentlichkeitswirksame Aktionen über die Grenzen der Partei hinaus zu wirken:

> Die CDU hat ja diesen „Von Shabbat zu Shabbat" gestartet, das ist jetzt nicht auf junge Leute ausgerichtet, aber das spielt halt alles in eine Atmosphäre, in ein Feld, was man kreieren möchte, um auch jungen und älteren Jüdinnen und Juden die Partei mal vorzustellen, näherzubringen und auch die Leute mit offenen Armen willkommen zu heißen und zu zeigen: Das ist eure politische Heimat, wenn ihr denn so wollt.

Diese Einschätzung unterstützt auch Gröhe. So stehe die CDU „fest an der Seite der Jüdinnen und Juden – in Deutschland, aber auch weltweit". Sie habe sowohl die Bekämpfung von „jeglicher Form des Antisemitismus" als auch „die Solidarität mit Israel" zum Bestandteil der eigenen „DNA" gemacht, was ebenso für die JU zutreffe. In ihr sehe er „ein starkes Angebot für junge Jüdinnen und Juden". Viele CDU-Verbände vor Ort würden „sehr gute Kontakte zu den dortigen jüdischen Gemeinden pflegen". Auch ganz allgemein sei es zu begrüßen, wenn sich „junge Jüdinnen und Juden in den demokratischen Parteien oder sonstigen zivilgesellschaftlichen Organisationen beteiligen".

Angesichts der Bedrohungslage scheint es dringend notwendig, dass auch Parteien Bildungsarbeit betreiben. Nicht nur über jüdisches Leben, sondern auch über den Antisemitismus in Deutschland und seine Kontinuitäten. Das zeigten auch die ersten Reaktionen auf den Anschlag in Halle 2019. Die ehemalige CDU-Vorsitzende, Annegret Kramp-Karrenbauer, wurde damals scharf kritisiert, nachdem sie den Anschlag ein „Alarmzeichen" genannt hatte. Andere wiederum sprachen von Zäsur. Illya findet die Bezeichnung „Zäsur" unpassend, „weil es ja auch schon vorher Anschläge" gegeben habe, wie zum Beispiel den sogenannten Wehrhahn-Anschlag[114]. Ihn haben die Nachrichten über den Anschlag in Halle „ins Mark getroffen, auch persönlich, weil Freunde, meine engsten Freunde waren da". Für ihn habe sich damit auch die Frage gestellt, welche Implikationen das alles für sein eigenes Leben habe:

> Mich persönlich hat das einfach nur noch mehr motiviert, mich zu engagieren. Weil ich weiß ganz genau, dass Menschen wie der Täter wirklich eine Ausnahme sind. Und dass die breite Mehrheit der Gesellschaft hinter uns steht. Und wir haben das ja auch an der politischen Reaktion gesehen, an der gesellschaftlichen Reaktion: Man macht sich immer darüber lustig, aber es gab Mahnwachen vor der Synagoge. Natürlich bringt das nichts gegen Rechtsextremismus, aber das ist Ausdruck, dass dieses Land schon das jüdische Leben, was hier gerade wieder entsteht, wertzuschätzen weiß.

Dass es nach unterschiedlichen Studien zwischen 20 und 30 Prozent der Bevölkerung sind, die offen oder latent antisemitischen Einstellungen anhängen, sollten junge jüdische Politiker*innen, so Illya weiter, als Anreiz nehmen, „dass man Sichtbarkeit herstellt, sich engagiert – und jetzt noch mehr. Fast schon aus Trotz von mir aus, sich noch mehr einbringen." Der Anschlag von Halle war auf der einen Seite ein „Schock", doch auf der anderen Seite habe es auch zu einer Trotzreaktion bei ihm geführt:

> Ihr wollt Leute wie mich nicht sehen in der Öffentlichkeit, ihr wollt Leute wie mich zum Schweigen bringen. Ich war schon vorher engagiert, aber jetzt bin ich noch motivierter in meinem Engagement in diesem Moment. Ich gehe dann noch zu einem Parteitag mehr.

Doch auch wenn junge jüdische Politiker*innen dem nachgehen, betont Illya, dass der Kampf gegen Antisemitismus eine gesamtgesellschaftliche Aufgabe bleibe. Es sei nicht die Aufgabe von Jüdinnen*Juden, „das zu bekämpfen". Doch gleichermaßen kann er nicht sagen, „dass Antisemitismus für meine politische Arbeit irrelevant ist".

Auch Hermann Gröhe schließt sich mit Blick auf den Anschlag in Halle ausdrücklich der Beschreibung des Antisemitismusbeauftragten der Bundesregierung Felix Klein an, der den Begriff des „Einschnitt" gewählt hatte. Es habe sich um „einen großen Schock für alle Demokratinnen und Demokraten in unserem Land" gehandelt. Dass seit Jahren eine Zunahme von antisemitischen Beleidigungen und Übergriffen durch die Sicherheitsbehörden dokumentiert wird, sei „eine Entwicklung, die wir nicht akzeptieren können", da aus „Worten Taten folgen, wie Halle uns auf dramatische Weise vor Augen geführt hat". Dass die Bundesregierung nach dem Anschlag zusätzliche Gelder bereitgestellt hatte, damit bauliche Schutzmaßnahmen in jüdischen Gemeinden umgesetzt werden können, sollte laut Gröhe auch als ein „dringend gebotener Schritt gesehen werden, mit aller Kraft für die Sicherheit von Jüdinnen und Juden zu sorgen". Auch Gröhe betont und beklagt die Kontinuität antisemitischer Gewalt. So habe er bereits in seiner Studienzeit in den 1980er Jahren die Sicherheitsmaßnahmen an der Synagoge Roonstraße in Köln wahrgenommen. Es habe ihn damals bedrückt, dass die Synagoge durchgängig von der Polizei bewacht werden musste. Und es beschäme ihn, erklärt Gröhe, dass „es in dieser Hinsicht bis heute nur geringe bis keine Verbesserungen der Lage gegeben hat und jüdische Einrichtungen weiterhin und sogar vermehrt unter Polizeischutz stehen müssen".

Illya äußert diesbezüglich Dankbarkeit und Unterstützung für die Sicherheitsbehörden. Er habe zu ihnen wahrscheinlich ein „anderes Verhältnis als die Mehrheitsgesellschaft". Weil er in jüdischen Jugendzentren aufgewachsen sei und Polizeischutz, gepanzerte Gläser und Beamt*innen immer da gewesen seien, spüre er „emotional ein großes Gefühl der Dankbarkeit". Dass es in Sicherheitsbehörden rechtsradikale Netzwerke gibt, sorge bei ihm nicht für eine „allgemeine Skepsis": „Es kann gut sein, dass es da ein Problem gibt, und wenn es das gibt, muss man es angehen." Für Hermann Gröhe ist das Vertrauen von Jüdinnen*Juden in die Sicherheitsbehörden „ein kostbares Gut", und er ist sich sicher, dass viele von ihnen „großes Vertrauen in die deutsche Polizei, unsere unabhängige Justiz und in die Bundeswehr haben". Er betont, dass „es in unseren Sicherheitsbehörden keine rechtsextremen oder radikalen Chatgruppen und Netzwerke, keine antisemitische Gesinnung geben darf". Wenn derlei Netzwerke aufgedeckt werden, dann brauche es „die harte Hand des Rechtsstaats", und genauso wichtig sei es, „aus Versäumnissen Folgerungen" zu ziehen, wie es zum Beispiel bei der Auflösung des SEK in Frankfurt am Main geschehen sei.[115]

Illya glaubt, dass man über die Sicherheitsbehörden hinaus noch an weiteren „Stellschrauben drehen kann". Dazu gehört für ihn generell die Aufklärung, die bereits in der Schule anfangen sollte. So habe er selbst auf einer nichtjüdischen Schule „sehr viel Aufklärung erfahren". Da sei es „permanent Thema" gewesen und es werde in diesem Bereich viel getan. Es bedürfe allgemein allerdings mehr Aufklärung und „dass man die Strafverfolgung wirklich gut durchzieht". Antisemitismus, sagt Illya, sei „kein Kavaliersdelikt, keine Bagatelle", weshalb man auch „an passenden Stellen" über weitere „Strafverschärfungen" nachdenken sollte. Für ihn sei klar, dass

Leute wirklich um ihre Existenz bangen müssen, wenn sie auch nur mit dem Gedanken spielen, eine Synagoge irgendwie zu beschmieren oder sonst was. Es reicht nicht aus, dass das Sachbeschädigung ist.

Er könne das nicht aus einer juristischen Perspektive bewerten, doch die vergangenen Urteile, in denen Antisemitismus nicht angemessen anerkannt wurde, hätten ihn „empört". Gemeint sind damit vor allem Urteile wie das im Falle eines Angriffs dreier Palästinenser mit Molotowcocktails auf die Bergische Synagoge in Wuppertal im Jahr 2014. Das Oberlandesgericht Düsseldorf sah den Brandanschlag als politisch motiviert an, wertete ihn allerdings nur als eine Kritik am Staat Israel. Das Gericht konnte keine Anhaltspunkte für eine antisemitische Motivation hinter der Tat feststellen; das Urteil ist seit 2017 rechtskräftig, nachdem die Revision verworfen wurde. Es blieb nicht der einzige Fall, in dem Gerichte ein offensichtlich antisemitisches Weltbild, welches zur Tat motivierte, nicht angemessen (an)erkannten.

Doch wenn man über Strafverschärfungen nachdenke, dann müsse sich bei einem Konservativen auch das „liberale" Gewissen einschalten: „Was ist mit der Meinungsfreiheit? Ist Antisemitismus etwa eine zulässige Meinung?" Während er bei Sachbeschädigung und Landfriedensbruch weiterhin „Strafbarkeitslücken" erkenne, sei es bei Meinungsäußerungen so,

dass wir schon gute Normen haben, die eine Balance zwischen unserem verfassungsrechtlich verbrieften Recht auf Meinungsfreiheit und Volksverhetzung herstellen.

Es gehöre dazu, „auch unangenehme Meinungen zu ertragen", auch „wenn sie am Rande der Strafbarkeit sind", sagt Illya. Durch antisemitische Stimmungsmache werde „halt ein bestimmtes Umfeld, auch viral eine bestimmte Atmosphäre" geschaffen, die Dammbrüche ermöglichen. Es sei nicht nötig, dass sie „den Stein" werfen, denn sie hätten „beigetragen zu einem Umfeld, das den Steinewerfer ermutigt hat".

Doch wenn man sich mit ,geistigen Brandstifter*innen' beschäftigt, dann bleibt es nicht aus, sich damit zu beschäftigen, dass auch Mitglieder und Funktionär*innen der CDU in der Vergangenheit dafür kritisiert wurden, antisemitische Chiffren zu nutzen und Rechtspopulismus und -radikalismus zu normalisieren. Diese Kritik führte dazu, dass der Vorsitzende der CDU Friedrich Merz im Wahlkampf um die Führung der

Partei klarstellte, dass es mit ihm „eine Brandmauer zur AfD geben" werde.[116] Doch diese Mauer schien zunehmend zu bröckeln. Besonders im Bundestagswahlkampf für die Wahl im September 2021 fiel u. a. der ehemalige Verfassungsschutzpräsident und CDU-Kandidat Hans-Georg Maaßen mit entsprechenden Äußerungen auf. Dazu gehörte beispielsweise die Verwendung der antisemitischen Chiffre „Globalisten". Dass dieser Begriff als antisemitische Dogwhistle verstanden wird, liegt vor allem daran, dass er in der Vergangenheit nahezu ausschließlich durch die radikale Rechte verwendet wurde. In ihren Narrativen werden seit Langem Wörter wie „kosmopolitisch", „globalistisch", „internationalistisch" oder „heimatlos" mit Jüdinnen*Juden verknüpft und Bilder „jüdischer Macht" reproduziert.[117] Dabei wurde insbesondere auf eine verkürzte Kapitalismuskritik gebaut, in dem die Verhältnisse nicht in ihrer tatsächlichen Komplexität erfasst, sondern auf das mysteriöse, magische, unsichtbare und vor allem gezielte Handeln konkreter Personengruppen zurückgeführt werden. Dass dem ehemaligen Kopf des deutschen Inlandsgeheimdienstes – für den es eine der Hauptaufgaben sein sollte, das Handeln der radikalen Rechten zu beobachten und zu unterbinden – diese Bedeutung nicht bekannt war, kann nicht ernsthaft angenommen werden.

Ebenso kritisch muss auch das Handeln des ehemaligen Vorsitzenden der CDU-nahen WerteUnion (bei der es sich nicht um eine Parteigliederung handelt), Max Otte, betrachtet werden. Dieser war über 30 Jahre Mitglied der CDU und wurde nach vier Jahren als Mitglied der WerteUnion am 29. Mai 2021 zu deren Bundesvorsitzenden gewählt. Noch bevor er dieses Amt bekleidete, rückte Otte mit eindeutigen Positionen in die Öffentlichkeit, die als antisemitisch, rassistisch und verschwörungsideologisch kritisiert wurden. Diese hatten zur Folge, dass der Politikwissenschaftler Markus Linden ihm eine Scharnierfunktion einer international vernetzten intellektuellen Rechten zusprach.[118] So hatte Otte die Berichterstattung in Folge rassistischer Hetzjagden als einen möglichen „Auftakt der offiziellen Verfolgung politisch Andersdenkender"[119] bezeichnet, womit scheinbar eine Täter-Opfer-Umkehr erreicht werden sollte. Zur Bundestagswahl 2017 kündigte Otte an, die AfD zu wählen, 2020 wollte er dann „die Möglichkeit einer bürgerlichen Koalition mit der AfD" erörtern.[120] Es ließen sich noch zahllose weitere Vorfälle um Otte aufzählen, doch nahm die Beziehung zwischen der Union und ihm schließlich ein abruptes Ende: Nachdem Otte mehrfach große Summen an die AfD gespendet hatte und im Januar 2022 die ihm angetragene Kandidatur der AfD für die Bundespräsidentenwahl annahm, wurde ein Parteiausschlussverfahren gegen ihn eingeleitet. Der Bundesvorstand der CDU entzog ihm alle Mitgliederrechte und im August 2022 erklärte das CDU-Kreisparteigericht Köln den Ausschluss aufgrund des „parteischädigenden Verhaltens" für rechtskräftig.

Wir wollten sowohl von Illya als auch von Hermann Gröhe wissen, wie sie als Vertreter des eher liberalen Konservatismus mit Persönlichkeiten wie Maaßen und Otte umgehen. Illya findet es „unhaltbar und echt eine Schande", mit Personen, die durch solche Aussagen auffallen „unter der gleichen Parteiflagge zu laufen". Mit ihnen gebe es keine „gemeinsame Grundlage", weder um in einer Partei zu sein, noch um „eine Diskussion herzustellen". Weil das „gemeinsame Fundament" verloren sei, hätten „sie sich mit ihren Äußerungen so weit von der CDU" entfernt, dass sie auch von dem breiten Meinungsspektrum der Volkspartei, wie Illya es versteht, nicht „mehr abgedeckt sind". Er findet es gut, dass gegen Otte Maßnahmen ergriffen wurden, und meint, dass solche Möglichkeiten auch bei Maaßen geprüft werden sollten. Dennoch sollte das aus Illyas Perspektive auch Grenzen haben:

> Gleichzeitig bin ich kein Fan davon, dass man, nur weil irgendein gewisser Zeitgeist oder Mainstream oder Medien oder was auch immer gerade irgendwas kritisiert oder in die Diskussion einbricht, dass man sofort über jedes Stöckchen als Partei springen muss. Gewisse Äußerungen werden eben problematisiert, bei Max Otte und Maaßen ist die Sache jedoch ganz klar. Aber auch andere, durchaus legitime konservative Äußerungen, die vielleicht Mitte-rechts sind, werden dann auf einmal problematisiert, und über dieses Stöckchen muss man nicht springen. Aber diese Diskussion eröffnet sich bei Max Otte überhaupt nicht. Also wer sich für die AfD zum Bundespräsidentenkandidaten ernennen lässt, der hat der Partei unendlich geschadet, und da haben wir noch überhaupt nicht mit einbezogen, was er alles im Rahmen seines Engagements, wenn man das so nennen möchte, bei der WerteUnion von sich gegeben hat.

Auch Hermann Gröhe betont, dass ihn „kritikwürdige Einzelstimmen sehr ärgern". Doch: „Unsere Haltung ist klar!" Der Kurs der CDU gegenüber der AfD sei „klare und harte Abgrenzung!". Der ehemalige Generalsekretär bezieht sich auch auf den Beschluss, den der 31. Bundesparteitag der CDU am 8. Dezember 2018 in Hamburg gefasst hat und in dem es heißt, dass „Koalitionen und ähnliche Formen der Zusammenarbeit sowohl mit der Linkspartei als auch mit der Alternative für Deutschland ab[gelehnt]" werden. Gerade nach dem Mord „an unserem Parteifreund Dr. Walter Lübcke" hätten Präsidium und Bundesvorstand der CDU diesen Standpunkt „noch einmal herausgestellt und die Unvereinbarkeit von CDU und AfD klar unterstrichen". Aussagen, wie sie Hans-Georg Maaßen trifft, seien für Gröhe immer wieder „Anlass, den unmissverständlichen Kurs unserer Partei nochmal zu betonen". Für Gröhe steht fest, dass „Politikerinnen und Politiker mit der Tonlage ihrer Äußerungen das gesellschaftliche Klima" prägen und dafür Verantwortung übernehmen müssen. Daher gelte es, Worte mit Bedacht zu wählen und „Unklarheiten und Missverständnissen vorzubeugen". Das ändere allerdings nichts daran, dass „CDU-Kreisverbände natürlich frei sind in der Entscheidung, wen sie als Kandidaten für die Bundestagswahl aufstellen". Die öffentlichen Reaktionen auf die Aufstellung von Maaßen als Kandidat für die Bundestagswahl hätten jedoch gezeigt, „dass viele in der CDU – auch ich – da nicht glücklich sind". Als Volkspartei der Mitte müsse sich die CDU „allerdings von so mancher inhaltlichen Positionierung des Herrn Maaßen unmissverständlich abgrenzen".

Wir schließen die Gespräche mit Illya und mit Hermann Gröhe mit der Bitte ab, den Satz „Deutschland ist …" für uns zu beenden. Der Bundesminister a. D. sagt: „eine weltoffene freiheitliche Demokratie, die wir gegen ihre Gegner schützen und deren Wehrhaftigkeit wir bewahren wollen". Und Illya sagt kurz und knapp: „Heimat."

Von der Protest- zur Regierungspartei: Die Grünen-Politikerinnen Leah Luwisch und Dr. Irene Mihalic

Von 1998 bis 2005 waren die Grünen der kleinere Koalitionspartner in zwei rot-grünen Bundesregierungen unter dem damaligen Bundeskanzler Gerhard Schröder. Seit dem 8. Dezember 2021 ist die dritte Bundesregierung mit grüner Beteiligung im Amt, die Ampel-Koalition. Die Partei Bündnis 90 / Die Grünen hat in ihrer jungen Geschichte viele Transformationsprozesse erlebt. Ihre Ursprünge hat die damalige Protestpartei in verschiedenen sozialen Bewegungen der 1970er Jahre. Drei Hauptthemen der grünen Bewegung waren der Wunsch nach Frieden, Abrüstung und Umweltschutz. Dazu kamen geopolitische Krisen, wie steigende Ölpreise, eine Wirtschaftskrise und die atomare Aufrüstung, die nach neuen Denkweisen verlangten. Die immer offensichtlichere Bedrohung durch Klima- und Umweltveränderungen veränderte auch den Blick auf die Partei, die sich den Kampf gegen den Klimawandel auf die Fahnen geschrieben hatte.

In der Zeit vor der Parteigründung war der spätere grüne Vizekanzler und Außenminister Joschka Fischer in der Frankfurter Hausbesetzer*innenszene aktiv. Der Grünen-Politiker sagte über diese Zeit: „Ja, ich war militant."[121] Das beweisen auch Fotos aus dem Jahr 1973 von einer Demonstration im Frankfurter Stadtteil Bornheim. Eine Gruppe Spontis attackiert einen Polizeibeamten, der zu Boden geht. Die linken Demonstrierenden treten auf ihn ein. Unter ihnen: ein behelmter Joschka Fischer. Er erinnert sich an seine gewalttätige Vergangenheit: „Wir haben Steine geworfen. Wir wurden verdroschen, aber wir haben auch kräftig hingelangt."[122]

Sieben Jahre nach den Vorkommnissen in Frankfurt gründeten sich mit dem Anspruch der „Anti-Parteien-Partei" Die Grünen in Karlsruhe. Im Jahr 1990 gründeten verschiedene DDR-Bürgerbewegungen und Oppositionsgruppen das Bündnis 90, welches am 14. Mai 1993 mit den Grünen zur heutigen Partei Bündnis 90 / Die Grünen verschmolz. Die Kernthemen der Grünen waren seit jeher Umweltschutz und Nachhaltigkeit. Mit der neu erstarkten Klimabewegung rund um Fridays for Future (FFF), die häufig als außerparlamentarischer Vorposten der Partei bezeichnet wird, hat die Partei ein weiteres politisches Kernthema: der menschengemachte Klimawandel. Von der ehemaligen „Anti-Parteien-Partei" ist inzwischen nur noch wenig übriggeblieben. Die Grünen regieren zum Zeitpunkt der Abfassung in elf Bundesländern mit und stellen fünf Bundesminister*innen sowie den Vizekanzler. Dieser Erfolg stößt nicht überall auf Gegenliebe. Vor allem linke Kritiker*innen sehen die Partei inzwischen im bürgerlichen Lager angekommen. Auch der russische Angriffskrieg gegen die Ukraine und die damit verbundene Energiekrise stellt die Umwelt- und Friedenspartei vor neue Herausforderungen. Nichtsdestotrotz erfreut sich die Regierungspartei gerade bei jungen Menschen großer Beliebtheit. Bei der Bundestagswahl 2021 wählten 24 Prozent der 18- bis 24-jährigen und 22,9 Prozent der 25- bis 34-jährigen Wähler*innen Bündnis 90 / Die Grünen. Auch Leah Luwisch hat am 26. September 2021 mit beiden Stimmen grün gewählt.

Die 22-jährige Grüne ging in den Kindergarten der Jüdischen Gemeinde Frankfurt am Main und besuchte bis zur 9. Klasse die jüdische I. E. Lichtigfeld-Schule, an der zu jener Zeit ihr Vater auch stellvertretender Schulleiter war. Bevor sie ihr Abitur an der

Frankfurter Wöhlerschule absolvierte, verbrachte sie ein Schuljahr bei einer reform-jüdischen Familie in Las Vegas. Nach dem Abitur hat sie angewandte Biologie für Medizin und Pharmazie studiert. Leah lebt „in einer ziemlich politisch interessierten Bubble" und ist außerdem Sprecherin der Grünen Jugend (GJ) in ihrer hessischen Heimatstadt.

Über das politische Steckenpferd der Grünen, den Klimawandel, sagt sie: „Das ist das Thema, welches einen Großteil meiner Generation politisiert hat und junge Menschen zum Demonstrieren auf die Straße und sogar in die Parlamente getragen hat." Insgesamt 22 Mitglieder der 118-köpfigen Bundestagsfraktion sind unter 30 Jahre alt und fast alle kommen aus der grünen Jugendorganisation. Für die Jungpolitikerin ist klar, dass die Frage nach Klimagerechtigkeit alle betrifft und durch „unsere Generation erst richtig in den Mittelpunkt gestellt" wurde. Obwohl sie den Klimaschutz als verbindendes politisches Element einer Generation sieht, erkennt sie die unterschiedlichen Herangehensweisen:

Größtenteils würde ich sagen, dass die Jugend gesellschaftspolitisch liberalere Einstellungen hat als die vorigen Generationen. Wo allerdings viele junge Menschen unterschiedliche Einstellungen haben, ist der Umgang mit der Wirtschaft und dementsprechend auch, wie bestimmte Ziele wie Klimaschutz und soziale Gerechtigkeit erreicht werden sollen. Einige hoffen, dass Wettbewerb und Innovationen schon ausreichend sein werden, aber viele fordern jetzt konkrete Pläne mit den Mitteln und Werkzeugen, die wir schon haben. Ich denke, dass genau dieses Thema der sozialökologischen Transformation für einen großen Teil unserer Generation das zentrale Thema ist.

Dass Leah sich bei den Grünen und in keiner anderen Partei engagiert, liege auch an ihrem „grün-affinen Umfeld in der Schule und auch in der Familie". Sie habe in der Partei und in der Jugendorganisation viele Mitstreiter*innen gefunden, sagt sie.

Dazu kommt, dass vieles bei den Grünen basisdemokratisch entschieden wird und ich so direkt politisch mitwirken konnte. Außerdem habe ich selbst die Erfahrung gemacht, dass uns als Parteijugend zugehört und unserer Meinung ein hoher Stellenwert zugerechnet wird.

Sie ist der Überzeugung, dass die Partei mit der Sonnenblume relevante Themen für ihre Generation bespielt:

Ich engagiere mich jedoch bei den Grünen aus den gleichen Gründen, aus denen die Grünen gerade bei jungen Menschen beliebt sind, und nicht, weil sie gerade beliebt sind.

Es wird mehr als deutlich, dass Leah es sich zum Ziel gemacht hat, den menschengemachten Klimawandel zu bekämpfen. Für sie sei „das eine Verpflichtung gegenüber der nächsten Generation". Neben Feminismus und Basisdemokratie sei vor allem Klimagerechtigkeit ein wichtiger Überschneidungspunkt im Grundsatzprogramm von Bündnis

90 / Die Grünen und ihrem Weltbild gewesen, der sie zum parteipolitischen Engagement und dem Eintritt bewegt habe. Auch das Judentum habe sie in ihrer klimapolitischen Arbeit bestärkt:

> Durch die Religion lernt man eine besondere Wertschätzung für Mensch und Natur. Außerdem wird durch das Judentum ein starkes Verständnis von Gerechtigkeit vermittelt. Der Klimawandel verstärkt viele bereits bestehende Ungerechtigkeiten auf der Welt immer stärker.

Für die heutige Erste Parlamentarische Geschäftsführerin der Bundestagsfraktion Bündnis 90 / Die Grünen, Irene Mihalic, war Klimaschutz zwar wichtig, aber er war nicht der Hauptgrund, sich politisch in der Partei einzubringen:

> Seitdem ich wahlberechtigt bin, wählte ich die Grünen, weil der Einsatz für Demokratie und Rechtsstaatlichkeit wichtig ist. Das ist auch der Grund, warum ich meinen damaligen Beruf ergriffen habe. Dass es gerecht zugeht in unserem Land.

Die grüne Innenpolitikerin ist ausgebildete Polizeibeamtin und war seit 1993 bei der Polizei NRW. Seit 2007 war die Gelsenkirchenerin beim Polizeipräsidium Köln tätig. Nach ihrem Masterabschlusses in Kriminologie und Polizeiwissenschaft an der Ruhr-Universität Bochum promovierte Mihalic 2018 an der juristischen Fakultät mit ihrer Dissertation *Polizeiliche Einsätze, Kriminalität und Raum – Eine kriminalgeografische Analyse auf Basis polizeilicher Einsatzdaten und Sozialstrukturdaten der Stadt Gelsenkirchen.* Aus dem Lebenslauf der Bundestagsabgeordneten wird ersichtlich, dass Bürgerrechte, Demokratie und Rechtsstaatlichkeit Themen waren, bei denen sie konkret etwas beitragen konnte. „Deshalb bin ich auch keine Umweltpolitikerin geworden", ergänzt Irene Mihalic.

Ein Blick auf die Arbeit von Irene Mihalic in Berlin zeigt, dass sie sich voll und ganz der Innenpolitik und Modernisierung der Sicherheitsarchitektur widmet. Die Polizeibeamtin will „viele kleine Schritte gehen", um dieses Ziel zu erreichen, aber auch sie weiß, dass „wir Kriminalität nicht abschaffen" können. Mihalic sieht jedoch, „dass wir immer wieder an diesem großen Tanker [gemeint ist die Sicherheitsarchitektur] herumschrauben, aber nur herumschrauben". Seit ihrem erstmaligen Einzug in den Bundestag 2013 und darüber hinaus haben sich auch innenpolitische Einstellungen und Herangehensweisen in ihrer Partei verändert:

> Ich denke, dass es in meiner Partei möglich ist, weil wir noch offen für Diskussionen sind und noch nicht so ganz festgefahren sind. Die CDU / CSU macht beispielsweise immer noch die gleiche Innenpolitik wie schon vor 20 Jahren.

Sie fährt fort: „Ich glaube, der Umsetzungsspielraum ist in meiner Partei am größten." Die Grüne gibt hier ein praxisnahes Beispiel zu inneren Problemen in der deutschen Sicherheitslandschaft: In der 19. Legislaturperiode war sie Obfrau ihrer Fraktion im Untersuchungsausschuss zum Terroranschlag auf dem Breitscheidplatz in Berlin vom

19. Dezember 2016: „Mangelnde Gesetze waren nicht das Problem, sondern auch da steckte der Teufel in den Strukturen."

Für Leah ist ihre politische Arbeit rund um den Klimaschutz mit dem Wunsch verbunden, eine gerechtere Welt zu schaffen. Für andere Klimaaktivist*innen bedeutet der Kampf für eine gerechtere Welt auch der Kampf gegen jede Unterdrückung. Dabei kam es in den vergangenen Jahren immer häufiger zu israelbezogenem Antisemitismus.[123] So veröffentlichte der Internationale Fridays-for-Future-Twitteraccount im Mai 2021 mehrere antisemitische Aussagen. Als Reaktion darauf distanzierte sich Fridays for Future Deutschland von den Tweets.

Doch es sollte nicht nur bei diesem antisemitischen Vorfall innerhalb der internationalen Klimabewegung bleiben. Immer weiter fallen Klimaschützer*innen durch Sympathiebekundungen für die antisemitische Israel-Boykottkampagne BDS auf. Diese verkündete auf ihrer Website im November 2019: „Palestine is a climate justice issue – Israeli apartheid is not ‚green'."[124]

Innerhalb der Grünen Jugend hat Leah noch keine (antisemitische) Diskriminierung oder Widerstände aufgrund ihres Jüdischseins erlebt oder „bei anderen mitbekommen", erzählt sie. So hat sie sich schon mit anderen Jüdinnen*Juden in der GJ über diese Themen ausgetauscht. Auch wenn sie persönlich noch nicht betroffen war, hält sie Folgendes fest:

> Gerade in kleineren Gruppen ist man oft die einzige Jüdin und wird gerne in die Rolle gedrängt, stellvertretend für viele Jüdinnen und Juden zu sprechen oder sich zu bestimmten Themen zu äußern.

Mit dem Berliner Sergey Lagodinsky hat Leahs und Irene Mihalics Partei einen prominenten jüdischen Politiker in ihren Reihen. Seit 2019 sitzt der Rechtsanwalt im Europäischen Parlament. Trotz dieser bekannten Persönlichkeit habe Irene Mihalic keinen allgemeinen Überblick, wie viele Jüdinnen*Juden in der Partei aktiv sind, „aber wir als Partei haben natürlich den Anspruch, dass wir vielfältig sein wollen", fügt sie hinzu. Auf der bundespolitischen Ebene gebe es parteiübergreifend zu wenige jüdische Politiker*innen, das könne „wirklich nicht zufriedenstellen". Sie ist der Überzeugung, dass die Bundespolitik auch plural sein muss: „Einfach damit sich alle Menschen in unserer Gesellschaft repräsentiert fühlen. Das halte ich für ganz, ganz wichtig." Dass Antisemitismus gerade für prominentere oder in der Öffentlichkeit stehende Jüdinnen*Juden zu einer Gefahr werden kann, weiß Irene Mihalic: „Wir müssen festhalten, dass der Antisemitismus in Deutschland wirklich tief sitzt. Nicht nur an den Rändern, sondern in der Mitte unserer Gesellschaft." Auf die Frage, was Deutschland für sie ist, antwortet Leah: „Das Land, in das sich meine Großeltern entschieden haben zurückzukehren."

Wie tief antisemitisches Gedankengut in Deutschland verankert ist, wurde im Oktober 2019 sichtbar. Leah erinnert sich noch daran, wie sie vom Anschlag in Halle erfahren hat:

> Ich habe davon tatsächlich erst mitbekommen, nachdem ich abends aus der Synagoge nach Hause gekommen bin, und habe erstmal etwas Zeit gebraucht, um das Geschehene an mich ranzulassen und zu verarbeiten. Einerseits ist Antise-

mitismus in Deutschland so weit verbreitet, dass einem die grundsätzliche Gefahr bewusst war, doch durch Halle ist diese abstrakte Gefahr für viele greifbar und real geworden.

Irene Mihalic analysiert die Ideologie hinter dem Anschlag. Sie war nicht überrascht, „weil wir seit einiger Zeit eine Vernetzung und Radikalisierung innerhalb der rechtsextremen Szene beobachten". Daher sei „der Anschlag zwar nicht überraschend, aber dennoch eine Zäsur. Weil hier eine jüdische Einrichtung, eine Synagoge angegriffen wurde, und das hat nochmal eine besondere Symbolik gehabt." Weiter sieht die grüne Innenpolitikerin eine Verbindung zwischen dem Anschlag und der AfD, da diese durch die offene Verbreitung von Rassismus und Antisemitismus einen entsprechenden Resonanzboden schaffe: „Man kann die AfD als parlamentarischen Arm des Rechtsterrorismus begreifen, und ich finde, das muss man auch ganz klar so benennen." Außerdem erkennt sie innerhalb der Rechtsaußen-Partei den ideologischen Dreizack, der auch den Rechtsterroristen zu seiner Tat motivierte:

Ihre Haltung ist auch geprägt von Antisemitismus, ganz klar von Antisemitismus. Diese Stereotype finden sich überall in der AfD wieder. Da nützt es auch nichts, Vereine wie die Jüdinnen und Juden in der AfD zu gründen. Das ist dann so ein Feigenblättchen, dass nur vom eigentlichen Problem ablenken soll. Die Politik der AfD ist geprägt von Rassismus, Antisemitismus und am Ende des Tages auch von Frauenfeindlichkeit. Mit ihren gesellschaftspolitischen Vorstellungen wollen sie am Ende wieder in die 50er Jahre zurück.

Leah sieht die Politik aus der AfD und ihrem Umfeld ähnlich wie ihre Parteikollegin: „Der Hass richtet sich vor allem gegen ihre typischen Feindbilder: einerseits gegen alle, die nicht in ihre weiß-christliche Vorstellung einer ‚Volksgemeinschaft' passen, andererseits politische Gegner*innen wie beispielsweise Feminist*innen." Und für beide Grünen ist klar, dass die rechtsradikale Ideologie auch innerhalb von Polizeibehörden auf fruchtbaren Boden stoßen kann. Die Auswirkungen von derartigem Gedankengut auf das Vertrauen in die Strafverfolgungsbehörden halten beide für verheerend. „Für das Vertrauen ist das fatal. Wenn die Polizei eins braucht, dann ist es Vertrauen der Bürgerinnen und Bürger. Sonst kann sie ihre Arbeit nicht machen", sagt Irene Mihalic. Leah ist mit der Polizei vor der Schultür aufgewachsen und berichtet, wie sich ihr Verhältnis zu den Beamt*innen teilweise geändert hat:

Als Kind und auch noch als Jugendliche hab ich die Polizei immer nur als Gefühl von Sicherheit wahrgenommen. Ich wusste schon von klein an, dass die Polizei vor der Schule steht, um aufzupassen, dass uns nichts passiert. Selbst als meine Freund*innen anfingen, die Polizei später als etwas Unangenehmes oder Bedrohliches zu sehen, hat sie mir auch in öffentlichen Räumen noch das Gefühl von Sicherheit gegeben, da ich es so seit meiner Kindheit erklärt bekommen habe.

Seit sie angefangen habe, eigenständig Medienberichte zu rezipieren und sich intensiver mit Politik beschäftige, sei diese „naive und verklärte Sicht Schlagzeile für Schlagzeile gebröckelt", sagt Leah. Trotz ihrer gewachsenen Skepsis gegenüber der Polizei ist sie immer noch dankbar,

> wenn ich den Polizeiwagen vor der jüdischen Gemeinde oder der Schule sehe, aber im Vorbeigehen ist trotzdem immer die Frage im Kopf, wer da jetzt gerade zum Schutz steht und welches Gedankengut diese Beamt*innen eigentlich haben.

Um das Vertrauen in die Polizei wieder zu stärken, sagt die ausgebildete Polizeibeamtin Irene Mihalic, dass es eine bessere Fehlerkultur geben müsse. Deswegen möchten die Grünen auf Bundesebene mit dem unabhängigen Polizeibeauftragten eine Stelle schaffen, an die sich Bürger*innen und Polizist*innen bei Problemen wenden können. Auch sollte „nicht von Einzelfällen geredet werden". Für Verbesserungen in diesem Bereich setzt sich beispielsweise der Verein *PolizeiGrün* ein, in dem Irene Mihalic selbst Mitglied ist, obwohl sie seit ihrem Einzug in den Bundestag keine aktive Polizistin mehr ist:

> *PolizeiGrün* kann eine wichtige Perspektive einbringen, weil es aktive Polizisten sind, die aber kritisch sind und, wie ich finde, die richtigen Ideen mitbringen. Ich habe das oft, wenn ich mit *PolizeiGrün* im Austausch bin, dass dann halt bestimmte Sichtweisen dargebracht werden, die ich gar nicht auf dem Zettel hatte.

Um gegen strukturelle Probleme in der eigenen Jugendorganisation gewappnet zu sein, läuft zum Zeitpunkt des Interviews eine „bundesweite Umfrage zu Rassismus- und Antisemitismuserfahrungen", erzählt Leah. Weiter gibt sie einen Einblick in ihr politisches Familienleben. Wie sie im Interview erwähnt, habe ihre familiäre Sozialisation ihr grünes Engagement gefördert. Nichtsdestotrotz hatte ihr Vater einige Bedenken:

> Mein Papa hat zu Beginn meines Engagements Sorgen geäußert. Besonders da er im Gegensatz zu mir noch eine grüne Partei miterlebt hat, in der antizionistische Einstellungen eine größere Strömung waren. Seitdem ich bei den Grünen engagiert bin, hat sich aber auch seine Meinung geändert, da sich die Partei auch hier deutlich weiterentwickelt hat – auch wenn wir noch lange nicht am Ziel sind.

Damit sich Jüdinnen*Juden in ihrer Partei wohlfühlen, fordert Leah das öffentliche Aufgreifen von jüdischen Themen beispielsweise im Wahlprogramm. Es sei „wichtig, sowohl innerparteilich als auch politisch jüdische Perspektiven mitzudenken". Dazu gehöre es laut ihr auch, die Themen „jüdisches Leben, Antisemitismus oder auch Israel öfter in den Mittelpunkt zu stellen, um zu zeigen, dass es ein Thema ist, das den Grünen am Herzen liegt". Um die grüne Regierungspartei für Jüdinnen*Juden attraktiver zu machen, wünscht sich Leah „innerparteiliche Vernetzungsangebote oder Konzepte analog zu Safe Spaces für BIPoC"[125]. Beim öffentlichen Umgang mit (israelbezogenem) Antisemitismus innerhalb der Partei sieht Leah ebenso Verbesserungsbedarf: „Außerdem können sich die Grünen auf allen Ebenen immer wieder klar von antisemitischen Positionen und Gruppierungen distanzieren."

Im weiteren Verlauf kritisierte Leah das Abstimmungsverhalten einiger grüner Bundestagsabgeordneter am 17. Mai 2019 im Parlament. An diesem Tag wurde über

den von den Fraktionen CDU / CSU, SPD, FDP und Bündnis 90 / Die Grünen einge-
brachten Antrag „BDS-Bewegung entschlossen entgegentreten – Antisemitismus bekämpfen" abgestimmt. Leah erinnert sich, dass „sich einige entgegen der Mehrheits-
meinung enthalten oder sogar dagegen gestimmt haben". Damals veröffentlichten
16 Mitglieder der Bundestagsfraktion eine Erklärung, wieso sie dem interfraktionellen
Antrag nicht zustimmten. In der Erklärung, die von der heutigen Bundesministerin für
Familie, Senioren, Frauen und Jugend Lisa Paus, der heutigen Staatsministerin für
Kultur und Medien Claudia Roth und dem Obmann im Auswärtigen Ausschuss Jürgen
Trittin unterzeichnet wurden, heißt es u. a.:

> BDS für seine Ablehnung einer Zwei-Staaten-Lösung zu kritisieren, sein fehlen-
> des Bekenntnis zum Existenzrecht Israels zu kritisieren, die ungenügende Ausein-
> andersetzung mit Antisemitismus in den eigenen Reihen zu verurteilen, ist richtig.
> Es ist aber etwas ganz anderes, BDS, alle beteiligten Organisationen und Einzel-
> personen pauschal als antisemitisch zu bezeichnen, wie es der Antrag bereits in
> der Überschrift insinuiert. Damit werden weite Teile der palästinensischen Zivil-
> bevölkerung, aber auch vereinzelte israelische Initiativen, die sich gewaltfrei für
> ein Ende der völkerrechtswidrigen Besetzung [gemeint ist Besatzung] einsetzen
> und vor diesem Hintergrund BDS unterstützen, in die antisemitische Ecke ge-
> stellt.[126]

Leah findet „eine einstimmige Meinung gegen jeden Antisemitismus und für das Existenzrecht Israels wichtig". Trotz ihrer Kritik hat Leah „die Erfahrung gemacht, dass die
Grünen ein sehr verlässlicher Partner gegen Antisemitismus sind". Dass sie entschieden hat, aktiv Politik bei der Grünen Jugend zu machen, hat zwei Gründe. So habe ihr
die „Religion einen bestimmten Wertekompass" mitgegeben. Für Leah bedeutet das,
z. B. „für soziale Gerechtigkeit zu kämpfen" oder das Konzept der Zedaka. Ihre politische Vision und Motivation erklärt die GJ-Frankfurt-Sprecherin mit dem Prinzip von
Tikkun Olam, dem „Reparieren der Welt":

> Meine Vision ist eine gerechtere Welt. Dies ist eine umfassende Utopie mit extrem
> vielen einzelnen Aspekten, aber im Endeffekt zielen all unsere politischen Kämpfe
> darauf ab. Gerechtigkeit zwischen den Generationen; Gerechtigkeit zwischen den
> Menschen, unabhängig davon, wo sie auf dem Globus leben; Gerechtigkeit zwi-
> schen Menschen, unabhängig davon, welche Privilegien und Vorteile sie bei der
> Geburt zugewürfelt bekommen haben.

Letztendlich wollte Leah aber auch Verantwortung übernehmen und hatte „Interesse,
auch Themen zu setzen und die Grüne Jugend und die Partei mitzuformen. Sie beschreibt die GJ als eine Art Safe Space in einer Politik, „die ja manchmal ziemlich hart
sein kann". In ihrem parteipolitischen Engagement habe sie bislang viel gelernt und
konnte sich selbst einbringen: „Ich habe kandidiert, um etwas dazu beizutragen, dass
möglichst viele andere junge Menschen genauso gute Erfahrungen machen wie ich."

Das letzte Mal, als Leahs Partei in einer Bundesregierung Verantwortung trug,
liegt 17 Jahre zurück. Damals war sie weit von einer Stimmabgabe entfernt. Heute

kann sie von ihrem Wahlrecht Gebrauch machen und erwartet viel von der Regierungs-
verantwortung:

> Ich erwarte, dass sich endlich etwas bewegt und nicht alle Veränderungen so lang
> wie möglich rausgezögert werden. Alles in allem erwarte ich deutlich progressi-
> vere Politik, die ja auch so im Koalitionsvertrag schon verankert ist. Ich erwarte
> mir eine deutlich feministischere Politik und insgesamt die Berücksichtigung di-
> verser Lebensrealitäten. Dies spiegelt sich ja schon personell in unserer Fraktion
> und muss jetzt in die Politik übersetzt werden. Außerdem erhoffe ich mir einen
> neuen Politikstil mit transparenter und erklärender Kommunikation.

Zwischen Bezirks- und Regierungsverantwortung: Die FDP-Politiker Julian Deterding und Benjamin Strasser

Die Bundestagswahlen 2017 und 2021 sowie die Europawahl 2019 stellen in verschiedener Weise Zäsuren dar. Das Ausscheiden und der Wiedereinzug der FDP in den
Bundestag können gut und gerne als liberale Renaissance in Deutschland beschrieben werden. Der FDP gelang es bei diesen drei Wahlen, sich neu aufzustellen, eine
neue Richtung ihrer Politik einzuschlagen und einige politische Altlasten loszuwerden.
Gleichermaßen mischen sich auch immer wieder kritische Töne in das Narrativ der
liberalen Renaissance, die behaupten, dass sich hinter dem Image der modernen Digi-
talpartei nur wenig geändert habe. Häufig wird die Renaissance der FDP auch mit ihrer pro-israelischen Haltung, ihrem Engagement gegen Antisemitismus und mit ihrem
Image als sozialliberale Bürgerrechtspartei begründet.
　　Dass der Umbruch für die Freien Demokraten gelang, hat auch mit den schmerzhaften Verlusten bei der Bundestagswahl 2013 und der Europawahl 2014 zu tun. Bei
der Bundestagswahl 2013 wurde der Einzug ins Parlament mit nur 4,8 Prozent verpasst. Vier Jahre später hätte der Parteivorsitzende Christian Lindner als Königsma-
cher die Große Koalition beenden können, aber er entschied sich mit dem inzwischen
zum Sprichwort gewordenen Satz „Es ist besser, nicht zu regieren, als falsch zu regieren" dagegen. Weitere vier Jahre später, nach der Bundestagswahl 2021, stellt Lind-
ners FDP mit der SPD und den Grünen die erste Ampel-Koalition der Geschichte der
Bundesrepublik.
　　Der 28-jährige Julian Deterding, den seine Freund*innen mit seinem Spitznamen
Jules ansprechen, ist in Düsseldorf geboren und aufgewachsen. Nach dem Abitur begann Julian zunächst ein Jura-Studium. Doch der „Ausflug in die Juristerei" war für
ihn spätestens 2015 zu Ende. Ab da begann er ein Studium der Zahnmedizin an der
Universität Münster, welches er 2021 abschloss. Zurzeit promoviert Julian an der Universität Witten und will später eine Weiterbildung zum Kieferorthopäden machen. Der
junge Mediziner beschreibt sich selbst als „einen sehr herzlichen Menschen, der immer
schon politisch gewesen ist". Für die FDP hat er sich u. a. auch wegen der „bewegten

Holocaust-Vergangenheit" seiner Familie und dem Einsatz für universelle Bürger*innenrechte entschieden. Er sieht in den Liberalen seine parteipolitische Heimat,

> weil ich mich in ihren Grundwerten von ‚Freiheit in Verantwortung' und dem Einsatz für ‚individuelle Freiheits- und Entfaltungsrechte' wiederfinden kann. Meine Vorbilder in meiner Politisierungsphase waren dabei definitiv die mutigen, liberalen Frauen Hildegard Hamm-Brücher und Sabine Leutheusser-Schnarrenberger. Ihre politischen Lebensleistungen waren für mich ein Schlüsselmoment, dass aus mir schon sehr früh ein Liberaler wurde. Gerade für mich als Person, die sich als queer und jüdisch identifiziert, ist eine liberale Demokratie essenziell.

Julian zählt sich selbst zur sozial-liberalen Denkschule, betont dabei aber, dass er bei außen- und sicherheitspolitischen Fragen konservativer eingestellt sei. Das bedeute für ihn, heute „global aktive und wertebasierte Menschenrechts- und Freiheitspolitik" zu betreiben. Er deklariert seine Haltung in diesem Bereich durchaus als progressiv, aber sieht ein Problem darin, „dass viele sogenannte Progressive in diesen Fragen mir zu nachsichtig gegenüber diktatorischen Regimen und Ideologien eingestellt sind". Julian war in der Vergangenheit schon bei mehreren Veranstaltungen anderer Parteien, aber habe dort „nie so eine inhaltliche Debattenkultur wie bei uns erlebt, gepaart mit einem wertschätzenden Respekt vor anderen Meinungen". Er sei vor allem im Wettstreit mit „überzeugten Progressiven, Konservativen und Libertären", welche in der Partei vereinigt werden müssen, selber inhaltlich gewachsen. Der Düsseldorfer sieht den demokratischen Wettbewerb als Kernmerkmal seiner Partei an: „Ich möchte Menschen nicht moralisierend aburteilen oder für andere demokratische Meinungen verurteilen. Sie alle müssen gehört und im Wettstreit der Ideen am Ende einbezogen werden." Für ihn sei sein und das Wirken vieler anderer FDP-Mitglieder dafür verantwortlich, dass es jetzt eine gesellschaftlich progressive Haltung bei den Liberalen gebe: Sei „es bei LGBTIQ*-Rechten, Drogenpolitik, Minderheitenschutz – sowie auch bei explizit ‚projüdischen' und ‚pro-israelischen' Beschlüssen".

Auch für Benjamin Strasser, der zum Zeitpunkt unseres Gespräches Mitglied im Innenausschuss, Antisemitismusbeauftragter, religionspolitischer Sprecher und Obmann im Untersuchungsausschuss zum Attentat vom Breitscheidplatz der Fraktion der Freien Demokraten im 19. Deutschen Bundestag war und inzwischen das Amt eines Staatssekretärs im Bundesministerium der Justiz bekleidet, waren neben dem traditionellen Freiheitsgedanken der FDP auch ihr Verständnis von Bürger*innenrechten entscheidend für sein Engagement. Wir verabreden uns mit Benjamin Strasser zu einem Zoom-Meeting, um mehr über seinen Werdegang, sein langjähriges politisches Engagement und seine Arbeit gegen Antisemitismus zu erfahren. Benjamin Strasser absolvierte nach seiner Mittleren Reife an der Realschule St. Konrad in Ravensburg sein Abitur am Wirtschaftsgymnasium. Anschließend studierte er Rechtswissenschaften an der Universität Konstanz. Nach seinem zweijährigen Referendariat am Landgericht Stuttgart und einer Tätigkeit als parlamentarischer Berater für den ehemaligen baden-württembergischen Justizminister Ulrich Goll war der 35-jährige FDP-Politiker mehrere Jahre als Anwalt tätig, bevor er 2017 erstmals in den Bundestag einzog.

Obwohl er aus keinem parteipolitischen Elternhaus komme und sich in Kindheit und Jugend nicht vorstellen konnte, Parteipolitik zu betreiben, weil „ich dem Vorurteil unterlegen bin, dass man seine Meinung abgeben muss, weil dort ein zu enges Meinungskorsett besteht", hat er sich letztlich für die Berufspolitik bei den Liberalen entschieden. Der heutige parlamentarische Staatssekretär, dessen Eltern ein mittelständisches Unternehmen besitzen, beschäftigte sich zur Bundestagswahl 2005 erstmals mit der Frage: „Wen wähle ich?" Für Strasser war liberale Politik zunächst ein Ausprobieren. Und so fing er an, sich bei den Jungen Liberalen (JuLis) einzubringen:

Das Menschenbild der Liberalen hat mich am meisten angesprochen. Der Sinn der Politik ist es, Menschen in die Lage zu versetzen, selber entscheiden zu können, ihr Leben selber gestalten zu können. Der Staat setzt Rahmenbedingungen und gibt kein bestimmtes Lebensmodell als richtig vor, sondern akzeptiert Vielfalt in der Gesellschaft. Außerdem war das kurz nach 9 / 11 und man musste sich mit der Frage beschäftigen, beispielsweise mit Blick auf das Luftsicherheitsgesetz: Darf der Staat über Leben und Tod entscheiden?

Bei den JuLis fühlte sich Strasser wohl und von Gleichgesinnten umgeben, sodass er 2006 in die FDP eintrat und bis heute in ihr aktiv ist: „In 16 Jahren alles mitgemacht, von APO bis 10,7 Prozent bei der Bundestagswahl 2017."

Bei ihrer eigenen politischen Mission in der FDP betonen Julian und Benjamin Strasser die Wichtigkeit von Minderheitenrechten. Julian meint:

Deutschland hat sich seit 1945 zudem fast sakrosankt dem immer wieder erwähnten „Nie wieder" verschrieben. Füllen wir das heute mit Leben? Ich finde es zu wenig. Leider ist dieser Satz zu einer Phrase verkommen. Das will ich ändern. Unsere Gesellschaft ist nach wie vor angreifbar für extremistisches und kollektivistisches Gedankengut, was in der Geschichte immer dazu führte, dass Jüdinnen*Juden und andere Minderheiten am Ende in Angst lebten und später verfolgt wurden.

Aus diesem Grund hat sich Julian dem „Kampf gegen jede Art von politischem und religiösem Extremismus" verschrieben. Er will eine stärkere Repräsentation von Minderheiten, aber

nicht als Ausstell-Personen oder durch Quoten, damit man das Gewissen reinwaschen kann, sondern weil die Gesellschaft aus sich heraus Diversität und Vielfalt als Stärke erkennt und Respekt vor unterschiedlichen Lebensentwürfen und Meinungen hat.

Für Julian ist klar, dass „es um einen inneren Prozess geht, den Parteien durchleben müssen".

Benjamin Strasser gehört selbst keiner Minderheit an:

Wenn man nicht selber einer Minderheit angehört, wenn man nicht selber in seinem Alltag Erfahrungen mit Rechtsextremismus gemacht hat, spielt das nicht so sehr eine Rolle. Für mein Leben hat es bis 2011 auch keine Rolle gespielt.

Im Jahr 2011 enttarnte sich der Nationalsozialistische Untergrund (NSU) selbst.[127] „Vor dem Auffliegen des NSU hätte ich nicht gedacht, dass das Thema Rechtsextremismus so wichtig für meine politische Arbeit werden würde", betont der damalige Obmann im Innenausschuss und blickt auch auf seine Tätigkeit im NSU-Untersuchungsausschuss des Landtages Baden-Württemberg.

Beim NSU-Komplex wurde das Versagen der deutschen Sicherheitsbehörden und des Bundesamtes für Verfassungsschutz deutlich. So war der Landesvorsitzende der thüringischen NPD und Mitbegründer der neonazistischen Vereinigung Thüringer Heimatschutz, in dem das NSU-Kerntrio aktiv war, Tino Brandt, eine V-Person des Thüringer Verfassungsschutzes. „Die Sicherheitsbehörden haben doch schon seit dem NSU-Komplex gezeigt, dass sie die zunehmenden rechtsterroristischen Gefahren nicht ernst nehmen und lange Zeit sogar ignorierten", meint Julian. Die Arbeit der Sicherheitsbehörden ist ein wesentlicher Teil von Benjamin Strassers parlamentarischer Arbeit. Im Jahr 2021 hat er sein Buch *Sicherheitsrisiko Staat: Wir können uns besser gegen Terror schützen – tun es aber nicht!* veröffentlicht. Das Aufkommen von rechtsradikalen Strukturen in Bundeswehr und Polizei beobachten die beiden FDP-Politiker mit Sorgen. Schließlich seien sie für die Sicherheit aller Bürger*innen und somit auch für Jüdinnen*Juden verantwortlich. „Das ist eine fatale Situation. Menschen sollen vor den Sicherheitsbehörden keine Angst haben müssen", bewertet Benjamin Strasser den Vertrauensverlust eines Teiles der deutschen Bevölkerung. Für Julian stellt sich daher die Frage:

Welche Polizist*innen werden zum Objektschutz abbestellt? Können sie auch zu einem rechten Netzwerk innerhalb der Polizei gehören? Natürlich will ich die Polizei nicht verteufeln, sie ist die Basis für ein sicheres Zusammenleben unserer Gesellschaft und damit auch für die Sicherstellung, dass jüdisches Leben geschützt existieren kann. Dass aber überhaupt rechte Netzwerke in Sicherheitsbehörden existieren, heißt, dass nicht jede*r Polizist*in uns wohlgesonnen sein kann.

Der Parlamentarische Staatssekretär fordert eine wissenschaftliche Studie von Seiten des Innenministeriums zu etwaigen Einstellungen innerhalb der deutschen Sicherheitsbehörden, um valide Zahlen zu ihrer Radikalisierung und ihrer Motivation festzustellen. Tendenziell sieht er die Sicherheitsbehörden auf einem guten Weg:

Dennoch ist Rotation extrem wichtig und dass man eben nicht 20 Jahre im gleichen Team ist. Da festigen sich auch Einstellungen. Es gibt noch viele Stellschrauben, damit man Extremisten besser erkennen kann. Dazu gehört es auch, sich einzugestehen, dass man ein Problem hat und handeln muss.

Dass antisemitisches Gedankengut überall seinen Platz finden kann, wissen auch die beiden FDP-Mitglieder. Über sieben Jahre hielt der FDP-Politiker Jürgen Möllemann mehrere Ministerposten und war von 1992 bis 1993 sogar Vizekanzler unter Bundeskanzler Helmut Kohl. Möllemann, der über mehrere Jahre Präsident der Deutsch-Arabischen Gesellschaft war, sorgte zu Beginn des Jahres 2002 für einen antisemitischen Eklat innerhalb seiner Partei. Der damalige NRW-Landtagsabgeordnete der Grünen Jamal Karsli hatte mit mehreren antisemitischen Aussagen gegenüber Israel eine politische Debatte ausgelöst. Er warf der israelischen Armee u. a. „Nazi-Methoden" vor. Der ehemalige FDP-Vizekanzler legitimierte infolgedessen Terroranschläge durch militante Palästinenser*innen: „Israels Politik fördert den Terrorismus. Was würde man denn selber tun, wenn Deutschland besetzt würde? Ich würde mich auch wehren, und zwar mit Gewalt."[128] Der Bundesvorstand der Grünen distanzierte sich von Karsli, der daraufhin aus der Partei austrat und mit Hilfe von Jürgen Möllemann in die Fraktion der Freien Demokraten aufgenommen wurde. Die Aussagen und das Verhalten von Jürgen Möllemann sorgten für heftige Kritik von Seiten des Zentralrats.

Julian kennt die Möllemann-Affäre nur zu gut. Zwar hat er sie selbst nicht aktiv miterlebt, doch die Vorbehalte von Jüdinnen*Juden, die diese Zeit selbst mitbekommen haben, gegenüber seiner Partei, sind ihm bestens bekannt. Das kann und will er ihnen auch nicht verübeln. Die ganze Geschichte sei seiner Meinung nach gut aufgearbeitet worden. Er ist positiv gestimmt. Zum einen, weil „Abgeordnete, die noch in Denkmustern von Möllemann dachten, spätestens 2013 aus dem Bundestag oder 2014 aus dem EU-Parlament geflogen" und „jegliche Personen mit Verbindungen zu ihm auch Geschichte geworden sind". Als Beispiel nennt Julian Gerhard Papke.[129] Zum anderen habe die FDP sich

mittlerweile ein glaubhaftes Standing bei vielen jüngeren Jüdinnen*Juden erarbeitet. Das gibt mir Hoffnung für die Zukunft und ein langfristig gutes Standing in der Community.

Erschüttert wurde dieses „Standing" allerdings Anfang 2020 im Freistaat Thüringen. Dort ließ sich der FDP-Landesvorsitzende Thomas Kemmerich mit Stimmen von Mike Mohrings CDU und den Stimmen der AfD und ihrem Vorsitzenden Björn Höcke zum neuen Ministerpräsidenten des Freistaates wählen: „Ich saß geschockt auf dem Sofa, denn diese Wahl war ein Fehler und hat uns massiv in unserer Glaubwürdigkeit erschüttert", so beschreibt Benjamin Strasser den 9. Februar 2020. Sein Parteikollege Julian erinnert sich ebenfalls an diesen Tag:

Ich war zu dem Zeitpunkt am Flughafen und wollte genau in diesem Moment ins Flugzeug nach Nepal steigen, weil ich auf dem Weg für ein zahnmedizinisches Projekt war. Als ich die Eilmeldung auf meinem Handy aufploppen sah, dachte ich zuerst: Das ist doch vom *Postillon*, oder? Als ich realisierte, dass es ernst gemeint war, dachte ich: Wie kann er nur? Das ist doch ein Versehen gewesen, oder? Eine Falle der AfD? Oder war es doch Kalkül?

Sich mit den Stimmen der AfD zum Ministerpräsidenten wählen zu lassen, sorgte bei vielen Politiker*innen und Parteien für Wirbel. Auch in der FDP, wie Julian erklärt:

Ich war froh, dass einzelne Abgeordnete wie meine Vertreterin aus Düsseldorf, Marie-Agnes Strack-Zimmermann, direkt deutlich wurden und es als Tabubruch bezeichneten und auch ein Parteiausschlussverfahren einleiten wollten. Diese Klarheit hätte ich mir auch von Christian Lindner gewünscht. Mir ist bewusst, dass er als Parteichef die eher konservativeren Ost-Verbände – die, so mein Eindruck, in allen Parteien konservativer ticken – bei Laune halten muss und nichts überstürzen wollte. Die FDP hat im Osten sowieso einen schweren Stand. Aber für meinen Geschmack hätte er deutlicher machen müssen, dass Konservativer sein, nicht heißt, rechts(extrem) zu sein, mit denen zusammenzuarbeiten oder deren Strukturen zu befördern. Vor allem dann noch in einem Bundesland wie Thüringen, wo Björn Höcke als der rechtsextremste Protagonist in dieser Partei das Sagen hat.

Auch die damalige Bundeskanzlerin Angela Merkel meldete sich im Rahmen ihres Südafrika-Besuches am 6. Februar 2020 zur Wahl von Thomas Kemmerich zu Wort. Sie nannte eine Wahl mit Hilfe der AfD-Fraktion von Björn Höcke „unverzeihlich" und forderte, dass das Ergebnis „rückgängig gemacht werden" müsse.[130] Benjamin Strasser meint im Nachhinein, dass bereits 2019 ein Strategiewechsel innerhalb der thüringischen AfD festgestellt werden konnte und spricht das Konzept der „Selbstverharmlosung" des Vordenkers der Neuen Rechten Götz Kubitschek an: „Man hat den Begriff der ‚bürgerlichen Mehrheit' geframed. Da hätte man aufhorchen müssen, wenn Weidel, Gauland und Höcke unisono von bürgerlicher Koalition sprechen." Julian war froh, dass nach der Wahl eine „Arbeitsgruppe um Benjamin Strasser gebildet wurde, die sich dem Thema innerparteilich annahm und eine ehrliche Aufarbeitung versprach". Benjamin Strasser erinnert sich an die Tage nach dem 5. Februar: „Am 9. Februar, meinem Geburtstag, hatten wir eine vierstündige Fraktionssitzung und ich habe mir Vorwürfe gemacht, ob ich das hätte kommen sehen können."

Am nächsten Tag wurde Strasser zum Vorsitzenden einer zu gründenden Arbeitsgemeinschaft für parlamentarische Abwehrstrategien gegen Rechts ernannt. Dort sollte u. a. die Frage geklärt werden, ob die Abwehrsysteme der FDP „gut justiert sind", um einen ähnlichen Vorgang in Zukunft zu verhindern. „Das hat auch viel mit Gegnerbeobachtung zu tun", erklärt er. Weiter empfiehlt er einen innerparteilichen und interfraktionellen Prozess aller demokratischen Parteien mit Abwehrstrategien gegen Rechtsradikalismus: „Das ist kein Zeichen von Schwäche, sondern hat mit Verantwortung zu tun." Julian pflichtet dem bei: „Wir sollten in allen Parteien, nicht nur in der FDP, wachsam sein, die Brandmauern nach rechts nicht einreißen zu lassen und im Zweifelsfall auch bereit sein, eigene Karrierebedürfnisse diesem Ziel unterzuordnen."

Nach vielen Gesprächen innerhalb der Partei, öffentlichen Diskussionen und Demonstrationen gab Thomas Kemmerich bekannt, sein Amt niederzulegen. Am 4. März 2020 wurde Bodo Ramelow erneut zum thüringischen Ministerpräsidenten gewählt. Julian will nichts beschönigen und ist froh über den Ausgang im März 2020. Er erinnert jedoch daran,

dass auch Bodo Ramelow 2014 mit der Hilfe von einzelnen AfD-Stimmen gewählt wurde, und dass jetzt auch in Berlin ein linker Bezirksbürgermeister [gemeint ist die Wahl des Pankower Politikers Sören Benn im November 2021] mit AfD-Stimmen gewählt wurde und es kommunal auch immer mal wieder Verfehlungen aller demokratischen Parteien gegeben hat, mit der AfD zusammenzuarbeiten. Dann gibt es ja da auch noch die Ost-CDU-Verbände, wo einige offen darüber nachdenken, mit der AfD zu koalieren. Das alles hätte auch mehr medial thematisiert werden müssen.

Trotz der Vorgänge um Jürgen Möllemann und Thomas Kemmerich freut sich Benjamin Strasser, dass es wieder vermehrt jüdische Menschen gibt, die sich in der FDP politisch zu Hause fühlen. Weiterhin betonte der Bundestagsabgeordnete in diesem Zusammenhang, dass die Gründer der liberalen Bewegung in Deutschland Juden waren und gegen die Monarchie gekämpft haben und deshalb verfolgt wurden. Auch viele jüdische Freund*innen von Julian hätten bei den letzten Wahlen „aus Sympathie" die FDP gewählt. In seinem „sonstigen Umfeld" kenne er jedoch nur „drei weitere Jüdinnen*Juden, die aktiv in der FDP sind". Daher würde er sich „freuen, wenn es mehr werden würden". Vor allem in den letzten Jahren waren FDP-Politiker*innen und Mitglieder an vielen pro-jüdischen und pro-israelischen Initiativen beteiligt. Im Jahr 2017 reaktivierte sich beispielsweise der Verein *Liberale Freunde Israels*, woran Julian beteiligt war. Er wünscht sich, dass der Verein demnächst als Vorfeldorganisation der FDP anerkannt wird. In den Jahren 2019 und 2020 wurden die Anträge „BDS-Bewegung entschlossen entgegentreten – Antisemitismus bekämpfen" und „Wirksames Vorgehen gegen die Hisbollah"[131] durch den Deutschen Bundestag angenommen. Bei beiden Anträgen waren FDP-Bundestagsabgeordnete maßgeblich beteiligt und haben sie mit initiiert. Nach der Wahl von Thomas Kemmerich hatte Julian Angst, „dass all die jahrelange Aufbauarbeit, die ich und andere jüdisch- und israel-solidarische Menschen in der Partei leisteten, verpuffen würde".

Trotz des aktuellen Images der Partei gebe es, laut Julian, keinen Plan, um mehr (junge) Jüdinnen*Juden für sich zu überzeugen:

Ich denke, dass die FDP-Führung aber weiß, dass sie mehr Diversität in der Partei und ihren Strukturen braucht und deswegen versucht, vor allem mit Inhalten zu überzeugen. Letztlich sind aber auch wir als aktive Mitglieder Botschafter*innen für die liberale Sache.

Julian skizziert eine Wirklichkeit, von der er glaubt, dass sie weit über seine eigene Partei hinausgehe und sich auch in den anderen Parteien feststellen lasse:

Es muss als selbstverständlich angesehen werden, dass auch jüdische Menschen politisch repräsentiert werden. Wir brauchen eigene politische Führungspersönlichkeiten, die uns repräsentieren. Natürlich ohne Allmachtsanspruch oder das Ansinnen, für „die" Jüdinnen*Juden sprechen zu wollen, weil wir keine homogene Masse sind. Aber eben als sichtbarer Teil parlamentarischer Demokratie. Gerade in Deutschland mit seiner Historie wäre das sehr wichtig. Hier sollten die Parteien besser auf jüdische Talente in ihren Reihen aufmerksam werden, sie dann aktiv fördern, empowern und ihnen Zugang zu Netzwerken gewähren, um sich und ihre Vorstellung von Politik in der jeweiligen Partei besser zu etablieren.

Für Benjamin Strasser ist es notwendig, im politischen und im gesamtgesellschaftlichen Raum Jüdinnen*Juden sichtbarer zu machen, um so die Normalisierung von jüdischem Leben in Deutschland voranzutreiben:

> Wenn es um jüdische Sichtbarkeit geht, dann brauchen wir auch Menschen, die nach außen hin auftreten und sagen: „Ich bin jüdisch", um es als Normalität zu begreifen.

Doch gerade für Jüdinnen*Juden oder andere marginalisierte Gruppen kann (kommunal-)politisches oder parteipolitisches Engagement zu einer enormen Belastung werden. Julian sieht in der Art und Weise, wie Jüdinnen*Juden teilweise in Parteien gesehen werden, ein Problem:

> Letztlich scheuen aber vermutlich viele diesen Weg, weil sie Angst vor strukturellem Antisemitismus haben oder in eine Ecke geschoben werden, dass Jüdinnen*Juden gefälligst nur über Judentum oder Israel zu reden haben, ihre Expertise in anderen Politikfeldern aber nicht gesehen oder beachtet wird.

Er selbst habe diesen Weg nicht gescheut. Der 28-jährige Jude bringt sich bei jeder Gelegenheit gerne in die Parteiarbeit ein:

> Ich habe in meinen über zehn Jahren Engagement mir gegenüber nie direkt Antisemitismus erlebt. Abgeordnete, die noch in Denkmustern von Möllemann dachten, sind spätestens 2013 aus dem Bundestag oder 2014 aus dem EU-Parlament geflogen. Die Beschneidungsdebatte[132] wurde parteiintern gut aufgearbeitet und endete mit einem guten Kompromissvorschlag.

Im Jahr 2020 kandidierte Julian für die FDP bei den Kommunalwahlen in NRW und ist aktuell stellvertretender Bürgermeister im Stadtbezirk 7 in Düsseldorf. Hier ist er selbst aufgewachsen. Es gibt viele Naturschutz- und Waldflächen, einige Einfamilienhausquartiere, Altbau-Viertel und alte Industriesiedlungen. Es mache ihm sehr viel Spaß, der „,Anwalt der Menschen' vor Ort" zu sein, sagt der Kommunalpolitiker. Zwar haben die Bezirksrathäuser nur eingeschränkte Wirkungsmacht und ein relativ kleines Budget, erzählt er uns, aber er ist stolz, gewählt worden zu sein:

> Bei den Kommunalwahlen konnte ich durch meine jahrelange vorherige Aufbauarbeit mir Vertrauen erarbeiten und die FDP vor Ort von vier auf 13,3 Prozent bringen – was die stadtweit höchste Steigerung war –, bezirksweit konnten wir uns von 8,5 auf 11,1 Prozent steigen und haben damit nach den Grünen die größten Zugewinne und das beste Ergebnis aller Zeiten bekommen.

Als Kommunalpolitiker will sich Julian um die Menschen in seinem Bezirk kümmern, für sie da sein und gleichzeitig das Image der FDP verbessern, aber „ohne unseren liberalen Markenkern zu verlieren". Er stellt die Frage:

Wenn vor Ort unser Einzelhandel unter dem Strukturwandel leidet und zugleich z. B. große Grundstücke nicht bebaut werden, obwohl die Menschen vor Ort dringend bezahlbaren Wohnraum benötigen, warum sollten das keine FDP-Themen sein?

Er setze auch als Jude vor Ort Impulse und fördere beispielsweise Mahn- und Gedenkstätten. Durch seine eigene Kommunalpolitik erhalte er viele Sympathien, die auch der Partei in der Landeshauptstadt zugutekommen würden:

Natürlich haben wir es in Düsseldorf aber einfacher, da wir mit Marie-Agnes Strack-Zimmermann ein Gesicht an der Spitze der Partei haben, die selbst oft mal unkonventionell, mal provokant, aber immer mit ehrwürdigen Absichten und rheinischem Charme Themen besetzt, die viele Menschen bewegen.

In seinen acht Jahren kommunalpolitischem Engagement hat Julian bislang wenige Anfeindungen erlebt. Es liegt möglicherweise auch daran, dass er „nicht bei jedem Bürger*innengespräch mitteile, dass ich jüdisch oder schwul bin". Die Gefährdung von Kommunalpolitiker*innen „hat in den letzten Jahren extrem zugenommen", stellt Benjamin Strasser fest und ergänzt: „weil sie am greifbarsten sind". Vor allem in den sozialen Medien spürt Julian häufiger Anfeindungen. Erst recht, wenn sich der Düsseldorfer zu Israel positioniert:

Es gab dann private Nachrichten von zwei Unbekannten, die meine Adresse und Sitzungstermine recherchierten und drohten, das so zu klären wie „Zionisten das ja immer regeln würden". Was genau sie damit meinten, führten sie nicht aus. Angst hat es mir dennoch gemacht. Ich habe mich mit ein paar anderen jüdischen Aktivist*innen abgestimmt, die mir rieten, das anzuzeigen, aber sonst weiter keine Angst zu haben, weil dieses vermutlich leere Drohungen seien. Ein mulmiges Gefühl hatte ich dennoch. Ich habe aus Vorsicht für einige Monate meine Kontaktdaten auf meiner Homepage offline gestellt.

Die Debatte sei zunehmend verroht, sagt Strasser: „Das spüre ich auch als Bundestagsabgeordneter. Der Hass in den E-Mails hat zugenommen", bemerkt der Staatssekretär. Jedoch waren die Anfeindungen gegen ihn noch nie so gravierend, dass er das Bundeskriminalamt einschalten musste. Er erzählt von Kolleg*innen, die im Bereich Rechtsradikalismus arbeiten, die stärkeren Bedrohungen ausgesetzt sind. „Ich würde mich selber nicht auf derselben Stufe sehen wie beispielsweise den Kollegen Karamba Diaby, der ja wirklich teilweise um Leib und Leben fürchten muss", führt er aus. Trotzdem habe auch er bestimmte Sicherheitsmaßnahmen getroffen. Seine private Wohnadresse ist nicht mehr online abrufbar.

Rechtsradikalismus halten Julian und Benjamin Strasser für die größte Gefahr für Jüdinnen*Juden, aber auch für die Demokratie im Allgemeinen. Julian weist im Gespräch auch auf eine weitere Gefahr und die mangelnde Problematisierung hin:

Hinzu kommt seit einigen Jahren, dass islamistische Strukturen teilweise bewusst ignoriert oder leider durch (vor allem) linke Politiker*innen befördert werden. Auch die neue deutsche Innenministerin Nancy Faeser erkennt zwar, anders als ihr Vorgänger Horst Seehofer, die reale Gefahr des Rechtsextremismus als große Gefahr für unsere Demokratie an, aber traut sich wiederum noch nicht mal, das Wort „Islamismus" in den Mund zu nehmen. Warum? Die derzeit größte rechtsextreme Vereinigung in Deutschland sind z. B. die türkisch-islamistischen *Grauen Wölfe*.

Im Fadenkreuz der *Grauen Wölfe*[133] und anderer türkischer Nationalist*innen stehen neben Jüdinnen*Juden auch Kurd*innen, Alevit*innen, Jesid*innen, Armenier*innen, Assyrer*innen und türkische Oppositionelle. Auch in Deutschland kommt es regelmäßig zu (Mord-)Drohungen oder Angriffen. Julian wünscht sich ein härteres Durchgreifen der Politik und der Sicherheitsbehörden gegen Islamismus und die *Grauen Wölfe*. Er fordert beispielsweise eine bessere Überwachung oder die Schließung von Vereinen und Moscheen, die demokratiefeindliche oder islamistische Ideologien verbreiten.

Julians politisches Engagement innerhalb der FDP, in Düsseldorf oder in jüdischen Kontexten ist vielfältig. Er betont häufig die Wichtigkeit von Meinungspluralismus in und außerhalb unserer Parteiendemokratie. Er wünscht sich einen stärkeren Austausch, und zwar unabhängig von politischen Differenzen:

Eine Gesellschaft, wo überspitzt gesagt Links nicht mehr mit Rechts spricht, West nicht mehr mit Ost, Stadt nicht mehr mit Land. Das kann gefährlich enden, weil wir damit die Gesellschaft nicht mehr in der Mitte zusammenhalten und Radikalisierungen an den Rändern begünstigen.

Er kennt aber auch die Probleme mit Antisemitismus in der politischen Landschaft der Bundesrepublik:

Ich möchte in meinem Beitrag ehrlich sein, dass der Weg für uns nicht immer leicht ist und es auch Widerstände gibt. Deswegen bleibt der gegenseitige Support durch uns wichtig, um unsere Stimmen und Anliegen hör- und sichtbar zu machen. Deswegen ist die Vielfalt des Engagements so wichtig. Auch wenn ich Liberaler bin, habe ich ein Interesse daran, dass es aktive linke oder konservative Jüdinnen*Juden gibt, weil so die Hoffnung besteht, antisemitische Tendenzen aktiv in allen Parteien stärker entgegentreten zu können. Ich habe mal gesagt: „Ich bin zunächst Mensch, dann Jude, dann Liberaler." Will heißen: meine Identität steht über meiner politischen Ideologie. Um unsere diverse Identität sichtbar zu machen, braucht es die Etablierung von Strukturen bzw. Plattformen, dass wir uns auch über Parteigrenzen hinweg besser fördern und unterstützen können.

Auch in Julians und Benjamin Strassers Antworten auf unsere Abschlussfrage wird ihr liberales Profil klar ersichtlich. Julian sagt, dass Deutschland seine „Heimat" sei und er deshalb „für eine demokratischere und diversere Zukunft" kämpfe. Und für Strasser ist Deutschland „ein tolles Land mit einer grundsätzlich liberalen und weltoffenen Gesellschaft".

Historische Verantwortung und Zerreißproben: Die Linken-Politikerinnen Franziska Lucke und Martina Renner

Der juristische Begriff der Grundmandatsklausel sollte im Herbst 2021 für Die Linke große Bedeutung gewinnen. In § 6 Abs. 3 Satz 1 des Bundeswahlgesetzes heißt es, dass es für den Einzug in den Deutschen Bundestag mindestens fünf Prozent der Zweitstimmen bedarf. Ebenso sei es allerdings möglich, dass das Erringen dreier Direktmandate den Einzug sichert. Nach einem Wahlkampfjahr, das durch Flügel- und Machtkämpfe zwischen einem populistisch ausgerichteten Lager um die ehemalige Fraktionsvorsitzende Sahra Wagenknecht und der eher progressiv-emanzipatorisch ausgerichteten Bewegungslinken geprägt war, wurde die Bundestagswahl zum Fiasko. Am Ende hatte man 3,6 Prozent der Erst- und 4,3 Prozent der Zweitstimmen verloren. Lediglich Gregor Gysi, Gesine Lötzsch und Sören Pellmann konnten ihre Wahlkreise direkt gewinnen. Die Grundmandatsklausel bewahrte so Die Linke vor der noch bedeutsameren Niederlage und war die Grundlage dafür, dass die Partei in Fraktionsstärke in den Bundestag einziehen konnte. Dass sie nur hauchdünn daran vorbeischrammte, den Wiedereinzug in den Bundestag zu verpassen, führte nicht dazu, dass sich die Fronten in der Partei auflösten. Sie verschärften sich sogar noch. Bis Ende 2021 traten 60 000 Mitglieder aus der Partei aus.

Dabei tritt Die Linke auch mit einem komplexen historischen Erbe an. Die Partei wird auch als Nachfolgepartei der SED bezeichnet. Aus dieser ging 1990 nach Austritten der Mehrheit der ehemaligen Mitglieder und einem umfassenden Austausch des Spitzenpersonals sowie einer programmatischen Erneuerung erst die PDS, 2005 dann die Linkspartei.PDS hervor, die wiederum 2007 mit der WASG verschmolz. Mit diesem belastenden Erbe geht die Partei offen ins Gericht: Wie in den Vorgängerparteien wurde auch in Die Linke eine Historische Kommission eingerichtet, die nicht nur die angenehmen Traditionen aufarbeitet, wie die Bezüge zur Arbeiter*innenbewegung, den Gewerkschaften und der Sozialdemokratie, sondern eben auch die eigene Verwicklung in die DDR- und SED-Geschichte

Eine von unseren Interviewpartner*innen für die derzeit kleinste Fraktion im Deutschen Bundestag wurde kurz nach der Wende im thüringischen Gera geboren und hat bis zu ihrem 30. Lebensjahr dort gelebt. Die andere wurde Ende der 60er Jahre in der rheinland-pfälzischen Landeshauptstadt Mainz geboren. Die beiden Frauen kennen sich und sind durch ihren politischen Einsatz im Freistaat Thüringen miteinander verbunden: Während die Person, die hier im Mittelpunkt stehen wird, durch Geburt und Heranwachsen mit dem hinsichtlich seiner Fläche elftgrößten Bundesland verbandelt ist, wurde jenes für unsere zweite Interviewpartnerin, Martina Renner, zur Wahlheimat. Sie zog von Mainz nach Bremen, wo sie ihr Studium in Philosophie, Kulturwissenschaft, Kunstwissenschaft und Biologie absolvierte. Nachdem Renner von 1998 bis 2002 als Kulturmanagerin im Stadtteilkulturzentrum Fuhrpark gearbeitet hat, ging die heutige Expertin für Rechtsradikalismus nach Erfurt, um im Thüringer Landtag als wissenschaftliche Mitarbeiterin der Fraktion Die Linke für innenpolitische Themen zuständig zu sein. Sieben Jahre später, 2009, wurde Renner dann zur Landtagsabgeordneten gewählt. Zum Mandat kamen damals schnell auch die Leitungsaufgaben in der Fraktion Die Linke und schließlich ab 2012 die Funktion als Obfrau der Linken im NSU-Untersuchungsausschuss des Thüringer Landtages hinzu. Im September wurde die Wahlthüringerin dann zum ersten Mal in den Deutschen Bundestag gewählt. In der 17. Wahlperiode übernahm sie neben ihrer Mitgliedschaft im Innenausschuss die Funktion als Sprecherin für antifaschistische Politik ihrer Fraktion. Bei der Bundestagswahl im September 2017 wurde sie wiedergewählt. Im Juni 2018 wurde Renner schließlich auf dem Leipziger Parteitag der Linken zur stellvertretenden Parteivorsitzenden gewählt und hatte dieses Amt bis zum Bundesparteitag 2022 in Erfurt inne.

Unsere Protagonistin, ihr Name ist Franziska Lucke, hat „fast ihr komplettes Leben in Gera gelebt". Sie ist Mutter einer kleinen Tochter. Und dass sie heute Mutter ist, hatte schließlich auch großen Anteil für Franzi, wie sie oft genannt wird, aus Thüringen wegzuziehen: „Ich möchte, dass meine Tochter in einer jüdischen Umgebung aufwächst, die es in Thüringen leider so nahezu nicht gibt." Franzi arbeitet inzwischen bei einer jüdischen Institution und war zum Zeitpunkt des Interviews in der Jugendarbeit tätig. Auch sie hat für Ämter und hohe Gremien innerhalb der Partei Die Linke kandidiert und war sogar als Sprecherin des parteinahen Bundesverbandes Linksjugend['solid] tätig. Lange Zeit war sie im Bundesausschuss der Partei aktiv und hat ebenfalls für den Bundesparteivorstand kandidiert. Außerdem hat sie auf allen Parteiebenen diverse Ämter begleitet.

Unsere beiden Interviewpartnerinnen haben eine Partei in hohen Gremien erlebt, welche sich selbst als demokratisch-sozialistisch bezeichnet und sich in einer Tradition mit Rosa Luxemburg und Karl Liebknecht sieht. Die wahrscheinlich erfolgreichste Zeit hatte sie noch vor der Verschmelzung mit der SPD-Abspaltung Wahlalternative Arbeit und Soziale Gerechtigkeit (WASG) und unter dem Namen Partei des Demokratischen Sozialismus (PDS) von Mitte der 1990er Jahre bis zur Jahrtausendwende, als sie Wahlergebnisse von über 20 Prozent erringen konnte. Davon hat sich die Nachfolgepartei Die Linke heutzutage weit entfernt. Nach der Verschmelzung mit der WASG konnte sie diese Erfolge auf Bundesebene nicht mehr wiederholen. Bei der Bundestagswahl 2009 konnte man unter dem Namen Die Linke immer noch 11,9 Prozent der Stimmen holen und damit zur viertstärksten Fraktion im Bundestag werden. Ebenfalls schaffte es die Partei nach 2007 insgesamt 25-mal, in verschiedene Landtage einzuziehen. In den nachfolgenden Bundestagswahlen fiel sie allerdings 2013 auf 8,6 Prozent und 2017 auf 9,2 Prozent und konnte 2021 nur noch aufgrund der Grundmandatsklausel mit den erneuten Einzug in den Bundestag bewerkstelligen. So gelang auch Martina Renner ihr dritter Einzug in das Hohe Haus.

Wie ambivalent diese Zeit für Die Linke war, zeigt allerdings auch, dass sie in den zwölf Jahren seit 2010 auch ihre größten Erfolge erringen konnte, nämlich die Wahl des Linken-Politikers Bodo Ramelow zum Ministerpräsidenten 2014 und dessen Wiederwahl nach dem Skandal um die Wahl Thomas Kemmerichs zum Kurzzeitministerpräsidenten 2020. Vier Themen, die Die Linke immer wieder beschäftigen, werden auch regelmäßig als Argumente gegen die Partei ins Feld geführt. Dazu gehören sowohl die Vergangenheit der Partei als auch wiederholte Skandale um antisemitische und prorussische / proautoritäre Positionierungen einiger Mitglieder und Funktionär*innen sowie, spätestens seit 2022 in den Fokus der Öffentlichkeit gerückt, Skandale um sexualisierte Übergriffe einzelner Parteimitglieder, die mutmaßlich systematisch vertuscht wurden.

Eine Gruppierung, die sich ebenfalls mit Fehlentwicklungen innerhalb der Linken beschäftigt, ist der BundesArbeitsKreis (BAK) Shalom innerhalb der Linksjugend['solid].[134] Dieser wurde auf dem Gründungskongress der Linksjugend['solid], die nachfolgend von der Linken als „Jugendorganisation der Partei" anerkannt wurde und sich selbst als sozialistisch, antifaschistisch, basisdemokratisch und feministisch beschreibt, ins Leben gerufen. Der BAK Shalom wollte fortan „schonungslose Kritik antisemitischer und antizionistischer Positionen in den eigenen Reihen […] formulieren".

Dieser Arbeitskreis stellt mit Blick auf die von uns vorgestellten Parteien eine Besonderheit dar. Nicht nur, weil er sich explizit mit jedem Antisemitismus, dem Verhältnis zu Israel und regressiven Bewegungen beschäftigt, sondern weil er die damit zusammenhängenden (Fehl-)Entwicklungen in der eigenen Partei und Jugendorganisation offensiv und zuweilen scharf adressiert. Das ist in dieser Form ein Alleinstellungsmerkmal.

Der BAK wird immer wieder mit aufgezählt, wenn Debatten um sogenannte Antideutsche stattfinden. Wenn über Antideutsche gesprochen wird, wird nur selten darauf eingegangen, wie heterogen und widersprüchlich diese vermeintlich homogene „Szene" ist. Etwas, das nicht zuletzt dadurch deutlich werden sollte, dass inzwischen auch von Links- und Rechtsantideutschen gesprochen wird. Diese Widersprüche führen dazu, dass es sich weniger um eine geschlossene politische Bewegung handelt, deren „Mitglieder" im Kontakt mit Geheimdiensten stünden, wie es manchmal behauptet wird, oder vermeintlich in der Lage seien, unliebsame Meinungen und Personen zu „canceln", sondern viel mehr um manchmal lose, manchmal geschlossenere, häufig lokal organisierte Gruppen, die untereinander zu weiterer Ausdifferenzierung neigen. Und so gibt es auch bei so manchen Gruppen, die unter dem Begriff „antideutsch" zusammengefasst werden, problematische Entwicklungen. Die Kritik, die sich an Antideutsche richtet, umfasst u. a. Rassismus, Sexismus, Queerfeindlichkeit (insbesondere Transfeindlichkeit) und Philosemitismus (bzw. einen Fetisch).

Was Sexismus angeht, ist immer wieder die Kritik zu vernehmen, dass innerhalb von entsprechenden Gruppen häufig auch sexistische Strukturen, machistische und toxisch-männliche Verhaltensweisen und Übergriffe stattfinden und nicht angemessen thematisiert werden. Infolgedessen sei der Anteil von FLINTA* in manchen Gruppen gering bis nicht vorhanden, es sei denn, FLINTA* schließen sich explizit untereinander zu eigenen Gruppen zusammen und thematisieren diese Vorfälle und Strukturen.

Ein weiterer häufig vorgebrachter Kritikpunkt ist, dass sowohl Israel als auch das Judentum und Jüdinnen*Juden fetischisiert werden. In diesem Zusammenhang taucht besonders häufig der Begriff des „Philosemitismus" auf. Was damit gemeint ist? Dass besonders Einzelpersonen dazu neigen, als Folge der Notwendigkeit eines jüdischen Staates auf den in der politischen Linken zum Teil verbreiteten Antizionismus mit provokativen Handlungen zu antworten. Diese können sich eben in einer affirmativen zum Teil fetischisierenden Haltung gegenüber allem, was als „jüdisch" bzw. „israelisch" empfunden wird, ausdrücken. Auch wenn mit all dem eine antisemitismuskritische Haltung einhergeht, wirken diese Umstände auf viele Jüdinnen*Juden abschreckend, da jüdische Lebenswirklichkeiten in ihrer Komplexität, Widersprüchlichkeit und Bruchhaftigkeit nur selten wahrgenommen werden. Die Konflikte, die um Antideutsche auch innerhalb der Linken geführt werden, sind fest mit der Auseinandersetzung mit dem Verhältnis zu Israel, zu Antisemitismus und zu Jüdinnen*Juden verbunden.

Dass Franzi, die sich selbst als „Antifaschistin, Feministin" und „dem orthodoxen Judentum zugehörig" beschreibt, allerdings überhaupt politisch wurde, hatte erst einmal wenig mit diesen heute so auffälligen Konflikten zu tun. Da war zuerst ihr näheres Umfeld, das Ostdeutschland nach der Wende, von Bedeutung:

> Ich habe sehr früh mitbekommen, dass sozialen Ungerechtigkeiten gesellschaftlich leider viel zu selten widersprochen wurde. Gerade auch bei Themen wie Rassismus und Sexismus, die sind mir sehr früh aufgefallen. Das liegt auch daran, dass meine Familie sehr bewusst damit umgegangen ist und solche Dinge auch angesprochen hat. Aber das liegt eben auch daran, dass ich Verwandtschaft habe, die aus ehemals Westdeutschland kam und da ganz viele Unterschiede deutlich geworden sind.

Außerdem hätten in ihrer frühen Kindheit auch die Pogrome, „wie in Rostock-Lichtenhagen", stattgefunden, die sich in ihrer Erinnerung in den „Baseballschlägerjahren" zum Alltag verwoben. Sie wurden „einfach Teil meines Großwerdens". Für sie war es der Normalzustand, dass

> vor der Schule Neonazis standen und Kinder, die nicht in deren Bild gepasst haben – ob sie eben Migrant*innen oder Punks oder arm waren –, nach Belieben rausgegriffen und verprügelt haben.

Das alles habe ihre politische Sozialisation begleitet und vor allem ihren eigenen Gerechtigkeitssinn geweckt und gestärkt. Daher kam dann auch die Entscheidung für Die Linke. Denn bei ihr handelte es sich um die Partei, die aufgrund von Franzis „sozialem Kompass„ am meisten mit ihren politischen Auffassungen einhergeht. Früher sei es für sie besonders wichtig gewesen, dass Die Linke, „was das Thema Abschiebungen angeht, die klarsten Positionen" habe.

Trotz alledem spielte auch der Zufall eine Rolle für die Wahl der Partei: Franzi habe sich, als sie 13 oder 14 Jahre alt war, „sehr viel für Politik interessiert" und wurde damals Mitglied des Jugendparlamentes in Thüringen. Zufällig wurde sie der Linkspartei mit einer Abgeordneten aus Gera zugewiesen. Dort lernte sie dann (Berufs-)Politik besser kennen und fand auch Freund*innen, die sich parteipolitisch positionierten. Im Jugendparlament sei ihr allerdings nicht nur die Politik der Linkspartei nähergebracht worden. Da alle Parteien (außer der damals noch nicht existierenden AfD) dort vertreten waren, habe man einen guten Überblick bekommen. Und so fand sie ihre „politische Heimat". Kurz nach ihrem 14. Geburtstag sei sie dann auch in die Linksjugend['solid] eingetreten. Es sollte allerdings noch knapp zehn Jahre dauern, bis sie auch Mitglied von Die Linke wurde. Dort würde sie sich auch heute nicht wirklich in einem politischen Lager verorten, obwohl oder gerade weil es sich bei der Linkspartei mit ihren vielen Strömungen und Arbeitskreisen um eine „sehr plurale Partei" handelt. „Es gibt Positionen aus verschiedenen Lagern", erklärt Franzi diese Entscheidung, „die ich gut finde, und Positionen, die ich aus genau diesem Lager dann wieder schlecht finde." Das führte schließlich auch dazu, dass sie „Strömungspolitik" immer eine klare Absage erteilte. Sie setze sich für „Sachpolitik" ein, bei der „themenspezifisch" entschieden und „rote Haltelinien" beachtet werden. So beschreibt sie ihre Position in Partei und Jugendorganisation als links, aber moderat „und trotzdem progressiv".

Dass sich Jüdinnen*Juden in der Linken engagieren, sei nicht selbstverständlich. Es gebe zum Beispiel für religiöse Jüdinnen*Juden Hürden, die allerdings nicht spezifisch Die Linke, sondern den gesamten Parteibetrieb in Deutschland betreffen. Wenn zum Beispiel politische Veranstaltungen an Jom Kippur stattfänden oder bei der „Parteiveranstaltung um die Ecke Bratwurst und Bockwurst" angeboten würden. Diese „vermeintlichen Kleinigkeiten" seien eben ein „sehr großer Faktor", der zumindest für religiöse Jüdinnen*Juden das parteipolitische Engagement erschweren könne. Daher sollte man sich auch als Organisator*in fragen: „Was, wenn man sich jetzt an mehr religiöse Regeln hält? Was ist mit Schabbat? Was ist mit dem Aufenthalt in gemischten Hotelzimmern?" In den letzten Jahren, bemerkt Franzi, habe sie das Gefühl, sei es nicht „großartig besser geworden". Hinzu käme dann eben noch der Antisemitismus:

Weil Parteien, egal welche Partei, ein Querschnitt der Gesellschaft sind. Und in einem Querschnitt der Gesellschaft, in allen politischen Spektren, gibt es Antisemitismus. Das ist natürlich eine große Hürde, sich zu engagieren und eben auch zu sagen, dass man jüdisch ist. Wie gesagt, in allen Parteien: das bedeutet natürlich, dass es in der Linkspartei Antisemitismus gibt, natürlich Rassismus gibt und dass die Linkspartei ihrem Anspruch leider nicht gerecht wird, eine Partei für alle Menschen zu sein. Und allen Menschen Partizipation möglich zu machen.

Sie kenne zwar noch andere Jüdinnen*Juden, die sich in der Linken engagieren, aber es gebe „keine konkrete Vernetzung", also „keine AG, Bundesarbeitsgemeinschaften, Landesarbeitsgemeinschaften". Aber Jüdinnen*Juden seien in der Linken an den unterschiedlichsten Stellen aktiv. Manche würden sich auf Bundesebene engagieren, andere säßen in Kommunalparlamenten,

aber nicht alle davon outen sich als jüdisch, weil es, glaub ich, rein intersektional ohnehin schon in der Linken zu sein ein sehr großer Angriffspunkt für Rechte ist. Und dann noch jüdisch zu sein, bringt eine doppelte Gefahr mit sich. Und eben weil, wenn man sagt, man ist jüdisch, es in Deutschland ja leider G'ttes so ist, dass man sich zwangsläufig zum israelisch-palästinensischen Konflikt äußern muss und das natürlich in dieser angespannten Situation, die es da in der Linkspartei gibt. Dem möchte man sich manchmal auch einfach nicht aussetzen.

Bisher habe sie auch nicht davon erfahren, ob es einen Versuch gibt, eine Vernetzung „zu starten". Das liege vielleicht auch daran, „dass es den Bedarf von Jüdinnen*Juden in der Linkspartei nicht so stark gibt". Eine solche Vernetzung würde dann thematisiert, „wenn jemand auf irgendeinem komischen Boot[135] mitfährt, oder auch dann, wenn es irgendwelche Vorfälle gibt". Viele jüdische wie auch nichtjüdische Parteimitglieder, „die stabile Positionen haben", seien darum bemüht, „den Burgfrieden" zu wahren. Das bedeutet, dass sie sich, „was das Thema Antisemitismus / Antizionismus oder israel-bezogener Antisemitismus angeht, nicht so weit aus dem Fenster lehnen". Viele von ihnen hätten laut Franzi Angst, ihre politische Heimat zu verlieren. Sie würden eher ausweichen und keine Konflikte riskieren als „eine Entscheidung herbeizuführen, die es einem unmöglich macht, es mit seinem Gewissen zu vereinbaren, weiter in der Links-partei aktiv zu sein". Daher würden „dann manche Beschlüsse seit Jahren vertagt oder ausgeschwiegen werden". Und das beträfe sicher auch andere marginalisierte Grup-pen und nicht nur Jüdinnen*Juden.

Franzi denkt, dass es „zu wenige sichtbare Jüdinnen*Juden" in der Politik gibt. Wenn sie das ausspricht, so führt sie aus, geht es ihr nicht darum, „dass sie als reli-giöse Menschen sichtbar sind, sondern dass sie als Jüdinnen*Juden wahrgenommen werden. Und auch wahrgenommen werden möchten." Auch die deutsche Politik könne mehr jüdische Werte vertragen. Was sie sich darunter vorstellt, möchten wir wissen:

> Ob das Tikkun Olam ist, und damit meine ich nicht nur Klimapolitik, sondern auch zwischenmenschliche Sachen. Aber eben auch Werte wie Nächstenliebe, aber auch Zedaka. Ich finde, Almosen ist nicht so das richtige Wort dafür, aber dass man eben von dem, was man überhat, was abgibt für Menschen, die viel weniger haben.

Von den bekannten jüdischen Stimmen in der deutschen Politik, finde sie „ein paar sehr gut". Doch nur, „weil eine andere Person auch jüdisch ist, heißt es nicht, dass ich der Person automatisch auch näher bin". Sollte jemand aus ihrer Perspektive „komische Positionen" vertreten, dann mache es für sie keinen Unterschied in der Bewertung, wenn die Person jüdisch ist. Umgekehrt sei es allerdings, wenn jemand „gute Positio-nen" vertrete, dann fühle sich Franzi „dadurch ein Stück weit auch verbundener". Was sie allerdings störe, sei, dass „jüdische Stimmen sehr oft nur wahrgenommen werden, wenn sie zu Antisemitismus sprechen. Und auch dann nur, wenn es wieder mal ge-knallt hat." In „allen anderen Themen" hätten Jüdinnen*Juden „weniger zu sagen, weil sie eben nur für das eine Thema eingeladen werden".

Auch die Bundestagsabgeordnete Martina Renner bemerkt, dass es nur wenige Jüdinnen*Juden gibt, die sich in der Bundespolitik engagieren. Dass diejenigen, die aktiv sind, nur wenig wahrgenommen würden, wenn sie nicht gerade zu Antisemitis-mus sprechen, habe nach Renners Meinung „mit der spezifischen Form der deutschen Erinnerungskultur zu tun". Jüdisches Leben werde in der Wahrnehmung großer Teile der Bevölkerung „mit der Vernichtungserfahrung in der Shoa" gleichgesetzt. Dass nur wenige explizit auch als Jüdinnen*Juden in der ersten Reihe stehen, habe vielleicht auch damit zu tun, dass „man sich schützen" will. Denn, so Renner, es gebe doch „eine ungebrochene Tradition von verbalem und tätlichem Antisemitismus, der sich gefähr-lich mit Linken-Hass verbinden kann". Und hinzu komme die Erfahrung, die viele Jüdin-nen*Juden, aber genauso Betroffene von Rassismus machen, dass die Verfolgung von Straftaten zu wünschen übrig lasse. Das habe eine Skepsis der Betroffenen zur Fol-ge. Doch auch wenn es in der Partei heute nur wenige prominente jüdische Mitglieder gebe, so gebe es doch eine große Geschichte jüdischer Mitglieder in linken Parteien und in der sozialistischen Bewegung sowie viele jüdische Sozialist*innen in den Anfängen des Zionismus: „Es gab viele jüdische Intellektuelle und jüdische Persönlichkeiten der Arbeiter*innenbewegung, die wichtig für die Linke sind." Aus unterschiedlichen Gründen würden sich allerdings viele „Jüdinnen und Juden in unserer Partei nicht durch öffentliche Bekenntnisse zum Judentum exponieren". Aus der Innenperspektive der Partei wisse sie aber, dass es eine „unglaublich heterogene jüdische Mitgliederstruktur" gebe. Das sei besonders in Berlin der Fall, wo sich viele „Deutsch-Israelis engagieren, von denen sich ein Teil intensiv mit dem Staat Israel kritisch auseinandersetzt, während für einen anderen Teil andere politische Themen im Vordergrund stehen". Doch die Deutsch-Israelis und eine Linie jüdischer Sozialist*innen aus der DDR seien nicht die Einzigen, und ein zurückhaltender Umgang mit der eigenen Jüdischkeit auch nicht vorbestimmt: „Es gibt auch Jüdinnen und Juden bei uns, wie unter anderem Franzi, die offen mit ihrem Judentum umgehen und ein Angebot in die Partei hinein machen." Doch Vernetzung und Angebot in der Partei, das sollte nach Renners Meinung „von den jüdischen Mitgliedern" hineingetragen werden. Diese sollten „sich untereinander verständigen und aushandeln, ob wir ähnlich wie z. B. die SPD einen eigenen jüdischen Arbeitskreis begründen".

Franzi erkennt ebenfalls eine besondere Gefahr für Menschen, die von Antisemitismus und Rassismus betroffen sind, sich politisch zu engagieren. Diejenigen würden sich „jeden Tag einer Gefahr aussetzen, weil meiner Meinung nach staatliche Institutionen nicht vorsichtig genug sind". Sie würden eben Menschen, die in der Öffentlichkeit stehen und potenzielle Ziele darstellen, „nicht genug beschützen". Dennoch sei es „nicht weniger notwendig, sich zu engagieren". Es bedürfe eines „Trotz alledem". Man müsse „weitermachen, weil genau das – Diskriminierung, Angriffe und Gewalt – es ist, wogegen man kämpft". Aber man müsse sich jederzeit bewusst sein, als von Antisemitismus und Rassismus betroffener Mensch, dass eine „Gefahr für Leib und Leben" bestehe. Doch dabei ergänzt die Jungpolitikerin noch, dass als „politisches Engagement" eben nicht nur die Parteipolitik verstanden werden sollte. Denn „jegliches gesellschaftliches Engagement ist politisch" und „auch jegliche zwischenmenschliche Beziehung bringt etwas Politisches" mit sich. So sei es „schon politisch, wenn eine Ärztin gegen Corona impft oder wenn eine Frauenärztin zu Abtreibungen aufklärt", genauso wie „wenn ein Mann mit einer Kippa auf die Straße geht oder mit einem Davidstern". Das hänge u. a. auch damit zusammen, sagt Renner, dass sich Feindbilder der radikalen Rechten, die von Ideologien wie Rassismus, Antisemitismus, Antifeminismus oder transformiertem Antikommunismus bestimmt würden, sich inzwischen auch „in der bürgerlichen Mitte wiederfinden". Man habe das besonders „in Thüringen auch nochmal gemerkt, als Thomas Kemmerich von der FDP zum Ministerpräsidenten gewählt wurde. Und das mit Stimmen der CDU und AfD."

In der Linken fehle es auch an „konkreten Angeboten", erklärt Franzi, um Jüdinnen*Juden zu mehr Engagement zu ermuntern. Es werde zwar die „Zusammenarbeit mit jüdischen Institutionen" angeboten, doch Kampagnen, um „explizit junge Jüdinnen*Juden zum Parteiengagement zu bewegen", gebe es nicht. Dennoch versuche man, „über unsere Positionen" ein entsprechendes Umfeld zu schaffen. So gebe es „Positionen, die wir vertreten, die nicht nur, aber prinzipiell im Interesse von jungen Jüdinnen*Juden" seien. Als konkrete Beispiele nennt sie „die Rentenangleichung für Jüdinnen*Juden aus der Sowjetunion" wie auch, „dass jüdische Institutionen besser finanziert werden und dass Menschen, die z. B. auch von Antisemitismus betroffen sind, aber keine deutsche Staatsbürgerschaft haben, ein Bleiberecht, ein Aufenthaltsrecht in Deutschland haben".

Auch Martina Renner weist auf die klare Beschlusslage hin. So habe man sich im linken Parteiprogramm klar zum Existenzrecht Israels bekannt, als Partei einen Beschluss gegen die Zusammenarbeit mit der Israel-Boykott-Kampagne BDS gefasst und sich auch als Bundestagsfraktion entsprechend positioniert. Die Haltung der Linken zeige sich „nicht nur durch schöne Worte, sondern auch durch Beschlüsse und Handlungen etlicher unserer Mitglieder und Repräsentant*innen, die sich seit Jahren gegen jede Form des Antisemitismus einsetzen." Hinsichtlich bekannter Skandale wie der Unterstützung von Hamas oder Hisbollah durch einzelne Mitglieder setzt Renner auch auf einen Generationenwechsel, weil der Hintergrund für derartige Ausfälle oftmals ein vulgärer und überholter Begriff des Antiimperialismus aus den 80ern sei. Ihr sei es wichtig, dass sich die jüngeren Menschen auch mit einer anderen Sensibilität für Antisemitismus durchsetzen. Sie habe selbst dazulernen müssen und überdenke eigene Verhaltens- und Ausdrucksweisen heute:

> Früher habe ich „Datenkranke" benutzt, inzwischen weiß ich aber um die antisemitische Konnotation dieses Bildes. Das heißt es gibt einen Lernprozess, den wir auch als Partei durchmachen.

Aufgrund der zuletzt schlechten Wahlergebnisse auf Bundesebene wurde wiederholt in der Partei ein Prozess der Erneuerung gefordert. Für diesen Prozess sei es dringend nötig, sagt Franzi, dass „wir Positionen schärfen und entscheiden, mit wem wollen wir den Weg tatsächlich gehen". Es sei allerdings auch „die Realität, dass die Medien uns wesentlich weniger Aufmerksamkeit schenken als anderen Parteien in Deutschland". Deshalb würden „gute Positionen, gute Sachen, die in der Partei passieren, keine Resonanz bekommen". Doch der Prozess der Erneuerung könne auch nur gelingen, wenn bestimmte Angelegenheiten „intern geklärt werden". Es seien sowohl inhaltliche als auch personelle Fragen offen, die dringenden Klärungsbedarf haben. Ansätze davon seien auf dem Bundesparteitag in Erfurt im Juni 2022 erlebbar gewesen. So habe es einen Antrag gegeben, der „die linke MeToo-Debatte" behandelt und „Möglichkeiten der Sanktionierung innerhalb der Partei" forderte. Da ein Ausschluss aus der Partei grundsätzlich sehr streng geregelt sei, müsse für Grenzüberschreitungen eine Sonderregelung gefunden werden. Doch der Antrag wurde nicht angenommen. Daher seien weiterhin auch Distanzierungen ein wichtiges Instrument, auch beim Thema Antisemitismus: „Wenn eben eine Inge H. sich antisemitisch äußert oder eine Christine B. mit Islamisten zusammenarbeitet, dann braucht es eine breite Parteiöffentlichkeit und gesellschaftliche Öffentlichkeit, die sich dagegen ausspricht." Es bräuchte dringend einen „Aufschrei, wenn Menschen in der Partei rassistisch, antisemitisch, antifeministisch oder sexistisch, transfeindlich oder was auch immer sind". Da dürfe die „Angst, dass man Wähler*innen verliert", nicht bremsen. Wenn man sich tatsächlich selbst als das „Sprachrohr für marginalisierte Gruppen" sieht, dann sei es dringend notwendig, dass „wir eben glaubwürdig agieren". So wie man in den 1990er Jahren die Analogie bediente: „Mit dem Besen den Stalinismus auskehren", so sei es heute notwendig, dass

„Personen, die unsere Position gar nicht mehr vertreten", merken würden: „Ok, ich kann hier nicht mehr sein, ich werde hier nicht mehr akzeptiert." Solange sie Duldung erfahren, würden sie sich eben auch in ihren problematischen Haltungen bestärkt fühlen. Auf diese Weise könnte dann tatsächlich ein „Neuanfang" gelingen, „den wir als Linkspartei verpasst haben".

Es gibt drei Themen, die innerhalb jüdischen Communities besonders diskutiert werden, wenn es um die Linkspartei geht. Als Erstes steht da das Verhältnis zu den parteiinternen Gruppierungen, die sich selbst als Kommunist*innen bezeichnen oder ein positives Verhältnis zur ehemaligen Sowjetunion oder DDR pflegen. Zumindest mit Blick auf diejenigen, die sich selbst als Sozialist*innen oder demokratische Sozialist*innen bezeichnen, sei es wichtig, „ins Gespräch zu gehen". Da man als Partei „den demokratischen Sozialismus anstrebe", findet es Franzi „total nachvollziehbar", dass es Skepsis gebe. Das beträfe laut Franzi nicht nur Jüdinnen*Juden aus der ehemaligen Sowjetunion, sondern auch Jüdinnen*Juden aus der ehemaligen DDR. Auch sei die Partei heute eine andere Partei. Man müsse Vertrauen aufbauen und zeigen, dass

> wir nicht vorhaben, irgendwie Jüdinnen*Juden ins Gulag zu schicken, oder ihnen das Studieren zu verwehren. Ich glaube, es ist ganz ganz wichtig, unser Bild von einer befreiten Gesellschaft publik zu machen, um Jüdinnen*Juden die Angst zu nehmen.

Ein weiterer Kritikpunkt, der durch den russischen Angriffskrieg auf die Ukraine mehr Aufmerksamkeit erfuhr, war das Verhältnis zu Russland. Jüdische Communities waren von diesem Angriffskrieg durch persönliche, familiäre und freundschaftliche Verbindungen besonders betroffen. Insofern waren unterschiedliche Äußerungen von Parteimitgliedern, die sich entweder gänzlich unkritisch oder gar bestärkend gegenüber dem russischen Regime äußerten, für viele verletzend. Franzi erkennt darin die negative Seite einer eigentlich guten Eigenschaft der Partei: „Dass wir uns als basisdemokratische Partei verstehen, kann in solchen Situationen eben problematisch werden." Es dauere sehr lange, bis Statements herausgegeben werden, da zuerst Beschlüsse gefasst werden müssen. Dennoch äußert sie die Kritik in Richtung derjenigen, die vor diesen Beschlüssen an die Öffentlichkeit gingen: „Ich glaube aber, dass wir unseren Vulgärpazifismus hintenanstellen müssen, wenn es darum geht, Menschen zu retten, Kriegsverbrechen zu verhindern." Und hierbei gehe es nicht nur um die Ukraine, sondern ebenso um die Verbrechen, die in den 1990ern in Srebrenica geschehen sind oder die in den letzten Jahren und gegenwärtig Kurd*innen und Jesid*innen durchleiden mussten. Es gebe eine „lange Liste, wo eine Positionierung gefehlt hat". Und es gebe weiterhin Menschen innerhalb der Linken, „denen es schwer fällt, die Realität anzuerkennen". So gebe es „vielleicht auch Sachen, die gestern richtig waren, die heute falsch sind", und diese sollten eben auch als solche benannt werden. Dann müsse man „sich eingestehen, dass man sich geirrt hat". Anders als die Partei habe aber die Linksjugend „sehr stabile Positionen dazu. Nicht nur zum Thema Ukrainekrieg. Unsere Beschlusslage zum Thema Antisemitismus, an die sich leider nicht alle halten, ist sehr sehr gut."

Was es bedeutet, dass sich nicht alle an diese Beschlusslage halten, beschreibt Franzi so: „Wir haben sowohl ein israelbezogenes Antisemitismusproblem, aber auch ein Problem damit, Islamismus zu erkennen, zu benennen und zu bekämpfen." Beides gehe in vielen Punkten auch Hand in Hand: die Indifferenz gegenüber Antisemitismus mit dem Unwillen, sich zum islamistischen Terrorismus zu positionieren. Dabei gebe es eine strukturelle Verflechtung: Ein Verständnis von Antisemitismus sei auch deshalb notwendig, weil „Islamisten auch ein ähnliches Bild haben, was Juden angeht, was Antisemitismus und Israel angeht". Hinzu kämen noch die Probleme, diese Debatte in Deutschland überhaupt zu führen, da sie „leider sehr oft aus rassistischen Motiven geführt" werde. Dabei beobachte sie allerdings auch, dass „Kritiker*innen am Islamismus sehr oft Rassismus vorgeworfen wird, weil man nicht erkennen möchte, dass es ein Problem ist, und man Kritik dann auch einfach so abtut".

Für diejenigen Parteimitglieder, die durch antisemitische oder rassistische Positionen auffallen, gibt es für Franzi nur einen Umgang: „Das sind Menschen, mit denen habe ich nichts zu tun. Genauso wenig, wie ich Antisemiten aus anderen Parteien nicht grüßen würde, würde ich die eben auch nicht grüßen." Und dazu gehört es für Franzi, den Antisemitismus, den sie äußern oder leben, auch stetig zu kritisieren. Bis zu einem gewissen Punkt sei es möglich, diese Kritik „zwischenmenschlich" zu äußern, aber „ab einem gewissen Punkt, wenn man merkt, dass eine Person unbelehrbar ist, ist es auch eine Sache, die man im größeren Rahmen angehen sollte". Dennoch erfahren antisemitische Vorfälle, zumindest aus Franzis Perspektive, mehr Aufmerksamkeit, wenn sie sich in der Linksjugend oder in der Linken ereignen, als wenn es um andere Parteien geht. So habe die linke Politikerin „oft das Gefühl, dass nur darauf gewartet wird, dass da wieder was Antisemitisches passiert". So habe sie an politischen Vernetzungstreffen teilgenommen, wo die anderen Teilnehmenden

nur darauf gewartet hätten, mich als Jüdin für den Antisemitismus der Linkspartei anzugreifen. Und haben ausgedruckte Zettel mit Zitaten mitgehabt, zu denen ich mich rechtfertigen sollte. Und das finde ich natürlich schade, weil ich glaube, dass keine Partei in Deutschland frei von Antisemitismus ist.

Sie sei sich selbst bewusst, dass „Die Linke sehr, sehr große Probleme hat. Ich glaube aber, dass alle anderen Parteien ebenso große Probleme haben." Und auch wenn es viele Stimmen gebe, die immer wieder antisemitische Vorfälle relativieren oder leugnen, so gebe es doch auch sehr wohl viele Mitglieder, die das „sehen und ansprechen", was in anderen Parteien weniger der Fall sei. Auch Jüdinnen*Juden in anderen Parteien würden dann als „Parteisoldat*innen" auftreten, die „das nicht sehen wollen und verklären". Zu den Personen, die aus Franzis Perspektive gute Arbeit machen, gehören „in Thüringen viele Parteimitglieder im Freundeskreis Israel", wie auch der Beauftragte für jüdisches Leben in Thüringen und die Bekämpfung des Antisemitismus Benjamin-Immanuel Hoff, der ebenfalls Parteimitglied ist. Außerdem gebe es „innerhalb des linken Jugendverbandes den BAK Shalom". Dieser habe „sehr, sehr früh erkannt, dass Antisemitismus und Islamismus ein Problem" darstellen, und er betone immer wieder, dass es ohne die Befreiung vom Antisemitismus auch keine andere Befreiung geben könne. Darüber hinaus sei ebenfalls zu bedenken, dass auch die „Arbeit für Jüdinnen*Juden innerhalb der Linken" erschwert werde, indem „das Thema Antisemitismus so sehr herausgepickt wird und eben nicht auf z. B. auf gute Beschlüsse der Linksjugend in dem Falle auch hingewiesen wird, wenn es die gibt".

Und diese Beschlüsse seien eben auch hilfreich, weil sie auch mit weit verbreiteten Missverständnissen aufräumen. So werde beim Sprechen über Antisemitismus häufig das Bild des ‚dummen Nazis' bemüht. Dass Antisemitismus ein gesamtgesellschaftliches Problem ist, bedeutet allerdings auch, dass er in allen Bildungsschichten verbreitet ist. Daher reiche es im Kampf gegen Antisemitismus nicht aus, nur Bildungsarbeit zu betreiben, sagt Franzi. Denn „das reicht nicht, weil Antisemiten nicht dumm sind, also nicht immer". Es liege nicht an fehlendem Wissen und es reiche auch nicht aus, „einfach mal einen Juden kennenzulernen", bei Leuten, die „ideologisch schon gefestigt sind". Eine „klare Kante" sei daher „das einzig Sinnvolle", da „mit einfachen Mitteln die Ideologie nicht" loszuwerden sei. Ideologisch gefestigte Antisemit*innen sollten nach Meinung der Jungpolitikerin „gesellschaftlich ausgegrenzt werden". Es sollten spezielle „Exit-Programme" eingerichtet bzw. „besser finanziert werden". Die Mittel dazu würden sich laut Franzi dann ergeben, wenn man den vielen antisemitischen Projekten, „die Deutschland manchmal auch über Umwege mitfinanziert", die Mittel streiche.

Wir fragen die Wahlberlinerin auch danach, wie sie den Anschlag von Halle wahrgenommen hat. Dieser sei für sie „keine Überraschung" gewesen, da „Antisemitismus in Deutschland Alltag" ist. Die aktuellen Zahlen über antisemitische Übergriffe sprächen da eine klare Sprache: In der Statistik fänden sich „vermeintlich banale Sachen wie Schmierereien". Genauso gebe es aber „irgendwelche Einträge in Telegram-Gruppen. Aber eben auch physische Gewalt." Doch es sei aus Franzis Perspektive die „logische Konsequenz, dass immer einen Schritt weiter gegangen wird". Es sei notwendig, dass „man frühzeitig agiert und das nicht nur auf politischer Ebene, sondern auch als Gesellschaft". Es sei einfach ein „alltäglicher Kampf der Gesamtgesellschaft, andere zu schützen". Dem sei man sich allerdings „als Gesellschaft viel zu wenig bewusst".

Auch Martina Renner würde den Anschlag von Halle nicht als überraschend bezeichnen. Es gebe Kräfte in diesem Land, erklärt das ehemalige Mitglied von zwei Untersuchungsausschüssen zu rechtsradikalem und islamistischem Terrorismus, die einen Tag X herbeisehnen und sich dafür vorbereiten. Angriffe auf Synagogen und Moscheen sollen schwere Erschütterungen in den Communities hervorrufen und zu Unsicherheit und einem Vertrauensverlust gegenüber dem Staat führen. Daher seien auch symbolträchtige Orte und Safer Spaces häufig das Ziel. Anders zeigte sich der Terrorismus des NSU, der bewusst Personen aus den Communities ermordete, während die Polizei lange Zeit deren Umfeld verdächtigte. Ein Problem sei, dass die Kontinuität des antisemitischen Rechtsterrors in der BRD „primär durch die Opfer, aber nicht durch die gesellschaftliche Mehrheit" erinnert werde. Wenn die gesellschaftliche Mehrheit ihre Anerkennung und Teilhabe an dem Gedenken verweigere, dann erfülle sich die Botschaft, die rechter Terror senden soll: „Und diese Botschaft ist, dass ‚unwertes Leben' vernichtet werden soll." Dass die Beschäftigung mit Rechtsradikalismus und rechtem Terror zu einer Bedrohungssituation führen kann, weiß auch Martina Renner. Sie gehört zu den prominenten Personen, die seit August 2018 Drohnachrichten vom sogenannten NSU 2.0 erhalten haben. Mitte November 2022 wurde der

Berliner Alexander H. wegen 81 ihm zugeordneten Drohschreiben zu einer fast sechs-jährigen Freiheitsstrafe verurteilt. Im Frühjahr 2021 erhielt ihr Wahlkreisbüro in Erfurt eine Postsendung mit weißem Pulver. Das führte zu einem Polizei- und Feuerwehr-einsatz.

Sie selbst habe ebenfalls ein ambivalentes Verhältnis gegenüber den Sicherheits-behörden entwickelt, stellt Renner fest. So müsse sie mit der Erkenntnis leben, dass die Menschen, die für ihren Schutz und die Ermittlungen gegen potenzielle Bedrohungen verantwortlich sind, selbst eine Gefahr darstellen könnten. Exemplarisch nennt sie die Sicherheitsfirma Asgard, die u. a. mit einigen deutschen Sicherheitsbehörden zusam-menarbeitet und deren Geschäftsführer vor Zeug*innen ihre Ermordung angekündigt haben soll. Im Falle von Informationen über rechtsradikale Einstellungen in Sicher-heitsbehörden gibt es für die Innenpolitikerin daher klare Schritte, die gegangen wer-den müssen: „Beamt*innen, die sich offen demokratiefeindlich bzw. rassistisch / anti-semitisch äußern, sollten aus dem Dienst entfernt werden. Sie sollten nicht einfach in einen anderen Tätigkeitsbereich versetzt werden." Dieses ambivalente Verhältnis spiegelt sich auch in Renners Perspektive auf den polizeilichen Schutz jüdischer Ein-richtungen wider:

> Ich kann es nur sagen, dass es eine schwierige, aber notwendige Situation ist, dass wir solche Schutzmaßnahmen in diesem Land durchführen müssen. Die sind absolut gerechtfertigt. Es ist ein Desaster. Wir betonen an vielen Stellen eine offene und demokratische Gesellschaft. Hier ist es anders. Ich habe auch keine Lösung, aber ich glaube, hier muss Politik eine Lösung finden. Noch mehr Polizei kann keine Lösung sein, sondern wir müssen uns die Frage stellen: Wie können wir die Gesellschaft so verändern, dass keine Polizei mehr nötig ist?

Halle und die vielen terroristischen Akte, die dem bereits vorausgegangen sind, hätten auch zu einem Vertrauensverlust geführt, bemerkt Franzi. Daher hätten „jüdische Ge-meinden und Institutionen oft noch einen eigenen Sicherheitsdienst" und würden sich nicht auf den Staat verlassen. Das koste viel Geld, sei aber auch deshalb notwendig, weil es „meiner Meinung nach ein massives Problem mit Antisemitismus, mit Rassis-mus" in den Sicherheitsbehörden gebe. Dieses „ideologische Problem" werde noch dadurch ergänzt, dass „Vernetzung" rechtsradikaler Akteur*innen in diesen Organisa-tionen stattfinde und sie häufig durch den „Korpsgeist" geschützt würden. Ambivalent werde das Verhältnis zu den Sicherheitsbehörden jedoch dadurch, dass, „wenn man eine gewisse Zeit in eine Gemeinde geht, die Polizist*innen, die davor stehen, kennt". Da gebe es dann auch „Leute, mit denen man sich besser versteht", und Leute, „mit denen man sich weniger versteht". Es würden sich „gewisse Bindungen" entwickeln, die allerdings „mit Vorsicht zu genießen" seien. Sie selbst frage sich immer:

> Wenn jetzt jemand schießt – ob das bei mir auf der Arbeit ist oder in einer Ge-meinde –, wenn jemand das Gebäude angreift, ist dieser Polizist, diese Polizistin tatsächlich bereit, ihr Leben zu opfern? Ist diese Person dort, weil sie dort sein muss? Oder ist sie dort, weil sie da sein möchte? Findet sie, es ist ihre Aufga-be? Fühlt sie sich dem verpflichtet, Jüdinnen*Juden eben mit Leib und Leben zu

schützen oder ist es vielleicht auch eine Person, die rechts ist, oder links, oder kann auch islamistisch sein.

Als sich unsere Interviews dem Ende nähern, fragen wir die Mitglieder der Linken, was Deutschland für sie bedeutet. Franzi sagt, dass Deutschland

leider häufig nicht in der Lage ist, auf Bedrohungen Menschen gegenüber zu reagieren. Außer es geht dabei um Wertgegenstände. Und Deutschland ist auch nach '45 den Opfern, Betroffenen, Hinterbliebenen etwas schuldig. Und das nicht nur in Form von Reparationen. Sondern auch in Form dessen, dass es möglich sein muss, unbeschwert in Deutschland jüdisch, Sinti*zze oder Rom*nja, homosexuell, trans, Frau oder was auch immer zu sein.

Martina Renner ergänzt den Satz „Deutschland ist …" nach kurzer Denkpause mit den Worten: „das Land in dem ich geboren wurde."

Kapitel 6 – Auf die Straße! Laut und selbstbestimmt

Solidarität und Bündnisse

„Ergreift Partei, wann immer und wo auch immer Menschen Leid und Demütigung ertragen müssen. Neutralität hilft dem Unterdrücker, niemals dem Opfer. Schweigen ermutigt den Peiniger, niemals den Gepeinigten", sagte der Shoa-Überlebende und Schriftsteller Elie Wiesel, als er 1986 für sein Lebenswerk mit dem Friedensnobelpreis ausgezeichnet wurde. Die jüdische Tradition und Geschichte erzählen von einem Volk, das wie kaum ein anderes jahrtausendelang ausgegrenzt, geschlagen, verfolgt und ermordet wurde. Diese Erfahrungen bieten ein Reservoir an Ideen, auf deren Fundament sich aus einer jüdischen Perspektive solidarische Kämpfe und Bündnisse mit anderen marginalisierten Gruppen aufbauen lassen. Es gibt viele Beispiele für diese Kämpfe, sowohl in der Gegenwart als auch in der jüngeren Vergangenheit. Ein für uns hervorstechender Vorfall ereignete sich in den jungen Jahren des vereinigten Deutschlands.[136]

Bereits wenige Monate nach der Vereinigung kam es zu rassistischen und rechtsradikalen Ausschreitungen. Drei der bekanntesten Vorfälle sind verbunden mit den Städten Hoyerswerda[137], Rostock-Lichtenhagen und Mölln[138]. In den Tagen zwischen dem 22. und.26. August 1992 wurde Rostock-Lichtenhagen zum Synonym für rechte Gewalt, das Schweigen der sogenannten Mitte, eine überforderte Polizei und im Nachhinein zum Anlass für die schwarz-gelbe Bundesregierung, in Zusammenarbeit mit der SPD den „Rechtsruck" mit einem kräftigen Ruck nach rechts zu bekämpfen, wie der Politikwissenschaftler Claus Leggewie die politischen Antworten analysierte.[139]

Am Samstag, den 22. August, griffen randalierende Neonazis und Rassist*innen die Zentrale Aufnahmestelle für Asylbewerber in Rostock-Lichtenhagen an. Diese befand sich im sogenannten Sonnenblumenhaus, ein Wohnheim für ehemalige vietnamesische Vertragsarbeiter*innen. Der Mob schmiss Steine, zerschlug die Fensterscheiben und warf Molotowcocktails. Während ihrer Gewaltexzesse gesellten sich 1000 bis 2000 Bürger*innen Rostocks dazu, die zuerst nicht direkt dem Mob zuzuordnen waren. Nicht wenige von ihnen begannen die rechtsradikalen Ausschreitungen zu unterstützen. Andere schauten zu und kreierten eine deprimierende Atmosphäre.

Die geistige Brandstiftung, die das Pogrom von Rostock-Lichtenhagen befeuerte, war eine mediale und politische Debatte über den Missbrauch von Sozialhilfen, Asylbetrug und die Diffamierung Asylsuchender. Nur wenige Wochen nach den Geschehnissen in Lichtenhagen wurde auf Bundesebene ein Asylkompromiss beschlossen. Dieser beinhaltete u. a. eine drastische Einschränkung des Grundrechts auf Asyl.

Unter den Jüdinnen*Juden in Deutschland breitete sich ein Unbehagen gegenüber dieser Reaktion im Bundestag aus. Der damalige Vorsitzende des Zentralrats, Ignatz Bubis, war es, der den falschen Zusammenhang öffentlich kritisierte: Die tatsächlichen sozialen Missstände stünden in keinerlei Zusammenhang mit der rassistisch motivierten Gewalt in Rostock-Lichtenhagen. Des Weiteren konstatierte Bubis, dass die Pogrome nicht das Ziel hätten, eine Verschärfung oder die Abschaffung des Asylrechts herbeizuführen. Die Pogrome zielten auf die Vertreibung oder sogar auf die Vernichtung von Asylbewerber*innen ab.[140]

Knapp einen Monat nach diesen rassistischen Pogromen wurde am 24. September 1992 die deutsch-rumänische Rücknahmevereinbarung unterzeichnet. Das Rücknahmeabkommen trat offiziell am 1. November 1992 in Kraft. Sie sollte für die sogenannte

Rückführung rumänischer Staatsangehöriger mehr Rechtssicherheit bringen. In den ersten Monaten des Abkommens bis einschließlich dem 26. Januar 1993 wurden auf dem Luftweg 2998 rumänische Staatsangehörige nach Rumänien abgeschoben. Außerdem wurden zwischen November und Dezember 1992 insgesamt 62 Rumän*innen auf dem Landweg nach Rumänien ausgewiesen.[141]

Rostock-Lichtenhagen und besagtes Rücknahmeabkommen erregten auch die Aufmerksamkeit französischer Jüdinnen*Juden. 46 jüdische Aktivist*innen entschieden sich dafür, am 19. Oktober 1992 mit einem Bus die 1200 Kilometer aus Frankreich nach Rostock zurückzulegen. Unter ihnen waren Mitglieder der Gruppe FFDJF (Söhne und Töchter der deportierten Juden aus Frankreich) sowie Enkel von Shoa-Überlebenden, die sich u. a. in den zionistischen Jugendgruppen Betar und Tagar[142] sowie der Union des étudiants juifs de France (UEJF)[143] organisierten. Unter den jugendlichen und erwachsenen Aktivist*innen waren auch die Nazijägerin Beate Klarsfeld und ihr Mann, der Rechtsanwalt Serge Klarsfeld, auf dem Weg nach Rostock. Ihr Ziel: Sich gegen die vorgesehenen Abschiebungen von Sinti*zze und Rom*nja nach Rumänien zu stellen.

Für Serge Klarsfeld war es eine Selbstverständlichkeit, sich aus jüdischer Sicht mit Sinti*zze und Rom*nja solidarisch zu zeigen, da sie nach dem Ende der Porajmos[144] weiterhin massiven Verfolgungen und Ermordung ausgesetzt waren.[145] Die jüdischen Aktivist*innen rund um Klarsfeld trugen ihren Protest vor das Rostocker Rathaus. Sie wollten eine Tafel in Erinnerung an die Shoa, den Porajmos und die rassistischen Pogrome von Rostock-Lichtenhagen an die Rathauswand anbringen, um damit die historische Verantwortung Deutschlands in Stein zu meißeln. Während auf der Straße die jüdische Solidarität mit den Sinti*zze und Rom*nja durch Transparente wie „Juden solidarisch mit Sinti und Roma", „Gestern vergast – heute deportiert?" und „Nein zu dem deutschrumänischen Pakt"[146] verdeutlicht wurde, verschafften sich jüngere Betar-Aktivist*innen Zugang zum CDU-Fraktionsbüro und hängten ein Banner mit der Aufschrift „Keine Ausweisung der Roma aus Deutschland" aus dem Fenster.[147]

Die Anwesenden vor dem Rathaus ließen die Trikolore und Israel-Fahnen im kalten Wind wehen, der in jenen Tagen durch die Rostocker Innenstadt zog. Serge Klarsfeld beschrieb die Situation später so:

Es war die erste Versammlung von Juden in Rostock nach der „Reichskristallnacht" am 9. November 1938. Diesmal waren es keine Juden, die von der Polizei zusammengetrieben wurden, um in die Konzentrationslager zu marschieren, sondern Juden, die den Deutschen ohne Scheu zeigten, welchen Weg sie einschlagen mussten, um nicht wieder in die Fußstapfen der Nazistiefel zu treten.[148]

Als einem Autofahrer die Frontscheibe eingeschlagen wurde, weil er versucht hatte die Sitzblockade zu durchbrechen, erwachten die anwesenden Beamt*innen aus ihrer etwas passiven Haltung. Sie begannen damit, vier Mitglieder der Jugendorganisationen Betar und Tagar festzunehmen. Auf das Vorgehen der Polizei reagierten die anwesenden Jüdinnen*Juden, indem sie die Festgesetzten mit Hilfe von Tränengas befreien wollten. Bei dem gewaltsamen Versuch der Gefangenenbefreiung wurden acht Polizeibeamt*innen leicht verletzt. Serge Klarsfeld erinnerte sich an diese Situation:

In Rostock erlebte ich, wie die Polizei vier unserer jungen Leute ergriff und sie in Autos zerrte, und wie andere Juden, darunter auch ich, zu diesen Autos stürzten und mit einem Dutzend Polizisten aneinandergerieten, die wütend ihre schweren Schlagstöcke einsetzten. Wir befreiten unsere Gefährten, und die Polizisten waren derart in Panik, dass sie drauf und dran waren, ihre Pistolen zu ziehen.[149]

In Folge der Konfrontation wurden die 46 Aktivist*innen von einem Sondereinsatzkommando in ihren Bussen festgesetzt und wurden kurzzeitig in Untersuchungshaft festgehalten. Ihnen wurde Landfriedensbruch und Körperverletzung zur Last gelegt. Der damalige Oberstaatsanwalt Martin Slotty bewertete das Einsatzverhalten der Polizei vor Ort als sehr zurückhaltend, obwohl zu dem Zeitpunkt bereits mehrere Straftaten vonseiten der Protestteilnehmenden ausgingen. Nazijägerin Beate Klarsfeld widersprach den Aussagen von Polizei und Staatsanwaltschaft, dass die Gewalt von der FFDFJ, UEJF, Betar und Tagar ausging: „Wir haben uns ganz friedlich verhalten."[150] Sie hätten entgegen der Polizeiberichte keine Baseballschläger dabeigehabt, sondern lediglich die Fahnenstangen. „Die Beamten sind sofort rabiat geworden", berichtete Klarsfeld weiter. Dass die Jüdinnen*Juden im Besitz von Tränengas waren, dementierte Beate Klarsfeld nicht – im Gegenteil. Mit Bezug auf die Pogrome in Rostock-Lichtenhagen sagte sie: „Wir mußten ja damit rechnen, von Skinheads angegriffen zu werden, die die Polizei gewähren läßt."[151] Die meisten der französischen Gefangenen konnten bereits in der Nacht zum Dienstag aus der Untersuchungshaft entlassen werden. Lediglich drei Personen blieben in Haft. Ihnen wurde u. a. Gefangenenbefreiung und Widerstand gegen Vollstreckungsbeamte vorgeworfen.[152]

In der französischen Tageszeitung *Le Monde* war im Nachgang der gewalttätigen Ausschreitungen zwischen der deutschen Polizei und den französischen Jüdinnen*Juden davon die Rede, dass beide Seiten durch ihr ungeschicktes Handeln bereits den Grundstein für die Eskalation gelegt hätten.[153] In mehreren deutschen und französischen Städten gab es als Reaktion auf die Ausschreitungen und Festnahmen vom 19. Oktober 1992 Protestaktionen und Solidaritätsbekundungen mit den drei inhaftierten Aktivist*innen.

In Berlin versammelten sich mehrere Menschen, um gegen die fortführende Untersuchungshaft der drei französischen Jüdinnen*Juden zu demonstrieren. Aufgerufen dazu hatte die *Initiative zur Freilassung*, die sich kurz nach der Inhaftierung der Aktivist*innen gegründet hatte. In ihrem Aufruf kritisierten sie die Unverhältnismäßigkeiten und Doppelmoral im Vorgehen gegen den jüdischen Protest:

> Während Neonazis ungestört jüdische Friedhöfe schänden und Mahnmale und Gedenkstätten zerstören können, geht der deutsche Staat nunmehr selbst immer schamloser gegen Jüdinnen und Juden vor.[154]

Das *Komitee zur Solidarität mit den jüdischen Häftlingen in Deutschland* in Paris reagierte bereits in Nacht vom 20. auf den 21. Oktober 1992. Mehrere unbekannte Personen hatten einen Anschlag auf das Goethe-Institut in der französischen Hauptstadt verübt. Die Täter*innen zerstörten die gläserne Eingangstür mit mehreren Steinen, malten ein Hakenkreuz auf eines der Fenster und schrieben „Nazis Raus" auf die Wände. Am nächsten Tag veröffentlichte das Komitee ein Bekennerschreiben zu der Aktion, in dem mit weiteren Angriffen gegen deutsche Institutionen in Frankreich gedroht wurde.[155] Ihre Forderung nach der Freilassung der drei in Rostock inhaftierten Personen bestärkten sie noch einmal, indem sie erklärten, weiterhin mit „Zermürbung und Demütigung" vorgehen zu wollen. Zeitgleich hatte das Amtsgericht Rostock einen Haftbefehl gegen die Inhaftierten erlassen. Die darin enthaltene Begründung war, dass sie „dringend des besonders schweren Widerstands gegen Vollstreckungsbeamte, der Gefangenenbefreiung und Körperverletzung verdächtig" seien.[156]

Für den Sonntagabend wurde vor der deutschen Botschaft zu einer Solidaritätskundgebung gegen die Verhaftung der drei Aktivist*innen aufgerufen. Dem Aufruf folgten 250 Mitglieder der jüdischen Gemeinschaft von Paris. Sie unterstrichen ihre Forderung nach der Freilassung der drei Personen mit Parolen wie „Deutschland bleibt, was es immer war" oder „Vorher, nachher, Deutschland hat sich nicht geändert". In Redebeiträgen wurde an die französische Regierung appelliert, sich auf diplomatischem Wege für die Freilassung und Rückkehr der drei Jüdinnen*Juden nach Paris einzusetzen.[157]

Neben Paris und Berlin regte sich auch in Frankfurt am Main Protest gegen die Ausschreitungen in Rostock und die damit verbundenen Inhaftierungen. Für Samstag, den 25. Oktober 1992, rief die *Antirassistische Gruppe* zu einer Kundgebung am Römer[158] auf. Unter dem Motto „Gegen Fremdenfeindlichkeit und die Abschiebung von Sinti und Roma" wollten sie dem nationalsozialistischen Völkermord an Jüdinnen*Juden, Sinti*zze und Rom*nja während des Dritten Reiches gedenken.[159] Um ihrem Protest Ausdruck zu verleihen, montierten sie eine exakte Kopie der Mahntafel, die die französischen Jüdinnen*Juden in Rostock angebracht hatten. Die Inschrift lautete wie einige Tagen zuvor:

In Rostock und anderen deutschen Städten gingen Menschen im August 1992 mit rassistischen Gewalttaten und Brandstiftungen gegen unschuldige Familien, Kinder, Frauen und Männer vor. Wir erinnern an die Millionen Kinder, Frauen und Männer, die, weil als Juden, Sinti und Roma geboren, dem nationalsozialistischen Völkermord zum Opfer fielen. In einer einzigen Nacht unvergeßlichen Grauens wurden am 2.8.1944 die 3000 noch lebenden Menschen im Zigeunerlager Auschwitz-Birkenau durch Gas ermordet. Diese Erfahrungen und historischen Verpflichtungen für das deutsche Volk müssen wachgehalten werden, um zu verhindern, daß sich Gewalt und Menschenverachtung je wiederholen.[160]

Die Kundgebung vor dem Frankfurter Rathaus verlief – im Gegensatz zu den Protestaktionen in Frankreich – ruhig und ohne Einsatz von Gewalt. Vor den rund 30 Polizeibeamt*innen wurde die Gedenktafel an den Mauern des Römers befestigt. Während der Protestaktion ergriff ein Teilnehmer und Überlebender des Konzentrationslagers Auschwitz-Birkenau das Wort. Er forderte einen Stopp der rassistischen Angriffe auf Asylunterkünfte und eine konsequentere Strafverfolgung. Während seiner Rede sagt er außerdem: „Es riecht wieder nach Gas in Deutschland."[161] Durch die Flugblattankündigung der *Antirassistischen Gruppe* waren die Stadt Frankfurt und die Polizei über das Vorhaben informiert gewesen und konnten entsprechende Vorbereitungen treffen. Sie entschieden, die Demonstrant*innen gewähren zu lassen, um die Mahntafel im Nach-hinein und in aller Ruhe entfernen zu können. So sollten gewalttätige Auseinanderset-zungen zwischen der Polizei und Mitgliedern der *Antirassistischen Gruppe* verhindert werden.[162]

Im August 2012, am 20. Jahrestag der Pogrome von Rostock-Lichtenhagen, ver-sammelten sich rund 3000 Menschen vor dem Rostocker Rathaus zu einer Gedenk-kundgebung. Ein bundesweites Bündnis antirassistischer Initiativen hatte dazu aufge-rufen. Im Geiste der Aktion von Serge und Beate Klarsfeld und ihrer Gruppe montierten sie ein Duplikat der Mahntafel mit dem exakten Wortlaut und mit Einverständnis der Stadt Rostock an die Rathausmauern.[163] Für Serge Klarsfeld war ihre damalige Soli-daritätsaktion ein Sinnbild für die enge Bindung zwischen Jüdinnen*Juden, Sinti*zze und Rom*nja, obwohl laut seinen Aussagen viele der damaligen jüdischen Organisa-tion nicht die Verbindung zwischen den Jüdinnen*Juden 1942 und den Sinti*zze und Rom*nja 1992 sehen wollten. Klarsfeld berichtet über eine ablehnende Haltung einzel-ner jüdischer Organisationen, aber er zog ein durchweg positives Fazit:

> Unser Protest in Rostock war der Startschuss für eine heftige Kampagne gegen die Abschiebung von Sinti und Roma. Die Roma, die in Rostock an unserer Seite waren, waren froh, dass Juden für ihre Rechte eintraten.[164]

Zwischen Solidarisierung und Instrumentalisierung

Die Schatten des arabisch-israelischen Konflikts sind auch in Deutschland wahrnehm-bar. Beispielsweise demonstrieren Anhänger*innen des Staates Israels, der palästi-nensischen Nationalbewegung oder der schiitisch-libanesischen Terrororganisation Hisbollah auf deutschen Straßen, zeigen Solidarität und versuchen, die Öffentlichkeit für ihre Sache zu gewinnen. Seit Beginn der 2000er Jahre gab es mehrere Ereignis-se im Nahen Osten, in deren Folge auch die Gewalt in Deutschland zugenommen hat. Der Übergang vom 20. zum 21. Jahrhundert war geprägt durch die zweite Intifada, den zweiten großen palästinensischen Aufstand in den von Israel kontrollierten Gebieten und auch im israelischen Kernland.

Auch im Mai 2021 kam es im Zuge eines jahrelangen Rechtsstreits um Eigen-tumsfragen und Enteignungen in Ostjerusalem und daran anschließenden Protesten zu einer militärischen Auseinandersetzung zwischen Israel und der Hamas. Anfang August 2022 startete die israelische Armee die Operation „Breaking Dawn" gegen füh-rende Köpfe der Terrororganisation Palästinensischer Islamischer Jihad (PIJ). Dabei wurde der PIJ-Anführer Taisir al-Dschabari bei einem Luftangriff auf den Gazastrei-fen getötet. Die islamistische Organisation schoss Hunderte Raketen auf israelisches Staatsgebiet ab.

Deutschlandweit wurden die Ereignisse im Nahen Osten durch Proteste ver-schiedener politischer Organisationen begleitet. Bei vielen der pro-palästinensischen Demonstrationen der letzten Jahre kam es wiederholt zu Vorfällen, die nach der IHRA-Arbeitsdefinition von Antisemitismus als antisemitisch zu werten sind. So wurden Jüdinnen*Juden in Deutschland immer wieder für Handlungen der israelischen Regierung in Kollektivhaftung genommen. Ebenso kommt es regelmäßig dazu, dass die Handlungen der israelischen Regierung mit den Verbrechen der Nazis gleichgesetzt werden. Eine Form des Antisemitismus, die sich vor allem gegen die Erinnerung an die Shoa richtet und eine spezifische Gewalt gegenüber den Überlebenden, Angehörigen von Ermordeten und deren Nachkommen darstellt.

Der Vielzahl an antiisraelischen Demonstrationen gegenüber stehen diverse Veranstaltungen, die sich solidarisch mit dem Staat Israel zeigen und Antisemitismus verurteilen. Dazu rufen in der Regel (pro-)zionistische jüdische oder nichtjüdische Vereine und Organisationen auf. Doch diese Aufrufe lösen auch unter jungen Jüdinnen*Juden zuweilen ambivalente Reaktionen aus. Denn es kommt des Öfteren vor, dass die Solidarität mit dem jüdischen Staat lediglich als Strategie dient. Manche Akteur*innen verstehen Israel nicht als einzigen Schutzraum für Jüdinnen*Juden, sondern als Projektionsfläche für regressive Gesellschaftsvorstellungen. Der angebliche (Pro-)Zionismus bzw. die Solidarität mit Israel einzelner Gruppen oder Personen ist dann nicht mehr als ein Trugbild. Wir bezeichnen das als „Trugbild-Zionismus". Dieser ist kein Partner im Kampf für eine bessere Gesellschaft, da er kein emanzipatorisches Anliegen vertritt, sondern zur Verschleierung von Ideologien der Ungleichwertigkeit dient.

Den Begriff des „Trugbild-Zionismus" haben wir gemeinsam entwickelt. Er bezeichnet etwas vermeintlich Paradoxes, nämlichen einen Zionismus, der keiner ist. Das, was einige als Solidarität mit dem jüdischen Staat verstehen, ist rein strategischer Natur. Die vermeintliche Sympathie für und Allianz mit Israel soll als Feigenblatt dienen. Als Feigenblatt, um rassistische Positionierungen zu verschleiern, und als Distinktionsmerkmal, um sich selbst gegenüber offenen Antisemit*innen vor allem in der radikalen Rechten abzugrenzen. Auf diese Weise können rechtsradikale Akteur*innen den bürgerlichen Schein wahren, hinter dem sich ein nicht minder radikales Weltbild verbirgt. Die Verschleierung der eigenen Gesinnung dient dazu, im deutschen Gedächtnistheater die Grenzen des Sagbaren auszudehnen, ohne an die ohnehin brüchigen Tabus zu stoßen. Israel wird nicht als jüdische Lebensversicherung, als letzter Schutz vor Antisemitismus verstanden, vielmehr werden regressive Gesellschaftsvorstellungen auf den jüdischen Staat projiziert. In einer vereinfachten Wahrnehmung, die durch die komplexe Konfliktkonstellation im Nahen und Mittleren Osten gestärkt wird, werden diese Projektionen scheinbar bestätigt. Doch wenn der israelbezogene Antisemitismus als die Verlängerung des Antisemitismus auf der globalen Ebene zu begreifen ist, dann verhält es sich im Größeren ebenso wie im Kleineren: Sobald der jüdische Staat diese Erwartungen nicht mehr erfüllt, wird das Trugbild zerbrechen. Es ist das berüchtigte Umschlagen von Philo- in Antisemitismus, welches verdeutlicht: Die rechtsradikalen und neurechten ‚Partner*innen' oder ‚Freund*innen' Israels unterstützen nicht jüdisches Leben oder einen jüdischen Staat, wo immer er auch sein möge, sondern sie folgen dem Bild, was einem „Gerücht über die Juden"[165] entspringt und nicht der komplexen und oft auch widersprüchlichen Realität jüdischer Lebenswirklichkeiten.

Auf den jüdischen Staat werden rassistische Vorstellungen projiziert, die an der Komplexität der arabisch-israelischen Situation vorbeigehen und die Diversität der israelischen Gesellschaft unbeachtet lassen. Des Weiteren ist mit dieser Strategie die Absicht verbunden, die Jüdinnen*Juden der Diaspora endgültig loszuwerden, indem man sie zur Ausreise bewegt. So wird jüdischen US-Amerikaner*innen, Deutschen, Französ*innen, etc. unterstellt, dass ihre Regierung nicht in Washington D. C., Berlin oder Paris, sondern in Jerusalem säße. Das Misstrauen gegenüber der Loyalität ist eine logische Konsequenz dieser ethnopluralistischen vulgo (neo-)rassistischen Weltsicht. Der Umgang israelischer Politiker*innen mit diesen Avancen ist durchaus zu kritisieren, doch Israel pauschal als Rädchen im Getriebe einer globalen rechten Bewegung zu verorten, verkürzt Geschichte und Bedeutung des jüdischen Staates auf unangemessene Art und Weise. So wird die Besonderheit des Zionismus ausgelöscht, damit man ihn vereinfacht als eine weitere Spielart von Nationalismus und Kolonialismus markieren kann. Als Beispiel dafür können u. a. die vermeintliche Verteidigung Israels durch rechtspopulistische bis rechtsradikale Akteur*innen wie Steve Bannon oder die AfD und FPÖ verstanden werden.

Am 24. August 2002 fand in Berlin eine Großdemonstration unter dem Titel „Deutschland an der Seite Israels" statt. Rund 2000 Menschen beteiligten sich damals an der Demonstration durch das Regierungsviertel. Bei der Abschlusskundgebung vor dem Reichstagsgebäude verdoppelte sich die Personenanzahl.[166] Zu der Demonstration hatte ein Bündnis aus verschiedenen christlichen Israelorganisationen und religiösen Gemeinden aufgerufen. Darunter die Internationale Christliche Botschaft Jerusalem aus Stuttgart, die Christlichen Freunde Israel aus dem baden-württembergischen Altensteig und die Brücke Berlin-Jerusalem. In den Redebeiträgen von Ludwig Schneider (Herausgeber des messianischen Monatsmagazin *Nachrichten aus Israel*), Günter Nooke (christdemokratisches Mitglied des Bundestages) und Philip Prinz von Preußen (einem Nachfahren von Kaiser Wilhelm II.) wurde die einseitige Medienberichterstattung gegenüber Israel kritisiert. Außerdem forderten die Redner, dass Deutschland sich stärker gegen Antisemitismus und für den jüdischen Staat einsetzen sollte.[167] Vor allem der Hauptredner und Journalist Ludwig Schneider sorgte in der Öffentlichkeit immer wieder für Kontroversen: Er galt bis zu seinem Tod 2018 als Anhänger eines „christlichen Zionismus". Gegen ihn und sein messianisches Magazin *Israel-Heute* standen immer wieder Judenmissions[168]-Vorwürfe und die damit verbundene Förderung des Antijudaismus im Raum.

Auf Ludwig Schneider und *Nachrichten aus Israel* ist damals auch Uriel Kashi, den ihr bereits als Geschichtsschreiber des BJSD kennengelernt habt, während seines Studienaufenthalts 1999 / 2000 in Jerusalem aufmerksam geworden. Seine Beschäftigung mit Schneider veranlasste Kashi dazu, sich intensiver mit der Verbindung zwischen christlichem Fundamentalismus und Philosemitismus auseinanderzusetzen:

Wir besuchten Ludwig Schneider in seinem Büro und gaben uns als interessierte Mitbürger aus. Die ganze Situation war mir von Anfang an sehr suspekt. Die Motivation hinter Schneiders Engagement wirkte sehr seltsam. Außerdem irritierte es uns, dass Adolf Hitlers *Mein Kampf* in seinem Bücherregal stand. Daher entschlossen wir uns, unsere Recherchen bei *haGalil* zu veröffentlichen.

Den Aufruf zur Solidaritätsdemonstration nahmen Uriel und die anderen jüdischen Studierenden zum Anlass, um darauf hinzuweisen, dass jüdische Gemeinden sich nur unzureichend mit dem vermeintlichen pro-israelischen Aktivismus der evangelikalen Organisationen beschäftigten:

> Es wurde sich damals zu selten kritisch mit den Inhalten auseinandergesetzt. Mitglieder dieses Bündnisses stellten sich aktiv gegen Rabin und einen möglichen Friedensprozess zwischen Israel und den Palästinensern, sie propagierten Rassismus und sahen in ihrer Unterstützung lediglich einen Schritt in Richtung eines fundamentalistisch-christlichen G'ttestaates.

Während sich die fundamentalistischen Christ*innen auf Demonstrationen israelsolidarisch zeigten, versuchten sie, jüdische Kontingentflüchtlinge vom Glauben an Jesus Christus zu überzeugen, erinnert sich Uriel. Unter der Überschrift „Falsche Freunde sind wahre Feinde" verteilten die BJSD-Aktivist*innen Flugblätter an die anwesenden Teilnehmenden der „Deutschland an der Seite Israels"-Demonstration. Auf den Flugblättern war zu lesen:

> Der BJSD distanziert sich (dennoch) mit aller Deutlichkeit von den Initiatoren dieser Demonstration. Das Ziel der meisten Gruppierungen, welche diese Demonstration unterstützen, ist es, jeden Juden zum Glauben an Jesus zu missionieren. Zu diesem Zweck werden Seminare organisiert, Feste veranstaltet und christliche Propaganda in Synagogen verteilt. Das Existenzrecht von Juden wird nicht anerkannt, insofern sie nicht an Jesus glauben, d. h. den christlichen Glauben annehmen. Diese Bestrebungen verurteilen wir aufs Schärfste. Gleichzeitig distanzieren wir uns von der politischen Ausrichtung der Veranstaltung.[169]

Für den Uriel, der einige Zeit das Amt als Vorsitzender des BJSD innehatte, war die Aktion ein Erfolg:

> Wir wollten eine differenzierte Debatte über Israel-Solidarität starten. Nicht jede Unterstützung Israels sollten wir als jüdische Gemeinschaft kritiklos annehmen. Es war etwas naiv von uns, zu glauben, dass die Menschen vor Ort sich für unser Flugblatt interessieren [lacht]. Das mediale Echo hat jedoch zu dieser Diskussion beigetragen.

„Kein Quds-Tag"

Für viele junge Jüdinnen*Juden in Europa und Deutschland hat der arabisch-israelische Konflikt direkte Auswirkungen auf ihren Alltag. In der 2019 erschienen Umfrage „Young Jewish Europeans: perceptions and experiences of antisemitism" der Agentur der Europäischen Union für Grundrechte der Europäischen Union (FRA) gaben neun von zehn der befragten Jüdinnen*Juden im Alter von 16 bis 34 an, dass der arabisch-israelische Konflikt ihr Sicherheitsgefühl in ihrem Heimatland beeinflusse.[170]

Dieses Gefühl kennt auch der 33-jährige Berliner Jude Mike Samuel Delberg aus seiner Schulzeit. Neben seiner Teilnahme als Chanich und Madrich[171] an den Machanot der ZWST hätten ihn vor allem der Antisemitismus auf dem Schulhof und die Auswirkungen des arabisch-israelischen Konflikts (zwangs-)politisiert, sagt er rückblickend. Und Mike fügt an:

> Immer wenn es um den Nahostkonflikt oder Antisemitismus oder den Zweiten Weltkrieg ging, dann hieß es immer: „Mike, du bist doch der Jude, du hast doch Ahnung davon." Und deswegen musste ich immer etwas dazu sagen.

Wenn es im Schulunterricht zu Diskussionen über Israel und den Nahen Osten kam, dann stand er häufig allein da. Für ihn war es selbstverständlich, sich für den jüdischen Staat einzusetzen, auch wenn daraus für ihn negative Konsequenzen durch seine Mitschüler*innen folgten: „Wenn Kinder auf dem Schulhof Judenjagd spielen und alle den Juden jagen, dann ist eine Grenze überschritten worden."

Mike war Mitbegründer und langjähriger Leiter des Jüdischen Studentenzentrums Berlin, Teil des Gründungsvorstands der JSUD und von 2017 bis 2019 auch deren Vizepräsident. Heute arbeitet er als Referent für digitale Strategien und Onlinekommunikation bei der CDU. Darüber hinaus ist er im Präsidium des deutsch-jüdischen Sportverbands Makkabi Deutschland. Für ihn war und ist das junge, jüdische und politische Engagement immer ein integraler Bestandteil seines Selbstverständnisses und seit über 15 Jahren Teil seines Lebens. Mit der Gründung des Jüdischen Studentenzentrums im Jahr 2010 wurde seiner Meinung nach „eine Lücke gefüllt". Neben den jüdisch-kulturellen Veranstaltungen wie Schabbat-Dinnern stand für die Gründer des Studentenzentrums auch politischer Aktivismus wie z. B. Demobesuche auf der Agenda. Viele dieser Besuche hatten eine Verbindung zum Konflikt im Nahen und Mittleren Osten, aber sie ließen sich thematisch nicht nur darauf begrenzen.

Unabhängig von tagespolitischen Entwicklungen im Nahen und Mittleren Osten findet seit 1979 der sogenannte Al-Quds-Tag[172] statt. Dabei handelt es sich um einen politischen Kampftag, der vom iranischen Revolutionsführer Ajatollah Chomeini ins Leben gerufen wurde. Das zentrale Thema des weltweit stattfindenden Jahrestags ist die Rückeroberung Jerusalems und die Vernichtung des Staates Israel. Jährlich rufen die Anhänger*innen der Islamischen Republik Iran am letzten Freitag im Fastenmonat Ramadan zu den Demonstrationen auf. Vermutlich seit den 1980er Jahren wird der Al-Quds-Tag an mehreren Standorten auch in der Bundesrepublik Deutschland abgehalten. Die zentrale Demonstration fand bis einschließlich 1995 in der ehemaligen Hauptstadt Bonn statt. Seit 1996 findet die größte Al-Quds-Tag-Demonstration in Berlin statt. Von Anfang an skandierten Unterstützer*innen immer wieder Parolen wie z. B. „Tod Israel", „Tod Amerika" oder „Kindermörder Israel". Auch aus ihrer offenen Unterstützung für das iranische Regime machten sie keinen Hehl und huldigten Ajatollah Chomeini, Ajatollah Khamenei und weiteren politischen Akteuren des Irans.

Weiter sind Bekundungen zur schiitisch-libanesischen Terrororganisation Hisbollah ein fester Bestandteil der Demonstration.[173] Die Sympathien und die offene Unterstützung des iranischen Regimes und mit ihm verbündeter Terrororganisationen zieht sich wie ein roter Faden durch die Geschichte der Berliner Al-Quds-Tag-Demonstration, wie Berichte der Recherche- und Informationsstelle Antisemitismus Berlin (RIAS B) zeigen.

Gegen den antisemitischen Aufmarsch organisierten sich erstmalig am 22. November 2003 etliche Berliner*innen. Zur ersten Gegendemonstration am Kurfürstendamm riefen Mitglieder der Partei Bündnis 90 / Die Grünen, die Jüdische Gemeinde zu Berlin und weitere Einzelpersonen auf.[174] Sigmount Königsberg, der Antisemitismusbeauftragte der Jüdischen Gemeinde zu Berlin, sieht darin trotz Anfangsschwierigkeiten die Geburtsstunde des heute agierenden zivilgesellschaftlichen Bündnisses „Gegen den Quds-Marsch Berlin": „Obwohl die Zusammensetzung sich seit 2003 immer wieder verändert hat, blieb der Kern des Bündnisses seitdem konstant und jedes Jahr fand organisierter Gegenprotest statt." Er erinnert sich auch daran, wie es in den ersten Jahren zu Problemen bei der Kooperation zwischen dem Bündnis und der Berliner Polizei kam:

> Die Polizei arbeitete in den ersten zehn Jahren eher gegen als mit uns. Zum Beispiel wurde einmal der ehemalige Gemeindevorsitzende Alexander Brenner festgesetzt und eine Fahne mit der hebräischen Aufschrift „Jerusalem" mit dem Wappen der Stadt beschlagnahmt.

Auch Mike erinnert sich an die Gegenproteste, bei denen sie von der Polizei abgeschirmt wurden. Er wohnt in Charlottenburg-Wilmersdorf und kennt die Demonstrationsroute nur allzu gut:

> Wir mussten weichen und wurden mit Gittern abgesperrt, während ein Haufen von Antisemiten ungestört mitten über den Ku'damm laufen konnte. Sie marschieren dort, wo wir unseren Lebensmittelpunkt haben, und skandieren antisemitische Sprüche, während wir Gegendemonstranten nicht aus unserem abgesperrten Bereich rausgelassen werden. Wir werden behandelt, als ob wir die Aggressoren wären.

Seit 2009 engagiert sich auch Mike gegen den lokalen Ableger des Al-Quds-Tag-Marsches in seiner Heimatstadt. Der damals Anfang 20-jährige Madrich des jüdischen Jugendzentrums Olam hat seine Kvutza[175] auf den Gegenprotest mitgenommen. Für ihn ist es eine Selbstverständlichkeit, sich geschlossen und als jüdische Gemeinschaft für Israel und gegen Antisemitismus einzusetzen:

> Es werden so viele Lügen über Israel und den israelisch-palästinensischen Konflikt verbreitet. Wir wehren uns gegen das Unrecht, welches dem einzigen jüdischen Staat auf der Welt getan wird, weil wir einerseits eine Verbindung zu ihm spüren, aber auch, weil es das Richtige ist.

Die Verbindung von jungen Jüdinnen*Juden in Europa und dem Staat Israel spiegelt sich auch in der FRA-Umfrage wider: „73 % halten die Unterstützung Israels für wichtig für ihr jüdisches Identitätsgefühl."[176]

Das Bündnis „Gegen den Quds-Marsch Berlin", dem u. a. Mike angehört und auf dessen Gegendemonstration er seit 2013 immer eine Rede halten durfte, sieht in dem alljährlichen stattfindenden Al-Quds-Tag einen „Lautsprecher der islamistischen Diktatur im Iran auf dem Berliner Ku'damm".[177] Wenige Tage vor dem Al-Quds-Tag 2014 fand auf dem Ku'damm eine propalästinensische Demonstration statt, die sich gegen die israelische Militäroperation „Protective Edge" richtete. Mike und seine Mitstreiter*innen organisierten damals erneut Gegenprotest. Während seiner Rede hörte der schockierte Aktivist die Rufe: „Jude, Jude, feiges Schwein, komm heraus und kämpf' allein."[178]

Beim organisierten Gegenprotest im Jahr 2019 fanden sich weit über 700 Menschen am George-Grosz-Platz in der Nähe des Kurfürstendamms ein. Darunter auch viele Exil-Iraner*innen, Kurd*innen oder Vertreter*innen aller Parteien, „selbst die, die man nicht einlädt", erinnert sich Mike:

> Unser Motto bei den Gegenprotesten war immer: „Sie feiern den Tod und wir feiern das Leben." Aus diesem Grund haben wir den Protest auch von einer Kundgebung in eine Demonstration umgewandelt. Wir wollten daraus eine Party machen.

Mit dem Party-Aspekt und der israelischen Musik des Gegenprotestes sollte die positive und weltoffene Identität Israels auf die Straßen Berlins getragen werden, erklärt Mike.

Abseits des Gegenprotestes nahmen in der Vergangenheit auf dem Al-Quds-Tag immer wieder Anhänger*innen der Hisbollah, der iranischen Revolutionsgarden, Mitglieder des Islamischen Zentrums Hamburg, Funktionär*innen der Islamischen Gemeinschaft der schiitischer Gemeinden Deutschlands und diverser palästinensischer Terrororganisationen an der Demonstration in Charlottenburg-Wilmersdorf teil.[179] Dass so ein Aufmarsch in seinem Kiez stattfinden kann, verwundert Mike. Denn für ihn steht sein Kiez für Toleranz, Freiheit und Respekt – alles Wörter, die dem Anliegen des Al-Quds-Tages seiner Meinung nach widersprechen. Nichtsdestotrotz begrüßt er die Entwicklungen der letzten Jahre:

> Die Polizei achtet darauf, dass die steigenden Auflagen für die Teilnehmer eingehalten werden. Das hat auch mit dem erzeugten öffentlichen Druck und der Aufmerksamkeit zu tun. Es hat sich etwas verändert.

Diese Alternative ist nicht koscher

Am 6. Februar 2013 wurde die Partei Alternative für Deutschland (AfD) gegründet. Was aus Skepsis und Ablehnung gegenüber der Europäischen Union begann, entwickelte sich zur stärksten Oppositionspartei des 19. Deutschen Bundestags und wurde im März 2021 durch das Bundesamt für Verfassungsschutz als „rechtsextremer Verdachtsfall" eingestuft. Die AfD hat sich in den Jahren nach ihrer Gründung immer mehr zu einem Sammelbecken für nationalistische, rassistische, misogyne, LGBTIQ*-feindliche und antisemitische Inhalte entwickelt. Unabhängig von prominenten AfD-Politiker*innen wie Alexander Gauland, Alice Weidel, Björn Höcke, Beatrix von Storch und Hans-Thomas Tillschneider gründete sich im Oktober 2018 die Bundesvereinigung Juden in der AfD (JAfD) unter dem Protest vieler deutsch-jüdischer Institutionen.

Spätestens seit der sogenannten Flüchtlingskrise 2015 ist es vor allem das Thema Migration, das sich durch Parteiprogramme, Reden und Interviews der selbsternannten Alternative zieht. Dabei kombinieren AfD-Funktionär*innen immer wieder ihre Ablehnung gegenüber der Migrationspolitik mit ihrem Versuch, den Antisemitismus als etwas ‚Fremdes' darzustellen. So sagte die ehemalige Bundesvorsitzende Frauke Petry (die inzwischen aus der AfD ausgetreten ist) in einem Interview mit der Tageszeitung *Die Welt*:

> [D]ie AfD [ist] einer der wenigen politischen Garanten jüdischen Lebens auch in Zeiten illegaler antisemitischer Migration nach Deutschland.[180]

Die AfD distanziert sich so immer wieder davon, Verantwortung für den in diesem Land vorhandenen Antisemitismus als gesamtgesellschaftliches Problem zu übernehmen. Der Antisemitismus in Deutschland ist nicht „importiert" oder aufgrund der Migration nach Deutschland gekommen, wie es Vertreter*innen der AfD nicht müde werden zu behaupten. Gleichzeitig verdrängen diese Vertreter*innen Aussagen wie den „Vogelschiss in der Geschichte" von Alexander Gauland oder den Wunsch nach einer „erinnerungspolitischen Wende um 180 Grad", wie ihn Björn Höcke äußerte. Wer so redet, will sich nicht mit den Verhältnissen beschäftigen, die Antisemitismus hervorbringen, sondern versucht nur, den eigenen Rassismus zu kaschieren. Diese Inszenierung der AfD missbraucht Antisemitismus lediglich als politisches Instrument und lässt Jüdinnen*Juden zum Spielball ihrer politischen Interessen werden. Die britisch-jüdische Rechtsradikalismusforscherin Hannah Rose sieht in dem Agieren der AfD keinen Einzelfall, sondern ein globales Phänomen der Neuen Rechten im Umgang mit dem Judentum und Antisemitismus:

> Die Verschiebung vom Antisemitismus zum Philosemitismus hat ihren Ursprung in einer grundlegenden Neukonzeption des Jüdischseins, bei der Jüdinnen*Juden und das Judentum durch rechtsextreme Rahmungen verstanden werden. Das geschieht, um bestehende Ideologien zu legitimieren. Indem man zum Beispiel Jüdinnen*Juden als europäisch, pro-israelisch und antimuslimisch sieht, wird es der extremen Rechten möglich, den Philosemitismus auf ihre eigenen Interessen umzumünzen.[181]

Eine Debatte über den Antisemitismus in muslimischen Communities ist notwendig und gehört stärker vorangetrieben, vor allem, damit sachliche Stimmen sie führen, die sich konsequent gegen rassistische Instrumentalisierungen ihrer Kritik stellen. Das belegen auch die Zahlen einer vom AJC 2022 veröffentlichten Repräsentativbefragung zum Antisemitismus in Deutschland. Aus der Befragung geht hervor, dass unter Muslim*innen antisemitische Ressentiments durchweg stärker vertreten sind als im Bevölkerungsdurchschnitt.[182] Diese Debatte muss jedoch stattfinden, ohne Menschen auf ihre (vermeintliche) religiöse Zugehörigkeit festzuschreiben oder Migrationsgeschichten zu essentialisieren, ganze Personengruppen unter Generalverdacht zu stellen oder sie zu markieren. Ziel einer solchen Debatte muss sein, diesen Antisemitismus zu thematisieren und damit zu unterbinden, dass er politisch instrumentalisiert wird.

Rassistische Einstellungen und Vorurteile, die in Deutschland verbreitet sind, existieren gleichermaßen auch innerhalb der jüdischen Gemeinschaft. Wenn 12,6 Prozent der Deutschen bei der Bundestagswahl 2017 die AfD gewählt haben, dann sind darunter aller Wahrscheinlichkeit nach auch Jüdinnen*Juden zu finden. Hannah Rose sieht die jüdische Unterstützung für rechte bis hin zu rechtsradikalen Gruppierungen als Ergebnis von Prozessen einer kollektiven Identitätsbildung. Dabei sind laut ihr die Entstehungsgründe für das Interesse an rechter bis rechtsradikaler Politik bei Jüdinnen*Juden oftmals dieselben wie in der Mehrheitsgesellschaft.[183] Nicht selten war die Benennung von muslimischem Antisemitismus oder eine vorgeschobene Solidarität mit dem Staat Israel der Ursprung dieser Sympathie. Ein Grund für einige mit der AfD sympathisierende Jüdinnen*Juden, ihre Stimme nicht der selbsternannten Alternative zu geben, waren des Öfteren das Ignorieren von Antisemitismus in den eigenen Reihen, rechtsradikale Umtriebe wie beispielsweise des „Flügels" oder enge Verbindungen zur Identitären Bewegung (IB).

Obwohl in rechten, rechtspopulistischen oder rechtsradikalen Parteien, Gruppierungen oder Organisationen weiterhin Antisemitismus zum Teil offen propagiert wird, ist es für einige Jüdinnen*Juden kein Grund, den jüdischen Rechtsradikalen ihre Unterstützung zu entziehen. Hannah Rose ist der Überzeugung, dass jüdische Menschen sie unterstützen, nicht trotz, sondern wegen der gemeinsamen kollektiven Identität.[184] Diese kollektive Identität zwischen Jüdinnen*Juden im Allgemeinen und jüdischen Rechtsradikalen fand spätestens mit dem Gründungsvorhaben der JAfD im Herbst 2018 mediales und politisches Interesse. Innerhalb kürzester Zeit regte sich Protest gegen die Entscheidung einiger weniger Jüdinnen*Juden, eine solche Gruppierung zu begründen. Federführend im Protest war u. a. die JSUD, die die Kampagne „#AfNee – Diese Alternative ist nicht koscher!" ins Leben rief. Dalia Grinfeld war von 2017 bis 2019 JSUD-Präsidentin und erinnert sich an die Zeit vor der JAfD-Gründung:

> Wir haben uns bei der JSUD schon sehr früh und sehr stark dagegen gestellt. Wir haben entschieden, dass wir als jüdische, junge, politische Stimme nicht mit der AfD reden, uns nicht mit ihnen treffen und ganz aktiv gegen sie Kampagne machen werden.

Auch der Präsident des Zentralrats Josef Schuster zeigte für das Gründungsvorhaben der JAfD kein Verständnis: „Natürlich treffen Juden nicht nur kluge Entscheidungen."[185]

Bereits nach Bekanntwerden des Gründungsvorhabens veröffentlichten über 40 jüdische Institutionen und Organisationen eine öffentliche Stellungnahme mit dem Titel „Keine Alternative für Juden – Gemeinsame Erklärung gegen die AfD". In der von der JSUD, dem Zentralrat, der Union progressiver Juden in Deutschland, den beiden Rabbinerkonferenzen, Makkabi Deutschland und vielen mehr unterzeichneten Erklärung hieß es:

Die AfD vertritt keinesfalls die Interessen der jüdischen Gemeinschaft. Eine Partei, die außer Hass und Hetze keinerlei gangbare Lösungen für die aktuellen Herausforderungen unserer Gesellschaft anzubieten hat, kann für niemanden eine Alternative sein. Kein Bürger dieses Landes, dem unsere Demokratie am Herzen liegt, kann sich mit dieser Partei identifizieren.[186]

Eine gemeinsame Stellungnahme war ein deutliches Zeichen des Zusammenhaltes der Jüdinnen*Juden in Deutschland, aber für Dalia und ihre Mitstreiter*innen war die aufgezeigte rote Linie nicht genug. Eine starke Positionierung reichte ihr in Anbetracht dieser Entwicklung nicht aus. Die JSUD wollte ihre jüdischen Werte betonen und sich aktiv dagegenstellen. „Wir stellen eine Masse und wir zeigen, dass wir die Mehrheit sind. Das ist nur eine Handvoll von Leuten, die leider in die JAfD reinlaufen werden", erinnert sich Dalia.

Am 7. Oktober 2018 wollten sich die jüdischen AfD-Anhänger*innen in einem Lokal in Offenbach am Main offiziell zur Bundesvereinigung JAfD zusammenschließen. Das formelle Gründungsvorhaben wurde von Kritik und Protest begleitet. Die JSUD schrieb beispielsweise in einem Brief an die Besitzer*innen des Restaurants über ihren Unmut hinsichtlich dieses Vorhabens. Darüber hinaus rief sie zu einer Kundgebung vor dem Offenbacher Lokal auf, um ihren Protest in Sicht- und Hörweite zur JAfD zu bringen. Im damaligen Kundgebungsaufruf schrieben die jüdischen Studierenden:

Die AfD ist eine der größten Gefahren für jüdisches und vielfältiges Leben in Deutschland! Die Gründung der JAfD ist dabei die versuchte Instrumentalisierung von Juden für die eigenen Zwecke der AfD und ist aus jüdischer Sicht ein absoluter Widerspruch.[187]

Für Dalia war damals schon klar, „dass sich die AfD immer weiter damit rühmen möchte, dass auch bei ihnen Jüdinnen*Juden sind und sie deshalb nicht antisemitisch oder rassistisch sein können". Die Feigenblatt-Strategie hinter der Gründung war ihr von Anfang an bewusst.

Der größte Kritikpunkt seitens der jüdischen Studierenden war die Instrumentalisierung jüdischen Lebens für eine rassistische und menschenfeindliche Politik der Partei. Die Gruppe der JAfD erfüllt für die Mutterpartei eine wichtige Funktion. Der Politikwissenschaftler Lars Rensmann beschreibt diese Funktion wie folgt:

Schließlich sucht die AfD Kritik an dem durch die Partei ventilierten Antisemitismus und Rechtsextremismus mit dem Hinweis auf die 2018 gegründete Kleingruppe „Juden in der AfD" abzuwehren.[188]

Schlussendlich fand die Gründungsveranstaltung der JAfD im Bürgerhaus Wiesbaden-Erbenheim in der hessischen Landeshauptstadt statt. Vor hundert geladenen Gästen und 19 jüdischen Gründungsmitgliedern wurde der Verein JAfD gegründet, der allerdings keine offizielle Parteigliederung darstellt. Ranghohe Politiker*innen der AfD waren ebenfalls anwesend und sprachen Grußworte. So waren die beiden Bundesvorstandsmitglieder Beatrix von Storch und Joachim Kuhs in Wiesbaden. Während von

Storch seit 2017 Mitglied des Deutschen Bundestages ist, wurde Kuhs 2019 in das Europäische Parlament gewählt. Zudem ist Kuhs seit 2017 im Bundesvorstand des Vereins Christen in der AfD. Außerdem war die ehemalige CDU-Bundestagsabgeordnete und Vorsitzende der AfD-nahen Desiderius-Erasmus-Stiftung Erika Steinbach vor Ort.

Zeitgleich zur Gründungsveranstaltung in Wiesbaden fand in Frankfurt am Main die Protestkundgebung der JSUD statt. Rund 250 Menschen versammelten sich auf dem Rathenauplatz im Herzen der Mainmetropole, um ihren Protest gegen die Gründung der JAfD öffentlich zu zeigen. Die damalige JSUD-Präsidentin erinnert sich an kraftvolle Redner*innen, die im Schatten der Skyline klare Worte gegen die AfD, ihre Politik und ihre jüdischen Mitglieder fanden. Außerdem blieben Dalia die vielen Schilder mit Aufschriften wie „Tausche AfD gegen Hummus", „Menschenrechte statt rechte Menschen", „Nur die allerdümmsten Kälber wählen ihren Schlachter selber" oder das Kundgebungsmotto „#AfNee – Diese Alternative ist nicht koscher!" in Erinnerung. Am Ende der Kundgebung, über die international berichtet wurde, tanzten die Teilnehmenden Yo-Ya, einen jüdischen Volkstanz. Für Dalia ein Zeichen ihres jüdisch-politischen Aktivismus:

> Wir lassen uns die Begeisterung, einen gesellschaftlichen Beitrag zu leisten, nicht nehmen. Natürlich war es ein ernstes Thema und wir haben unsere Demo mit wichtigen und politisch diversen inhaltlichen Redebeiträgen durchgezogen. Dann haben wir sie damit beendet, was jüdisches Leben ausmacht, und das ist Freude am Leben.

Zwar ist die Mitgliederzahl der JAfD eher gering, aber nichtsdestotrotz engagieren sich ihre Mitglieder weiterhin in der Partei. Mit JAfD-Gründungsmitglied Dimitri Schulz sitzt seit der hessischen Landtagswahl 2018 ein Vertreter des Vereins in einem deutschen Landesparlament. Schulz wurde ein Treffen mit israelischen Regierungsvertreter*innen aufgrund seiner Parteizugehörigkeit verweigert. Bei der Bundestagswahl 2021 kandidierte der Berliner Marcel Goldhammer als Direktkandidat für den Bezirk Neukölln und auf der Landesliste der AfD auf Platz sechs. In Goldhammers Wahlkampf nahmen seine Kippa und sein Name in hebräischen Buchstaben einen omnipräsenten Platz auf seinen Wahlplakaten ein.[189] Dalia sieht in der Überbetonung des Jüdischseins von JAfD-Mitgliedern eine inhaltslose Inszenierung. Schlussendlich gelang es Goldhammer trotz dieser Inszenierung nicht, in den 20. Deutschen Bundestag gewählt zu werden, da nur die ersten drei Politiker*innen der AfD Berlin über die Landesliste in das Parlament einzogen. Dalia ist dennoch enttäuscht und wütend,

> dass es jüdische Menschen gibt, die sich dieser Ideologie angehörig fühlen und die sich dafür öffentlich hergeben. Es wäre eine Katastrophe, wenn eine jüdische Person für die AfD in den Bundestag gewählt worden wäre.

Die Partei und ihre Politik haben sich in den letzten Jahren stark verändert und verschiedene Transformationen erlebt. Doch bei allen Änderungen nach innen und nach außen bleibt die AfD für Dalia eine rechtsradikale Partei, die „mindestens ein mulmiges Gefühl" für Jüdinnen*Juden auslöst:

Es wirft Fragen auf: Was bedeutet es für unsere Gemeinschaft, wenn zehn, zwölf und in manchen Bundesländern 25 Prozent sich dieser rechtsradikalen Ideologie zugehörig fühlen? Wie sicher können wir uns fühlen? Wie sieht unsere Zukunft hier aus?

Halle im Oktober 2019

Am 9. Oktober 2019 erschütterte ein rechtsterroristischer Anschlag in Halle an der Saale die jüdische Gemeinschaft in Deutschland. Am höchsten jüdischen Feiertag, Jom Kippur, beteten Jüdinnen*Juden aus ganz Deutschland in der Synagoge der Jüdischen Gemeinde, als ein Rechtsterrorist versuchte, das Gebäude zu stürmen und die Anwesenden zu ermorden. Den gesamten Tathergang übertrug der Täter per Livestream ins Internet. Zu diesem Zeitpunkt hatten sich 52 jüdische Menschen in der Synagoge versammelt. Während sie beteten, versuchte der Täter, durch Schüsse aus einer selbstgebauten Waffe und das Zünden eines Sprengsatzes auf das Gelände der jüdischen Gemeinde zu gelangen. Im weiteren Verlauf warf er Sprengsätze und Molotowcocktails auf das Gelände, um so die Betenden zu verletzen oder zu ermorden. Auf der Straße vor der Synagoge ermordete er die Passantin Jana Lange, die ihn zuvor angesprochen hatte. Zudem schoss er auf weitere Passant*innen. Nachdem der Täter beim Versuch, die Synagoge zu betreten, gescheitert war, fuhr er mit seinem Auto zum naheliegenden KiezDöner. In seinem Livestream gab er an, nun Menschen ermorden zu wollen, die er als migrantisch bzw. muslimisch markierte. Dort angekommen ermordete er Kevin Schwarze, der gerade zu Mittag aß. Vor und im KiezDöner schoss der Rechtsterrorist auf mehrere Personen und verletzte mindestens einen Menschen. Auf der Flucht aus dem KiezDöner versuchte er zudem, Aftax Ibrahim und eine weitere Person zu überfahren. Die Nebenklage sah in dem Versuch, die beiden zu überfahren, eine rassistische Motivation. Vor seiner Verhaftung versuchte er, in Landsberg-Wiedersdorf mit dem Gebrauch von Schusswaffen ein Fluchtauto von einem Ehepaar zu erpressen.

Vom 21. Juli bis zum 21. Dezember 2020 musste sich der Attentäter in 26 Prozesstagen für seinen antisemitischen, rassistischen und misogynen Anschlag vor dem Oberlandesgericht Naumburg verantworten. Nach einer über fünf Monate langen Gerichtsverhandlung verurteilte Richterin Ursula Mertens den Angeklagten wegen Mordes in zwei Fällen, versuchtem Mord zu Lasten von 66 Personen und weiterer Straftaten zu einer lebenslangen Haft mit anschließender Sicherheitsverwahrung. Die Nebenkläger*innen-Anwältin Kristin Pietrzyk fasst das Urteil wie folgt zusammen: „In seiner Begründung ist das Urteil mutlos, harmlos und entpolitisierend."[190] Damit greift sie den Frust vieler Nebenkläger*innen auf, die kritisierten, dass die Taten gegen die KiezDöner-Betreiber İsmet Tekin und Aftax Ibrahim nicht als Mordversuche gewertet wurden und dass man das Verhalten der Sicherheitsbehörden nur wenig thematisierte.

Der Anschlag von Halle und der damit zusammenhängende Prozess haben zu einem starken politischen Protest junger Jüdinnen*Juden geführt. Dieser Protest manifestierte sich u. a. bei der Beratung und der Vermittlung von Nebenklage-Anwält*innen, bei der politischen Kontextualisierung der Tat durch die Aussagen der Überlebenden

vor Gericht und im medialen Diskurs, wie auch dem Mitwirken in solidarischen Bünd-
nissen sowie dem verstärkten Engagement gegen Rechtsradikalismus und dem Veröffentlichen von Texten und Interviews.

Die vergessenen Opfer

Am 7. September 2020, knapp ein Jahr nach dem rechtsterroristischen Anschlag von
Halle, kurz vor dem elften und zwölften Prozesstag, veröffentlichte die JSUD einen
Spendenaufruf auf ihrer Website und ihren Social-Media-Auftritten. Unter dem Motto
„Solidarität mit dem Kiez-Döner Halle" solidarisierten sich die jüdischen Studierenden
mit İsmet und Rifat Tekin, den Betreibern des KiezDöners, in dem Kevin Schwarze er-
mordet wurde.

Im Oktober 2019 war İsmet Tekin noch Angestellter im Lokal auf der Ludwig-
Wucherer-Straße, er sah mit seinen eigenen Augen, wie der junge Kevin Schwarze aus
dem Leben gerissen wurde, und entkam dem eigenen Tod nur knapp. Nach dem Anschlag übernahmen die traumatisierten Gebrüder Tekin den KiezDöner. Doch mehrere
Monate nach den Geschehnissen vom Oktober 2019 geriet der Betrieb in wirtschaftliche Schieflage. Der Ausbruch des Coronavirus im Frühjahr 2020 und der damit verbundene Lockdown sorgten dafür, dass die Kundschaft ausblieb und damit Einnahmen
fehlten. Davon hat auch Christina Feist im Rahmen des Gerichtsprozesses erfahren.
Die 32-jährige Wienerin promoviert aktuell an den Universitäten Potsdam und Paris-
Sorbonne in Philosophie und Geschichte und befand sich zum Zeitpunkt des Anschlags
in der Hallenser Synagoge. Am 22. Juli, dem ersten Prozesstag, hat sie İsmet Tekin und
seinen Anwalt Onur Özata in Magdeburg kennengelernt. Sie beschreibt İsmet Tekin zu
Beginn ihres Treffens als eher schüchternen Menschen:

> Erst im Gespräch mit Onur habe ich von İsmets Situation erfahren, dass ihm vom
> BMJV[191] finanzielle Unterstützung zugesichert worden war, die er immer noch
> nicht erhalten hatte, und dass auch Nachfragen von seinem Anwalt unbeantwortet
> geblieben waren.

Dazu kamen Lücken im staatlichen Hilfssystem, wie Antje Arndt von der Mobilen Beratungsstelle Sachsen-Anhalt[192] dem MDR erzählt:

> Das Opferentschädigungsgesetz greift nur bei wirtschaftlichen Folgen, die auf-
> grund von gesundheitlichen Einschränkungen bestehen, beispielsweise wenn je-
> mand arbeitsunfähig wird oder einen behindertengerechten Arbeitsplatz benötigt.[193]

Nachdem Christina Zeit hatte, ihre eigenen Gedanken etwas zu sortieren, kam sie zu
dem Entschluss, dass mit einer Fundraising-Kampagne die finanzielle Unterstützung
für die Tekins organisiert werden könnte. Sie spricht in dem Kontext von mangelnder
staatlicher Unterstützung und dem notwendigen Engagement einer solidarischen Gesellschaft:

Ich wusste, wie es sich anfühlt, vom Staat alleingelassen und mit leeren Versprechungen abgespeist zu werden. Dass İsmet und Rifat zusätzlich zum Trauma des Attentats auch noch seit Monaten um ihre wirtschaftliche Existenz bangten und dabei immer wieder vertröstet wurden, machte mich wütend. Am schlimmsten empfand ich an der ganzen Sache, dass es von öffentlicher Seite her kaum Aufschrei gab. Ich hatte den Eindruck, die ganze Aufmerksamkeit lag auf uns, den Betroffenen aus der Synagoge, während über die Situation anderer Betroffener, beispielsweise der Tekins, kaum berichtet wurde. Diese selektive Solidarisierung machte mich ungeduldig und zornig.

Ihre erste Anlaufstation war die JSUD, weil sie sich laut Feist „aus tiefer Menschlichkeit heraus engagiert und sich auch außerjüdisch solidarisiert". Nachdem sich der damalige JSUD-Vorstand bereit erklärt hatte, zu helfen und die Spendenkampagne zu organisieren, fehlte nur noch das Einverständnis von den Gebrüdern Tekin und ihrem Anwalt. Innerhalb kürzester Zeit holte Feist das Einverständnis ein, und kurz darauf veröffentlichte die JSUD den Spendenaufruf. In ihm hieß es:

Der Rechtsterrorist glaubte nicht an eine multikulturelle Gesellschaft. Aus antisemitischen und rassistischen Motiven ermordete er vor gut einem Jahr zwei Menschen. Wir, als Jüdische Studierendenunion Deutschland (JSUD), glauben an eine multikulturelle Gesellschaft in diesem Land. Wir glauben an ein friedliches Zusammenleben, unabhängig von Religion, Nationalität oder Hautfarbe. Wir glauben an Solidarität.[194]

Binnen weniger Stunden wurde der Spendenaufruf hunderte Male geteilt, womit auch das mediale Interesse stetig anwuchs. Mehrere Medien, unter anderem die *New York Times*, veröffentlichten Artikel und thematisierten das Engagement der jungen Jüdinnen*Juden. Innerhalb eines Tages konnte die JSUD bereits 3 469 Euro für den Kiez-Döner sammeln. Für Christina ein emotionaler Moment:

Als die Spendenkampagne online ging, lag ich in meinem Hotelzimmer in Magdeburg und klickte alle paar Sekunden auf „aktualisieren". Dass binnen kürzester Zeit bereits so viele Spenden eingingen, hat mich positiv gestimmt.

Wenige Tage nach der Veröffentlichung der Spendenkampagne meldete sich İsmet Tekin über Instagram und Facebook zu Wort:

Wir sagen Danke JSUD. Die Jüdische Studierendenunion Deutschland hat eine Crowdfundingkampagne für uns organisiert – dafür wollen wir uns ganz herzlich bedanken! Wir freuen uns euch ganz bald bei uns im Laden begrüßen zu dürfen!

Nach dem Echo in den Medien wurden auch Parteien und Politiker*innen auf die Spendenaktion aufmerksam. So unterstützten die Mitglieder des Bundestages Katja Leikert und Sylvia Pantel (beide CDU), Mahmut Özdemir (SPD), Renate Künast (Bündnis 90 / Die Grünen) und Martina Renner (Die Linke) die JSUD. Neben den Mitgliedern des Bundestages gab es zudem Unterstützung von der thüringischen Landtagsabgeordneten Katharina König-Preuss und dem Mitglied des Landtags in Sachsen-Anhalt Henriette Quade (beide bei Die Linke). Des Weiteren beteiligten sich die jüdischen Jungpolitiker*innen Igor Matviyets (SPD) und Franzi Lucke (Die Linke) an der Spendenkampagne. Neben aktiven Personen aus der Politik waren es auch prominente Persönlichkeiten aus Kunst und Kultur, die der Spendenaktion zu einer größeren Öffentlichkeit verhalfen. Am Ende, das auf den ersten Jahrestag des Anschlags fiel, waren insgesamt 29 272 Euro zusammengekommen.

Für den 7. Oktober 2020 riefen die JSUD, die Initiative 09. Oktober Halle[195] und *Base Berlin*[196] unter dem Motto „Solidarisch gegen Antisemitismus und rechten Terror" zu einer Kundgebung am Steintor in Halle, in unmittelbarer Nähe zum KiezDöner, auf. Rund 200 Menschen folgten dem Aufruf. Die drei Organisationen erklärten ihre Motivation in ihrem gemeinsamen Aufruf so:

> Gemeinsam stehen wir solidarisch mit den Betroffenen des antisemitischen und rassistischen Anschlags. Gemeinsam überreichen wir İsmet und Rifat Tekin eine fünfstellige Spende, die symbolisch für unseren Zusammenhalt in Deutschland steht. Gemeinsam feiern wir den fünften Tag des jüdischen Festes Sukkot (Laubhüttenfest), weil wir unser jüdisches Leben stolz nach außen tragen.[197]

In den Reden der Vertreter*innen der JSUD, EUJS und der Initiative 09. Oktober Halle wurde das Verhalten der Polizei am Tag des Anschlages kritisiert, die Ideologie des Täters kritisch eingeordnet, Kontinuitäten rechten und antisemitischen Terrors in Deutschland benannt und die Solidarität unter marginalisierten Gruppen hervorgehoben. Der Vorsitzende der Jüdischen Gemeinde in Halle und Überlebende des Anschlags Max Privorozki kündigte am Ende seiner Rede an, dass er für die Gemeindemitglieder Verzehrgutscheine im Wert von 1 000 Euro für den KiezDöner bereitstellen würde. Als der JSUD-Vorstand den Scheck über 29 272 Euro an İsmet Tekin übergab, wurde der Wunsch nach Solidarität für alle Teilnehmenden spürbar. In seiner Rede bedankte sich Tekin bei den jüdischen Aktivist*innen und erklärte, dass er mithilfe des Geldes den KiezDöner in das Frühstückscafé Tekiez umbauen möchte. Das Tekiez soll laut seinen Aussagen ein Ort des Zusammenkommens, des Erinnerns und der Solidarität werden.[198]

Ein weiterer Redner an diesem Tag war der 34-jährige Rabbiner Jeremy Borovitz, der ebenfalls den Anschlag in der Synagoge überlebt hatte. In seiner Rede betont Jeremy:

> Als jüdische Überlebende des Anschlags spürten wir von vielen jüdischen Gemeinden Solidarität und Unterstützung. Die nichtjüdischen Überlebenden kannten so ein Gefühl nicht. Die JSUD gab Tekins das Gefühl, nicht allein zu sein.

Er sprach über Sukkot und brachte jüdisches Leben auf den öffentlichen Platz in Halle. Er organisierte auf Wunsch der Organisator*innen eine Sukka und schüttelte vor den Augen der Teilnehmenden die Vier Arten.[199] Dass die jungen jüdischen Aktivist*innen, ohne Anraten von Politiker*innen oder anderen Organisationen, eine Kundgebung für

İsmet Tekin organisierten, erachtet der Rabbiner als ein Zeichen für die Wichtigkeit dieser Veranstaltung. Jeremy erzählt uns, warum es ein beeindruckender Tag für ihn war:

> Wir hatten keine Angst, in der Öffentlichkeit als erkennbare Jüdinnen*Juden aufzutreten. Gemeinsam bei der Kundgebung haben wir Sukkot gefeiert. Es ist wichtig zu zeigen, dass jüdische Aktivist*innen keine Angst davor haben, in die Öffentlichkeit zu treten.

Christina als Initiatorin und Ideengeberin der Spendenaktion zeigt sich ebenfalls sehr zufrieden, aber auch überrascht von ihrem Ergebnis:

> Was ich aus dieser Erfahrung gelernt habe, ist, dass echte Solidarität und Engagement viel mehr erreichen können, als wir uns oft vorstellen können. Insbesondere der Zusammenhalt zwischen einzelnen marginalisierten Gruppen gibt uns unglaubliche Stärke. Das ist vor allem dann wichtig, wenn die Mehrheitsgesellschaft und / oder der Staat uns alleine lassen, sich selektiv solidarisieren oder gar versuchen, uns gegeneinander auszuspielen. Dieses Empowerment des Zusammenhalts und der Solidarität aus tiefer menschlicher Überzeugung, das die JSUD und alle Spender*innen gezeigt haben, nehme ich mit in die Zukunft.

Festival of Resilience

Das Wort Resilienz wurde vor einigen Jahren noch vor allem in der Psychologie verwendet. Heute ist es in vielen sozialen Bewegungen gängig. Es bezeichnet psychische Widerstandskraft und wird als Fähigkeit bezeichnet, die es einer Person erlaubt, kritische und traumatische Lebenssituationen ohne bleibende Beeinträchtigungen zu überstehen. Anfang Oktober 2020, während Sukkot, fand anlässlich des ersten Jahrestages des rechtsterroristischen Anschlags in Halle das erste Festival of Resilience statt. Viele der Organisator*innen, wie die 31-jährige Rabbinerin und Mitbegründerin von *Hillel Deutschland*, Rebecca Blady, überlebten den Anschlag vom 9. Oktober 2019 in der Hallenser Synagoge. Zu dem mehrtägigen Festival in Berlin-Kreuzberg hatte damals *Base Berlin* eingeladen. In der Einladung wurde erklärt, warum man ausgerechnet diesen Namen für das Festival ausgewählt hatte:

> Resilienz ist definiert als die Fähigkeit, sich zu erholen. Doch anstatt sich ausschließlich auf einen tragischen Moment in der Vergangenheit zu konzentrieren, lädt Resilienz uns ein, die Zukunft zu betrachten – genauer gesagt, wie wir gemeinsam eine starke Zukunft aufbauen können. Ein Festival der Resilienz lädt zu Momenten des Feierns, der Einheit und des Zusammenhalts ein, aber auch zu wichtigen Momenten der Besinnung. Während des gesamten Festivals werden wir nach vorne schauen und uns Ziele setzen, um die Gemeinschaft, die wir teilen, zu stärken. [200]

Rebecca erinnert sich an ihr Jom Kippur 2019 in Halle. Sie und ihr Mann, Jeremy Borovitz, hatten mit *Base Berlin* eine Reise für junge jüdische Erwachsene nach Halle organisiert:

> Der Zweck der Reise war es, den Geist und die Stimmung des jungen Berlins in eine leerere Synagoge mit älteren, mehrheitlich russischsprachigen Jüdinnen*Juden zu bringen, in der Hoffnung, Brücken innerhalb der deutschen jüdischen Gemeinde zu bauen.

Für Rebecca und die anderen Organisator*innen lag der Fokus des gesamten Festivals auf der Resilienz und der Stärke der jüdischen Gemeinschaft hierzulande. Diese mussten sie in Anbetracht des eigenen Traumas und im Umgang mit diesem seit dem Anschlag immer wieder unter Beweis stellen. Sukkot bot nicht nur aufgrund der zeitlichen Nähe (damals 2. bis 9. Oktober) zum ersten Jahrestag des Anschlags eine Gelegenheit für das Organisationsteam. Die Feiertage, die an die 40-jährige Wanderung des jüdischen Volkes durch die Wüste nach dem Auszug aus Ägypten erinnern, boten ihnen den perfekten Rahmen:

> Die offene Räumlichkeit der Sukka bot uns eine einmalige Möglichkeit. Wir sind bereit, unsere Tradition weiterleben zu lassen, gemeinsam mit unseren jüdischen Geschwistern, stolz und jüdisch, obwohl wir uns verletzlich fühlen. Außerdem geht es an Sukkot sehr stark um Gastfreundlichkeit. So waren wir beispielsweise in der Lage, Menschen mit ähnlichen Erfahrungen mit Rechtsterrorismus in Deutschland einzuladen.

Während des Festivals, das von bunter Dekoration, Geruch von gegrilltem Essen, geöffneten Kaltgetränken, gemeinsamer Party zu jüdischen und israelischen Liedern unter dem freien Himmel Berlins und einer familiären Atmosphäre geprägt wurde, fanden auch ernste Themen ihren Platz. Besonders der zweite Abend bot eine nachdenkliche und emotionale Bühne für die Ceremony of Resilience. Es wurde eine Atmosphäre geschaffen, um den über 200 Opfern rechtsradikaler Gewalt seit dem Wendejahr 1991 zu gedenken. Für die Geschichten von Betroffenen rechtsradikaler und rechtsterroristischer Anschläge standen stellvertretend viele Überlebende und Angehörige vom rassistischen Brandanschlag in Mölln 1992 bis hin zu den Anschlägen in Halle 2019 und in Hanau 2020, bei dem ein Rechtsterrorist aus der gleichen antisemitisch-rassistischen Ideologie heraus neun Menschen ermordete. Ein prägendes Ereignis für die Organisator*innen und ihre Angehörigen. Die Geschichten der Opfer, der Überlebenden und Angehörigen waren an jenem Abend gemeinsam im BRLO-Biergarten mitten im Berliner Park am Gleisdreieck präsent.

Durch den Abend der Gedenkzeremonie führten *Hillel Deutschland*-Geschäftsführerin Rebecca und die Direktorin des Nevatim-Programms der Jewish Agency for Israel Anastassia Pletoukhina. Beide Frauen haben gemeinsam den Anschlag in Halle überlebt. Zu Beginn des Abends sprachen Andreas Eberhardt, der Gründungsdirektor der Alfred Landecker Foundation und der Geschäftsführer des Zentralrates Daniel Botmann ein paar einleitende Worte. Im weiteren Verlauf wurden Kerzen im Andenken an die Ermordeten der rechtsterroristischen Anschläge in Halle und Hanau entzündet. Das Entzünden wurde von Überlebenden der Anschläge übernommen. Jede Kerze sollte an die Ermordeten erinnern und ihre Namen nicht in Vergessenheit geraten lassen. Namen wie Jana Lange, Kevin Schwarze, Ferhat Unvar, Said Nesar Hashemi, Hamza Kurtović, Vili Viorel Păun, Mercedes Kierpacz, Kaloyan Velkov, Fatih Saraçoğlu, Sedat Gürbüz und Gökhan Gültekin. Für Rebecca war es wichtig, die Überlebenden und Angehörigen aus Hanau alle zum Festival of Resilience einzuladen:

> Wenn wir über eine gemeinsame Heilung sprechen, dann muss darüber gesprochen werden, wie wir alle in diesen Heilungsprozess inkludieren. Das ist es, was eine Gesellschaft im inneren Kern ausmacht.

Nach einer musikalischen Pause richtete Faruk Arslan das Wort an die anwesenden Gäste. Bei einem rassistisch motivierten Brandanschlag auf sein Haus im schleswig-holsteinischen Mölln am 23. November 1992 verlor er seine Mutter Bahide Arslan, seine zehnjährige Tochter Yeliz Arslan und seine 14-jährige Nichte Ayşe Yılmaz. In seiner bewegenden Rede sprach er immer wieder von der Solidarität mit allen Opfern rechter Gewalt und kritisierte den medialen sowie politischen Versuch, die rechtsradikalen Täter*innen als Einzelgänger*innen darzustellen oder ihre Anschläge zu entpolitisieren. Für Rebecca und ihre Mitstreiter*innen wurde Faruk Arslan gewissermaßen zu einem Vorbild, wie sie sagt:

> Wir wollten eine Person für die Ceremony of Resilience, die es schafft, unsere Gäste und vor allem die Überlebenden zu inspirieren. Wir waren gerade an einem sehr frühen und schwierigen Zeitpunkt, dem ersten Jahrestag des Anschlags, während Faruk auf eine Fülle an Erfahrungen zurückgreifen konnte. Er war für uns nicht nur ein Redner, er war direkt ein herzlicher Freund. Ich hatte das Gefühl, dass er von Anfang an Teil dieser besonderen Erfahrung mit der jüdischen Gemeinschaft sein wollte. Am Ende konnten wir unsere gemeinsamen Erfahrungen mit rechtem Terror verknüpfen und daraus gemeinsame Widerstandsfähigkeit gewinnen.

Zum Abschluss der Ceremony of Resilience sprachen die damalige Vorsitzende des Vorstandes der Amadeu Antonio Stiftung Anetta Kahane und Vertreter*innen der JSUD.
In diesen wenigen Tagen des Festival of Resilience spendeten sich Überlebende, Angehörige, Freund*innen, Jüdinnen*Juden und andere gegenseitig Trost und Solidarität. Die Geschichten der Betroffenen und ihrer Angehörigen standen im Fokus des Festivals und nicht, wie in vielen Medienberichten, der Name und die Geschichte der Täter*innen. Menschen der unterschiedlichsten Generationen, dadurch vereint, Überlebende oder Angehörige zu sein, schufen einen kraftvollen Akt der Selbstermächtigung, der weit über diese Abende hinaus wirkte. Wenn wir über Terroranschläge sprechen, dann reden wir meistens über die Täter*innen. Jeder kennt ihre Namen. Die Perspektive, die Erfahrungen, das Trauma und die Kämpfe der Betroffenen, der Opfer und Hinterbliebenen werden hingegen viel zu selten thematisiert. An den Tagen des Festivals nahmen die Betroffenen die Erzählung selbst in die Hand – nicht Medien, nicht

Politiker*innen und niemand sonst. Organisatorin Rebecca zeigt sich kämpferisch und hat nach den positiven Erfahrungen des ersten Festival schließlich eine jährlich stattfindende Veranstaltung etabliert, um gemeinsam zu erinnern und in die Zukunft zu schauen:

> Für mich war es eine kraftvolle Veranstaltung. Es war eine einzigartige Möglichkeit, aus einer jüdischen Perspektive heraus klarzustellen, dass Resilienz Teil unserer eigenen Identität ist. Das für uns hier in der Diaspora, hier in Deutschland, ein Interesse an der Zivilgesellschaft haben und engagierte Bürger*innen sein wollen. Dieses Bedürfnis des gesellschaftlichen Teilhabeprozess geht nur über Coalition-Building und interkulturellen Austausch. Ich sehe das Festival als ersten Schritt, um zu zeigen, wie wichtig diese Punkte für uns sind. Wir und das Festival selber werden daran wachsen.

Human Rights are Jewish Rights and Jewish Rights are Human Rights

Es ist Anfang Dezember. Ein grauer und kalter Winterabend in Berlin-Mitte. Wir warten auf Michael Ushakov vor einem Späti. Alle seine Freund*innen nennen ihn Mischa. Bei leichtem Schneeregen dreht er sich eine Zigarette und nimmt einen Schluck aus einer Flasche Mate, die er sich gerade gekauft hat. Der 23-Jährige ist in Nürnberg geboren und in München aufgewachsen. Im Rahmen seines Industriedesign-Studiums zog er nach Berlin und war von 2019 bis 2020 Präsident der JSUD. Die Motivation für seinen politischen Aktivismus bringt er uns näher, indem er eine Zeile aus einem Lied des israelischen Musikers Arik Einstein singt: „Ani we ata neshane et haOlam."[201]

Während er sich die Zigarette anzündet, erklärt er uns, wie das Lied und sein Aktivismus Hand in Hand gehen:

> Ich habe mich dazu entschlossen, mich politisch zu engagieren, weil ich der Meinung bin, dass jede einzelne Person etwas zur Veränderung der vorherrschenden Zustände beitragen kann. Dazu kommt, dass ich ein leidenschaftlicher Meckerer bin, und meckern sollte man nur, wenn man auch versucht, das zu Bemeckernde zu verändern.

Aus der JSUD heraus und in Kooperation mit der EUJS gründete er gemeinsam mit dem damaligen österreichischen EUJS-Präsidenten Benjamin Guttmann im Januar 2020 die jüdische Menschenrechtsinitiative *Never Again – Right Now!* (NARN). Diese Initiative setzt sich für ein Ende des Genozids an der uigurischen Bevölkerung und anderen Turkvölkern in der chinesischen Region Xinjiang ein.

Es war kurz vor dem 10. Dezember 2020, dem internationalen Tag der Menschenrechte. In dem Jahr war es auch der erste Tag des jüdischen Lichterfestes Chanukka. Mischa und die anderen NARN-Aktivist*innen hatten unter dem Motto „Shine a light on human rights" weltweit dazu aufgerufen, auf die Situation der Uigur*innen aufmerksam zu machen. Für diesen globalen Aktionstag bereiteten die jüdischen Aktivist*innen ein selbstgemaltes und über zehn Meter langes Transparent vor. Auf dem hellblauen Banner – die Farbe der uigurischen Unabhängigkeitsbewegung – sollte der Satz „Never Again – Right Now!" geschrieben werden. Sie projizierten den Schriftzug mit einem Beamer auf den Stoff. Mischa holt sein Handy und zeigt Videoaufnahmen von diesem Tag. Das Licht des Beamers erfüllte den Raum. Der Name der Kampagne soll bewusst Assoziationen mit dem Slogan „Nie wieder" wecken, mit dem man sich in der deutschen Politik vor allem von der nationalsozialistischen Vergangenheit distanzieren und die daraus hervorgehende Verantwortung benennen will. Wie groß die Unterschiede in dem sind, was unter „Nie wieder" verstanden wird, zeigt auch NARN. Aus diesem Grund startete die Kampagne auch kurz nach dem 27. Januar 2020, dem internationalen Holocaust-Gedenktag. Für Mischa ist „Nie wieder" mehr als nur erinnern:

Ich bin Universalist und daher bedeutet „Nie wieder" für mich, sich aktiv gegen jedes Menschenrechtsverbrechen einzusetzen. Viel mehr noch: Diese zwei Wörter sind ein Ansporn, sich schon frühzeitig gegen menschenrechtsverletzende Tendenzen zu stellen. Gerade wir jungen Jüdinnen*Juden erkennen, dass „Nie wieder" mehr als eine inhaltslose Phrase auf Gedenkveranstaltungen ist, und daher heißt es, sich auch solidarisch mit den Uigur*innen in China zu zeigen.

Doch wie wird ein junger Jude in Deutschland auf die Situation in China und das Leid der Uigur*innen aufmerksam? Wieso setzt er sich seit über zwei Jahren für sie ein und schmiedet solidarische Bündnisse? Im Frühling 2019 besuchte Mischa, im Rahmen eines Uni-Programms, für zwei Wochen die Volksrepublik China. Dort nahm er an einem Design Thinking Workshop mit seiner Professorin Birgit Weller teil. Gemeinsam mit den chinesischen Studierenden sollten sie ein Produkt zum Thema „Zeit und Raum" entwickeln. Mischa empfand die Zusammenarbeit als sehr spannend. Die kulturellen Unterschiede beschrieb er jedoch als teilweise diskussionshemmend. Die schnelle Entwicklung des Landes bezeichnet Mischa witzelnd als „Vorteile eines totalitären Systems" und gibt einen Einblick:

Ich war fasziniert, mit welchem Tempo Sachen umgesetzt werden, z. B. Chongqing – die Stadt, in der wir größtenteils waren – war in den 70ern eine Ansammlung von Fischerdörfern und ist heute eine sehr moderne Stadt. Wenn man niemanden fragen muss, dann kriegt man Sachen schnell umgesetzt.

Trotz der beeindruckenden hochmodernen Infrastruktur und der schnellen Entwicklung der Volksrepublik hat etwas anderes Mischas Bild in den zwei Wochen weitaus stärker geprägt. Er lehnt sich zurück, schraubt den Deckel seiner Mate auf und verweist auf George Orwells Dystopie aus dem Roman *1984*:

Überall Überwachungskameras, überall Passkontrollen. Man kann weder den Regionalzug nehmen noch manche Viertel Pekings betreten, ohne durch eine Passkontrolle zu laufen. Die ungebildeteren Teile der Bevölkerung sind sich dabei der steten Propaganda gar nicht bewusst. Die Studierenden nehmen solche Sachen hin, da das für sie der Preis des Wohlstands ist, den sie im Vergleich zu ihren Eltern und Großeltern genießen.

Nach seinem Aufenthalt im bevölkerungsreichsten Land der Welt wurde Mischa noch mehr über die Regierung und ihre Politik bewusst. Für ihn ist klar, dass die Volksrepublik China ein Land ist, in dem das Regime alles umsetzt, was es sich vornimmt.

Im November 2019 sorgten die „China Cables", ein Leak von geheimen Dokumenten der chinesischen Regierung, weltweit für Aufsehen. Auch Mischa war über die Enthüllungen entsetzt. Die veröffentlichten Dokumente beschreiben bzw. zeigen den Alltag der uigurischen Bevölkerung in den chinesischen Umerziehungslagern der Region Xinjiang. Für Mischa sind sie ein Beweis für die Grausamkeit, die systematische Verfolgung, die Unterdrückung und die Umerziehung der Uigur*innen.

Im Jahr 2020 sind zwischen ein und drei Millionen uigurische Muslim*innen hinter meterhohen Zäunen und Barrieren, durchgehend von den modernsten Überwachungssystemen beobachtet, in Konzentrationslagern in der chinesischen Provinz Xinjiang eingesperrt. Die chinesische Regierung verfolgt ihre muslimische Minderheit durch eine rücksichtslose, industrialisierte Kampagne der Gehirnwäsche, Folter und Entmenschlichung. Das alles nur, weil sie Muslim*innen sind.

Mischa erzählt mehr von dem damaligen weltweiten Aktionstag: Am 10. Dezember 1948 wurde die Allgemeinen Erklärung der Menschenrechte verabschiedet. 72 Jahre nach der Verabschiedung wollte NARN vor den Eingängen zu chinesischen Botschaften, Konsulaten oder Kulturzentren übergroße Kopien der Erklärung der Menschenrechte oder einzelner Artikel ausrollen. Für den 10. Dezember haben die Berliner Aktivist*innen neben dem hellblauen „Never Again – Right Now!"-Transparent auch ein Plakat mit Artikel 18 der Allgemeinen Erklärung der Menschenrechte angefertigt. Artikel 18 verbrieft das Recht auf Gedanken-, Gewissens- und Religionsfreiheit. „Die Aktion soll verbildlichen, wie der chinesische Staat und die, die mit ihm kollaborieren, die Menschenrechte mit Füßen treten", sagt Mischa.

Es ist nicht die erste Aktion, die die jungen jüdischen Aktivist*innen aus Deutschland durchführen. Bereits in der Vergangenheit haben sie mit Guerilla-Aktionen und Demonstrationen gegen Firmen demonstriert, die in Xinjiang produzieren lassen. So organisierte Never Again – Right Now! gemeinsam mit der Gesellschaft für bedrohte Völker, der Ostturkistanischen Union in Europa e. V. und der Ilham Tohti Initiative eine Demonstration in Wolfsburg, um gegen das Volkswagen-Engagement in Xinjiang zu demonstrieren. Des Weiteren zählen Flyer-Aktionen oder Adbusting gegen Modemarken zu ihrem Repertoire. Mit nachdenklichem Blick erzählt uns Mischa:

Internationale Unternehmen wie Zara, Nike oder Adidas biedern sich Präsident Xi Jinping und der Regierung in Peking an. Sie haben keine Probleme damit, von der Zwangsarbeit in Xinjiang zu profitieren, und wir als westliche Gesellschaft haben kein Problem damit, die von ihnen produzierten Waren zu kaufen und uns damit direkt zu Mittäter*innen des Genozids zu machen. Außerdem unterstützt unsere Konsumgesellschaft neue chinesische Technologien wie die Gesichtserkennung des Telekommunikationsunternehmen Huawei, die unter anderem entwickelt wurde, um Uigur*innen und andere Turkvölker zu unterdrücken.

Diesen Umstand will NARN beenden. Daher schmückt das Kampagnenlogo auch ein chinesischer Wachturm, der in sich zusammenfällt. Während Mischa Bilder vergangener Aktionen zeigt, sagt der 23-Jährige mit ernster Stimme:

> Als jüdisches Volk kennen wir Genozide und Staatenlosigkeit so gut niemand anderes. Oft fragen wir uns: Warum hat die Menschheit während der Shoa geschwiegen? Deswegen ist „Nie wieder" ein konkreter Handlungsauftrag. Es darf keine Entschuldigung geben, wenn heutzutage ein Genozid verübt wird und wir schweigen. Verbrechen gegen die Menschlichkeit gehören benannt und verurteilt.

Bis spät in die Nacht wurde damals gezeichnet, gebastelt und gemalt. Am Ende schafften sie es aber, ein zehn Meter langes Transparent sowie ein überdimensionalen Artikel 18 der Allgemeinen Erklärung der Menschenrechte fertigzustellen. Wir begleiten Mischa zur Jannowitzbrücke. Hier fand am frühen Morgen des 10. Dezember die Banneraktion statt. Nur die Spree trennt die S-Bahn-Station von der Botschaft der Volksrepublik China. Die Stimmung bei den anwesenden Personen sei von Beginn an gut gewesen, wurde aber zunehmend aufgeregter.

Am Ende werden weltweit, auf drei Kontinenten, in 30 Städten und 20 Ländern – von Deutschland über Finnland und Israel bis zu den USA – jüdische Aktivist*innen gegen den anhaltenden Genozid an den Uigur*innen protestieren und die Allgemeine Erklärung der Menschenrechte vor diplomatischen Vertretungen Chinas auslegen. Im Nachhinein wird *Never Again – Right Now!* ein Aktionsvideo auf Instagram veröffentlichen, das innerhalb kürzester Zeit tausende Male angeschaut und vielfach geteilt wird.

Zielstrebig liefen sie von der Station auf die Jannowitzbrücke. Ein Teil der Gruppe entrollte das Transparent und befestigte es in Windeseile mit Kabelbindern am Brückengeländer, während die anderen Personen Artikel 18 am Boden befestigten. Abgerundet wurde die Aktion durch schwarz-gelbes Absperrband und Hinweisschildern mit der Aufschrift: „Don't be like the Communist Party of China. Don't trample on Human Rights!"

Der globale Aktionstag bleibt für Mischa positiv in Erinnerung:

> Es war ein voller Erfolg, und daran wollen wir anknüpfen. Auch im Hinblick auf Beijing 2022. In seiner Verfassung verpflichtet sich Europa der Achtung der Menschenwürde, Gleichheit, Freiheit, Demokratie und der Rechtsstaatlichkeit. Dazu gehört auch die Wahrung der Menschenrechte. Das schließt die Rechte von Personen ein, die Minderheiten angehören. Die chinesische Regierung gefährdet und missachtet diese Werte!

Der jüdische Aktivist hatte den Wunsch, dass vor allem europäische Sportverbände, Athlet*innen und Unternehmen die Olympischen Winterspiele 2022 boykottieren. Ein Wunsch, der unerfüllt blieb. Darüber hinaus forderte Mischa auch, dass sich deutsche und internationale Medien mit den Verbrechen der Kommunistischen Partei und ihren Unterstützer*innen auseinandersetzen:

Europa muss sich seiner eigenen historischen Verantwortung bewusst werden und aus dieser Geschichte lernen. Das sollte konkret bedeuten, in Solidarität mit jenen Menschen zu stehen, deren Menschenwürde bedroht wird, anstatt mit jenen, die unserem Wirtschaftssystem dienen – solange wir das noch können.

Kapitel 7 – You'll never walk alone. Jüdinnen*Juden und Fußball-Fanszenen

This is my Synagogue. This is where I heal my hurts: Jüdischsein im Stadion

„Fußball ist die schönste Nebensache der Welt" – dieser Satz gehört in der „Fußball-nation" Deutschland zu den bekannten Beispielen, für die man einen Euro ins Phrasen-schwein wirft. Wenig verwunderlich, ist doch Fußball die beliebteste Sportart hierzu-lande. An jedem Spieltag zieht es hunderttausende Menschen sowohl in die Stadien der Profiligen als auch auf die unterklassigen Fußballplätze. Verständlich, dass immer wieder behauptet wird, der Fußball sei ein Abbild der deutschen Gesellschaft. Einer-seits treffen im Stadion und auf den Fußballplätzen der Republik viele Fans aller Ge-schlechter, Altersklassen, Ethnien, Religionen, Kulturen, politischer Weltanschauungen und sozialer Milieus aufeinander. Andererseits stellen für viele queere und Schwarze Menschen, für Sinti*zze und Rom*nja und Jüdinnen*Juden Stadien keine sicheren Räume dar.

Unter denjenigen, die Fußball schauen, spielen, leben und ihren Verein unterstüt-zen, befinden sich auch viele Jüdinnen*Juden. Dabei haben auch explizit jüdische Ver-eine immer eine besondere Rolle gespielt, erklärt Luis Engelhardt, Leiter des Projektes „Zusammen 1 – Für das, was uns verbindet"[202]:

> Der Fußball ist in vielerlei Hinsicht ein Vergrößerungsglas unserer Gesellschaft. Umso bedeutsamer ist dabei die Rolle jüdischer Sportvereine als Brückenbauer zwischen der deutschen Mehrheitsgesellschaft und der jüdischen Gemeinschaft in Deutschland. Nicht zuletzt haben seit der Wiedergründung von Makkabi Deutsch-land im Jahr 1965 jüdische Sportvereine vielerorts erheblich dazu beigetragen, dass jüdisches Leben wieder sichtbar wird und zum alltäglichen Stadt- und Ge-sellschaftsbild gehören.

Die Faszination für das runde Leder hat in Deutschland eine traditionsreiche Geschich-te. Jüdisches Fansein und die jüdische Fankultur haben einen langen, ereignisreichen Weg hinter sich. Spätestens seit dem „Sommermärchen"[203], der Weltmeisterschaft 2006 in Deutschland, hat der Sport auch Menschen begeistert, die vorher kein he-rausragendes Interesse an Fußball hatten. International genießen deutsche Stadien aufgrund ihrer emotionalen Fans, kreativem Support und der lebendigen Fankultur schon länger ein hohes Ansehen. Für viele Groundhopper[204] ist der Stadionbesuch in Deutschland etwas ganz Besonderes. Doch es geht nicht nur um den besten „Tifo", also Spruchbänder, Konfetti, Papier- oder Pappzettel, Kassenrollen, Schals, Doppelhal-ter, Schwenkfahnen, Blockfahnen, Ballons, Toilettenpapier oder auch pyrotechnische Artikel wie bengalische Fackeln oder Rauchtöpfe, die zusammen eine atemberaubende Atmosphäre bilden. Es geht auch um Politik.

Die Fankurven sind ein Ort des gesellschafts- und fußballpolitischen Diskurses. Meistens verschränken sich diese Ebenen auch ineinander. Unterschiedliche Lebens-realitäten prallen aufeinander, wenn die Fans gemeinschaftlich und leidenschaftlich für das verbindende Element aufstehen: ihren Verein. Dieser Raum hat sich zu einem Platz für politische Auseinandersetzungen und Konflikte entwickelt, die zum Teil weit über das Stadion hinausreichen. Demgegenüber treten immer wieder konkrete Akteur*innen auf, die ihn als vermeintlich unpolitisch behaupten.

Der Versuch, das Phänomen der Fankultur in Deutschland angemessen zu beschreiben, läuft, ohne eine thematische Auseinandersetzung mit verschiedenen Arten des Fanseins, Gefahr zu scheitern. So bunt und vielfältig die hiesigen Fankurven sind, so divers ist auch die Art und Weise, wie Fans ihre Liebe zum Fußball und ihrem Verein ausleben.

Hooligan, Ultra und aktive Fanszene sind zum Teil viel gebrauchte Begriffe, die durch Alltag und die mediale Berichterstattung strömen. Teilweise werden sie ohne Bewusstsein für ihre subkulturellen Wurzeln verwendet, teilweise prägen sie die Zuschauer*innenränge in deutschen Stadien. Hierbei handelt es sich in der Regel um Selbstbezeichnungen der handelnden Akteur*innen. Um mehr Klarheit in dieses subkulturelle Geflecht zu bringen, haben wir mit einem Experten gesprochen. Robert Claus ist u. a. Referent und Autor von Büchern wie *Hooligans – Eine Welt zwischen Fußball, Gewalt und Politik* (2018) und *Ihr Kampf – Wie Europas extreme Rechte für den Umsturz trainiert* (2020). Außerdem arbeitete er mehrere Jahre bei der Kompetenzgruppe Fankulturen und Sport bezogene Soziale Arbeit (KoFas).

Ein Blick in die Geschichte – Die Wurzeln des Hooliganismus
In den 1980er Jahren kam es auch in Deutschland, orientiert an ähnlichen Vorgängen in Großbritannien, zu einer Aufspaltung. Eine gewaltorientierte Gruppe etablierte eine neue Kultur zum Teil innerhalb, vor allem aber auch außerhalb der Stadien. Das sind die Wurzeln deutscher Hooligans, bei denen sich der Spieltag nicht mehr nur um den eigenen Verein oder das Fußballspiel drehte. Wie ihre britischen Vorbilder sahen sie ihr Betätigungsfeld in Schlägereien mit den Hooligans anderer Vereine. Dazu trafen sie sich häufig außerhalb der Stadien auf freien Flächen wie z. B. Waldgebieten. Robert sieht den Hooliganismus von seiner Entstehungsgeschichte bis Ende der 1990er Jahre als „klassische Jugendkultur, die sich jugendkultureller Elemente bedient".

Einen ersten Transformationsprozess habe der Hooliganismus ungefähr 1998 mit dem gewalttätigen Angriff auf den französischen Polizisten Daniel Nivel bei der Europameisterschaft 1998 erlebt.[205] Ein weiterer sei während der WM 2006 zu beobachten gewesen: „Der Hooliganismus wird ein Stück weit aus den Stadien gedrängt", sagt Robert. Seit 2000 gab es eine Reorganisationsphase der Hooligan-Szene: Ackermatches, soziale Medien, osteuropäische Netzwerke und der Kampfsport nahmen fortan eine zunehmend wichtigere Rolle ein. Heutzutage spricht der Hooliganforscher mit Blick auf die Szene von einer „etablierten Subkultur".

Eine allgemeine Assoziation vieler Menschen verbindet Hooligans mit rechtsradikalen Schlägerbanden.[206] Robert sieht darin eine Vereinfachung der Realität:

Der Hooliganismus ist eine eigenständige Subkultur, die vor allem Einfluss auf Fußballfanszenen sowie die Landschaft des Kampfsports hat und die relevante Schnittmengen mit dem militanten Neonazismus in Deutschland aufweist.

Die Schnittmenge zwischen dem Hooliganismus und dem „militanten Neonazismus" hat sich in den letzten Jahren vor allem durch professionelle Kampfsportveranstaltungen wie dem vom Dortmunder Neonazi und Die Rechte-Politiker Alexander Deptolla organisierten Event *Kampf der Nibelungen* (KdN) gezeigt.

Für Robert lassen sich Hooligans jedoch nicht als homogen rechtsradikales Phänomen bezeichnen. So existieren beispielsweise auch Hooligangruppen, die sich in der politischen Landschaft als links verorten würden. Nichtsdestotrotz dominieren Berichte in den Medien über rechtsradikale Hooligans, wie z. B. die aufgelöste Gruppe *Faust des Ostens* von Dynamo Dresden. „Was die Szene eint, ist die Verbindung zwischen Gewalt und Männlichkeit. Das teilen alle Hooligans und es macht sie so anfällig für rechtsextreme Ideologie", so Robert.

Alles für den Verein – Ultras

In den 1990er Jahren entwickelte sich in Deutschland eine Bewegung, die in vielen Kurven den Hooligans den Rang als treibende Kraft ablief: Die Ultra-Kultur. Ihren Ursprung hatte die Bewegung in den kreativen Protestformen italienischer Studierender der 1970er Jahre. Jugendliche Gruppierungen organisierten sich immer stärker im und außerhalb des Stadions und bildeten damit einen Kontrast zu den Kutten oder den Hooligans.

Der Zusammenschluss von Fans in Ultra-Gruppen war geeint von dem Bestreben nach bedingungsloser Unterstützung des eigenen Vereins. Das Fansein sollte mehr als 90 Spielminuten dauern. Ultras leben jeden Tag für ihren Verein. Ihre Zielsetzung verfolgen sie primär durch koordinierten, akustischen und visuellen Support des Teams bei Heim- und Auswärtsspielen. Sie sind heutzutage die treibende Kraft in den Fankurven und sorgen u. a. mit Megafonen für organisierte Fangesänge, malen beeindruckende Choreografien, schwenken Fahnen als optischen Support oder heizen die Stimmung mit Pyrotechnik an. Allgemein gelten Ultras heutzutage als größte Jugendkultur Deutschlands. Dabei spielt Gewalt „eine Rolle in der Ultra-Kultur, aber keine so zentrale wie im Hooliganismus", so wieder Robert. Er macht jedoch auch klar, dass sich vielerorts auch Mischgruppen zwischen Ultras und Hooligans gebildet haben.

Zwar unterscheiden sich die jeweiligen Ultra-Gruppierungen kaum in ihrem bedingungslosen Support für den eigenen Verein, aber politisch gibt es von Stadion zu Stadion große Unterschiede. Viele Gruppen haben ein linkes Selbstverständnis, es gibt allerdings auch Ultras, die kein dezidiert politisches Weltbild für sich in Anspruch nehmen und ebenso gibt es rechtsoffene oder recht(sradikal)e Gruppen. Vor allem linke und antirassistische Ultras sind ein Dorn im Auge der eher rechtsgeprägten Hooligan-Szene. Robert berichtet von „Neonazi-Hooligans, die versuchen, eher links-alternative Ultra-Gruppen unter Druck zu setzen".

Um die Jahrtausendwende herum waren es antirassistisch eingestellte Ultras, die vielerorts ein Gegengewicht zu den rechtsradikalen Umtrieben in Stadien gesetzt haben. So hat sich im Bremer Weserstadion die Ultra-Szene gegen die neonazistischen Hooligangruppen *Standarte* und *Nordsturm Brema* durchgesetzt. Für tiefgreifende positive Entwicklungen im Stadion bedürfe es allerdings, sagt Robert, eines „Gesamtkulturwechsels", welcher nicht von einer einzelnen Gruppe getragen werden kann, sondern den Einsatz aller vorhandenen Akteur*innen wie z. B. Vereine und Fanprojekte braucht. In Aachen oder Braunschweig wurden Ultras, die sich aktiv gegen Diskriminierung einsetzen wollten, allein gelassen. Trotz vieler positiver Beispiele, ergänzt Robert, „spalten sich die Geister bei Fragen der Antidiskriminierung und Vielfalt". Es gibt einige Ultras die sich aktiv gegen Rassismus positionieren und „es gibt Gruppen, die damit nicht belangt werden wollen".

Einige Ultraszenen haben die eigene Vereinsgeschichte während der Zeit des Nationalsozialismus aufgearbeitet. Dazu gehört auch die FC Bayern-Fangruppe *Schickeria München*, die mit ihrem erinnerungspolitischen Engagement rund um den ehemaligen Vereinspräsidenten Kurt Landauer die Geschichte eines Münchner Juden wieder ins kollektive Gedächtnis geführt hat. Heute gehört diese Erinnerung zum Kern der Arbeit des gesamten Vereins. Als Jude musste Landauer aus München und Deutschland während der nationalsozialistischen Herrschaft fliehen. Die *Schickeria* erinnert unter anderem mit Veranstaltungen und Choreografien an den Präsidenten, der den FC Bayern nach seiner Remigration 1945 wieder zu sportlichen Erfolgen führte. Für ihr Engagement wurden die Bayern-Ultras 2015 mit dem Julius Hirsch Preis des Deutschen Fußball-Bundes ausgezeichnet.[207]

Robert erkennt in der historischen Auseinandersetzung vieler Ultras auch ein eigenes „Traditionsbewusstsein" im Hinblick auf die Geschichte des Vereins. Luis Engelhardt hält die historische Aufarbeitung vieler Fan-Gruppen und Vereine für sehr lobenswert, aber die Verantwortlichen sollten es nicht dabei belassen: „Leider wird der Antisemitismus zu häufig als Problem der Vergangenheit betrachtet, sodass sich Präventionsstrategien oftmals ausschließlich auf Erinnerungsarbeit konzentrieren." Trotz der vorhandenen Defizite sieht er positive Entwicklungen im Kampf gegen Antisemitismus: „Viele Clubs öffnen sich für das Problemfeld, entwickeln ein Problembewusstsein und erkennen die Herausforderung."

Fanpolitik, Antidiskriminierung und aktive Fans
Neben den Hooligans und den Ultras prägt auch die aktive Fanszene die öffentliche Wahrnehmung von Fußballfans in Deutschland. Unter dem Begriff wird im Allgemeinen eine Anzahl organisierter Fanclubs verstanden, die innerhalb der unterschiedlichen Fanstrukturen eines Vereins als übergeordnetes Sprachrohr der Fangemeinschaft fungieren. Dabei hängt eine aktive Fanszene nicht nur von den Ultras ab, sondern sie vereint Fangruppen unabhängig von ihrer Idee des Fanseins, ihres Alters oder ihrer Weltanschauungen. Im Mittelpunkt aller Gruppen steht der Wille, den eigenen Verein aktiv und organisiert in einem Bündnis zu unterstützen. Robert erklärt dahingehend: „Dort, wo das eigene Fan-Dasein betroffen ist und die Frage: ‚Welchen Zugang hat man zum Fußball und zum Stadion?', da ist die Szene sehr politisch."

In Deutschlands Fanszenen gibt es darüber hinaus Gruppen, die aus ihrer antisemitischen Gesinnung keinen Hehl machen. Hierbei sei beispielsweise die inzwischen aufgelöste Hooligangruppe *Jungsturm* vom FC Rot-Weiß Erfurt genannt. *Jungsturm*, gegen die 2020 wegen Bildung einer kriminellen Vereinigung ermittelt wurde, pflegt enge Kontakte zum neonazistischen *Blood & Honour*-Netzwerk. Auch die ehemalige Gruppe *Riot 0231* aus der Fanszene von Borussia Dortmund (BVB) machte mit antisemitischen Fangesängen auf sich aufmerksam und ist bestens mit rechtsradikalen Kampfsportler*innen wie z. B. dem russischen Hooligan Denis „Nikitin" Kapustin vernetzt. Hooliganismusforscher Robert hebt das Spezifikum der antisemitischen Beleidigungen im Stadion hervor:

Einige Ultraszenen gehen aktiv gegen antisemitische Beschimpfungen vor. Dort wo im Fußball noch immer diskriminierend – z. B. antisemitisch oder antiziganistisch – geschimpft wird, sind die betroffenen Gruppen oft überhaupt nicht anwesend. Dies verdeutlicht, dass einige Stadien bis heute keine sicheren Räume für alle gesellschaftlichen Gruppen in Deutschland sind.

Von Ashdod nach Müngersdorf – Ein israelischer Sportjournalist und seine Liebe für den 1. FC Köln

Es ist Samstagvormittag, die Straßenbahnlinie 1 hält am Alten Militärring. Umgeben von grölenden Fans steigen wir aus. Heute ist „Spilldaach", wie die Kölner*innen sagen. Wir sind in Köln-Müngersdorf, der Heimat des 1. FC Köln. Hier treffen wir Felix Tamsut. Mit zwei Kölsch in der Hand begrüßt er uns: „Ma Kore, Achim Sheli."[208] Felix ist Sportjournalist, israelischer Jude, seine Familie kommt aus Nordafrika und er ist Teil der aktiven Fanszene des 1. FC Köln.

Felix Tamsut wurde am 11. Oktober 1986 als Sohn religiöser Jüdinnen*Juden in der israelischen Hafenstadt Ashdod geboren. Da sein Vater Rabbiner ist, lernte Felix als Jugendlicher in einer Jeschiwa[209]. Später studierte er Journalismus am Sapir College in der südisraelischen Stadt Sderot. Mit dem inzwischen eingestellten journalistischen Austauschprogramm „Trialog der Kulturen" der Herbert-Quandt-Stiftung kam er 2015 erstmals nach Deutschland. Das Stipendium für junge Journalist*innen aus Deutschland, Israel und den palästinensischen Gebieten führte ihn zunächst nach Frankfurt am Main. Nach einem kurzen Zwischenstopp in Bonn verschlug es ihn schlussendlich nach Köln. Für ihn war die Domstadt eine der besten Entscheidungen seines Lebens, wie er sagt: „Köln hat mich aufgenommen und ich habe dasselbe mit der Stadt gemacht."

Die ersten Berührungspunkte hatte Felix bereits während seiner Kindheit in Israel. Dort spielte er leidenschaftlich gern das Computerspiel Football-Manager. Seine Spiel-Mannschaft? Der 1. FC Köln. Für eine fußballinteressierte Person, die neu in der Region ist, führt der Weg schnell ins Müngersdorfer Stadion. Die Karten für sein erstes Heimspiel, gegen Hannover 96, hatte er noch von einer Freundin geschenkt bekommen. Wenn Felix heute über Köln spricht, dann glänzen seine Augen: die gelebte Multikulturalität der Stadt, die Integrationsmöglichkeiten, seine Faszination für „Fastelovend"[210] und seine Liebe zum 1. FC Köln. Diese Liebe zum Verein trägt er heute sichtbar über seinem Fred-Perry-Polohemd: Einen Schal mit der Aufschrift *Definitionsmacht Colonia* (DMC).

Die DMC wurde am 27. Dezember 2012 von ihren sieben Gründungsmitgliedern (alle waren bereits zu diesem Zeitpunkt innerhalb der aktiven Fanszene oder anderen Fanclubs organisiert) im Päffgen Brauhaus gegründet. Für DMC steht der Spaß am Fußball an oberster Stelle. Der Fanclub fährt zu Heim- und Auswärtsspielen des 1. FC Köln. Für die *Definitionsmacht* ist Fußball „eine zu ernste Angelegenheit, als dass wir diesen ohne Humor ertragen könnten".[211] Der Fanclub ist Mitglied im Verein *Südkurve 1. FC Köln*, äußert sich im und außerhalb des Stadions gesellschaftskritisch und setzt sich für ein diskriminierungsfreies Umfeld ein. Auf ihrer Website heißt ganz in diesem Sinne: „Wir werden um uns herum keine Homophobie, Rassismus, Antisemitismus, Nationalismus oder andere solche Verhaltensweisen dulden."[212]

Gerade deswegen sind DMC und auch die Kölner Fanszene für Felix zu einem wesentlichen Bestandteil seines Lebens geworden. Auf den Auswärtsfahrten habe er Deutsch gelernt, erzählt er weiter. Der Zusammenhalt, die gemeinsame Liebe und das Zugehörigkeitsgefühl innerhalb der Südkurve erlauben es ihm, seine „Abwehrmechanismen" als Jude in Deutschland für mindestens 90 Minuten abzuschalten. Der Fokus liegt in dieser Zeit nur auf ihm, der Gruppe und dem 1. FC Köln. „Aktive Fanszenen werden in der öffentlichen Wahrnehmung öfters als nonkonform beschrieben, das ist ein wenig so wie wir Jüdinnen*Juden in der deutschen Mehrheitsgesellschaft. Ich mag das", sagt Felix und setzt wieder sein gewinnendes Lächeln auf.

This is my Synagogue
Wir stehen vor der Südkurve, dem Herzstück des Müngersdorfer Stadions. An einer Laterne klebt ein Aufkleber mit der Aufschrift: „This is my Church. This is where I heal my hurts", angelehnt an die Lyrics des Songs „God is a DJ" von Faithless. Hinter den Buchstaden befindet sich die Silhouette des Kölner Stadions. Felix lacht und sagt: „This is my Synagogue." Dass wir an einem Samstag, an Schabbat, ins Stadion und nicht in die Synagoge gehen, wäre in seinem früheren Leben undenkbar gewesen. Mit 14 Jahren sagte er seinem Vater, dass das Leben als religiöser Jude ihn nicht glücklich machen würde. Eine Entscheidung, die für seinen heutigen Job relevant ist. Als Sportjournalist für die Deutsche Welle ist er fast jedes Wochenende in Deutschlands Stadien unterwegs. Er schreibt jedoch nicht über den letzten Spieltag, Transfers oder Taktiken. Für ihn stehen Fankultur, fanpolitische Themen, die Kultur der Ultras und Konflikte zwischen Fans und den Sicherheitsbehörden im Fokus.

Dass er sich nicht für den Weg als religiöser Jude entschieden hat, steht fernab der festen Verbindung zu seiner mizrachischen Herkunft. Er mag es, mit seinen nicht-jüdischen Freund*innen über ein Judentum abseits der aschkenormativen Gemeinden in Deutschland zu sprechen. Er erzählt vom Leben seiner Eltern in Tunesien und Marokko, den arabischen Liedern seiner Großmutter und lädt vor Heimspielen oft zu Kölsch, selbstgemachtem Hummus und Shakshuka ein.

Definitionsmacht und eine politische Heimat im Rheinland
Inzwischen sind auch die anderen Mitglieder der *Definitionsmacht* eingetroffen. Gemeinsam betreten wir die Südkurve, besser gesagt den Bereich S4, in dem DMC zu Hause ist. Hier fühlt sich Felix heimisch:

Ich habe dieses Gefühl, heimisch zu sein, seitdem ich hier das erste Mal gestanden habe. Auswärtsfahrten waren auch eine Möglichkeit, genau das wieder zu spüren. Daher fahre ich nun zu den meisten Spielen, egal ob auswärts oder zuhause. Immer wieder höre ich, wie Menschen in Deutschland von Fußballfans als dem Quell allen Übels sprechen. Doch die Südkurve, also der Block S4, das ist für mich eine Art Safe Space geworden. Vor allem, weil es hier Menschen aus der Fanszene gibt, die diesen Ort dazu machen.

Dass es beim FC und in anderen Stadien Probleme mit Antisemitismus gibt, ist Felix bewusst. Der Mitte 30-Jährige war deutschlandweit, in Ost und West, schon in dutzenden Stadien, in großen und kleineren Städten. Außerdem ist er als Sportjournalist gut vernetzt und kennt Personen aus verschiedenen Vereinen und Fangruppen. Vor allem rechte Ultras oder Hooligangruppen, aber auch Fans ohne eigene Fangruppe, nutzen das Wort „Jude", um Rivalen zu beleidigen, erklärt Felix. Besonders in Erinnerung geblieben ist ihm beispielsweise das Auswärtsspiel vom FC Energie Cottbus beim SV Babelsberg 03 im Jahr 2017. Es kam von Seiten der Cottbusser Fans zu Ausschreitungen, antisemitische und volksverhetzende Parolen wurden in Richtung der Babelsberger Fans gerufen und der Hitlergruß gezeigt. Als Reaktion darauf gründete sich aus dem SV Babelsberg heraus die Kampagne „Nazis raus aus den Stadien", die sich „gegen rechte Hetze in den deutschen Sportstadien" richtet und auch vom 1. FC Köln unterstützt wird.

Gerade in Köln sei der Umgang mit Antisemitismus und Rechtsradikalismus innerhalb der aktiven Fanszene sehr gut, erzählt Felix: „In der Vergangenheit haben beispielsweise die Ultra-Gruppe *Coloniacs*, mit den (damaligen) Fangruppen *Navajos* und DMC und das *Kölner Fanprojekt* die ‚Aktionstage gegen Antisemitismus' ins Leben gerufen."

Auch schmückten die Südkurve häufig Spruchbänder mit klaren Botschaften gegen die AfD, Rassismus oder Neonazis. Felix ist stolz auf die mehrheitlich gelebte Toleranz von Stadt, Verein und aktiver Fanszene. Auch wenn er weiß, dass es auch beim 1. FC Köln antisemitische Entgleisungen gibt. Er erzählt von einer Auswärtsfahrt im Sonderzug. Neben ihm beleidigten sich andere FC-Fans als „Jude" und „Z****". Er war damals allein unterwegs und habe deshalb nicht interveniert, berichtete er. Seit diesem Vorfall fährt Felix nicht mehr allein zu Auswärtsspielen. Zu seiner Verbindung zum FC hat sich nichts geändert: „Ein paar Idioten, wie sie es waren, werden es nicht schaffen, mich von meinem Klub zu entfernen. Da braucht es schon mehr!", sagt Felix kämpferisch-selbstbewusst.

Während wir reden, hängen seine Mitstreiter*innen der *Definitionsmacht*, wie es für Fanclubs üblich ist, ihre Banner auf. Sie stehen hinter einer handgemalten Zaunfahne mit der Aufschrift „Pure Vernunft darf niemals siegen", der Titel des siebten Studioalbums der Indie-Rock-Band Tocotronic. Ein DMC-Mitglied erzählt, dass dieser Satz perfekt zum Fußball passe. Für Felix ist es gewissermaßen auch gleichbedeutend mit Menschsein:

Unser Handeln ist nicht immer vernünftig und dem müssen wir uns bewusst sein. Das gehört für mich zum Leben dazu. Würden wir versuchen, immer vernünftig zu handeln, dann wären wir Maschinen.

In knapp fünf Jahren ist Felix zu einem der bekanntesten Sportjournalisten mit dem Schwerpunkt Fankultur in Deutschland geworden. Inzwischen folgen dem Kölner Juden über 13 000 Menschen auf Twitter und lesen seine Texte über das hiesige Fangeschehen. Während des gesamten Spiels ist Felix in seinem Element. Er singt lauthals Fangesänge, flucht auf Hebräisch bei Ballverlust und trinkt Kölsch mit seinen Freund*innen. Felix ist in der Domstadt am Rhein auch durch den FC angekommen:

Wenn ich hier bin, dann fühle ich mich sicher. Vor allem im Stadion, aber auch in der Stadt. Manchmal kann ich dann abschalten und mich in das Gefühl fallen lassen, dass die äußere Welt nicht existiert. Damit meine ich vor allem eine Gesellschaft, die langsam nach rechts abdriftet und in der der Antisemitismus so offen zu Tage tritt.

Im Schatten des Roten Bullens

Wir reisen aus Köln ab. Ein Teil unseres Duos fühlt sich hier fest beim FC verwurzelt. Der andere hängt einem Verein an, mit dem sich der FC zwar die rote Farbe der Trikots, ansonsten aber recht wenig teilt. Doch wir fahren nun nicht in die niedersächsische Landeshauptstadt Hannover, sondern es geht weiter nach Sachsen. Auch hier lassen wir die Landeshauptstadt hinter uns und fahren weiter nach Leipzig. Die Messestadt war mehrmals das Zentrum eines Wandels, der den gesamten deutschen Profifußball erreicht hat. Am 28. Januar 1900 wurde hier der Deutsche Fußball-Bund (DFB) gegründet.[213]

109 Jahre später, am 19. Mai 2009, sorgte die Gründung von RasenBallsport Leipzig für eine neue Diskussion über den Umgang mit Investor*innen und der 50+1 Regel[214]. Doch abseits von Energy Drinks, Bundesliga und Champions League geht es im Schatten des Leipziger Zentralstadions zumindest in der öffentlichen Debatte weitaus unaufgeregter zu. Denn hier spielen mit dem 1. FC Lokomotive Leipzig und der BSG Chemie Leipzig zwei ehemalige DDR-Oberliga-Vereine heute in unterklassigen Ligen. Trotz Unterklassigkeit zogen die beiden rivalisierenden Leipziger Vereine in der Vergangenheit rund 15 000 Fans zu ihren Derbys an. Zu ihnen gehört auch Yuval Rubovitch. Er ist ebenfalls Mitte 30 Jahre alt, „Chemiker"[215], Israeli und Jude. Wir treffen ihn an der Leipziger S-Bahn-Haltestelle Leutzsch im ehemaligen Industriegebiet der Stadt. Als wir an dem drückend heißen Tag – die Thermometer zeigen um die 30 Grad an – die gekühlte S-Bahn verlassen, stehen wir in der drückenden Hitze vor großen, verfallenen und überwucherten Industriebauten. Was manche heute romantisieren – die verfallenen Produktionsanlagen der ehemaligen DDR –, ist eines der letzten Überbleibsel des uneingelösten Versprechens auf Fortschritt des sich selbst als „Arbeiter- und Bauernstaat" bezeichnenden Landes. Zu spüren ist davon heute nur noch sehr wenig. Lediglich die alten Bauten, deren noch nicht gesprungene Scheiben mit Chemie-Stickern übersät sind, vermitteln einen Eindruck dessen, was hier einst Alltag war.

In unmittelbarer Nähe liegt der Alfred-Kunze-Sportpark, die Heimat von Chemie. Während wir durch einen bürgerlich-vorstädtischen, mit Einfamilienhäusern und vereinzelten Villen gesäumten Stadtteil spazieren, beginnt Yuval zu erzählen. In Leipzig hat auch er seine Wahlheimat gefunden. Yuval erklärt uns diese Verbindung zu seinem Wohnort näher. Im Jahr 2012 zog er gemeinsam mit seiner Frau von Jerusalem nach Deutschland, um seine Dissertation in Geschichte an der Universität in Halle zu schreiben. Erste Berührungspunkte mit Leipzig hatte er allerdings bereits 2011:

Ich war als Gastwissenschaftler am Simon-Dubnow-Institut für jüdische Geschichte und Kultur in Leipzig eingeladen. Später habe ich in Halle einen Doktorvater für meine Dissertation gefunden. Da Halle nicht weit von Leipzig entfernt liegt und wir die Stadt schon kannten, haben wir uns dann für Leipzig entschieden.

Seine Arbeit und seine Lehrveranstaltungen an der Universität sowie die räumliche Nähe von Leipzig und Halle führten dazu, dass ihn der rechtsterroristische Anschlag von 2019 sehr beunruhigte: „Ich hatte Angst, in die Stadt zu gehen, weil man dachte, dass es mehrere Täter gewesen sein könnten. Man dachte, sie könnten vielleicht auf dem Weg nach Leipzig sein."

Eine Woche nach dem Anschlag hatte das Semester begonnen. Yuval berichtet davon, dass er ein Seminar über die Geschichte des Staates Israel und über den Zionismus an der Uni gab, die in der Nähe der jüdischen Gemeinde und des KiezDöners liegt. An jenem Tag verspürte er Angst, dass er in Halle – auch aufgrund des Seminarthemas – zum Ziel werden könnte. Letztendlich hielt er die Veranstaltung dennoch und es sollte ruhig bleiben.

Der 9. Oktober 2019 war ein Tag, an dem ich wirklich Angst hatte. Eine Woche nach dem Anschlag habe ich aber auch die Solidarität der Menschen in Halle gespürt. Überall hingen Plakate gegen Antisemitismus und Rassismus.

Das hat ihm Mut gemacht, stellt Yuval im Nachhinein fest.

Inzwischen sitzen wir auf der Terrasse des Vereinsheim von Chemie. Es ist Sommerpause und außer ein paar Spieler*innen, Vereinsoffiziellen und uns ist niemand auf dem Vereinsgelände zu sehen. Wir blicken über den gesamten Sportpark, während die Sonne unerbittlich auf uns niederscheint. Über dem Spielfeld, dessen Rasen unberührt, nahezu künstlich, satt und grün aussieht, prangen große Buchstaben: LEUTZSCHER HOLZ.

Leipzig ist heute leider auch ein Synonym dafür, dass sich selbst in progressiven Fanszenen strukturell-antisemitische Tendenzen beobachten lassen. Das lässt sich leider besonders häufig bei der notwendigen Kritik an manchen Entwicklungen des kommodifizierten Fußballs festmachen. Vor allem in die Ablehnung gegenüber dem 2009 durch den österreichischen Energydrink-Konzern Red Bull gegründeten Verein Rasen-Ballsport Leipzig mischen sich häufig verkürzte Kapitalismuskritik und damit strukturell-antisemitische[216] Ressentiments. Ein Beispiel dafür ist der in Fußball-Deutschland nur allzu populäre Ausdruck „RattenBall Leipzig". Es kam in der Vergangenheit schon des Öfteren vor, dass auf Stickern oder in Deutschlands Fankurven ein abgewandeltes Leipziger Vereinswappen präsentiert wurde: Zwei Ratten nagen wahlweise an einem Geldhaufen, an einer einzelnen Geldmünze oder an einem Fußball. Der Antisemitismusforscher Pavel Brunssen sieht darin die Botschaft, dass RasenBallsport den Fußball zersetze.

„Die Rattenmetaphern als solche verweisen nicht zwangsläufig auf eine bewusste antisemitische Intention, knüpfen jedoch an lange tradierte antisemitische Bilder an",[217] beschreibt Brunssen mit Verweis auf den nationalsozialistischen Propagandafilm *Der ewige Jude*. Weitere Tier- und Krankheitsmetaphern, die bei der Abneigung gegen den Leipziger Fußballverein genutzt werden, stehen in einer Traditionslinie (strukturell)-

antisemitischer Bildsprache.[218] Luis Engelhardt bekräftigt die Einschätzungen von Pavel Brunssen. Er wünscht sich gleichzeitig ein stärkeres Interesse:

Der Antisemitismus in all seinen unterschiedlichen Erscheinungsformen ist ein äußerst dynamisches und wandlungsfähiges Phänomen. Wir beobachten regelmäßig antisemitische Vorfälle in den Stadien und vor allem in den sozialen Medien, die noch viel mehr in den Fokus genommen werden müssen.

Fußball und Politik Hand in Hand
Yuval grüßt jeden sehr herzlich. Man kennt ihn, obwohl er seinen ersten Kontakt mit dem damaligen Siebtligisten Chemie Leipzig erst ein Jahr nach seinem Umzug nach Leipzig hatte. Gemeinsam mit mehreren Freund*innen besuchte er ein Spiel im Sachsenpokal gegen den Chemnitzer FC und knüpfte schnell Kontakte zu anderen Fans:

Ich habe inzwischen überall im Stadion gute Freund*innen kennengelernt. Ob bei den Ultras, neben den Ultras, bei den älteren Fans oder im Familienblock. Ich bin hier angekommen und spätestens seit 2015 bin ich hier zu Hause.

Im Fanblock des Alfred-Kunze-Sportparks gibt es zwei Gruppen, mit denen er sehr stark verbunden sei, erzählt Yuval. Vor allem ihr Einsatz gegen Antisemitismus im und außerhalb des Stadions helfe dem Mitte 30-Jährigen Historiker dabei, sich zu Hause und gleichzeitig sicher zu fühlen, wenn er zum Beispiel Hebräisch im Stadion spricht:

Bevor ich nach Leipzig gekommen bin, habe ich nichtjüdische Fans und das Engagement gegen Antisemitismus nicht bewusst wahrgenommen. Das ist in der Fanszene von Chemie Leipzig eine Selbstverständlichkeit. In der älteren Generation vielleicht weniger, aber in der jüngeren Generation ist es klar, sich gegen jede Form von Antisemitismus und Rassismus einzusetzen.

Für ihn gehören politisches Engagement und der Kampf gegen Diskriminierung zur Daseinsberechtigung der Fanszenen in Deutschland. So haben die Chemie-Fans immer wieder Stellung gegen jegliche Ideologien der Ungleichheit gezeigt. Am 7. April 2018 war beim Auswärtsspiel gegen Viktoria Berlin neben der Flagge der Rom*nja der Spruch „8. April internationaler Tag der Roma – Koni Naj Ilegalno"[219] zu lesen. Auch eindeutige Positionen gegen jeden Antisemitismus waren in der Vergangenheit auf dem Norddamm, der Heimkurve im Alfred-Kunze-Sportpark, zu sehen – ob zum 70. Jubiläum des Staates Israel im Jahr 2018 „70 Jahre Israel – Alles Gute!" oder „Gegen jeden Antisemitismus: In den Köpfen! In den Stadien! In den Parlamenten!"
Während Yuval ohne Sorgen zu Heimspielen ins Stadion geht, hat er bei Auswärtsspielen in der sächsischen Fläche andere Erfahrungen gemacht. Dort gebe es immer wieder aggressive Blicke von gegnerischen Fans oder Ordner*innen, wegen seines grün-weiß-blauen Schals vom SK Bar Kochba Leipzig[220] wie auch seines Schals von Chemie Leipzig mit dem Davidstern. Yuval ist es wichtig, sein Judentum in Sicherheit ausleben zu können, wie er es in Leipzig-Leutzsch tut. Er selbst trägt keine Kippa und ist nicht religiös. Nichtsdestotrotz ist er stolz auf seine Identität, die er nicht verleugnen

oder verstecken will: „Es ist Teil meines Vermächtnisses und meiner Familiengeschichte. Ich finde es wichtig, dass wir unsere Schals mit dem Davidstern zeigen können."

Von Beitar zur BSG

Die Stadt Leipzig und der dort gespielte Fußball haben Yuval noch stärker politisiert. In Israel war er Fan von Beitar Jerusalem. Ein Verein, der, wie er sagt, „politisch eigentlich auf der anderen Seite von mir steht".[221] Er erzählt, wie sie in Israel immer der Meinung waren, dass die rassistischen Fans irgendwann verlieren und gehen würden. Doch 2013, er und seine Frau waren schon in Leipzig, kam es dann zum absoluten Bruch mit Beitar Jerusalem. Die Fangruppe *La Familia* zeigte ein Spruchband mit der Aufschrift „Beitar ewig rein" und spielte somit darauf an, dass ihr Verein der einzige israelische Profi-Fußballclub war, der noch nie arabische Spieler*innen verpflichtet hatte. Sie protestierten damit u. a. gegen die Verpflichtung der zwei tschetschenisch-muslimischen Spieler Zaur Sadayev und Gabriel Kadiev. Für Yuval gab es danach nur eine Konsequenz: „Wenn dieser Verein rassistische Fans duldet, dann kann ich kein Fan mehr von diesem Verein sein. Damals habe ich verstanden, dass man Fußball und Politik nicht trennen kann." Wie politisch der Fußball werden könne, erklärt Yuval, zeige die bereits erwähnte Rivalität zwischen der BSG Chemie Leipzig und dem 1. FC Lokomotive Leipzig:

> Was als Rivalität zwischen zwei Stadtvereinen begonnen hat, hat durch die politischen Gegensätze beider Fanlager in den letzten 15 Jahren eine besondere Note bekommen. Das war nicht immer so. In der DDR bestand die Rivalität vor allem darin, dass Lok der Liebling des Regimes und die BSG der Außenseiter war.

Die junge Generation der Hooliganszene von Lok ist deutschlandweit für ihre rechtsradikalen politischen Einstellungen bekannt. Gemeinsam mit den befreundeten Fans vom BFC Dynamo und S. S. Lazio Rom bilden sie ein stramm rechtes Neonazinetzwerk. Auch der international bekannte MMA-Kämpfer und Neonazi Benjamin Brinsa entstammt der Hooligan-Szene von Lok Leipzig. Andere Lok-Fangruppen pflegen Kontakte zu rechtsradikalen Fans vom FC Rot-Weiß Erfurt und dem Halleschen FC. So kam es auch, dass der Erfurter Kampfsportler und *Jungsturm*-Hooligan Theo Weiland nach seinem Sieg bei der 10. La Familia Fightnight mit dem Ruf „Erfurt, Leipzig, Halle – Fußballkrawalle" mit seinen Unterstützern vor Ort feierte.[222]

Die Fanszene von Chemie Leipzig verortet sich selbst eher politisch links. Deshalb spiegelt sich die Feindschaft beider traditioneller Leipziger Fanlager auch im Bereich des Politischen wider. Für Yuval ist jedoch auch klar, dass nicht alle Chemiker*innen links und nicht alle Lokomotive-Anhänger*innen politisch rechts sind. In der Vergangenheit erlebte er, dass seinem Verein immer wieder antisemitische Anfeindungen durch Lok-Fans entgegenschlugen. Auch über die Leipziger Stadtgrenzen hinaus sieht sich der Verein Chemie Leipzig antisemitischen Äußerungen durch gegnerische Fans ausgesetzt. So sind Sprechchöre wie „Frankfurt und Chemie – Judensympathie"[223], Aufkleber mit dem Bild eines religiösen Juden in einem Chemie-Schal und der Überschrift „All Chemiker Are Jews", „Juden Chemie" oder der während der Shoa ermordeten Anne Frank im Chemie-Trikot keine Seltenheit. Auch für Yuval sind diese antisemitischen Vorfälle nichts Neues, obwohl er persönlich noch keine direkten antisemitischen Erfahrungen gemacht habe. So berichtet er:

> Ich würde trotzdem nicht alle Fans von Lok in die rechte Ecke stellen. Viele Fans schämen sich für diese Aufkleber. Der Verein veröffentlicht auch regelmäßig Stellungnahmen, wenn diese Aufkleber wieder publik werden. Ich will dem Verein nicht vorwerfen, rassistisch oder antisemitisch zu sein. Der Verein macht aber auch nicht genug dagegen. Fakt ist, dass diese Aufkleber und andere antisemitische und rassistische Äußerungen immer wieder auftauchen.

Nichtsdestotrotz meint Yuval, dass die demokratisch gesonnenen Fans noch viel mehr gegen die rechtsradikalen Fans machen könnten. Inwieweit die Vereinsführung noch mehr machen kann, könne er nicht sagen.

Die Vereinsführung der BSG Chemie hingegen stellt sich konsequent gegen jede Form von Antisemitismus und gegen Rechtsradikalismus. Als im Dezember 2020 wieder antisemitische Aufkleber gegen die BSG im Leipziger Stadtbild auftauchten, veröffentlichte der Verein auf dem Kurznachrichtenportal Twitter folgendes Statement:

> Wer „Jude" oder andere antisemitische Parolen immer noch als Schimpfwort verwendet, der ist genauso in der Zeit zurückgeblieben wie manch vierter Offizieller der UEFA. Gegen jeden Antisemitismus![224]

Zwischen London und Leipzig – Was bedeutet es, sich „Yid" zu nennen?

Auch die Fangruppe *Chemie Yid Army* reagierte kämpferisch auf die antisemitischen Anfeindungen der Lokomotive-Fans. So tauchte in Leipzig ein Spruchband mit dem Zitat der jüdischen Philosophin Hannah Arendt und dem Kürzel der Chemie-Fans auf: „Wenn man als Jude angegriffen wird, muss man sich als Jude verteidigen! CYA".

In Deutschland wird die Entstehung des Begriffes „Yid" nur wenigen Menschen bekannt sein. Jiddischsprachige Menschen würden diesen wahrscheinlich als jiddisches Wort für „Jude" erkennen. Die Liebhaber*innen des englischen Fußballs wären allerdings sicher schnell bei einem Premier-League-Club: Tottenham Hotspur. Dessen Anhänger*innen bezeichnen sich bereits seit Jahrzehnten als „Yids", „Yiddos" und „Yid Army". Bereits seit Beginn der 2010er Jahre kritisiert der Chelsea-Fan, populäre britisch-jüdische Komiker und Buchautor David Baddiel die Verwendung dieser Begriffe in der Fankurve der Spurs.[225] Warum? Weil sie in der Weise, wie sie heute verwendet werden, nicht auf die jiddische Selbstbezeichnung „Jid" zurückgehen, sondern auf das vom Begründer der britischen faschistischen Partei, Oswald Mosley, geschaffene Schimpfwort „Yid".

Die Fans der Spurs nehmen für sich in Anspruch, eine subversive Wendung vorgenommen zu haben. Wie viele Selbstbezeichnungen sozialer Bewegungen (z.B. „queer"), sei „Yid" ihnen als Beleidigung entgegengeworfen worden, ehe sie den Begriff für sich gewendet und mit Stolz als Selbstbezeichnung verwendet haben. Zwar hat Tottenham heute keinen größeren Anteil jüdischer Fans als andere Londoner Vereine wie z.B. ihr Nordlondoner Rivale Arsenal, doch gibt es tatsächlich in der Vereinsführung eine Kontinuität jüdischer Unternehmer und auch die städtische Umgebung weist eine historische Verbindung auf.[226] Es waren insbesondere osteuropäisch- und russisch-stämmige Jüdinnen*Juden, die sich seit den 1880er Jahren erst im East End und später auch im Norden der englischen Hauptstadt niederließen. Tottenham war außerdem ein Fußballverein, der für den überwiegend der Arbeiter*innenklasse angehörenden Teil junger Jüdinnen*Juden zu einem wichtigen Bestandteil ihres Lebens und ihrer eigenen Identität wurde. Insbesondere die in den urbanen Zentren lebenden Jüdinnen*Juden verflochten diesen mit jüdischen Traditionen und Kultur zu einer britisch-jüdischen Identität, die bis heute anhält.

Die abwertende Bezeichnung als „Yids" stammt wahrscheinlich aus den 1960er-Jahren. In diesem Zeitraum begannen vor allem gegnerische Fans die Anhänger*innen der Spurs mit diesem Wort zu beleidigen. Bemerkenswert ist, dass die Spurs-Fans daraufhin nicht die jüdischen Unterstützer*innen ausgrenzten, sondern die abwertende Fremdzuschreibung als „jüdisch" umkehrten und zum Element ihrer Selbstbehauptung machten. Davidsterne und Israelflaggen sind deshalb heute keine Seltenheit bei den Fangruppen.

Am 3. Juli 2021 fand im Rahmen des 7. Internationalen Fußballbegegnungsfestes ein Freundschaftsspiel zwischen der BSG Chemie Leipzig und dem israelischen Drittligisten Beitar Nordia Jerusalem im Alfred-Kunze-Sportpark statt. Beitar Nordia wurde 2014 als Reaktion ehemalige Fans zu den rassistischen Entgleisungen der Beitar Jerusalem Fanszene gegründet. Mit dabei: Journalist Felix und Historiker Yuval. Die beiden Israelis sind trotz der knapp 400 Kilometer Luftlinie zwischen Leipzig und Köln eng befreundet. Während die Gastgeber mit 4:1 gewinnen, unterhalten sich die beiden auf Hebräisch, trinken Bier und genießen das Sommerwetter. Sie beide haben fernab des jüdischen Staates in deutschen Fanszenen eine neue Heimat gefunden. Hier fühlen sie sich verstanden und können gleichzeitig ihre Leidenschaft für den Fußball und ihr politisches Engagement ausleben.

Kapitel 8 – Ist Kunst politisch?

The Violence We Have Witnessed Carries a Weight on Our Hearts

Wir treten in einen spärlich beleuchteten Raum. Ein Raum voller Stimmen. Stimmen, die, je nachdem, wo wir uns im Raum befinden, lauter oder leiser zu werden scheinen. Mal sind die Stimmen ruhig und langsam, mal wütend oder voller Trauer. Sie sprechen Deutsch, Türkisch, Hebräisch, Spanisch und Englisch. Nicht jedes Wort verstehen wir, aber die Aussage der Sprechenden kommt dennoch bei uns an. So hat es die Künstlerin gewollt. Was die Stimmen sagen wollen, was sie fühlen und was sie durchgemacht haben, das erreicht uns, auch ohne dass wir alle Worte verstehen. So fühlt sich die multimediale Ausstellung „The Violence We Have Witnessed Carries a Weight on Our Hearts" der amerikanisch-jüdischen Künstlerin und Aktivistin Talya Feldman im Jüdischen Museum Berlin an. Die Ausstellung zielt vor allem auf den Hörsinn ab. Als wir den Raum verlassen, steht da Talya.

Talya Feldman wurde 1990 in Denver, Colorado geboren. Sie absolvierte den Bachelor of Fine Arts am School of the Art Institute of Chicago. Sie kam 2019 nach Deutschland, um an der Hochschule für bildende Künste in Hamburg zu studieren. Trotz ihrer akademischen Laufbahn will sie nicht nur auf die Kunst reduziert werden:

> Ich werde oft gefragt, ob ich mich als Künstlerin oder als Aktivistin sehe – aber ich sehe mich als beides, austauschbar. Meine Kunst informiert und trägt zu meinem Aktivismus bei und umgekehrt. Ich glaube, dass wir Menschen uns in der Welt mit den Werkzeugen zurechtfinden, die wir haben oder die uns gegeben wurden. Die Kunst ist das Werkzeug, das ich habe, um mich zu äußern – und um gehört zu werden.·

Vor allem ihre Erfahrungen und Begegnungen in den USA hätten zu ihrem Verständnis von Kunst und Aktivismus beigetragen. Wichtig für ihre Arbeit sei „das Hinterfragen von Stereotypen und gewalttätigen Erzählungen". Diese Herangehensweise hat Talya unter anderem von dem Theoretiker und AIDS-Aktivisten Douglas Crimp gelernt:

> Er war während der AIDS-Krise in den Vereinigten Staaten sehr stark in der Bewegung ACT UP beteiligt, er spricht oft davon, wie wichtig es ist, Informationen visuell zu vermitteln, um Leben zu retten. Das Hinterfragen von Stereotypen und Gewaltdarstellungen – ob in unseren Medien, Gerichtssälen oder in unseren Schulen – ist so wichtig. Gleichzeitig ist es ebenso wichtig, zu erkennen, dass hinter diesen Daten und Informationen Menschen stehen.

Vor ihrem Umzug nach Deutschland hat Talya in den USA viele antisemitische Anfeindungen erlebt, aber in Deutschland erreichte der Antisemitismus, der sie betraf, schließlich einen neuen Höhepunkt. Talya überlebte den rechtsterroristischen Anschlag auf die Synagoge in Halle am 9. Oktober 2019.

Kurz nach dem Anschlag in Halle erkannte ich, dass die Berichterstattung über den Anschlag in den Medien und im Gerichtssaal nicht nur zu schädlichen Stereotypen beitrug, sondern sich auch weigerte, die Wahrheit des Geschehens zu erforschen und den Anschlag beispielsweise im Kontext zu betrachten. Journalist*innen, Sicherheitsbehörden und der Senat selbst haben die Zusammenhänge mit so vielen anderen Gewalttaten auf globaler, lokaler und historischer Ebene bis heute nicht erkannt. Wenn wir Anschläge wie den in Halle nicht im Zusammenhang sehen können, wenn wir sie nicht einmal als das erkennen, was sie sind, nämlich ein antisemitischer und rassistischer Angriff, wie können wir dann solche Taten in Zukunft verhindern?

Für Talya waren der 9. Oktober 2019 und ihr Überleben Anlass genug, sich mehr mit dem Phänomen und der Geschichte des internationalen Rechtsterrorismus und seiner menschenfeindlichen Ideologie auseinanderzusetzen. Sie war der Meinung, dass man Halle nicht als Einzelfall betrachten könne – eine Betrachtungsweise, die stellvertretend für die Politisierung steht, die viele Überlebende des rechtsterroristischen Anschlags vornahmen. Viele von ihnen sehen einen direkten Zusammenhang mit anderen antisemitischen und rassistischen Attacken in Deutschland und auf der ganzen Welt, betont Talya.

Aus diesem Grund schloss sie sich während des Prozesses gegen den Halle-Attentäter im Sommer 2020 mit vielen Forscher*innen, Aktivist*innen, Künstler*innen, weiteren Nebenkläger*innen wie z. B. den Sozialwissenschaftler*innen Rachel Spicker und Jessica Wax-Edwards sowie der Initiative NSU-Watch zusammen, um diese Zusammenhänge mit Hilfe von Open-Source-Technologie für Zeitkarten von Forensic Architecture auf einer interaktiven Website zusammenzutragen. Die Geburtsstunde des Projektes „Global White Supremacist Terror: Halle".[227] Die Besucher*innen werden auf Zeug*innenberichte verwiesen, erhalten Einblicke in kontextualisiertes Überwachungsmaterial und 3D-Animationen. Des Weiteren erhalten sie einen Überblick über die rechten Radikalisierungen und den nationalen und globalen Aufstieg des rechten Terrors. Talya beschreibt das Projekt:

Halle war unsere Art, die Öffentlichkeit zu zwingen, der Geschichte und den Verbindungen zwischen Halle und so vielen anderen Fällen von Gewalt in den letzten zehn Jahren Aufmerksamkeit zu schenken. Wir haben aber auch besonders auf die Stimmen derer geachtet, die es erlebt haben. Wir haben besonders darauf geachtet, die Aussagen und Geschichten von Opfern und Überlebenden hervorzuheben.

Weiterhin sieht sie darin einen Versuch, mit den ihr „zur Verfügung stehenden Mitteln wichtige Informationen visuell zu vermitteln". Informationen, die notwendig sind, um die rechtsterroristischen Kontinuitäten begreifen zu können. Dabei wiederholt die Künstlerin und Aktivistin immer wieder die Bedeutung ihrer Kunst als Mittel der „Zurückeroberung". Gemeint ist damit das Zurückerobern der eigenen Geschichte – der Geschichte, wie sie sie erlebt hat, und nicht wie Journalist*innen oder die Gesellschaft sie erzählen wollen.

Talyas Beschäftigung mit rechtem Terrorismus in Deutschland und ihre Aussagen zu dem Thema führten zu einer breiteren Vernetzung mit Einzelpersonen und Initiativen. So wurde sie beispielsweise von der *initiative kritisches gedenken erlangen* für einen erinnerungspolitischen Audiobeitrag für ihre coronakonforme Gedenkveranstaltung im Dezember 2020 angefragt. Die Initiative beschäftigt sich mit der Erinnerung an den antisemitischen Doppelmord an Rabbiner Shlomo Lewin und seiner Lebensgefährtin Frida Poeschke. Beide wurden am 19. Dezember 1980 von einem Mitglied der rechtsterroristischen Wehrsportgruppe Hoffmann in ihrem Wohnhaus in Erlangen ermordet.

Ab diesem Moment begann sich die Künstlerin und Aktivistin Gedanken über ein neues Projekt zu machen. Sie fing an, hunderte Audiogedenkreden der vielen Initiativen in ganz Deutschland zu sammeln:

Dieses Projekt sollte Informationen und Zusammenhänge vermitteln, aber auch die Geschichte der Gewalt verändern, indem es die Stimmen und die Perspektiven derjenigen in den Vordergrund rückt, die sich immer wieder zu Wort gemeldet und gewehrt haben.

Zwischen den Jahren 2020 und 2021 lernte sie auch die Plattform *DAGESH – Jüdische Kunst im Kontext* kennen, die gemeinsam mit dem Jüdischen Museum Berlin eine offene Ausschreibung für den zweiten DAGESH-Kunstpreis veröffentlichte. Der Kunstpreis war mit 7 000 Euro dotiert. Die beste Projektskizze sollte in Form einer Ausstellung im Jüdischen Museum umgesetzt werden. Fest entschlossen und motiviert arbeitete die Künstlerin und Aktivistin an einem Entwurf für eine Ausstellung, die

in Bild und Ton einen Teil der kontextuellen Geschichte der antisemitischen und rassistischen Gewalt in Deutschland seit 1979 vermittelt. Doch die Aufbereitung und Darstellung dieser Informationen als Mittel zur Rettung von Leben durch die Stimmen von Menschen, die am meisten von dieser Gewalt betroffen sind, durch Initiativen, Familien von Opfern und Überlebende, war mir ebenso wichtig. Wir können und sollten über Gewalt sprechen, aber wir müssen dies mit anderen Mitteln tun. Mittel, die nicht weiter zu dieser Gewalt beitragen oder sie sensationslüstern machen.

Am 20. Mai 2021 fand die digitale Preisverleihung des DAGESH-Kunstpreises statt. Eine achtköpfige Jury entschied sich für Talyas Audioinstallation. Die Jury begründete ihre Entscheidung so:

In Feldmans Arbeit wird Erinnern durch eine einmalige Vielfalt an Stimmen hör- und erlebbar. Dokumentarische Zeugnisse treffen auf persönliches Erinnern und werden komplex und eindrucksvoll miteinander verknüpft. Die Installation erzählt von tödlicher Gewalt, aber auch von Wut, Gegenwehr, Solidarität und Resilienz. In der Verbindung aus höchstem künstlerischem Anspruch, pluralistischem Erinnern, Ansprache und Aufforderung verkörpert Feldmans Arbeit zentrale Aspekte jüdischer Wehrhaftigkeit und Selbstbehauptung.[228]

Über zwei Monate lang war Talyas Ausstellung für Besucher*innen des Museums in einem eher abgelegenen und dunkel gehaltenen Raum zugänglich. Von hunderten Sprachnachrichten aus dem gesamten Bundesgebiet schafften es rund 80 Fälle aus über 18 Städten in die Ausstellung. Dort schallten sie aus Lautsprechern, die Talya an einem Gerüstnetz aufgehängt und mit Smartphones verbunden hatte.

Viele dieser Nachrichten wurden von diversen Initiativen zur gegenseitigen Unterstützung während der Corona-Pandemie geteilt. Und viele Menschen teilten solche Nachrichten mit uns an unserem letzten Prozesstag.

Nicht alle Fälle, von denen die Nachrichten handeln, wurden von den deutschen Behörden als rechtes, rassistisches oder antisemitisches Gewaltverbrechen eingestuft, so z. B. der Fall von Blanka Zmigrod. Die 68-jährige Shoa-Überlebende wurde in der Nacht des 23. Februar 1992 auf dem Nachhauseweg im Frankfurter Westend von einem schwedischen Rechtsterroristen durch einen Kopfschuss ermordet.[229] Bereits in Schweden hatte er aus rassistischen Motiven zwischen August 1991 und Januar 1992 auf elf Menschen mit Migrationsgeschichte geschossen und tötete dabei den 34-jährigen Studenten Jimmy Ranjbar. Bei seinem Prozess wegen des Mordes an Blanka Zmigrod in Frankfurt 2017 stand der Raub ihrer Handtasche im Vordergrund. Eine politische Bewertung der Tat durch deutsche Behörden und Gerichte fand bis heute nicht statt.[230]

„Die Smartphones spielen die Audiodaten als animierte Schallwellen, Kontinuitätslinien oder Herzschläge ab, die eine Person, eine Stadt oder einen Gewaltakt mit einer anderen verbinden", sagt Talya über ihre Ausstellung. Die Stimmen, welche in der Installation zu hören sind, sind die Stimmen von Menschen mit unterschiedlichen kulturellen Hintergründen, unterschiedlichen Religionen und – wie eingangs erwähnt – mit unterschiedlichen Sprachen. Doch sie hielten ihre Reden und Nachrichten mit einem gemeinsamen Ziel fest: Um die Gewalt zu beenden, die sie alle so tiefgreifend geprägt hat.

„Solidarität ist nicht einfach, aber hier finde ich eine große Stärke im Aufbau von Beziehungen über Gemeinschaften und Grenzen hinweg", meint die Künstlerin und Aktivistin hinsichtlich ihrer Ausstellung. Solidarität bedeute nicht, dass verschiedene Menschen die gleichen Erfahrungen gemacht haben oder dieselben Geschichten erzählen. Viel eher bedeute Solidarität für Talya, dass verschiedene Menschen nach einer gemeinsamen Basis suchen. Einem Boden, auf dem sie gemeinsam stehen, erklärt sie mit Verweis auf die britisch-australische Wissenschaftlerin Sara Ahmed:

Gemeinsam setzen sie sich für die Beendigung der Gewalt ein, von der wir alle so stark betroffen sind. Gemeinsam glauben sie daran, die schädlichen Stereotypen, die in unserer Gesellschaft ständig kursieren, zu zerstören, indem sie die betroffenen Menschen unterstützen, indem sie Räume der Ermächtigung schaffen, in denen neue Erzählungen gehört werden können, und indem sie eine bessere Zukunft für uns alle aufbauen.

Talyas Art und Weise, Kunst und Aktivismus zu verbinden, wird in ihren Aussagen sehr deutlich:

> Ähnlich wie bei dem vorangegangenen Projekt wurde bei dieser Installation im Jüdischen Museum erkannt, dass, um İbrahim Arslan, einen Überlebenden des rassistischen Brandanschlags in Mölln von 1992, zu zitieren, Opfer und Überlebende keine Statisten sind, sondern die wichtigsten Zeugen des Geschehens. Die gesellschaftlichen Narrative rund um Opfer und Opferrolle müssen sich ändern. So oft werden unsere Geschichten an den Rand gedrängt – und Bilder der Schwäche und sensationslüsterne Gewaltdarstellungen werden unserem eigenen Widerstand und unserer Widerstandskraft vorgezogen. Es liegt viel Macht darin, die Erzählungen zu ändern, an die wir so sehr gewöhnt sind. Nicht nur für uns als Individuen, sondern auch für unsere Gemeinschaften.

Talyas Judentum und ihre Kunst geben ihr Kraft. Auch wenn wir die Schwierigkeiten, die uns im Leben begegnen, nicht kontrollieren können, ist es für Talya wichtig, sich daran zu erinnern, dass wir kontrollieren können, wie wir auf sie reagieren:

> Wie für meinen Großvater ist unsere Geschichte als jüdisches Volk immer gegenwärtig. Und sie ist immer Zukunft. Wir fühlen alles. Vor allem die Worte. Wir erzählen die Geschichte des Auszugs aus Ägypten, als ob wir selbst Ägypten verlassen hätten. Alles, was wir als Volk durchgemacht haben, das Gute und das Schlechte, ist jetzt hier in uns. Darin liegt eine Menge Schönheit.

Trotz der Schönheit des Judentums gebe es auch Härten. Talya fährt fort:

> Sicherlich liegt darin auch viel Traurigkeit, aber es liegt auch viel Kraft und Widerstandskraft darin. Uns sind schlimme Dinge widerfahren. Schlimme Dinge werden auch weiterhin passieren. Sie sind nicht unsere Schuld und liegen nicht in unserer Kontrolle. Hass, Antisemitismus ist etwas, das nicht erklärt oder verstanden werden kann. Es gibt keinen Grund für ihn. Aber es ist unsere Entscheidung, wie wir leben, trotz allem. Wo wir stehen wollen, für wen, für was und wie.

Dabei verweist sie auf eine lange Traditionslinie im Judentum. Denn das jüdische Volk hat in seiner Jahrtausende alten Geschichten immer wieder Verfolgung und Vertreibung oder Schmerz und Trauer erfahren. In Gebeten, an Feiertagen oder bei religiösen Ritualen wird auf diese Traditionslinie der Traumata Bezug genommen. Ein Beispiel ist die Erinnerung an die zwei zerstörten Tempel und der Wunsch, dass dieser heilige Ort des Judentums eines Tages wieder aufgebaut werde. Dabei verweist sie auch auf ihre Kindheit, in der sie häufig jüdische Texte mit ihrem Großvater lernte. Wenn sie zusammensaßen und die Geschichten von Jesaja und Amos oder die letzten Propheten lasen, dann kam es nicht selten vor, dass ihr Großvater weinen wollte, als die Vernichtung und der Kummer des jüdischen Volkes beschrieben wurden:

Wir werden jeden Tag daran erinnert, was wir verloren haben. Aber wir hören auch nie auf, an eine bessere Zukunft zu glauben. Wir hören auch nie auf, selbst in Zeiten der Trauer, Freude, Hoffnung und Kraft in uns und in unserer Gemeinschaft zu erfahren. Wie Moses, wie Abraham: Wir sind hier. Hier bin ich.

„Vom Hobby zum Beruf"

Es ist ein lauwarmer Sommerabend im Berliner Stadtteil Kreuzberg. Ab und zu weht eine warme Sommerbrise. Die Baumkronen schwanken seicht in der großen Gartenanlage des Jüdischen Museums Berlin. Vom leichten Wind lassen sich die Besucher*innen des Museums nicht beirren. Sie sitzen coronabedingt mit Abstand unter den Bäumen. Dort lauschen sie den Gesprächsteilnehmenden der Kultursommer-Veranstaltung mit dem Motto „My Jewish Soundtrack". Eine der Teilnehmenden ist die israelische Rapperin und Songwriterin Sharon Suliman aus Pforzheim. Während ihr „Jewish Soundtrack", das Lied „Chorschat ha'Eukaliptus" der israelischen Sängerin Naomi Schemer, gespielt wird, gibt sie gemeinsam mit dem Architekten Daniel Libeskind, dem Musiker Daniel Kahn, Schriftsteller Dmitrij Kapitelmann und dem Eventmanager Roy Siny persönliche Einblicke in ihren musikalischen Selbstfindungsprozess. In ihrem Fall waren es vor allem die alte Hip-Hop-Schule und R'n'B, die sie begleiten, prägen und bewegen. Am Ende der Gesprächsrunde gibt Sharon dem anwesenden Publikum eine Kostprobe ihres 2021 erschienen Albums *Floetic*.

Am Abend vor ihrem Auftritt im Jüdischen Museum war Sharon ebenfalls in Kreuzberg unterwegs. Der Stadtteil gilt als urbane, multikulturelle und hippe Gegend im Westen Berlins. Eigenschaften, die viele Menschen auch mit Hip-Hop und Rap verbinden. Doch die vergangenen Skandale um Deutschrapper wie Massiv, Kollegah und Farid Bang vermitteln einen anderen Eindruck. Auch die Erfahrungen von Rapperinnen erzählen einiges über den Status Quo dieser Kunstform. Sexismus und frauenfeindliche Vorstellungen finden sich häufig in deutschen und englischen Texten wieder. Trotz des weltoffenen Images von Hip-Hop scheinen es vor allem Frauen, aber auch zum Teil Jüdinnen*Juden schwer zu haben, in der Szene Fuß zu fassen. Doch gleichzeitig sind Rap und Hip-Hop auch Instrumente der Selbstbehauptung. Eine Möglichkeit, sich selbst mitzuteilen. Um das Dickicht der öffentlichen Debatte zu durchschauen, haben wir uns entschlossen, Sharon zu treffen.

Sharon Suliman, die unter ihrem Künstlerinnennamen Sharon auftritt, hat solche Erfahrungen machen müssen. Sie berichtet von einer Veranstaltung in Frankfurt am Main, auf der sie gerappt hat: „Es kam sehr gut an und hat richtig Spaß gemacht", erinnert sie sich an den damaligen Auftritt. Nach ihrer Perfomance wollte sie zurück zu ihren Freund*innen gehen. Auf dem Weg dahin wurde sie von einem männlichen MC aufgehalten, der ihr ungefragt Begriffe aus der Musik bzw. dem Rap erklärte. Weiter habe er ihr erklärt, wie sie ihr Mikrofon halten und wie sie performen müsse. Für Sharon ein ganz eigenartiger Moment:

Er hat das mit so einer Dreistigkeit gemacht, dass ich gar nicht zu Wort kommen konnte. Irgendwann musste ich ihn etwas lauter unterbrechen, damit ich auch mal was sagen konnte.

Als einzige Frau, die an diesem Abend aufgetreten war, nahm sie sich die Zeit, mit ihm zu sprechen. „Ich erzählte ihm, dass ich das schon sehr lange mache und etliche Live-Performances hinter mir hatte. Das ist mein Job", sagt Sharon. Er reagierte barsch, reduzierte sie auf ihr Alter und bezeichnete seine Aussagen als „die einzige ehrliche Meinung" an diesem Abend. Später bot er Sharon noch an, ihr die richtige Live-Haltung beizubringen, um im Gegenzug ein Feature mit ihr zu bekommen. Für die Pforzheimerin ein klassischer Fall von Mansplaining in der Männerdomäne des Musikgeschäftes.

Für Sharon wie auch viele andere weibliche MCs ist das Alltag. Für manche bedeuten der strukturelle Sexismus und die Frauenfeindlichkeit gar das Ende ihrer Leidenschaft und Karriere. Die jüdische Rapperin will sich davon nicht unterkriegen lassen. Im Gegenteil: Sie ist mit Musik – und vor allem Rap – aufgewachsen. Alles begann durch die Musik in ihrem Alltag, mit Queen und Aretha Franklin, dazu gesellten sich Genres wie Funk und Jazz. Ihre Familie beschreibt sie mit einem Satz: „Wir lieben alle Musik." Ihre älteren Geschwister haben sie als Kind auf den Geschmack von amerikanischem Rap und Hip-Hop gebracht, erzählt sie: „Die haben so Musik aus den 1980ern und 1990ern gehört. Also 2Pac, Biggie, Lauryn Hill, Missy Elliot, OutKast, Busta Rhymes."

Vor allem Lauryn Hill und Missy Elliot hätten sie geprägt, weil sie „auf der gleichen Stufe standen wie ihre männlichen Kollegen". Die vielfältigen Ausdrucksformen und der Klang hätten sie von klein auf begeistert. Dass die Texte auf Englisch waren, habe sie nicht davon abgehalten: „Das Erste, was ich gemacht habe, war, mir die Texte übersetzen zu lassen. Ich wollte sie verstehen, weil ich merkte, dass die Aussage im Mittelpunkt stand, und das fand ich interessant."

Im Grundschulalter fing Sharon an, erste Gedichte auf Deutsch zu schreiben. Mit zwölf begann sie dann, ihre Gedichte in englische Lyrics zu verwandeln. „Es war schon immer meine Art und Weise, mich auszudrücken", sagt sie heute. Denn in ihrer Kindheit war die wortgewandte Rapperin eher schweigsam. Musik bot ihr die Möglichkeit, sich zu artikulieren und ihrem Inneren Ausdruck zu verleihen. So will die MC ihre ehrlichen Gedanken auf ein Blatt und später auf die Bühne bringen. Gleichzeitig möchte sie auch Zuhörer*innen für ihre Lebenseinstellung „Sei wie du bist" begeistern:

Ich kann Leuten eine gute Zeit geben und vielleicht fühlen sie sich damit stark, empowered oder mutig, ihr Ding zu machen. Ohne daran zu denken, ob man das überhaupt darf. Ist das überhaupt cool? Kommt das gut an? Sondern mach einfach!

Von ihrer Familie wird sie von Anfang an unterstützt. Sie bekommt Lob und Anerkennung für ihre neu gewonnene Leidenschaft: das Rappen.

Sharon unterscheidet zwischen englischsprachigem und deutschsprachigem Rap. Sie selbst hat wenige Bezüge zum Deutschrap, da Englisch für sie die weichere Sprache ist und besser „flowt". In den vergangenen Jahren hat sie dennoch mehr Erfahrungen mit Deutschrap machen können als zu Beginn ihrer Karriere. Im Rahmen der Verleihung des Echo 2018 an Farid Bang und Kollegah hat Sharon sich zum ersten Mal mit den kontroversen Texten der beiden Rapper auseinandergesetzt. Damals hatte die Zeile „Mein Körper definierter als von Auschwitzinsassen" auf ihrem gemeinsamen Lied „0815" zu einer medialen Debatte über Antisemitismus im Deutschrap geführt. In der Echo-Debatte „wurde erstmals eine breite Öffentlichkeit für den Antisemitismus im deutschsprachigen Gangsta-Rap sensibilisiert", meint der Politikwissenschaftler Jakob Baier. So habe Kollegah bereits viele Jahre vor dem sogenannten Echo-Skandal antisemitische Inhalte in seinen Liedern und auf seinen Social-Media-Kanälen verbreitet. Laut Jakob hätten es bis dahin nur wenige Akteure öffentlich problematisiert, „mit Ausnahme von jüdischen Verbänden", die gleichzeitig auch seine „misogynen und homophoben Texte öffentlich kritisiert" hätten.

Neben dem Antisemitismus beobachtet Jakob auch eine weitere Entwicklung im deutschen Gangster-Rap: „Es gibt Rapper, die in der Vergangenheit mit islamistischen Motiven, insbesondere mit Elementen des islamistischen Terrorismus kokettiert haben". Hierzu zählen u. a. die Essener PA Sports und Sinan-G, der Gewinner des Bambis in der Kategorie Integration 2011 Bushido und insbesondere die beiden Rapper Massiv und der Frankfurter Rapper SadiQ. Letzterer inszenierte sich auch in den vergangenen Jahren sehr stark durch islamistische Rhetorik, Ästhetik und Bildsprache. Laut Jakob gehe SadiQ damit so weit, dass er „den antisemitischen Terroranschlag auf die Redaktion von *Charlie Hebdo* und einen jüdischen Supermarkt in Paris verherrliche".

Auch Sharon ist damals wirklich bewusst geworden, dass Antisemitismus für einige Deutschrapper*innen zum guten Ton gehört: „Wenn ich so etwas höre, dann nehme ich das schon irgendwie persönlich. Es trifft mich persönlich und ich finde es einfach nur traurig, dass so etwas hier in Deutschland erfolgreich sein kann." Die Pforzheimerin stellt sich dabei die Frage, wie derartige Texte von den Labels, den Fans und anderen Musiker*innen überhaupt geduldet werden können.

Sharon trägt ihre Davidstern-Kette offen sichtbar um ihren Hals. Denn das Judentum ist für sie vollkommen normal, wie sie immer wieder betont:

Es ist ein Teil meiner Identität. Ich bin jüdisch aufgewachsen mit dem Synagogenbesuch, Feiertagen, jeden Freitagabend Kiddusch machen, und es sind so Werte und Traditionen, die mir enorm viel bedeuten. Die ich auch gerne so weiterführen möchte. Das heißt, meine Art zu leben.

Ihre jüdische Identität konnte die Pforzheimerin auf der *Jewrovision* immer wieder mit ihrer Leidenschaft für Musik zusammenführen. Neben den Auftritten als Teilnehmerin durfte sie auf dem größten jüdischen Gesangs- und Tanzwettbewerb Europas in Dresden 2018 als Halftime-Act auftreten. An ihre Auftritte, aber auch das Wochenendprogramm der *Jewrovision* erinnert sie sich gerne zurück:

Man wächst in so einer Kleinstadt auf, ist die einzige Jüdin in der Klasse – auf der Schule gibt es vielleicht drei oder vier von uns –, und dann ist man plötzlich an einem Ort, wo alle dich einfach verstehen.

Die *Jewrovision* hat für Sharon eine professionelle und eine persönliche Komponente. Sie ist ein Safer Space, wo sie sich nicht erklären muss, wo es keine antisemitischen Witze gibt und wo sie nicht als jüdisches Anschauungsobjekt den nichtjüdischen Gesellschaftsteilen vorgeführt wird: „Man ist nicht so ein Einhorn. Man gehört einfach dazu. Das ist cool." Die Professionalität des Wettbewerbs hat ihren Weg mit geebnet. Denn hier konnte sie schon in jungen Jahren Bühnenerfahrung sammeln, Choreografien einüben und erfahren, wie eine musikalische Show vor und hinter den Kulissen aufgebaut ist. „Ich war auf der Bühne und hab zum ersten Mal auf einer Bühne gerappt. Es war einfach das Geilste überhaupt für mich. Da dachte ich, das will ich nochmal und nochmal machen", sagt die zweimalige *Jewrovision*-Gewinnerin. Als jüdische Rapperin spricht Sharon voller Demut und Dankbarkeit über die Entstehung des Musikgenres als *Black Culture*: „Rap gehört nicht mir, aber ich darf's machen. Ich darf nicht vergessen, woher es kommt und wem ich es zu verdanken habe."

In ihren Songs rappt sie häufig über politische Themen wie beispielsweise Female Empowerment. Das resultiere aus der von ihr wahrgenommenen Ungleichbehandlung in ihrem Leben. Diese Erfahrungen bündelt Sharon und nutzt sie als Inspirationsquellen für ihre Texte. Sie will Rapper*innen ermutigen, sich nicht unterkriegen zu lassen: „Ich habe viel zu sagen und viele Erfahrungen gemacht. Deshalb gibt es so viele Songs." Trotz ihrer Erfahrungen mit Sexismus und sexistischen Rappern sehe sie darin kein Problem des Genres und der Szene selbst, sondern eher eines der Gesellschaft. In ihrer Wahrnehmung entstehen solche Texte, weil sie bei den Fans gut ankommen. Nichtsdestotrotz gibt es auch Rap wie ihren, der sich explizit ohne diskriminierende Inhalte definiert.

Die Kritik an politischen oder gesellschaftlichen Zuständen war schon immer Bestandteil von Rap-Musik, erläutert Sharon:

> Rap hat angefangen aus politischen Gründen. Er darf durch und durch politisch sein, aber muss es auch nicht. Wenn man sich die Geschichte anguckt, wie das entstanden ist, als Sprachrohr der Gesellschaft, Sprachrohr der Unterdrückten. Es war schon immer politisch.

Das auch immer öfter Rechtsradikale und Neonazis Rap nutzen, findet Sharon sehr befremdlich. Mit dem neurechten Rapper Chris Ares, der mit bürgerlichem Namen Christoph Zloch heißt, schaffte es 2020 erstmalig ein Rechtsrapper in die deutschen Charts. Nur kurze Zeit später löschten Streaming-Portale wie z. B. Spotify seine Inhalte.

Timo Büchner beschäftigt sich seit mehreren Jahren mit der Musik der extremen Rechten[231] und findet den Erfolg von Chris Ares problematisch:

> Er hat's geschafft, ein rechtsoffenes Publikum abseits der einschlägigen Neonazi-Szene anzusprechen und zu erschließen. Das wurde an den Klickzahlen seiner YouTube-Videos und am Charterfolg deutlich. Daher hebt sich sein Erfolg vom Erfolg deutscher Rechtsrock-Bands ab.

Im September 2020 stieg Zloch aus dem Rapbusiness aus und zog sich aus der Öffentlichkeit zurück. Die Intention der Rechtsrapper, wie beispielsweise dem Mitglied der neonazistischen Kleinstpartei III. Weg, Julian Fritsch, der unter dem Namen MaKss Damage rappt, oder der neurechten Gruppe Neuer Deutscher Standard, bezeichnet Büchner als Rekrutierungsversuch, um „die deutsche Jugend" zu erreichen.

Für Sharon ist klar: „Wenn du Rap benutzt, um andere schlecht zu reden oder Hetze zu betreiben, dann hast du Rap nicht verstanden." Timo sieht in den Texten von Chris Ares und Co. eine unmittelbare Gefahr für die pluralistische, demokratische Gesellschaft:

> Generell sehe ich eine Verbindung zwischen extrem rechter Musik und extrem rechter Gewalt. Erst Worte, dann Taten. Extrem rechte Musik stachelt an, hetzt auf. Sie kann Teil einer Radikalisierungsspirale sein.

Dass rechtsradikale Musik zu Gewalt und Terror anstacheln kann, hat der rechtsterroristische Anschlag in Halle gezeigt. Während der Autofahrt zur Synagoge hörte der Rechtsterrorist die Musik von Mr. Bond, der mit bürgerlichem Namen Philip H. heißt, einem rechtsradikalen Rapper aus dem österreichischen Kärnten. H. rappt in seinen Texten offen über antisemitische und rassistische Mordfantasien und leugnet die Shoa. Spätestens nach dem Halle-Prozess geriet er ins Visier österreichischer Behörden. Ende März 2022 wurde der Rechtsrapper vor dem Wiener Landesgericht wegen nationalsozialistischer Wiederbetätigung zu zehn Jahren Haft verurteilt.

Direkten Kontakt mit Rechtsradikalismus hatte Sharon zwar im Rap noch nicht, aber während dem Europawahlkampf 2019 kam dieser auf der Straße zustande. Und das geschah mit voller Wucht. Deutschlandweit sorgte eine Wahlkampfaktion der Partei Die Rechte vor der Synagoge in Pforzheim für Schlagzeilen. Damals fuhren zwei Neonazis mit einem Kleintransporter vor die Synagoge und machten mit Wahlplakaten und abgespielten Sprachaufnahmen Werbung für ihre Spitzenkandidatin Ursula Haverbeck. Die damals 90-jährige Haverbeck war zu diesem Zeitpunkt in der JVA Bielefeld-Brackwede inhaftiert, weil sie zum wiederholten Male die Shoa geleugnet hatte. In einem Video aus dem Jahr 2014 sagte Haverbeck, dass es sich bei der Shoa um die „nachhaltigste Lüge in der Geschichte"[232] handele. Neben einem Wahlplakat mit dem Foto Haverbecks war auch ein weiteres Plakat mit der Aufschrift „Zionismus stoppen: Israel ist unser Unglück!" am Auto der beiden Neonazis befestigt.

Sharon erinnert sich genau an diesen Samstagnachmittag im Mai 2019. Denn sie war nicht nur Augenzeugin, sondern griff aktiv in das Geschehen ein. Videoaufnahmen, die die BILD veröffentlichte, zeigen das mutige Auftreten der damals 21-jährigen Pforzheimerin: „Ich bin hingerannt, weil ich in dem Moment einfach wütend war. Weil es einfach dreist ist, vor eine Synagoge zu kommen und so etwas abzuspielen." Während sie die beiden Neonazis anbrüllt und gegen die Fensterscheibe klopft, filmt sie das Ganze mit ihrem Handy: „Mein Handy hatte ich dabei, weil ich nicht wusste, wer da drinnen sitzt. Wenn mir etwas passiert wäre, dann hätte ich zumindest Beweise."

Sharon erinnert sich, dass die beiden Fahrer von ihrem Auftreten sichtlich überrascht waren und schnell weiterfuhren. Ein weiterer jüdischer Augenzeuge berichtete davon, dass die beiden Parteianhänger „Raus aus Deutschland" skandiert haben sollen.[233] Bei einem der mutmaßlichen Neonazis soll es sich um Cedric E. aus Karlsruhe handeln, der laut Kenner*innen der radikalen Rechten in Baden-Württemberg seit mehr als 13 Jahren in der Szene aktiv ist. C. gilt als führender Kopf in der Region. Ihm werden die Mitorganisation mehrerer Veranstaltungen, Kundgebungen und Wahlständen für Die Rechte zugeschrieben.

Trotz dieses Vorfalls lässt sich Sharon nicht verunsichern und trägt weiter ihre Kette mit dem Davidsternanhänger auch öffentlich in ihrer Heimatstadt Pforzheim. Angst und eine „angespannte Stimmung" habe die selbstbewusste Rapperin erstmalig im Mai 2021 erlebt, während des Konflikts um Sheikh Jarrah und der folgenden militärischen Auseinandersetzung zwischen der radikal-islamistischen Terrororganisation Hamas und der IDF.

Dem erfahrenen Sexismus und Antisemitismus zum Trotz setzt sich Sharon in ihrer Musik, aber auch auf Konzerten für eine vielfältige und diskriminierungsfreie Gesellschaft ein. Das sei ihr wichtig. Was ursprünglich zu ihrer eigenen Politisierung geführt habe, kann die Rapperin allerdings nicht genau benennen. Aufgrund ihrer eigenen Erfahrungen sah sie keine andere Möglichkeit, als sich politisch zu engagieren und Haltung zu beziehen: „Sich für Gutes einzusetzen macht schon Bock, und dann mach ich einfach weiter."

„Wir schlagen selten zurück"

In der Kunst ist es möglich, alternative oder fiktive Geschichten zu erzählen. Die Kunst ermöglicht es uns, Welten zu betreten, in denen Figuren anders als wir handeln. Sie können das tun, was wir uns sehnlichst wünschen. Wünsche, die wir nicht umsetzen können, weil die Wirklichkeit reale Konsequenzen für uns bereithält. Kunst bietet aber auch die Möglichkeit, alternative Geschichtsverläufe zu erzählen. Oder den Fokus auf historische Ereignisse zu legen, die sonst nur wenig Aufmerksamkeit erfahren würden. Ein bisschen von all dem steckt auch in dem 2009 veröffentlichten Blockbuster *Inglourious Basterds*, bei dem Quentin Tarantino sowohl das Drehbuch geschrieben als auch Regie geführt hat. Der Film erzählt die an realen Begebenheiten orientierte Geschichte einer größtenteils jüdischen Partisanengruppe, die vom britischen und US-Militär unterstützt und hinter den deutschen Linien im besetzten Frankreich abgesetzt wird. Zu Beginn des Filmes wird in einer Szene die Rekrutierung der Partisanengruppe gezeigt. Lieutenant Aldo Raine (Brad Pitt) richtet sich an die jüdischen Soldaten, von denen einige aus Deutschland stammen und vor dem nationalsozialistischen Regime geflohen sind. Es beginnt ein Monolog, der zum Zeitpunkt der Veröffentlichung in der deutschen Filmlandschaft kaum vorstellbar war:

> Wir werden zu den Deutschen grausam sein. Und durch unsere Grausamkeit werden sie uns kennenlernen. Und den Beweis für unsere Grausamkeit werden sie in den abgeschlachteten und ausgeweideten Körpern ihrer Brüder finden, die wir zurücklassen. Und die Deutschen werden nicht mehr damit aufhören können, sich immer wieder vorzustellen, wie ihre Brüder durch unsere Hand zugerichtet werden, durch die Absätze unserer Stiefel, die Klingen unserer Messer. Die Deutschen werden an unserer Grausamkeit erkranken! Und die Deutschen werden über uns

reden. Und die Deutschen werden uns fürchten. Und wenn die Deutschen nachts ihre Augen schließen, und ihr Unterbewusstsein sie foltert für ihre Untaten, dann werden sie dabei an uns denken – und das wird sie quälen.

Juden, die Deutsche töten, die gegen das nationalsozialistische deutsche Vernichtungsunternehmen aufbegehren, die Gewalt anwenden, Gewalt, die keinen anderen Zweck verfolgt, als Rache zu verüben und somit Furcht und Schrecken unter den deutschen Truppen auszulösen. So wie es die Figur des Bärenjuden (gespielt von Eli Roth) schafft. Ein jüdischer Soldat, der in der Manier eines Baseballprofis deutschen Soldaten den Schädel einschlägt. Trotz der realen Vorbilder, die diese Partisanengruppe hat,[234] ist es schwierig, Filme zu finden, in denen Jüdinnen*Juden nicht die geplagten, von der Shoa verfolgten und in ihre Religiosität versunkenen Gestalten sind. Es ist schwierig, Filme zu finden, in denen Jüdinnen*Juden – im wörtlichen Sinne – zurückschlagen. Filme, die ein folkloristisches Judentum erzählen, das gibt es. Culture-Clash-Komödien, die zum Unterrichtsmaterial ausarten. Sie nehmen sich ausgiebig Zeit, um in die jüdische Religion einzuführen. Jüdische Lebenswirklichkeiten in ihrer Vielfalt bleiben hinter dieser Religionslehre für Nichtjüdinnen*Nichtjuden jedoch meist zurück.

Und deshalb löste es Irritationen aus, was das nichtjüdische deutsche Publikum in dieser US-amerikanischen Produktion zu sehen bekam. So waren Jüdinnen*Juden noch auf keiner Leinwand in Deutschland nach 1945 zu sehen gewesen. Davor, in der antisemitischen Propaganda, spielte das Element der Rachsucht eine große Rolle. Aber jüdische Rache, die sich als Handlungsstrang fernab von Romantisierung bewegt und keine Stereotype bedient? Das gab es nicht zu sehen. Wobei man sagen kann: Diese Zeit ist jetzt vorbei.

2020 begann eine neue Zeitrechnung in der deutschen Filmlandschaft. Eine, in der Jüdinnen*Juden das Heft des Handelns übernahmen. In dem Kurzfilm *Masel Tov Cocktail,* der das erste Mal auf dem 41. Filmfestival Max Ophüls Preis gezeigt wurde, erklärt der Protagonist Dima (gespielt von Alexander Wertmann): „In deutschen Filmen werden Juden nur in Schwarz-Weiß gezeigt. Wir schlagen selten zurück […]. Aber so ein Film ist das hier nicht!" Gemeinsam mit Merle Teresa Kirchhoff hat Arkadij Khaet das Drehbuch geschrieben und mit Mickey Paatzsch zusammen Regie geführt. Wir wollen den Mann treffen, der sagt, dass man als „Jude in Deutschland mit Preisen gesteinigt" wird. Wir sprechen mit Arkadij.

Im Jahr 1991, vier Tage vor der Unabhängigkeit Moldawiens, wurde er in der ehemaligen Sowjetunion geboren. Im Alter von nur vier Monaten kam er mit seinen Eltern als sogenannte Kontingentflüchtlinge nach (West-)Deutschland. Er wuchs im Ruhrgebiet auf und machte sein Abitur in Oberhausen. Nach dem Abitur nahm er am *Shnat Netzer*-Programm teil. Mit diesem „Vorzeigeprogramm" der Reformjugendbewegung *Netzer Olami* war er ein Jahr lang in Israel.

Arkadij hat viele Erfahrungen des institutionalisierten Judentums in Deutschland gemacht. Früh gehörten dazu die jüdische Gemeinde in Duisburg und die liberale jüdische Gemeinde in Oberhausen. Dann hat er die Machanot der ZWST besucht, ehe er mit 13 oder 14 Jahren zur reformjüdischen Jugendbewegung *Netzer Germany* kam. Durch sie lernte er dann auch während der Ausbildung zum Madrich das Programm

Shnat Netzer kennen. Nach seinem Jahr in Israel hat er die Machanot von *Netzer* mit geleitet. Das alles ist inzwischen zehn Jahre her.

Mittlerweile hat das Filmemachen als Fulltimejob den jüdischen Aktivismus „ein bisschen abgelöst". In dieser Zeit lag der Fokus auf seiner Ausbildung und anderen Themen. Doch *Masel Tov Cocktail*, sagt Arkadij, war auch die Möglichkeit, „das ein bisschen wieder zu vereinen." So kam der Regisseur schließlich über eine breite Auswahl jüdischer Jugendorganisationen, von der ZWST über *Netzer* bis hin zu *jung und jüdisch*, schließlich zu ELES. Das Studienwerk bot für ihn weit mehr als nur die finanzielle Förderung seines Studiums. Es wurde zum „Ort für mein Judentum und natürlich auch eine Art Familie".

Nach seinem Auslandsjahr in Israel fing Arkadij aus einer „Ideenlosigkeit heraus an, Film zu studieren in Köln". Er machte einen Bachelor und begann, für den WDR zu arbeiten. Nebenbei produzierte er mit einem Kollektiv von Filmemacher*innen einige Kurzfilme. Dann zog es ihn weiter an die Filmakademie Baden-Württemberg. Nach der geglückten Bewerbung studiert er seit 2016 Film und Regie im Diplom und macht Spielfilme. Auf die Frage hin, ob er schon als Kind eine Affinität zum Film hatte, lächelt Arkadij:

Es gibt immer diese Filmemacher*innen, Regisseur*innen, die sagen: „Ich hab schon mit sechs Jahren mit der 8-mm-Kamera meines Großvaters kleine Figuren im Garten gefilmt." Ich gehöre nicht dazu. Ich wusste nicht genau, was ich machen soll. Ich war an verschiedenen Dingen interessiert. Ich glaube, letztendlich war es die Idee meines Großvaters, der zu mir sagte: „Wäre denn Film nicht etwas für dich?" Dann hab ich einfach gegoogelt und bin dann zu dem Erstbesten, was ich gefunden hatte. Ich hatte einfach Glück. Ich interessiere mich für verschiedene Kunstformen, aber ich finde, dass Film die beste Ausdrucksform bietet. Denn er vereint so viel: Bilder, Sprache, Musik, und alles zusammen ergibt ein audiovisuelles Erlebnis.

Viele der sowohl nichtjüdischen als auch jüdischen Rezipient*innen von Arkadijs Filmen betonen, dass diese Perspektive bisher in der deutschen Filmlandschaft gefehlt habe. Eine Perspektive, die Jüdinnen*Juden nicht auf eine passive Rolle reduziert. Eine Perspektive, in der Jüdinnen*Juden zu handelnden Subjekten ihrer eigenen Geschichte werden, in der sie aus der Rolle heraustreten, die ihnen nicht nur der deutsche Film, sondern deutsche Diskurse im Allgemeinen allzu häufig andichten. Von Jüdinnen*Juden wird erwartet, dass sie vergebend und vergessend auftreten. Sie sollen die vermeintliche Diskontinuität bestätigen und dienen immer wieder als Beweis für den finalen Bruch mit dem Nationalsozialismus und der Demokratisierung dieser Gesellschaft. Sie werden auf diese symbolische Rolle festgeschrieben, eine Rolle, die durch nichts beschmutzt werden darf. Daher finden jüdische Lebenswirklichkeiten nur selten statt. Denn die Erfahrungen von Jüdinnen*Juden in diesem Land, in dem viele von ihnen davon berichten, im Alltag geothert zu werden, widersprechen dem Selbstbild als „wiedergutgewordene" (Eike Geisel) Nation. Kunst kann diese Erfahrungen verdichten, sie ist in der Lage, Perspektivwechsel zu vermitteln. Dazu müssen diese Perspektiven jedoch zuerst einmal wahrgenommen werden. Was der deutsche Film lange nicht geschafft hat, änderte *Masel Tov Cocktail* schlagartig. Deshalb sehen wir in diesem Film mehr als nur Unterhaltung, wir haben ihn auch als Kritik an den deutschen Zuständen verstanden. Doch jetzt, wo wir Arkadij fragen, was er mit seiner Arbeit und seinem Film bei Menschen auslösen möchte, zeichnet sich ein komplexeres Bild:

> Ich glaube, ich möchte vor allem Leute unterhalten. Und ich finde es auch gut, wenn du es schaffst, während des Unterhaltens deine Perspektive zu wechseln oder etwas zu erzählen. Ich glaube, Filme sind allgemein Empathiemaschinen. Du kannst in Welten eintauchen, du kannst Figuren besser verstehen. Aber es ist nicht so, als wenn ich mit einem Bildungsauftrag unterwegs bin oder als ob ich als Filmmacher eine Agenda hätte.

Das ist vielleicht auch das Geheimnis des Erfolgs von *Masel Tov Cocktail*. Es ist kein „Erklärfilm", kein Grundkurs in jüdischer Religion. Den erhobenen moralischen Zeigefinger wird man nur schwerlich finden. Im Gegenteil. Das hat auch etwas mit Arkadijs eigenem Verständnis von Kunst zu tun. Er erklärt, dass, solange politische Kunst existiere, es die Frage gebe, „ob Kunst überhaupt politisch sein soll und darf". Er selbst besteht auf „die Unterscheidung zwischen künstlerischer und politischer Praxis". Politik sei dafür da, „das Zusammenleben von Menschen" zu gestalten und Gesellschaft zu „verändern oder vor Veränderung zu bewahren". Eine „allgemeingültig definierbare gesellschaftliche Funktion" von Kunst suche man hingegen vergebens. Während Politik von Menschen erwarte, dass sie moralisch handeln und nach Kompromissen suchen, also abwägen, könne „Kunst kompromisslos und amoralisch sein", sie sei „kein Mittel zum Zweck" und „nie ergebnisorientiert". Wer zwanghaft versuche, eine „Message zu transportieren", laufe schnell Gefahr, „zu einem propagandistischen und damit auch trivialen Erzähler" zu werden.

Kompromisslos ist auch die Figur des Dima. Die erste Szene des Films beginnt mit einem Hakenkreuz. Es ist mit Filzstift auf eine Schultoilettenkabine gemalt. Dima hat seinen Stift in der Hand und macht eine Eule draus, indem er ein paar Striche ergänzt. Neben ihm steht ein junges Mädchen. Sie raucht, gemeinsam hören sie Musik. Michelle (Gwentsche Kollewijn) schaut auf die Zeichnung und sagt: „Geile Eule." Dima ergänzt: „Nazi-Eule." Als Michelle die Kabine verlässt, steht ein Mitschüler am Pissoir. Mit einem sexistischen Kommentar spricht er Michelle an. Sie reagiert schlagfertig und geht ab. Daraufhin sagt Tobi (Mateo Wansing Lorrio), dass ihrem Freund, also Dima, „doch der Pimmel abgeschnitten [wurde] bei seiner komischen Bar Mizwa, Alter". Dima verlässt die Kabine und schubst Tobi, der sich daraufhin über die Hände pinkelt. Als Dima aus dem Raum geht, steht Tobi schimpfend am Pissoir: „Weißt du, was man früher mit dir gemacht hätte? Kleiner Jude, Alter." Daraufhin kommt Dima zurück in den Raum und stellt Tobi zur Rede. Dieser beginnt damit, eine Vergasung und erstickende Menschen zu imitieren, während er stammelt: „Shalom, Shalom, Hilfe, Hilfe." Nach einem kurzen Szenenwechsel, in dem die Hauptfigur Dima durch die vierte Wand bricht, sich uns vorstellt und kurz über die Stereotypen hinsichtlich Jüdinnen*Juden im deutschen Film aufklärt, wechselt die Kamera zurück auf Dimas Gesicht, der noch neben seinem Mitschüler steht. Er wendet seinen Kopf wieder von der Zuschauer*in ab. Tobi beendet seine Imitation und sagt lachend: „Spaß, Mann."

Welche Reaktionen wären üblicherweise von jüdischen Figuren im deutschen Film zu erwarten? Ruhe, Gelassenheit, nach innen gekehrter Schmerz, eine Shoa-Referenz, eine *Nathan der Weise*-Parabel oder ein talmudisches Sprichwort? Vielleicht auch eine gewitzte Reaktion, die viel beschworene jüdische Sprachfertigkeit? Der Jude, er kämpft mit Worten, intelligent und verschlagen besiegt er seine Widersacher*innen. Und dann Happy End. Der Antisemitismus wird mit einem Handschlag aus der Welt geschafft. Oder es ist wie in Gotthold Ephraim Lessings Stück *Die Juden* von 1749. George Tabori hat das Stück aktualisiert und 2003 auf die Bühne gebracht. In Lessings Erzählung erkennen die Figuren, dass die Feindschaft gegen Jüdinnen*Juden falsch ist. Auf diese Erkenntnis folgt gesellschaftliche Harmonie. Tabori bringt die Geschichte in die Gegenwart. Die Figuren treffen sich auf einer Picknickdecke und verhandeln den Antisemitismus. Tabori sitzt mit auf der Bühne als Erzähler, Beobachter und Teil der Erzählung. Die Kultur- und Literaturwissenschaften Stella Leder berichtet von der Aufführung:

Am Ende, nachdem die Figuren den Antisemitismus aus der Welt geräumt und sich versöhnt hatten, verließen sie ihre Picknickdecke und gingen gut gelaunt Richtung Happy End von der Bühne ab. Nur der Jude blieb allein zurück. Die anderen, die sich eben noch zu seinen Freund*innen erklärt hatten, bemerkten nicht, dass sie ihn vergessen und allein zurückgelassen hatten. Der jüdische Protagonist blickte zum jüdischen Regisseur, der seinen Blick erwiderte, nickte, mit den Schultern zuckte, bevor auch er die Bühne verließ und seine Figur zurückließ, allein. Dann, in dem kurzen Moment, bevor das Licht auf der Bühne ausging, sah man noch, wie der Jude die Picknickdecke hochriss, eine heftige, verzweifelte Bewegung, die mit lautem Scheppern das Bühnenbild einzureißen schien. Lessings Figuren lernten während des Stücks, ihren Antisemitismus zu überwinden; Taboris Protagonist mochte noch so gut sein – allen verzeihen und sich mit den Antisemit*innen befreunden –, am Ende blieb der doch allein.[235]

Jüdinnen*Juden, das sind die passiven Zuschauer*innen – weise Figuren am Rande des Geschehens, „Mentor*innenfiguren", so nennt Arkadij sie. Sie greifen nicht ein. Sie spiegeln die Entwicklung der anderen. Nicht nur in Film und Fernsehen, auch in der Wahrnehmung vieler nichtjüdischer Deutscher. Doch Dima ist anders, und der Kurzfilm von Arkadij und Mickey Paatzsch ist es auch.

Ein kurzer Augenblick, in dem Ruhe einkehrt. Dima schaut Tobi an, und dann: ein Schlag mit der geballten Faust mitten ins Gesicht. Tobi knallt auf die Fliesen. Wir sehen Dima, wie er, anscheinend schockiert von seiner eigenen Reaktion, die Hände über dem Kopf verschränkt und nach unten schaut, wo Tobi hörbar mit Schmerzen auf dem Boden der Schultoilette winselt. Im weiteren Verlauf von *Masel Tov Cocktail* durchschreitet Dima das Kuriositätenkabinett des deutsch-jüdischen Verhältnisses. Was Dima erlebt, erscheint der geneigten Zuschauer*in dermaßen grotesk, dass es schnell als Stilmittel der Übertreibung eingeordnet werden kann. Dabei bleibt die Handlung von *Masel Tov Cocktail* hinter der Realität zurück. Viele mögen jetzt sagen: „Aber so verdichtet, das kann doch gar nicht wahr sein." Schulleiter*innen, die davon träumen, Jüdinnen*Juden und „die Deutschen" zu versöhnen, philosemitische Lehrer*innen wie Frau Jachthuber, Mitschüler*innen mit schlechtem Gewissen, die AfD als „Garant jüdischen Lebens" und viele Archetypen des jüdischen Lebens. Doch dass das jüdische Publikum diesen Film derart begrüßte, lag vor allem daran, dass für viele Jüdinnen*Juden hier erstmal eine Beschreibung ihrer Lebenswirklichkeit auf die große Leinwand kam. Zum ersten Mal standen ihre Erfahrungen, realistisch dargestellt, im Mittelpunkt und nicht am Rande. In den meisten Fällen sahen Jüdinnen*Juden und „nichtjüdische Mitbürger*innen" den Film mit zwei verschiedenen Augen. Vor allem, da sich so manch eine*r ertappt gefühlt haben dürfte. Frau Jachthuber ist ein gutes Beispiel dafür, berichten doch immer wieder Jüdinnen*Juden von solchen Situationen, in denen nichtjüdische Deutsche bemüht-verkrampft auf sie zukommen. Dann folgen groteske Monologe, in denen es nicht um sie als Person geht, sondern in denen die*der unerbetene Gesprächspartner*in sie um Ablass für die Täter*innenschaft in der eigenen Familiengeschichte bittet.

Arkadijs Erfahrungen mit den Screenings des Filmes sprechen Bände darüber, wie nah er die Wirklichkeit deutsch-jüdischer Krämpfe beschreibt. Wir fragen Arkadij, was er meinte, als er davon sprach, dass man als „Jude in Deutschland mit Preisen gesteinigt" wird, worauf er antwortet:

Und ich erinnere mich daran, wie nervös ich vor der Premiere des Films war. Man hat gedacht, man hat jetzt so einen Film, der ist auch provokant. Und dann war die Premiere und wir haben auf dem Festival direkt den Publikumspreis gewonnen und von da an blieben die negativen Stimmen und der Dissens völlig aus. Und es macht einen skeptisch, wenn man sich fragt, wie es sein kann, dass er von der jüdischen und nichtjüdischen Gesellschaft gesamtgesellschaftlich umarmt wird. Was bedeutet das eigentlich, wenn du die ganze Zeit mit Preisen beworfen wirst, und wie viele Frau Jachthubers sitzen in den Jurys, die den Film auszeichnen? Hat man vielleicht einen jüdischen Fetisch in Deutschland ein bisschen gestillt und befeuert, obwohl man eigentlich das Gegenteil machen wollte?

Arkadij wurde von dem Erfolg des Filmes überrascht. Er und sein Team gewannen nicht nur etliche Preise, *Masel Tov Cocktail* erreichte auch die Top Ten der meistgesehenen Filme der ARD-Mediathek des Jahres 2020. Für einen Kurzfilm sei ein solcher Erfolg und eine so breite Rezeption „unglaublich". Der Film lief auf über 100 nationalen und internationalen Filmfestivals und gewann knapp 60 nationale und internationale Preise. Außerdem entstanden Unterrichtsmaterialien und wissenschaftliche Arbeiten, die sich mit dem Film auseinandersetzten. Trotz seiner skeptischen Haltung gegenüber der Vielzahl an Auszeichnungen und den ganzen Frau Jachthubers in den Jurys denkt Arkadij auch, dass die Zuschauer*innen den Film in der Mediathek „nicht anklicken aus einem Schuldbewusstsein oder so. Sie gucken den, weil es ein guter Film ist." Positiv bemerkt er, dass es Zuschauer*innen gebe, die „auch ehrlich sind und sich in den Figuren wiedererkennen. Und das auch sagen: Ich bin auch der Typ an der Ampel und ich bin auch die oder die Figur."

Doch neben diesen optimistischen Gedanken war es die „Kinotour", auf der Arkadij ein ganz anderes Bild über manche Zuschauer*innen gewann. Diese führte ihn und seine Crew durch das ganze Land. Sie waren in Thüringen, Bayern, Sachsen und an vielen weiteren Orten. Die Reaktionen, von denen Arkadij uns berichtet, stammen aus der Mitte der Gesellschaft. Doch lassen wir Arkadij selbst darüber reden:

Und man trifft die Leute beim Abendprogramm. Das sind Leute, die haben irgendwie ein Poster gesehen und sind kulturinteressiert. Und man trifft die Archetypen aus dem Film auf diesen Veranstaltungen wieder. Sozusagen: Die Leute sprechen teilweise die gleichen Sätze. Und das ist natürlich total frustrierend und desillusionierend zu merken. Man meint, dass man mit der großen Aufmerksamkeit, die der Film bekam, so eine große Aufklärung geleistet hat. Und jetzt müssen es alle verstanden haben. Aber nein, so ist das nicht. Die Leute schauen den Film, dann gibt es ein moderiertes Gespräch auf der Bühne und dann gehen die Fragen los. Dann hat man das Gefühl: Man hat 60 Minuten in ein schwarzes Loch gesendet. Weil die Fragen teilweise aus Schuldabwehr oder Erklärversuchen bestehen. Dann geht es sehr schnell gar nicht mehr um den Film, sondern es geht um die Neurosen des Publikums.

Auf einer anderen Veranstaltung sei ein Landtagsabgeordneter der AfD auf ihn zugekommen. Nach einem moderierten Gespräch auf der Bühne habe er Arkadij mit einem Lob dafür angesprochen, dass die Partei, zu der er gehört, „als Einzige im Film visualisiert wurde". Der Film würde ganz richtig darstellen, dass die AfD sich als „einzige Partei für jüdisches Leben in Deutschland einsetzt". Und in Augenblicken wie diesen, da verschwimmen Wirklichkeit und ihre künstlerische Adaption und „man fühlt sich so ein wenig in die Leinwand hineinversetzt". Bei einem anderen Screening nahm Arkadij von der Bühne aus eine Frau in der ersten Reihe des Publikums wahr. Sie nickte durchgängig. Dadurch fühlte er sich in seinen Einschätzungen bestätigt. Nach dem Panel trifft man sich in geselliger Runde. Die Frau eilt auf ihn zu und beginnt mit einem Kompliment: „Ja und danke für den Film, ganz toll, es hat mir so gut gefallen." Dann sagt sie, dass sie jetzt auch in Israel gewesen sei vor einiger Zeit und sie ihm jetzt auch mal sagen müsse, dass die Israelis für sie die neuen Herrenmenschen seien. Nicht nur die in aller Offenheit kommunizierte Mischung aus israelbezogenem Antisemitismus und geschichtsrelativierender Täter*innen-Opfer-Umkehr, sondern auch, dass der Regisseur als Kummerkasten dafür herhalten sollte, sorgte für Frustration.

Es sprudelt geradezu aus Arkadij heraus. Die Skurrilitäten deutsch-jüdischer Realitäten scheinen ungefragt genug Stoff für eine ganze Serie zu liefern. Die werde es allerdings nicht geben, auch wenn Angebote dafür bereits auf dem Tisch lägen:

Ich glaub aber, dass das nur scheitern kann. Es ist ein Film, der in einem Momentum entstanden ist. Und in 30 Minuten ist alles dazu gesagt worden, was ich gerade auf dem Schirm hatte.

Dabei gab es auch bei Screenings in Schulen Momente, die so absurd waren, dass wir sie zumindest hier einmal erzählen wollen. Es waren zumeist nicht die Schüler*innen, von denen übergriffige und verstörende Vorfälle ausgingen, sondern die Lehrkräfte. Häufig spricht man zutreffenderweise darüber, dass „Du Jude" eines der beliebtesten Schimpfwörter auf deutschen Schulhöfen ist. Es sind dann die Schüler*innen, die in ihrer vulgären Art problematisiert werden. Doch im Kontakt mit Jüdinnen*Juden zeigen Lehrkräfte mindestens genauso häufig, dass sie Schüler*innen in dieser Hinsicht in nichts nachstehen. Manchmal stellt sich die Situation sogar genau gegenteilig dar.

Dann sind es nämlich die Schüler*innen, die sich im Protagonisten des Filmes wieder-erkennen und die Lehrer*innen, die sich erhaben für die Aufklärung auf die Schulter klopfen und jegliche Parallele zur Wirklichkeit ignorieren. Die Schüler*innen erkennen sich auf andere Weise in Dima wieder. Sie haben ähnliches unter anderen Vorzeichen erlebt. Rassistische und queerfeindliche Diskriminierung und Othering sind für viele Schüler*innen Alltag. So kommt es häufig dazu, dass die Schüler*innen in aller Offen-heit den Faustschlag ins Gesicht von Tobi damit kommentieren, dass sie „ihm auch eine gegeben" hätten.

Es geht an dieser Stelle nicht darum, dass Gewalt verherrlicht wird, sondern dass der Film sehr universelle Erfahrungen beschreibt. Das ist vielleicht auch der Grund da-für, dass er es geschafft hat, aus der „Kurzfilmwelt", wie Arkadij sie nennt, auszubre-chen. Es sei sehr selten, dass Kurzfilmen dieser Sprung gelinge: „Sie werden eigent-lich auf Filmfestivals ausgewertet und seltenst im kommerziellen Fernsehen." Doch aufgrund der universellen Anschlussmöglichkeiten wurde der Film auch international erfolgreich. So konnte das Team um Arkadij auch weltweit (Publikums-)Preise wie bei-spielsweise in Indien, im japanischen Kyoto sowie in Nord- und Südamerika gewinnen. Arkadij erkannt auf diese Weise: „Filmische Sprache ist universeller, als ich das selbst als Filmemacher dachte." Und die gemeinsame Sprache, die der Film gefunden hatte, waren die Erfahrungen mit Diskriminierung und Othering, die Menschen miteinander teilen:

Es war so, wenn Leute auch zu anderen marginalisierten Gruppen gehörten, egal wo, dann wussten sie, sie sind nicht allein auf der Welt. Und deshalb waren sie empathisch. An Schulen in Deutschland haben sich auch muslimische Schüler*in-nen empathisch gefühlt mit dem jüdischen Protagonisten. Weil sie auch eine ähn-liche Reduktion erfahren, vielleicht auf andere Themen, aber die Mechanismen sind ähnlich.

Während sich viele Schüler*innen empathisch zeigten, berichtet Arkadij davon, dass er von manchen Lehrkräften ganz andere Reaktionen erlebt hat. Der Regisseur beschreibt diese mit nur einem Wort: „skurril". An einer Schule kam ein Lehrer nach dem Film „ganz aufgebracht" zum Panel gelaufen und sagte: „Ich muss jetzt mal auf eine Sze-ne in ihrem Film zu sprechen kommen, wo mir echt die Luft weggeblieben ist." In aller Ruhe schaut Arkadij den Lehrer an, der fortfährt:

Und zwar als der junge Mann die Deutschlandflagge vom Auto abgerissen hat. Also was sagen Sie, das ist unsere Nationalfahne. Wieso machen Sie das? Wir haben jetzt auch EM gehabt vor einiger Zeit und die Schüler haben die Deutsch-landfahne aufgehangen.

Bemerkenswert ist an dieser Stelle vor allem, dass der Lehrer nicht in der Lage war, die filmische Darstellung kritisch einzuordnen und Empathie zu empfinden. Während dieser Lehrer sich persönlich durch die Behandlung eines nationalen Symbols ange-griffen fühlte, fand eine Lehrerin an einer anderen Schule einen anderen Aspekt der Darstellung fragwürdig:

Die meldete sich nach dem Film und sagte: „Die Gewalt in dem Film, das ist so schlimm. Und der Kreislauf der Gewalt geht immer weiter. Was sagen Sie dazu, dass die deutschen Schüler heute von Ausländern gemobbt werden für ihr Deutschsein?" Das ist die erste Frage, die sie stellt nach dem Film.

Diese Reaktion erstaunt uns doch, aber doch möchten wir sie kurz zu erklären versuchen: Natürlich lassen sich die Motive der Lehrerin an dieser Stelle nicht angemessen abbilden. Doch müssen die Aussagen noch einmal konkret eingeordnet werden. Ein jüdischer Schüler bricht einem nichtjüdischen Schüler die Nase. Es ist eine gewalttätige Reaktion auf eine antisemitische (Alltags-)Erfahrung, die hier vor allem als filmisches Stilmittel genutzt wird.

Ein Kreislauf bedeutet, dass hier eine Handlung auf eine andere folgt. Doch was war die vorhergehende Handlung? Was ist der Ursprung des Kreislaufs? Wo hat er begonnen? Ein „Kreislauf", das bedeutet, dass hier „Gleiches mit Gleichem" vergolten wird, dass es einen Ausgleich auf Augenhöhe gibt. Diese Formulierung wird in Deutschland immer wieder gewählt, wenn Jüdinnen*Juden nicht vergebungsvoll auftreten. Dann werden Jüdinnen*Juden an ihre Rolle erinnert, die sie im deutschen Erinnerungstheater spielen sollen. Doch stellt eine „Schulhofschlägerei" für die Lehrerin möglicherweise einen Ausgleich auf Augenhöhe zum industriellen Massenmord dar? Der Wunsch, durch irreführende Gleichsetzungen das Schuldgefühl zu mindern, hat in Deutschland tatsächlich Tradition. So berichtete auch schon Theodor W. Adorno 1959 davon:

> Wir alle kennen auch die Bereitschaft, heute das Geschehene zu leugnen oder zu verkleinern – so schwer es fällt zu begreifen, daß Menschen sich nicht des Arguments schämen, es seien doch höchstens nur fünf Millionen Juden und nicht sechs vergast worden. Irrational ist weiter die verbreitete Aufrechnung der Schuld, als ob Dresden Auschwitz abgegolten hätte. In der Aufstellung solcher Kalküle, der Eile, durch Gegenvorwürfe von der Selbstbesinnung sich zu dispensieren, liegt vorweg etwas Unmenschliches, und Kampfhandlungen im Krieg, deren Modell überdies Coventry und Rotterdam hieß, sind kaum vergleichbar mit der administrativen Ermordung von Millionen unschuldiger Menschen.[236]

Nun vergleicht die Lehrerin zwar nicht die alliierte Bombardierung von Dresden während des Zweiten Weltkrieges mit dem Konzentrations- und Vernichtungslager Auschwitz. Doch die Idee dahinter ähnelt sich sehr. Sie wabert um die vom israelischen Psychoanalytiker Zvi Rex ironisch formulierte Pointe: „Die Deutschen werden den Juden Auschwitz nie verzeihen."

Lehrkräfte, wie die hier erwähnten, machen sich nicht die Mühe, sich in den Protagonisten hineinzuversetzen – ganz anders als ihre Schüler*innen. Häufig schien eine unüberwindbare Kluft zwischen der Darstellung auf der Leinwand und der Lebenswirklichkeit mancher Zuschauer*innen zu bestehen, die dazu führte, dass die dargestellten Ereignisse (trotz besagter Realitätsnähe) abgewehrt und distanziert wurden. Doch für manche stellte der Film auch ein Identifikationsangebot bereit. Es wird gesagt, dass die Faszination von Zuschauer*innen für Antihelden und Bösewichte darin besteht, dass diese tun, was man selbst nicht ausleben kann oder sich selbst verbietet. Arkadij erklärt es uns:

> Es ist zum Teil richtig. Wir stillen auch archaische Bedürfnisse, indem im Film zum Beispiel auch Gewalt ausgeübt wird. Ich glaube, Filme müssen immer ein politisches Bewusstsein haben, aber ein Film muss nicht politisch sein.

Dieses „politische Bewusstsein" ist bei *Masel Tov Cocktail* spürbar. Der Antiheld schlägt zu, er schlägt sich aus der ihm zugeschriebenen Rolle heraus. Aber er handelt nicht aus der überlegenen Position heraus, sondern aus einer soziohistorischen Schwäche. Die universelle Nachricht ist: Hier schlägt nicht Dima zu, sondern alle Menschen, die (antisemitische) Diskriminierung und verbale und physische Gewalt erlebt haben. Und dabei ist der Film radikal ehrlich und in der Reaktion von Dimas Umfeld realitätsnah. Dima bekommt kein Verständnis, sondern soll sich stellvertretend mit Tobi versöhnen. Sein Schulleiter vollzieht damit symbolisch die Versöhnung mit der deutschen Geschichte, die er sich für sich selbst wünscht. Eine Erfahrung, die viele jüdische Schüler*innen machen mussten und müssen: Alle Beteiligten werden gleich bestraft, doch von Jüdinnen*Juden wird erwartet, zu akzeptieren, dass nicht alle Beteiligten gleichermaßen die Verantwortung haben:

> Ich glaube, wenn du über Antisemitismus liest, ihn siehst, davon betroffen bist, dann hast du immer wieder Gefühle von Wut und Aggression. Ich hab oft, wenn ich von solchen Übergriffen etwas sehe, mir gewünscht, dass die Leute zurückschlagen. Aber natürlich leben wir in einem Rechtsstaat, wo man nicht rumlaufen kann und Leuten die Nase brechen. Aber die Gefühle sind ja authentische Gefühle. Und deswegen ist es super, dass wir die Kunst haben und vor allem den Film, wo wir das reinpacken können. Wir können Nasen brechen auf Leinwänden und man ist niemandem Rechenschaft schuldig. Das ist enorm wichtig – wenn wir jetzt über *Masel Tov* sprechen – im Sinne von filmischen Vorbildern.

Die Kunst bietet die Möglichkeit, „kompromisslos" zu sein, auszuleben, was man sich im wahren Leben zumeist selbst nicht eingesteht. Sie bietet die Möglichkeit zur stellvertretenden Aggressionsabfuhr. Doch auch das blieb Jüdinnen*Juden oft verwehrt. Es gab keine Beispiele auf der Leinwand, die das empfanden, was sie empfanden. Die so handelten, wie man es sich selbst verwehrte:

> Ich bin mit Film aufgewachsen, der Jüdinnen*Juden immer nur auf der Flucht zeigt. Erniedrigt, gepeinigt, ermordet. Und wenn du immer nur wieder vorgesetzt bekommst, sozusagen wie schwach du bist, dann fängst du irgendwann auch an, dich schwach zu fühlen. Dann fängst du irgendwann an, dich in dieser Opferposition zurechtzufinden. Und ich glaube, das ist enorm wichtig, dass wir Figuren haben, die zurückschlagen. Figuren, die Nasen brechen, weil ich mich mit denen doch genauso identifizieren kann.

Bei den jüdischen Figuren braucht es mehr Ambivalenz und Pluralität. Nicht die ewig gleichen Rollen: Jüdinnen*Juden als Mentor*innenfiguren oder Ben Becker, der in seiner großbürgerlichen, etagenfüllenden Hochhauswohnung und deren Kellerabteil über nationalsozialistische Verfolgung sinniert.[237] Wenn es eine Botschaft gibt, die Arkadij mit dem Film vermitteln wollte, dann war es die, Jüdinnen*Juden zu ermutigen, sich gegen Gewalt zu wehren, sich empowert zu fühlen. Wobei er eine Einschränkung macht:

> Ich finde es zwar schwer, von Botschaften zu sprechen. Du machst einen Film, der steht für sich. Dann machen die Leute damit, was sie wollen und ziehen daraus, was sie daraus ziehen. Und ich schreibe eine Szene nicht nach dem Motto: „Ok, was ist jetzt die Botschaft, die ich jetzt senden will in dieser Szene?" Sondern ich schreibe sie einfach auf. Ich gehe meinem Gefühl nach, was wäre eigentlich eine geile Reaktion darauf. Was würde ich eigentlich gerne machen, in dem Moment? Ja, ich würde dem einfach gerne in die Fresse schlagen, damit sein Kopf gegen die Kacheln schlägt. Und zufälligerweise geht es halt ganz vielen Leuten genauso. Dass sie das auch gut fänden, wenn das passiert. Und deswegen feiern wir das dann.

Doch es war nicht nur das Bedürfnis nach einer Reaktion auf antisemitische Anfeindungen, die Arkadij mit dem Film bzw. eher mit seinem Protagonisten verbindet. Der Film ist eng mit seiner Biografie „verknüpft". Beide, Arkadij und Dima, kommen aus der ehemaligen Sowjetunion, sie sind im Ruhrpott aufgewachsen und sie haben ein Auge für die „Archetypen im deutsch-jüdischen Miteinander". Das sind auch die Figuren, die uns – ein bisschen so wie in Charles Dickens' *Weihnachtsgeschichte* die Geister der vergangenen, der gegenwärtigen und der zukünftigen Weihnacht – auf Dimas Reise begegnen. Und damit sind nicht nur die nichtjüdischen Figuren gemeint, „auch jüdische Archetypen, innerjüdische Archetypen" werden hier gespiegelt. Nur so konnte ein vollständiges Bild entstehen, ein Film „aus dieser subjektiven jüdischen Perspektive", einer, der davon erzählt, „wie es sich anfühlt, jüdisch zu sein in Deutschland heute". Damit wollte Arkadij auch anderen Arbeit abnehmen. Denn jede*r, die*der es schon einmal gemacht hat, weiß, was es auslöst, wenn man als Jüdin*Jude öffentlich spricht:

> Dann fragen die Leute: Wie ist es eigentlich als Jude in Deutschland? Ich dachte, ich hab keine Lust mehr, die Frage zu beantworten. Ich mach jetzt diesen Film, dann können sich das alle angucken. Ich bin natürlich total gescheitert damit, weil ich, seit der Film draußen ist, immer wieder darüber sprechen muss. Ich wollte einen Film machen über dieses jüdische Gefühl, in was für Situationen kommt man, was erlebt man. Was macht das mit uns, wenn die eigene Anwesenheit in den Köpfen der Deutschen nichts anderes auszulösen scheint als Bilder der Shoa. Wie fühlt man sich, wenn man sich als Jude outet und die Gruppe um einen herum verstummt? Weil sie nicht weiß, was sie sagen soll oder weil ein leises „Sorry" über die Augen blitzt. Oder weil die Leute peinlich berührt sind. Oder weil die Leute einen mal anfassen wollen. Oder weil Leute das Wort Jude nicht aussprechen

können. Das wollte ich abbilden und die Frage stellen: Was wissen Deutsche über Juden? Sag mir drei Dinge außer Hitler, Holocaust und Auschwitz.

Es ging also darum zu zeigen, wie jüdisches Leben wirklich ist. Kein großer Lehrauftrag, keine hehren Ziele, sondern die Mixtur aus künstlerischem Geschick, politischem Bewusstsein und dem nahezu trivialen Wunsch, die eigene Lebenswirklichkeit auch in der medialen Darstellung wiederzufinden.

Manch eine*r wird sich auf diesen Seiten verwundert die Augen reiben. Wird denn in Deutschland nicht an jeder Ecke betont, dass jüdisches Leben nach der Shoa ein Geschenk sei? Laufen nicht ständig Filme über Jüdinnen*Juden im Kino? Redet man nicht über jüdisches Leben in der Schule, in Geschichte, Deutsch oder Religion / Ethik? Sind Jüdinnen*Juden in der medialen Repräsentation nicht geradezu omnipräsent, also Hannah Arendt, Anne Frank, Theodor W. Adorno oder vielleicht Marcel Reich-Ranicki?

Arkadij gibt die Antwort auf diese Fragen immer wieder: „Wenn man über jüdisches Leben spricht in Deutschland, dann spricht man über tote Juden." Jüdisches Leben, jüdische Kultur oder, wie manch einer sagt, die jüdische Zivilisation, das sei so viel mehr als das, „was man sich gerne in Deutschland in Film und Fernsehen darüber erzählt". Er ist in einer Zeit aufgewachsen, in der jüdisches Leben vor allem „immer nur ein Symbol" in Film, Fernsehen und Reportagebeiträgen gewesen sei. Dabei sei die größte – und beschämendste – Leerstelle die Unsichtbarkeit der russischsprachigen jüdischen Communities in Deutschland. Arkadij ist mit ihr aufgewachsen und wollte sie endlich auf einer Leinwand sehen: Sie macht „den Großteil aller Jüdinnen*Juden in Deutschland heute aus. Und die ist visuell eigentlich völlig untererzählt."

Wer unsere Beschreibung des Filmes liest, wird sich wahrscheinlich so einiges vorstellen. Man kann sich ein ungefähres Bild machen, doch aufgrund des Status Quo der Darstellung von Jüdinnen*Juden in der Filmlandschaft wird man etwas Schwermütiges erwarten. Viel Erklärung, viel dramatische Musik. Und dann? Dann kommt es ganz anders als erwartet. Denn, das hören wir sehr früh: „Das hier ist nicht so ein Film", spricht Dima durch die vierte Wand zu uns. Arkadij wollte „einen Film machen, der unterhält und der Spaß machen kann". Es sollte ein Film werden, „den man gerne guckt und der sich nicht nach ‚Wir machen jetzt Unterricht' anfühlt". Keine Geschichtsstunde, weg mit den Büchern aus dem Religionsunterricht. Eine tiefe Stimme liest zu knalligen gelben Buchstaben Statistiken vor. Selbst so etwas Trockenes bekommt in *Masel Tov Cocktail* Witz. Es sollte ein Film über jüdisches Leben sein, das trotz der wandelnden Widersprüche im Land der Täter*innen nicht dauerhaft in Schwarz-Weiß stattfindet: „Und es war auch nie die Absicht einen Film über Antisemitismus zu machen. Auch wenn der Film heute sehr viel so gelesen wird."

Um besser verstehen zu können, wie *Masel Tov Cocktail* es schafft, jüdische Lebenswirklichkeit in Deutschland abzubilden, können wir ihn mit einem anderen Film vergleichen. Der Vergleich bietet sich deshalb an, weil beide Filme nicht nur eine zeitliche Nähe haben. Auch inhaltlich scheinen sie sich zu gleichen. Beim zweiten Film ist die Rede von *Das Unwort*, der auf einem Drehbuch von Leo Khasin basiert und ebenfalls 2020 veröffentlicht wurde. Anders als *Masel Tov Cocktail* handelt es sich mit 85 Minuten Laufzeit eher um einen abendfüllenden Spielfilm. Premiere im Fernsehen feierte er am 9. November 2020 im ZDF. Leo Khasin ist ebenfalls jüdisch, seine Familie kommt auch aus der ehemaligen Sowjetunion, allerdings wurde er bereits 1973 in Moskau geboren. Somit ist er eine ganz andere Generation als Arkadij. Seine Familie ist 1981 nach Deutschland ausgewandert, als er acht Jahre alt war. In Deutschland lebten sie dann in Bremen und im nordrhein-westfälischen Waltrop. Im Jahr 1984 folgte der Umzug nach Berlin. Im Interview mit der *Jüdischen Allgemeinen* erklärt Khasin, woher die Motivation für seinen Film stammt:

[D]a rief mich eine Producerin an. Wir kannten uns von einem gemeinsamen Projekt, das nicht realisiert worden war. Offenbar aber bin ich ihr in Erinnerung geblieben. Sie fragte mich, ob ich mir vorstellen könnte, einen Film über Antisemitismus an Schulen zu machen. Und ich sagte intuitiv: „Warum nicht?" Der aufkeimende Antisemitismus in Deutschland irritierte mich schon lange. Da durfte ich mich nicht drücken. Es gab anfänglich keine klare Geschichte und kein Genre. Auf *Arte* sah ich eine Reportage über Oskar, einen jüdischen Jungen, der an einer Schule in Berlin-Friedenau gemobbt worden war. Diese Reportage hat mich einerseits inspiriert, andererseits dachte ich, da gibt es ja schon eine Geschichte, die muss nicht noch mal erzählt werden. Viel lieber wollte ich etwas erzählen, was bisher nicht gezeigt wurde. Keine Floskeln und Masken, sondern die Befindlichkeiten von allen Beteiligten.[238]

Auch Khasin waren „Juden als eindimensionale Opfer nicht genug".[239] Er habe vorgehabt, ein „differenzierteres Bild" von jüdischem Leben darzustellen, wobei er sich auch bei seinen eigenen Erfahrungen bediente, denn als Vater von „Kinder[n] in einem ähnlichen Alter wie Oskar" könne er „nachvollziehen, wie man sich fühlt".[240]

Während es bei Arkadij die Idee war, die am Anfang stand, erklärt Khasin in einem *taz*-Interview, dass bei ihm der „Impuls zu dem Thema [...] tatsächlich aus der ZDF-Redaktion" kam.[241] Und hinsichtlich biografischer Anknüpfungspunkte führt er aus, dass er eine „intensiv[e]" Auseinandersetzung „mit den Themen Antisemitismus und Mobbing an Schulen" betrieben habe.[242] Im Anschluss stand für ihn die Frage im Raum, wie man „dieses Thema darstellen kann, ohne dass es schon tausendmal gesagt wurde, ohne dass es langweilt".[243] Auch er habe als Schüler „die Angst oder die Unsicherheit zu sagen, dass man jüdisch ist", erfahren, was er im Film zeigen wollte.[244]

Der Film dreht sich um eine Klassenkonferenz, in der ein Zwischenfall zwischen dem jüdischen Schüler Max und seinen muslimischen Mitschülern Karim und Reza behandelt wird. In der Konferenz geht es um nicht weniger als einen Schulverweis für Max, da er Karim das Ohrläppchen abgebissen und Reza das Nasenbein gebrochen hatte. Die Eltern der Schüler sollen nun gemeinsam mit der Schulbehörde, der Schulleitung, der Klassenlehrerin und dem Hausmeister eine Einigung herbeiführen. In dessen Verlauf wird ersichtlich, dass jüdische Schüler*innen über längere Zeit von ihren Mitschüler*innen gemobbt wurden. Als vermeintliche „Vorsichtsmaßnahme" sperrte eine Lehrerin die jüdischen Schüler*innen „zu ihrem eigenen Schutz" im Chemieraum ein. Auch die nichtjüdische Verkrampftheit gegenüber Jüdinnen*Juden nimmt einen Platz in der Handlung ein. Am Ende geben sich die Väter der Schüler die Hände (die jüdische Familie fährt aus ihrer riesigen Altbauwohnung in einen Sozialbau, in dem die Familie von Karim lebt) und lösen den Konflikt. Die Schüler verrichten als Strafe einen

Sozialdienst im Altersheim, wo eine neue Konfliktsituation zwischen Karim und Max sich lachend auflöst, nachdem eine Bewohnerin sagt: „Die Araber sind die Juden von heute." Die Kritik des *Lexikon des internationalen Films* ist vernichtend. Nach einer kurzen Inhaltsangabe wird erläutert, warum der Film lediglich einen von fünf möglichen Sternen bei der Bewertung erhalten hat:

> Als Komödie der Entgleisungen konzipierter Fernsehfilm, der Vorurteile und Charakterschwächen aufzeigen will, aber durchweg den falschen Ton trifft. Statt entlarvendem Humor dominieren Klamauk und gequälte Dialoge, die das reale Problem der Angriffe auf jüdische Schüler letztlich bagatellisieren.[245]

Auch Arkadij sieht den Film kritisch, wobei er seine Meinung durch die Anmerkung etwas relativiert, dass er ihn nur „ausschnittsweise" gesehen habe. Wir fragen Arkadij, ob er Ähnlichkeiten zu seinem Kurzfilm sehe, woraufhin er uns erklärt:

> Ich hab den nicht geschaut, weil ich ihn auch schlecht fand. Ich glaube, man kann generell sagen, dass er handwerklich schlecht gemacht ist. Man hört in den Dialogen die Drehbuchseiten rascheln. Die Inszenierung ist hölzern. Wie die Figuren aufeinandertreffen, wie sie sprechen, wie die Szenen gebaut sind. Es ist oberflächlich getextet.

Außerdem erinnere ihn die Darstellung der jüdischen Figuren an ein ganz grundsätzliches Problem im bundesrepublikanischen Kino nach 1945. Jüdische Rollen seien immer durch drei Aspekte gekennzeichnet gewesen:

> Zum Ersten: Die Figuren werden eigentlich immer im Kontext der Shoa erzählt, von der Psychologie und der Biografie der Shoa. Zum Zweiten: Sie sind visuell irgendwie als jüdisch erkennbar. Also häufig Kippa und so weiter. In dem Film natürlich nicht so. Aber die Familie ist irgendwie religiös, es gibt die Menora im Anschnitt oder es geht um Israel. Und als Drittes: Jüdische Figuren in Deutschland werden nie migrantisch erzählt. Weil man natürlich auch versucht, auf audiovisueller Ebene eine Kontinuität eines deutschen Judentums weiterzuerzählen.

Und es habe sich im deutschen Film bis heute wenig dran geändert. Ob Culture-Clash-Comedy, Tragikomödie, Drama oder die allermeisten Tatorte bzw. Krimis der vergangenen Jahrzehnte: Die jüdischen Figuren seien „immer super unauthentisch jüdisch". Während im US-amerikanischen Kino ein jüdischer „Habitus" codiert werde, blieben die Figuren im deutschen Film „biodeutsch" und müssten durch bestimmte Namen und Musik vermittelt werden: „Die heißen dann immer so Grünbaum, damit auch der letzte Depp weiß, ah ok, das soll eine jüdische Figur sein."
Der Film *Das Unwort* scheitere auch an stereotypen Darstellungen, meint Arkadij:

> Die arabische Familie wohnt in einer Wohnung, die aussieht wie eine Mischung aus Puff und Shisha-Café. Das ist interessant zu beobachten, weil wie du jüdische

Figuren sozusagen in Berliner Altbauwohnungen zeigst, so zeigst du arabische Figuren auf so einer Kissenlandschaft und überall ist ein pinkes Licht.

Und auch die Versöhnungsgeste zwischen den Eltern hole ihn nicht ab: „Und dann geben sich die Väter irgendwann die Hände. Einfach uninteressant."

Die Kritik des Regisseurs rührt auch daher, dass in der filmischen Auseinandersetzung mit diesem Thema mehr drin gewesen wäre. Vor allem, weil die mediale Darstellung des Judentums einen großen Spalt zur Realität aufweist. Eine Realität, in der die weit überwiegende Mehrheit der Jüdinnen*Juden in Deutschland eine osteuropäische, meist postsowjetische Migrationsgeschichte aufweist. Der Spalt tut sich dadurch auf, dass diese Geschichten in der deutschen Film- und Fernsehlandschaft nur unzureichend, zum Teil gar nicht erzählt werden. Das sei allerdings ein Problem, was nicht nur den Film betreffe, wie Arkadij herausstellt, sondern was sich allgemein in Kunst und Kultur als entscheidende Leerstelle darstelle. Film sei allerdings exemplarisch dafür. Die Erfahrungen postsowjetischer Jüdinnen*Juden passt einfach nicht in das „begrenzte Repertoire", auf das Jüdinnen*Juden über Jahrzehnte festgeschrieben wurden.

Doch nun ändert sich etwas, weil junge jüdische Stimmen neue Blickwinkel in die unterschiedlichsten Sphären der Gesellschaft hineintragen. So auch in die Filmlandschaft: „Nicht, weil Juden bessere Filmemacher sind. Vielleicht sind sie es ..." Doch um diese Entwicklung zu verstehen, sollte man einen breiteren Blickwinkel anlegen: Mit den Anfängen der Auseinandersetzung mit der nationalsozialistischen Vergangenheit habe sich auch das Verhältnis zum Judentum verändert. Es setzte temporär „ein starkes Interesse an jüdischen Themen" ein, was sich z. B. in der Veröffentlichung großer Mengen jüdischer Literatur widerspiegelte. Es sei ein „wachsender Wunsch nach lebendiger jüdischer Kultur, jüdischem Kulturangebot" entstanden. Doch dieses Kulturangebot wurde „mehrere Jahrzehnte von nichtjüdischen Deutschen für nichtjüdische Deutsche gestaltet". Das Interesse an dem, was man sich als jüdisch vorstellte, begreift Arkadij als eine „Reaktion auf das Loch, die Leerstelle, die die Shoa in Deutschland hinterlassen hat". Als eine Art Übersprungshandlung versuchte man die Unsichtbarkeit jüdischer Kultur „durch eine große Sichtbarkeit und große Aufmerksamkeit zu ersetzen". Es folgten „Jahrzehnte von Klezmerfestivals, jüdischen Filmtagen, Theatertagen, Kulturveranstaltungen, Gedenkrituale. und so weiter und so fort, die von Nichtjuden für Nichtjuden veranstaltet wurden".

Doch, so betont es der Regisseur, man sollte hier genauer hinschauen. Die Beschäftigung mit jüdischer Kultur erfolgte nicht zum Selbstzweck. Der „Wunsch nach jüdischer Repräsentation sei für das deutsche Selbstverständnis sehr wichtig". Dieser gesellschaftsmythische Blick auf das Judentum sei auch an dem Blick durch die Kamera und auf die Leinwand erkennbar: Jüdinnen*Juden erfüllen im Film die Rolle als „Mentor*innenfiguren". Wie Yoda oder Obi-Wan Kenobi in der Weltraum-Saga Star Wars sind sie alt, weise und tragen die Moral in sich.

Der Blick über den Tellerrand hilft wieder dabei, die deutschen Besonderheiten zu begreifen. So würden im US-amerikanischen Kino eben auch „jüdische Antihelden erzählt". So würde auch die Gefangenschaft in der „moralischen Richtigkeit", die Jüdinnen*Juden im Film erleiden, aufgelöst werden. Da sind Jüdinnen*Juden nicht mehr allwissende Lichtgestalten, die auf die Aggression und körperliche Rohheit mit einem Blick in den Talmud antworten. Die Verkrampftheit im Umgang mit Jüdinnen*Juden hatte zur Folge, dass widerständige jüdische Geschichten nahezu gar nicht erzählt wurden. Im deutschen Film ist es weitgehend unvorstellbar, dass Jüdinnen*Juden Rache und Gewalt üben, wie es z. B. in der Amazon-Serie *Hunters* zu sehen ist. Doch dafür ist auch ein weiterer Aspekt ausschlaggebend, wie Arkadij betont: der Mangel an jüdischen Perspektiven hinter der Kamera. „Wir hatten keine jüdischen Filmemacher, wie in den USA, die halt diese Figuren so schreiben konnten." Es gebe viele Gründe, warum Jüdinnen*Juden auch in Deutschland jüdische Geschichten anders erzählen könnten:

> Es kommt zusammen, dass natürlich deutsche Filmemacher qua ihrer Familienbiografie befangene Erzähler sind. Und damit auch triviale Erzähler. Natürlich können sie keine jüdischen Figuren als Drogen-tickende, mordende Gangster inszenieren.

Dabei habe es immer Ausnahmen gegeben, etwa den bereits erwähnten Leo Khasin oder auch Dani Levy. Letzter stelle jedoch ein „sehr folkloristisches Judentum" dar, mit dem er sich vor allem an ein nichtjüdisches, deutsches Publikum gewandt habe. So seien „Klezmerfilme" entstanden, die sich mit jüdischem Humor oder Kaschrut beschäftigten. Unabhängig davon habe lediglich ein „Vergangenheitsbewältigungskino" bestanden.

Die Einwanderung von 200 000 Jüdinnen*Juden aus der ehemaligen Sowjetunion habe die Situation massiv verändert. Aus der überalterten Minderheit von knapp 30 000 Jüdinnen*Juden in Westdeutschland wurde so eine größere und mit der Zeit auch selbstbewusstere Minderheit, die einen starken Generationenwechsel erlebte. Das betraf besonders den Film im Allgemeinen, aber auch die Kultur in Gänze:

> Wo auf einmal Leute, die als sehr kleine Kinder hierhingekommen sind, so wie ich, oder hier bereits geboren sind, jetzt nach deutschem Bildungssystem, nach jahrelangem Studium, jetzt so dekadente Sachen machen können, wie Filme zu drehen. Und nicht nur beim Film, auch in der Literatur. Autoren, die jetzt ausgezeichnet werden, die Bücher schreiben, das sind alles Sachen, die die Elterngeneration nicht machen konnte. Die hat halt irgendwie Arbeit gesucht, die Sprache gelernt, hat sich ein soziales Umfeld aufgebaut. Das ist auch ein Privileg, über deine Identität reflektieren zu können.

Arkadij skizziert, dass es aus seiner Perspektive erst der Erfüllung bestimmter Grundbedürfnisse bedürfe, ehe Zeit und Möglichkeit zur Reflexion entstehen. Während es für einige die Entwicklung gegeben hat, dass sie die Rahmenbedingungen für ein solches Leben herstellen konnten, sind andere Familien immer noch stark durch prekäre Lebensverhältnisse geprägt. Eine große Gruppe der Jüdinnen*Juden in Deutschland ist weiterhin auf Sozialhilfe angewiesen.[246] Besonders jüdische Altersarmut ist ein Thema, dass durch Fehler diverser Bundesregierungen seit 1991 entstanden ist und bis heute nicht gelöst wurde. Bevor man damit anfängt, „über jüdische Identität zu reflektieren", so Arkadij weiter, „müssen erst mal ganz viele andere Sachen in deinem Leben gelöst sein und du musst dir halt keine Sorgen machen müssen um irgendwie Geld, deine Miete und um Essen".

In der Vergangenheit konnten einige Jüdinnen*Juden mit einer postsowjetischen Migrationsgeschichte diese Wege gehen. Das habe bereits zu den von Arkadij beobachteten Veränderungen geführt. Diese Prozesse seien noch nicht abgeschlossen, sondern wir befinden uns mitten in ihnen. Und genau das muss sich auch in Kunst und Kultur wiederfinden. Arkadij, der einen solchen Weg gegangen ist, betont, wie wichtig es ist, dieses Privileg in das politische Bewusstsein hinter der Kunst einzuarbeiten: „Kulturschaffender zu sein, ist trotzdem ein sehr privilegiertes Ding." Das sei ein kritischer Umgang mit Klassismus. Doch diese Debatte sei besonders schwer, denn antisemitische Stereotype verunmöglichen es vielen Menschen, zu begreifen, dass die Erfahrungen von Jüdinnen*Juden auch durch Klassismus geprägt sind. Stereotype über jüdisches Leben von Reichtum und Macht schieben sich wie ein Keil in das Bewusstsein. Dabei hätten klassistische Verhältnisse auch Folgen für die Repräsentation jüdischen Lebens in Deutschland, meint Arkadij:

Wenn du dir anguckst, welche jüdischen Stimmen wir auch in jüdischen Räumen haben, dann sind das sehr häufig nicht post-ost, dann sind das nicht Leute, die aus der ehemaligen Sowjetunion kommen. Selbst auf Panels, wo es um diese Leute geht, sind sie häufig nicht repräsentiert. Wir sehen eine Mirna Funk, wir sehen einen Max Czollek, wir sehen halt Leute, die eine lange Tradition haben in Deutschland, wir sehen euch beide und so weiter und so fort. Wir sehen Leute, die halt schon aus einer privilegierten Position kommen, dass sie Kunst machen können, oder Texte schreiben können. Und ich hoffe, dass sich das noch mehr ändern wird. Aber man muss ja auch die Leute in diese Strukturen hieven.

Wir wollen mit dem Regisseur ein Thema noch einmal näher betrachten, das derzeit zunehmend erregt diskutiert wird: „Jewfacing". Wir wollen damit auch den Denkraum erweitern und die Debatte um das Thema versachlichen. Denn Arkadij nimmt keine holzschnittartige Haltung ein, sondern bezieht eine vermittelnde Position.

Ich gehöre weder zu denen, die sagen: „Nur Juden dürfen das machen." Noch zu denen, die sagen: „Ne, es dürfen alle machen." Ich glaube und ich gehe ganz praktisch an die Sache. Aus einer Regieperspektive habe ich einfach die besten Schauspieler, wenn sie wissen, wovon sie sprechen. Einen Film wie *Masel Tov Cocktail* hätte ich niemals mit einem Schauspieler machen können, der nicht aus dieser Welt kommt. Jemandem, dem ich erstmal erklären muss, was es bedeutet, Jude zu sein, wie das alles gemeint ist, was für Figuren das sind. Jemand, der die Situation in seinem Leben nicht kennt, der kann die vor einer Kamera auch viel schlechter darstellen. Es ist natürlich viel leichter, mit jemandem zu arbeiten, der das alles versteht, der weiß, woher ich komme, der weiß, wovon ich spreche, der das selber schon erlebt hat, der 'ne ähnliche Familienstruktur hat, der schon mal so eine Lehrerin hatte, der schonmal Erfahrungen mit Antisemitismus hatte, der muss sich nicht irgendwelche Substitute suchen, die er vor der Kamera abrufen kann, um das darzustellen.

Es reiche allerdings nicht, dass nur vor der Kamera Jüdinnen*Juden Rollen einnehmen und so dafür sorgen, dass die medialen Verhältnisse auch mit den gesellschaftlichen Verhältnissen übereinstimmen. Wenn Menschen nur dann mit eingebunden werden, um sie als „Tokens" zu nutzen und die Produktion damit gegenüber Kritik immunisieren zu wollen, dann sei das keine ernstzunehmende Herangehensweise. Es müssten sich die Strukturen ändern, damit sich beim Thema Repräsentation in Deutschland tatsächlich etwas bewegt. Dabei ergeben sich bei der Produktion von Filmen in Deutschland allerdings auch ganz praktische Probleme: „Ich weiß gar nicht, ob es möglich wäre, in Deutschland einen jüdischen Ensemblefilm zu machen, nur mit jüdischen Schauspielern, weil es einfach auch nicht so viele gibt." Hier müsse erst einmal der Nachwuchs gestärkt werden. Pluralität sei ihm allerdings auch über die Beteiligung von Jüdinnen*Juden hinaus wichtig. Unterschiedliche Perspektiven einzubinden, das habe vor allem der US-amerikanische Betrieb gezeigt, mache Spiel und Film „qualitativ besser":

Genauso wie wenn du diverse Autorenteams in Writers Rooms zusammensetzt. Die Leute haben einfach unterschiedliche Perspektiven und die Drehbücher sind dann auch einfach besser. Das ist das, was in Amerika seit Jahren passiert, und in Deutschland fängt man erst gerade damit an.

Arkadij ist seit der Erstaufführung von *Masel Tov Cocktail* viel durchs Land gereist. Hinzu kam, dass ein Jahr später das Festjahr „1 700 jüdisches Leben in Deutschland" begonnen hatte, in dessen Zuge es auch immer wieder zu Aufführungen seines Kurzfilms kam. Arkadij schaltet sich immer wieder in gesellschaftliche Debatten ein und kritisiert die Missstände, die nicht nur Konsequenzen für Jüdinnen*Juden haben. Besonders pointiert fasste er es in einer Agenturmeldung zusammen, in der jüdische Stimmen zum Festjahr gesammelt wurden:

Nach dem Lutherjahr jetzt das Judenjahr. Was für ein Viertel der Deutschen, die antisemitisch denken, wie eine Drohung klingen mag, ist eine gut gemeinte Initiative. Aber während jüdische Einwanderinnen und Einwanderer aus der ehemaligen Sowjetunion noch immer im Rentenrecht benachteiligt werden und geradewegs in die Altersarmut steuern, klopft Deutschland sich auf die Schulter: für Artenschutz und die stabile Eichentür. Danke, Kaiser Konstantin.[247]

So ist er eine wichtige Stimme im gesamtgesellschaftlichen Diskurs geworden und schafft es damit, mehr Pluralität hinsichtlich der Repräsentation von Jüdinnen*Juden zu schaffen. Aber was hat sich bewegt, seitdem sein Film veröffentlicht wurde? Arkadij betont, dass er diese Frage nicht ganz unbefangen beantworten könne: „Weil ich total im Auge des Sturms stecke. Ich befasse mich damit beruflich und privat." Er muss also einen Schritt zurücktreten, um ein ganzheitliches Bild zu bekommen. Denn aus seiner Perspektive wäre es jetzt natürlich ein Leichtes, zu sagen, dass es unheimlich viele Kulturveranstaltungen zu jüdischem Leben in Deutschland gebe. Doch bildet das die tatsächlichen Verhältnisse ab?

Die Frage ist doch: Wenn ich in meinem nichtjüdischen Freundeskreis rumfrage, ob die überhaupt mitbekommen, dass „1700 Jahre" stattgefunden hat. Und ich weiß nicht, was die Antwort sein wird. Aber ich glaube, die meisten haben es nicht mitbekommen. Für die war das überhaupt kein Thema. Also ich bin da skeptisch. ich glaube das ist eine Frage, die man erst rückblickend, in vier, fünf, sechs Jahren beantworten können wird.

Außerdem könnte darüber hinaus noch die kritische Frage in den Raum gestellt werden, ob eine „erhöhte Sichtbarkeit für Jüdinnen und Juden" überhaupt zu etwas Positivem führe. Bereits vor 100 Jahren habe man 1600 Jahre jüdisches Leben in Deutschland gefeiert. Zwischen diesem Datum und heute liegen vor allem Jahrzehnte des Antisemitismus bis hin zur Shoa und der systematischen Vernichtung jüdischen Lebens in Deutschlands und weiten Teilen Europas. Ein solches Festjahr, so wichtig es für die Repräsentation auch sei, dürfe nicht als Feigenblatt dienen. Auf der einen Seite „schmücken wir uns mit diesem Festjahr" und „auf der anderen Seite leben ein Großteil der jüdischen Community in Altersarmut". Man begehe das Festjahr mit großen Veranstaltungen und bedeutungsschwangeren Reden, in denen jüdisches Leben als „Geschenk" bezeichnet werde „und der Antisemitismus schießt während dieser zwei Jahre durch die Decke". Das mache ihn skeptisch.

Arkadijs Schilderung hinterlässt bei uns den Eindruck, dass es besser und schlechter zugleich wird, die berühmte Gleichzeitigkeit des Ungleichzeitigen. Während die Zahl antisemitischer Vorfälle zunahm, dieser sich immer offener artikulierte und dabei auch in großen Debatten relativiert wurde, gab es dennoch „wirkliche viele Veranstaltungen", mit denen tausende von Menschen erreicht wurden. Man müsse auch die Frage stellen, ob Formate wie die Talkshow des Entertainers Daniel Donskoy, *Freitagnacht Jews*, auch ohne das Festjahr entstanden wären. Auch sei die Tatsache, dass öffentlich betont wird, dass Jüdinnen*Juden dokumentiert seit über 1700 Jahren in diesem Gebiet leben, dienlich, „um Dinge zu dekonstruieren, wie zum Beispiel: ‚Juden sind Fremde in der deutschen Gesellschaft'." Mehr jedoch als die Vielzahl an Veranstaltungen hätten die Jahre der Corona-Pandemie gezeigt, wie wichtig Social-Media-Plattformen für Sichtbarkeit und Aktivismus „für die jüdische Community und für andere Migra und marginalisierte Communities in Deutschland" seien:

Da ist auf einmal das Gefühl, nicht so einsam zu sein, sondern es gibt ganz viele andere verschiedene Orte und du kannst dich hier anknüpfen und da anknüpfen und du kannst dich informieren und es gibt Leute, die ähnlich denken und Sachen artikulieren.

Wie Arkadij selbst betont hat, gehört er zu einer Gruppe von Menschen, die die Möglichkeit und – wie er es nennt – das Privileg hat, darüber nachzudenken, was jüdische Identität für sie bedeutet. Was ist bisher bei all dem Nachdenken darüber rausgekommen? Wie hat sich sein Jüdischsein vielleicht auch über das immer wieder notwendige Sprechen und Nachdenken über *Masel Tov Cocktail* verändert? Arkadij schließt unser Gespräch mit dem Versuch einer Antwort auf diese Frage:

Immer diese Fragen. In Deutschland ist Judentum eine Kugel im Flipperautomaten. Meistens können nur Nichtjuden die Identität von Juden beschreiben und Juden können das gar nicht so richtig selber. Ich würde sagen es ist liberal, es ist reform, für mich persönlich ist es familiär, kulturell, und auch ethnische Aspekte meines Judentums sind mir wichtig. Und mein Judentum besteht auch sehr viel aus Terminen.

(K)Lebenskunst

„Kein Platz für Antisemitismus", „FGHT BDS", „Free Gaza From Hamas", „Rassenwahn? Verschwörungskacke? Gegen jeden Antisemitismus!", „Solidarity! Gegen jeden Antisemitismus! Immer. Überall", ein Davidstern, der das Hakenkreuz zerschlägt, verbunden mit dem Ausruf „Gegen Nazis". Das sind Motive, die sich in der Sticker-Kiste von Asur[248] finden. Asur wohnt in einer deutschen Großstadt. Sie ist jüdisch und beschreibt sich als Streetart-Künstlerin. Wie viele andere Streetart-Künstler*innen nutzt sie ein Pseudonym, um die wahre Identität zu verschleiern. So viel können wir allerdings sagen: Asur ist Mitte zwanzig und in einer deutschen Großstadt aufgewachsen. Sie war lange Teil jüdischer Jugendbewegungen und hat dadurch eine reichhaltige jüdische Bildung erhalten. Ebenfalls war sie in ihrem Leben häufig mit verbalem und physischem Antisemitismus konfrontiert, was zu ihrer Politisierung stark mit beigetragen hat.

Dass Asur hinter ihrem Pseudonym bleibt, hat zum einen damit zu tun, dass viele ihrer Aktionen am Rande der Legalität stattfinden; zum anderen ist sie sich auch darüber im Klaren, dass sie die Aufmerksamkeit der falschen Leute auf sich zieht. In Asurs Stadt trifft man auf der Straße die Kunstwerke sowohl links- als auch rechtspolitischer Aktivist*innen.

Die Anonymität der Großstadt bietet für Streetart-Künstler*innen wie Asur die Möglichkeit, auf- und abzutauchen. Diese Anonymität bietet einen optimalen Rahmen, um mit der eigenen Kunst mal mehr, mal weniger subtil politisch Zeichen zu setzen. Dieser Tanz auf dem Grat zur Illegalität definiert für viele Künstler*innen und ihre Fans das, was wir als Streetart bezeichnen. Für Asur gehört zu dieser Kunstform prinzipiell alles, was einen künstlerischen Anspruch erhebt und (illegal) den öffentlichen Raum gestaltet. „Ohne Stadt gibt es keine Streetart", so die Kurzbeschreibung des urbanen Phänomens.

Deutschlands Innenstädte sind mit dieser Art von Kunst gepflastert. Wobei sich über den Begriff der Kunst an dieser Stelle sicherlich streiten lässt. Besonders wird einem das bewusst, wenn der Blick auf so manche Tags[249] fällt. An Ampeln, Laternen, Verkehrsschildern, Geldautomaten, Hauswänden oder S-Bahnen schmücken kleine und große Kunstwerke inzwischen das asphaltgraue Stadtbild. Aufkleber, Graffitis, Murals, Stencils und viele weitere kreative Stilrichtungen finden sich im Straßenbild in allen Farben, Formen und zusammengesetzt aus allerlei Motivation wieder. Asur erklärt, dass sie seit über zehn Jahren auf Deutschlands Straßen unterwegs ist. Angefangen hat sie mit Aufklebern des Sportvereines, für den ihr Herz schlägt. Für viele Fans haben die Aufkleber, die mit Vereinsbezügen gestaltet werden, ein identifikationsstiftendes Moment. Mit den Stickern wird das eigene Territorium markiert und sich gleichzeitig bewusst von den gegnerischen Vereinen und Fanszenen abgegrenzt. Der Kreativität sind dabei keine Grenzen gesetzt. Weltweit malen Fans regelrechte Kunstwerke auf Aufkleber oder eben gigantische Graffitis. Damit zeigen sie ihre Leidenschaft und ihr Herzblut für ihren Verein. „Natürlich will man sich auch mit gegnerischen Fans messen", sagt Asur.

Das Stickern ist inzwischen mehr als ein Hobby für Asur. Sie nennt es Auftrag und ein Instrument ihres Aktivismus. Asur hat sich einen Blick dafür antrainiert. Wenn sie durch die Straßen läuft, dann wandert der Blick über Wände, Laternen, Mülleimer. Sie sucht und bleibt dann für viele ihrer Begleitungen scheinbar willkürlich hängen. Sie sieht nicht nur das Leuchten der Ampellichter oder die Blechlawinen, sondern ihr fallen innerhalb kürzester Zeit dutzende (politische) Botschaften auf, die sich im Straßenbild nur scheinbar verstecken. Vielen Menschen mangelt es an dem Wissen, um die Symbole, Chiffren und Karikaturen einordnen zu können. Nicht so Asur. Sie weiß, dass es beim Stickern genau darum geht: eine Botschaft zu senden. Und das tun viele Gruppen, Organisationen oder Initiativen.

Als Asur uns ihre Kunstwerke vergangener Jahre, gar Jahrzehnte zeigt, fällt uns etwas direkt ins Auge. Mit der Zeit scheinen diese sich zunehmend zu politisieren. Auch die Bezüge zum Antisemitismus nehmen im Verlauf zu. Während ihre Freund*innen ihre politischen Statements über Twitter oder Instagram verbreiten, sind Asurs Kommunikationsplattform die Flächen der Stadt.

Dabei erzählt sie davon, wie Freund*innen mit dem rassistisch und antisemitisch motivierten Terroranschlag in Hanau umgegangen sind: „Während meine Friends auf Sozialen Medien die Gesichter und Namen der Opfer gepostet haben, habe ich ‚Say Their Names'-Aufkleber verklebt." Die Erinnerung an die Ermordeten will sie weiterhin am Leben halten. Ähnlich sieht es mit den Morden des Rechtsterroristen in Halle oder des NSU aus.

Weitere Aufkleber in ihrem Sortiment fordern „Solidarität mit Israel", „Kick Antisemitism & Antizionism", „Boycott Antisemitism!", „Still not loving Islamism" oder „FCK NZS". Sie verklebt die Sticker innerhalb von Sekunden an Regenrinnen oder den nächsten Fahrradständer. Manchmal auch über andere Sticker, die rechtsradikale, antisemitische, rassistische oder terrorverherrlichende Forderungen wiedergeben. Asur erklärt, während sie gerade versucht, mit den Fingernägeln die Folie von einem der kleinen Rechtecke zu lösen, die Motivation dafür, warum sie mit uns spricht: Sie möchte beeinflussen, wie Jüdinnen*Juden wahrgenommen werden. Mit ihrer Streetart will sie so einen kleinen Beitrag für den Kampf gegen jeden Antisemitismus und antisemitisches Gedankengut leisten. Sie möchte darauf aufmerksam machen, dass,

wenn Menschen durch die Straßen laufen und dabei auch nur unbewusst rechtsextreme Inhalte wahrnehmen, dann nistet sich das in ihren Köpfen ein. Manche können das reflektieren und sich damit auseinandersetzen. Aber gerade diejenigen, die sich selbst gerne als „unpolitisch" beschreiben, stehen dieser Beeinflussung meistens naiv gegenüber, und das kann eine Diskursverschiebung in unserer Gesellschaft beeinflussen.

Asur bemerkt das mit einer Mischung aus Selbstbewusstsein und Resignation. Demokratiefeindliche Bewegungen, die sich jung und hip geben, haben den Kampf um politische Inhalte, die sich in Streetart kleiden, aufgenommen und bringen ihre Propaganda mit aller Massivität zurück auf die Straßen.

Während manche Beobachter*innen in den letzten Jahren häufig davon sprachen, dass sich rechtsradikale Aktivist*innen inzwischen in ihrer Ästhetik linkspolitischen Gruppen angenähert hätten, fördert eine genauere Betrachtung der Streetart die Unterschiede deutlich zu Tage. Neurechte und rechtsradikale Aktivist*innen haben noch nicht sonderlich lange das Potenzial von Kunstformen wie Streetart erkannt. Doch seit sie das haben, versuchen sie ihre menschenfeindlichen Inhalte zunehmend in eine Form zu drängen, die sie für Jugendliche attraktiv macht. Auch wenn die Kunstform durch ihre Geschichte einen Widerspruch zum Weltbild der rechten Akteur*innen erzeugt, sehen sie die Möglichkeit, damit neue Milieus zu erreichen. Ein Widerspruch kann zum Beispiel dadurch entstehen, dass die Kunstform durch marginalisierte Gruppen geprägt wurde.

Im Gegensatz dazu sind es häufig linkspolitische Aktivist*innen, die sich auch der Herkunft der Kunstform verschreiben und versuchen, diese durch ihre Inhalte zu betonen. Seit Jahren arbeiten neurechte Denker*innen daran, wie sie durch entsprechende Mittel eine möglichst große Zahl an Menschen für ihre Ziele erreichen können. Dabei greifen sie vermehrt auch auf linke Theorien und Konzepte wie z. B. die von Antonio Gramsci zurück. Dessen Konzept der „Hegemonie" haben sie sich zu eigen gemacht.

Neonazistische Kleinparteien wie Die Rechte oder der III. Weg sind ein passendes Beispiel dafür, wie diese Strategien und Konzepte umgesetzt werden. Sie haben ihre Möglichkeiten erkannt und lassen inzwischen z. B. antisemitische Sticker produzieren. Neurechte und neonazistische Aktivist*innen bekleben die Straßen mit blutverschmierten Israelfahnen und der Aufschrift „Terrorstaat Israel". In ihren Online-Shops findet sich die gesamte Bandbreite antisemitischer Vorstellungen, die aber häufig in die gesellschaftlich akzeptierte Variante des chiffrierten israelbezogenen Antisemitismus gekleidet werden. So gibt es „Terrorstaat Israel"-Motive wie auch „Keine Solidarität mit Israel"-Aufkleber. Zu den führenden Köpfen des rechtsradikalen Online-Handels zählen beispielsweise die Shops der beiden NPD-Mitglieder Tommy Frenck und Patrick Schröder. Hier findet sich alles, was das Neonazi-Herz begehrt: Glorifizierung des Nationalsozialismus in Form von Kleidung, Lebensmitteln oder Aufklebern. Eines der antisemitischen Stickermotive stellt zwei Geschäftsleute mit Dollarzeichen als Köpfen dar, die sich blutverschmiert die Hände schütteln. Darüber steht „Goldman Sucks".

„Wehr Dich – Bald sind wir eine Minderheit in unserem eigenen Land! Gegen den großen Austausch" oder „Umvolkung? Nicht mit uns!" steht auf Aufklebern der neofaschistischen Identitären Bewegung. Sie nutzt gezielt Streetart, um die antisemitisch-rassistische Verschwörungserzählung des „Großen Austausch" zu propagieren. Ein selbsterklärtes Ziel neurechter und rechtsradikaler Streetart-Aktionen ist die Markierung dessen, was sie als ihr Revier oder ihren Kiez bezeichnen. Die Einschüchterung derer, die sie als ihre Feind*innen begreifen, steht ebenfalls im Zusammenhang mit dieser urbanen, ästhetischen „Raumkampfstrategie". Für die Betroffenen dieser Übergriffe entstehen Angsträume. Sie werden durch die dauerhafte visuelle Präsenz rechtsradikaler und antisemitischer Aufkleber oder Graffiti immer wieder mit der

Bedrohung in ihrem Alltag konfrontiert. Asurs Blick wird an dieser Stelle unseres Gespräches klarer: „Mit ihrer Propaganda wollen diese menschenfeindlichen Gruppen in den öffentlichen Raum vorstoßen und die Meinungshoheit für sich beanspruchen. Das kann ich nicht zulassen."

Wenn man über rechtsradikale Umtriebe und ihr ästhetisches Ergreifen urbaner Räume spricht, dann sollte man über eine bestimmte Gegend nicht schweigen. Diese machte aufgrund rechtsradikaler Graffiti bundesweit von sich reden. Der Stadtteil Dorstfeld im Dortmunder Westen führte die Brachialität und das Selbstbewusstsein neonazistischer Gruppen vor Augen. In Dorstfeld gibt es einen Straßenblock, für den die Bezeichnung „Nazi-Kiez" inzwischen ziemlich populär geworden ist. Der Name „Nazi-Kiez" hat keinen historischen Bezug, sondern verweist auf die rund 30 Neonazis, die sich hier angesiedelt haben und denen vermehrt Strukturen des rechten Randes folgten. Es gilt zu betonen, dass Kenner*innen darauf hinweisen, dass das Neonazi-Problem sich primär um den Wilhelmsplatz bewegt. Dort leben die Neonazis viel gebündelter als an anderen Orten. Der Begriff „Nazi-Kiez" dient primär der eigenen Inszenierung und der Aufrechterhaltung eines Mythos. So hat sich auch das Parteibüro der 2012 gegründeten Kleinstpartei Die Rechte in Dorstfeld niedergelassen, wie auch die Redaktion des Magazins *N. S. Heute* und die Organisationsstruktur des Kampfsportevents *Kampf der Nibelungen*. Expert*innen mit Wissen über die lokale Neonazi-Szene sprechen von einem stadtweiten Mobilisierungspotenzial von 50 bis 100 Personen.

Diese Neonazis treten noch in altgewohnter Brachialität auf: Aus ihrer politischen Gesinnung machen die rechtsradikalen Anwohner*innen keinen Hehl. Läuft man durch Dorstfelds Straßen, sieht man, wie die schwarz-weiß-roten Fahnen des Deutschen Reiches Fensterläden schmücken. Auch das sonstige Straßenbild spricht für sich. Häuserfassaden werden farblich der Fahne des Deutschen Reiches angepasst oder Wände mit „Nazi-Kiez" besprayt. An Regenrinnen, Laternen oder Straßenschildern hängen Aufkleber des Dortmunder Versandhandels *Patrioten Propaganda*.

Asur hat sich lange mit diesen Zuständen beschäftigt. Dabei verbanden sich ihre Liebe für den Sport und ihr politisches Engagement. Fußball wurde dabei zum Bindeglied, denn der BVB war lange Zeit auch für die Probleme in der eigenen Fanszene bekannt.[250] Hier gaben rechtsradikale Hooligangruppen wie beispielsweise die *Borussenfront* häufig den Ton an. Daher ist es nicht verwunderlich, dass Szenegrößen wie der 2021 verstorbene Sigfried Borchardt, der den Spitznamen „SS-Siggi" trug, in Dorstfeld wohnen. Aktivist*innen, die dem rechtsradikalen Treiben vor Ort Einhalt gebieten wollen, erklärt Asur, wissen, dass ein Besuch im „Nazi-Kiez" gefährlich werden kann: „Aufgrund der räumlichen Nähe können sich die Nazis innerhalb kürzester Zeit organisieren und losschlagen. Das macht eine eigene weiträumige Überkleb- und Sprayaktion nahezu unmöglich."

Die Koordinierungsstelle für Vielfalt, Toleranz und Demokratie der Stadt Dortmund sieht trotz der massiven rechtsradikalen Präsenz durchaus eine positive Entwicklung. Laut Michael Plackert von der Koordinierungsstelle habe das zum einen mit dem regen zivilgesellschaftlichen Engagement der Dorstfelder Bürger*innen zu tun. Zum anderen liege es auch an kommunalen Initiativen. Plackert sieht einen Rückgang im Bereich der rechtsradikalen Streetart im gesamten Dortmunder Stadtgebiet:

Im Jahr 2018 hatten wir einen Höchststand von über 2000 gemeldeten Aufklebern oder Graffitis mit Bezügen zur Dortmunder Neonazi-Szene. Im Jahr 2020 registrierten wir lediglich 200. Diese Entwicklung spiegelt sich auch im Stadtbild wider.

Auch Kenner*innen der Dortmunder Neonazi-Szene beschreiben einen Graffiti-Rückgang. Allerdings registrieren sie einen solchen innerhalb der gesamten Streetart-Szene. Aus dem Umfeld des „Nazi-Kiez" wurde im vergangenen Jahr der Fokus mehr auf Aufkleber gelegt. Warum es bei den Neonazis zu einem Rückgang gekommen ist, lässt sich nur vermuten. So saßen etliche Führungskader der Partei Die Rechte oder der Dortmunder Neonazi-Szene im Gefängnis oder sind nach Ostdeutschland gezogen.

Im Herbst 2019 reagierte die Stadt Dortmund selbst. In Abstimmung mit den Hauseigentümer*innen wurde ein ca. 15 Meter langes schwarz-weiß-rotes „Nazi-Kiez"-Graffiti in der Emscherstraße entfernt. Seither sticht das bunte Graffiti mit der Botschaft „Our colours are beautiful" aus Dorstfeld heraus. Wenige Wochen nach dem städtischen Reinemachen stand die Mauer unter Polizeischutz, da die Stadt Dortmund und ihre Koordinierungsstelle Sorgen vor eine Reaktion der Neonazis hatten – nicht unbegründet, wie sich im Frühjahr und Herbst 2020 zeigte. Zweimal haben Unbekannte das Graffiti bereits beschädigt. Beide Male stellte die Stadt es wieder her. Michael Plackert und die Stadt Dortmund geben sich zuversichtlich: „Wir werden konsequent die Raumkampfstrategie der Nazis mit all unseren Mitteln behindern. Damit ihnen weiterhin die Lust daran vergeht."

Nicht nur rechte Antisemit*innen nutzen sogenannte Raumkampfstrategien, um ihre Botschaften im Stadtbild und den Köpfen zu verankern. Auch die Aktivist*innen der antisemitischen BDS-Kampagne oder ihr nahestehende Gruppen wie z. B. die Vorfeldorganisation der Terrororganisation PFLP Samidoun, die sich als internationales Netzwerk zur Verteidigung palästinensischer Gefangener versteht, haben diese Form des Aktivismus für sich entdeckt. Sie nutzen vermehrt Aufkleber als Ausdrucksmittel ihres politischen Weltbildes und des Kampfes gegen den jüdischen Staat. Ein prominenter Fall ereignete sich im November 2019 in der österreichischen Hauptstadt Wien. Damals wurde deutlich, dass – anders als häufig kolportiert – es vielen Aktivist*innen der Kampagne nicht um eine vermeintlich sachliche politische Kritik geht, sondern um eine gesellschaftlich akzeptierte Artikulation eines antisemitischen Ressentiments.

An Stromkästen, Mülleimern, im unmittelbaren Umfeld und auf der Eingangstür der Räumlichkeiten der Jüdischen österreichischen HochschülerInnen (JöH) sind „Boycott Israeli Apartheid. Free Palestine"-Aufkleber der BDS-Kampagne aufgetaucht. Damit wurden Jüdinnen*Juden offen als vermeintliche Stellvertreter*innen Israels angegriffen. Dass Jüdinnen*Juden in Kollektivhaftung für die angeblichen Taten eines jüdischen Kollektivs genommen werden, ist tatsächlich ein reichlich bekanntes antisemitisches Muster. BDS-Aktivist*innen haben schon häufiger gezielt jüdische Studierende außerhalb Israels angegriffen oder die Universität als Ort der Agitation genutzt. Jüdinnen*Juden werden an Universitäten immer wieder aufgefordert, sich von Israel zu distanzieren. Noah Scheer war damals Präsident der JöH und erinnert sich noch ziemlich genau an die Aktion:

Als ich zum ersten Mal den Aufkleber an der Tür gesehen habe, lief mir ein Schauer über den Rücken. Es ist ein sehr unangenehmes Gefühl, wenn ein Safe Space für junge Jüdinnen*Juden so direkt markiert wird.

Nicht nur in der Hauptstadt Österreichs gab es Vorfälle, die von antiisraelischen Aktivist*innen ausgingen. Die inzwischen aufgelöste maoistisch-stalinistische Sekte namens *Jugendwiderstand* mutierte schnell zum bekanntesten Beispiel eines dezidiert linkspolitisch-antiimperialistisch artikulierten, offenen Antisemitismus. Sie waren vor allem auf Berlin-Neuköllns Straßen anzufinden. Dort schmierten sie an Hauswände Botschaften wie „9mm für Zionisten", „Zionisten boxen" oder „Tod dem Zionismus". Mitglieder des gewaltbereiten *Jugendwiderstands* griffen in der Vergangenheit immer wieder Personen oder Politiker*innen an, die sie aufgrund einer vermeintlichen oder tatsächlichen pro-israelischen Haltung als Feindbild markierten. Im Jahr 2019 löste sich die Gruppe wahrscheinlich auf, wobei einige Beobachter*innen nach wie vor skeptisch sind. Auch dem *Jugendwiderstand* nahestehende und andere antiimperialistische linke Gruppierungen bedienen sich bei ihrer Streetart antisemitischer oder antiisraelischer Symbolik, Stereotypen und Ausdrücke. Mit Asur spazieren wir über die Sonnenallee im Berliner Stadtteil Neukölln. Mit einem frisch gepressten Orangensaft laufen wir an den verschiedensten Geschäften vorbei, während wir auf den Laternenpfählen positive Bezüge zur Intifada oder der PFLP finden. An einer Wand hängt ein angebrachtes Plakat mit der Forderung: „Freedom for all Palestinian prisoners" von Samidoun. Gerade in diesem Kiez hat sich Samidoun in den letzten Jahren zu einer erkennbaren Organisation entwickelt, meint Asur. Nicht nur das Anmelden von Demonstrationen gegen den Staat Israel haben hierbei geholfen, sondern eben auch das Stickern oder das Anbringen von Plakaten.

Wenn man hier unterwegs ist, dann sieht man häufig Samidoun-Sticker oder Plakate mit dem Gesicht von Palästinenser*innen, die in israelischer Haft sitzen. Dabei handelt es sich mehrheitlich um Mitglieder der PFLP, die ein – sagen wir: ein interessantes Verhältnis zum Terrorismus haben.

Auch während der Coronapandemie habe sich das Straßenbild stark verändert, resümiert Asur. Immer häufiger tauchen verschwörungsideologische und antisemitische Aufkleber mit Bezug zum Coronavirus auf. Häufig vermischen sich dabei unterschiedliche Formen des Antisemitismus. Von Stereotypen wie der Ritualmordlegende bis zur jüdischen Weltverschwörung findet sich alles, nur eben mit einem expliziten Bezug zur Pandemie. Ob Aufkleber der Querdenken-Bewegung, QAnon oder der „Ungeimpft"-Stern, der an die „Judensterne" der nationalsozialistischen Zustimmungsdiktatur angelehnt ist. Im Onlineshop des Hallenser Rechtsradikalen Sven Liebich finden sich etliche solcher Motive. Das macht auch deutlich, dass es starke Überschneidungen zwischen den unterschiedlichen Gruppen gibt. Asur hat ihre Antwort darauf gefunden. Sie murmelt: „Wir lassen uns nicht unterkriegen." Dann holt sie einen Sticker mit dem Gesicht von Microsoft-Gründer Bill Gates vor einer Pyramide aus ihrer Jackentasche. Über Bill Gates steht: „Bill ist ok – Antisemiten nicht".

In keine Schablone passen

Laute Musik dröhnt aus der Wohnung des Studenten und Streetart-Artist Morde-chai[251]. Mit voller Konzentration fertigt Mordechai neue Stencils für seine Arbeit an. Jeder Schnitt muss sitzen, wenn er innerhalb kürzester Zeit neue komplexere Bild- und Schriftgraffitis an Wände, Mülleimer oder Leinwände sprayen will. Der 24-jährige Jude wohnt in Göttingen und hat seit mehreren Jahren das Sprayen zu seinem Hob-by gemacht. Mordechai kommt aus einer Familie mit post-sowjetischer / ukrainischer Migrationsgeschichte. „Damit angefangen habe ich 2019 bei einem Auslandsaufenthalt in Athen. Die sind dort, was Graffitis angeht, viel lockerer als wir in Deutschland", be-richtet Mordechai. Für ihn stehen zwei Viertel für die Lockerheit der Griech*innen im Umgang mit Graffitis. Zum einen hat das Szeneviertel Kerameikos die griechische Hauptstadt international auf die Karte von Streetart-Fans gesetzt. „Es ist ein politi-scher Ausdruck vieler Griech*innen. Der wirtschaftlichen Krise und der herunterge-kommenen Infrastruktur zum Trotz", erzählt er weiter. Der Griff zur Spraydose begann für Mordechai jedoch im Athener Stadtteil Exarchia.

Das Studierendenviertel liegt nördlich des Stadtzentrums und hat Mordechai auf vielen Ebenen geprägt. Exarchia steht auch synonym für eine Kontinuität der politi-schen und jugendlichen Proteste in Griechenland. Im November 1973 startete an der Nationalen Technischen Universität der Aufstand gegen die Regierung der Militärjunta. Nach nur wenigen Tagen wurden die Demonstrationen gegen das Regime blutig nie-dergeschlagen. Bis heute sind diese Ereignisse im Szeneviertel Exarchia zu spüren, welches aufgrund der politischen Einordnung seiner Bewohner*innen auch „Anarchia" genannt wird.

> Hier ist das Zentrum der anarchistisch-autonomen Szene. In Exarchia habe ich mich zum ersten Mal in meinem Leben mit der Theorie und Praxis der Anarchis-mus-Bewegung auseinandergesetzt, ohne explizit Teil davon zu sein.

Für Mordechai waren die Graffitis in Exarchia eine Möglichkeit, seinen Aktivismus, sei-ne Meinungen oder politische Haltungen unter die Menschen zu bringen, ohne der grie-chischen Sprache mächtig oder in einer lokalen Gruppe organisiert zu sein. Wie bereits anfangs erwähnt, empfand Mordechai Griechenland als ein Land, in dem Streetart we-niger verurteilt wird und wo „Public Space Claiming" viel eher eine Existenzberechti-gung hat, als es vergleichsweise in Deutschland der Fall ist. Spaß an der Freude, aber auch die aktivistisch-künstlerische Energie dahinter haben Mordechai darin bekräftigt, auch in Deutschland weiter mit der Spraydose zu hantieren und sein neugewonnenes Interesse in seiner geografischen Heimat fortzuführen.

Ein wichtiger Aspekt bei der Kreation seiner eigenen Streetart war sein Juden-tum: „Über meine jüdische Identität wollte ich Kunst zum Ausdruck bringen." Jüdi-sche Identität hat sein Leben seit seiner Kindheit geprägt. Gewissermaßen haben sei-ne Eltern für seinen späteren Künstlernamen gesorgt, denn Mordechai ist der jüdische Name des Street-Artist. Es ist der Name, mit dem er mit 13 Jahren zu seiner Bar Mitzwa aufgerufen wurde und der seit vielen Generationen fest in der jüdischen Ge-schichte verankert ist. Er geht auf eine Erzählung zurück, die sich im jüdischen Jahr

3405 (356 v. d. Z.) in Persien zutrug. Der böse Minister namens Haman wollte durch ein Komplott die in Persien lebenden Jüdinnen*Juden ermorden lassen. Die jüdische Frau des Königs Achaschwerosch, Esther, und ihr Onkel Mordechai konnten die Verschwörung aufdecken und einen Genozid an der jüdischen Bevölkerung verhindern.
Mordechai betont:

> Jüdisches Leben ist in vielen Bereichen der deutschen Gesellschaft nicht vorhanden oder unterrepräsentiert. Jüdinnen*Juden werden in Deutschland in gewisse Schablonen gepresst, in denen sie wahrgenommen werden. Das sind dann vor allem die Shoa, Antisemitismus und der israelisch-arabische Konflikt.

Dem setzt er im Straßenbild etwas entgegen. Seinen jüdischen Künstlernamen sprayt er in einer Hebräisch anmutenden Schriftart in den öffentlichen Raum und unterstreicht damit visuell nochmals seine starken Bezüge zu seinem Judentum. Doch es geht ihm um mehr als nur Aufmerksamkeit für jüdische Tradition. Mordechai will den Menschen näherbringen,

> dass es auch einfach jüdische Menschen in Deutschland gibt, die abseits der Diskurse Israel, Antisemitismus und Shoa leben und anderen Hobbys nachgehen wie z. B. Kunst.

In anderen Ländern ist Streetart unter Jüdinnen*Juden teilweise weiter verbreitet oder hat einen anderen Stellenwert. Seit 2019 gibt es das Jewish Street Art Festival. Das erste Festival fand in der israelischen Hauptstadt Jerusalem statt und das zweite 2020 überregional in Nordamerika. Das Festival versteht sich nach eigener Auffassung so:

> Das Jewish Street Art Festival bringt zum ersten Mal jüdische Street Artists aus der Diaspora und Israel zusammen, die jüdische Themen in ihre Arbeit einbringen. Die Street Artists haben verschiedene Hintergründe: aschkenasisch und mizrachisch, säkulär oder religiös, und / oder dazwischen. Diese Vielfalt an Perspektiven veranschaulicht die Reichhaltigkeit der jüdischen Welt und bietet einen Schauplatz für eine breitere Diskussion über jüdische Kunst und Identität.[252]

Göttingen hat sich für Mordechai zu diesem Schauplatz für Diskussion entwickelt. Hier trägt er mit seinen Graffitis dazu bei, dass über jüdische Kunst und Identität gesprochen wir und eine Politisierung stattfindet. Bevor er seinen Rucksack mit Spraydosen und Stencils bepackt, zeigt er uns seine alten Werke auf seinem Instagram-Account. Sie zeigen verschiedenfarbige Gesichter, tanzende Schachfiguren oder Giraffenköpfe. Auf den ersten Blick scheinen viele der Bilder keinen Bezug zu seinem Judentum oder politischen Inhalten zu haben. Das erklärt Mordechai uns auch zugleich: „Nicht alles, was ich spraye, ist dezidiert politisch."
Sein Blick wird ernst und er zeigt uns ein Bild aus dem Oktober 2019, dem Monat des rechtsterroristischen Anschlags auf die Synagoge in Halle. Es zeigt das Göttinger Stadtwahrzeichen Gänseliesel im „Athenstil". Als Bildunterschrift steht: „radikal gegen den Faschismus". Für Mordechai eine Selbstverständlichkeit: „Aufgrund unserer jü-

dischen Geschichte, unserer Werte und den Lehren der Shoa ist Antifaschismus eine Notwendigkeit."

Weitere Bilder zeigen die politische Komponente seiner Kunst. Mordechai versteht sich als Gesellschaftskritiker. Er will Missstände in unserem alltäglichen Leben aufzeigen und auf die Straße bringen. „Es ist eine Protestform gegen die bestehenden Verhältnisse", sagt er uns und präsentiert dabei Graffitis, die sich gegen den zu hohen Plastikverbrauch und die damit verbundene Umweltverschmutzung richten. Ein Graffiti kritisiert das Fernsehkonsumverhalten der Gesellschaft und hält fest: „Zeit vergeht, Glotze bleibt." Ein weiteres Werk kritisiert die Dynamiken auf sozialen Netzwerken, wie zum Beispiel Facebook.

Während wir uns auf den Weg machen, erzählt Mordechai lächelnd eine Geschichte von einem nachmittäglichen Ausflug zum Sprayen:

Ich wollte gerade ein neues Graffiti an einen Mülleimer sprayen und neben mir saß ein 50-jähriger Mann, der gemütlich sein Bier trank. Nach einem kurzen Smalltalk hielt er meine Stencils, während ich den Giraffenkopf sprayte. Graffiti ist für alle da.

Heute wird es weniger politisch. Er zeigt uns die drei Stencils, die er dabei hat. Eine Schablone zeigt einen Davidstern, eine weitere den jüdischen Physiker Albert Einstein mit einer Spraydose und eine dritte seinen Namen. Er grinst und sagt: „Ihr wollt jüdische Streetart? Ihr bekommt jüdische Streetart." Gekonnt legt er immer wieder die Stencils an Mülleimer oder Stromkästen an, greift zur Spraydose und schon ist wieder ein neues Werk entstanden. Für die Betrachter*innen des Graffitis entsteht der Eindruck, dass Albert Einstein mit der Spraydose einen Davidstern sprayt. Es wirkt etwas ironisch. Einstein, der aufgrund seines Judentums das Deutsche Reich verlassen musste, sprüht jetzt Davidsterne auf deutschen Straßen. Abgerundet wird das gesamte Werk durch die Signatur Mordechais. Die Buchstaben sehen zwar im ersten Moment hebräisch aus, aber beim genaueren Hinsehen sind es lateinische Buchstaben und somit für alle lesbar.

Eine Reise durch das junge, jüdische politische Leben

Wir haben uns auf eine Reise durch das junge, jüdische politische Leben in Deutschland begeben. Dabei herausgekommen ist ein Buch aus der Perspektive zweier junger Menschen. Das Buch zeigt Facetten der Erfahrungen, Wünsche, Hoffnungen, Ziele und Weltbilder einer jungen und selbstbewussten jüdischen Generation in Deutschland. Das vorliegende Buch hat uns immer wieder auf unserem Weg bestärkt, oftmals nachdenklich gemacht und auch Hoffnung gegeben. Für uns ist es eine Ansammlung kleiner Momente von Entschleunigung und Reflexion, die sich im Zuge der Interviews ergeben haben – diese Augenblicke, die im Alltag und im politischen Engagement viel zu kurz kommen. In ihnen kann man sich der Frage widmen: Warum das alles? Wäre ein anderes Leben möglich? Vielleicht sogar einfacher? Manchmal vergisst man mit der Zeit, sich daran zu erinnern, wie das alles einmal angefangen hat. Auch weil sich im Zuge eines aktivistischen, eines engagierten Lebens doch auch eine Menge an Frustration, an Verzweiflung, an Wut, Trauer und Zorn ansammelt. Die Verhältnisse, in denen wir leben, setzen diesem Engagement allzu oft Schranken. Es bedarf manchmal zäher Aushandlungsprozesse und langwieriger Kompromissfindungen. Nicht immer steht am Ende ein Ergebnis, mit dem man zufrieden ist. Manchmal gibt es auch gar kein Ergebnis.

Umso dankbarer sind wir den Menschen, die sich die Zeit genommen haben, um mit uns zu sprechen. Wir sind dankbar, dass sie uns an ihren Erfahrungen und Kämpfen haben teilhaben lassen. Wir sind ihnen dankbar, weil wir wissen, dass es auch gefährlich sein kann, sich als Jüdin*Jude in der Öffentlichkeit zu zeigen, und wie schwer es ist, die vielen Instrumentalisierungsversuche abzuwehren. Umso dankbarer sind wir dafür, dass sie die Kämpfe führen. Wenn eines nach dem Lesen der einzelnen Kapitel übrigbleibt, dann doch, das nichts davon selbstverständlich ist. Schon gar nicht in Anbetracht dessen, dass sich viele Menschen gegen politisches Engagement, Aktivismus oder gar ein politisches Leben entscheiden. Dabei sollte allen auch bewusst sein, dass es für manche Menschen – und davon erzählen ebenfalls die Geschichten in diesem Buch – eben keine ganz freie Entscheidung ist, sich zu engagieren. Das Engagement entsteht aus der Notwendigkeit heraus, die ihnen ein gefährdetes Leben aufbürdet. Und das betrifft nicht nur Jüdinnen*Juden, sondern Menschen, die von ganz verschiedenen Macht- und Herrschaftsstrukturen betroffen sind, Menschen, die z. B. von Ableismus, Antiziganismus, Rassismus, Sexismus, Queerfeindlichkeit betroffen sind. Und Menschen, die die Intersektionen von diesen Betroffenheiten erleben. Auch deshalb war es für manche unserer Gesprächspartner*innen geradezu selbstverständlich, dass sie nicht nur für sich selbst kämpfen. Sie wollen Bündnisse schmieden. Viel mehr noch, sie sind sich absolut sicher, dass eine Gesellschaft der Vielen das Ziel ist. Es reicht nicht, wenn Sicherheit für Jüdinnen*Juden erreicht wird, solange andere Menschen, die zu marginalisierten Gruppen gehören, weiterhin unsicher sind.

Es ist allzu nachvollziehbar, wenn sich Menschen in den Verhältnissen einrichten wollen. Doch der Blick auf die Geschichte lehrt, dass der Antisemitismus seinen Höhepunkt erreichte, als die Emanzipation von Jüdinnen*Juden am fortgeschrittensten war. Und die Vergangenheit zeigt uns ebenfalls: Bündnisse sind entstanden und wieder zerbrochen. Manch eine*r hat mit aller Kraft versucht, etwas zu verändern, und ist daran selbst zerbrochen. Und viele dieser Geschichten werden verdrängt und vergessen. Besonders Jüdinnen*Juden haben dieses Schicksal immer wieder erlitten. Spricht man doch in Deutschland zum Beispiel nur allzu gerne über einen deutschen Offizier Claus

Schenk Graf von Stauffenberg, der ein Attentat gegen Adolf Hitler ausgeführt hat, während die vielen mutigen gewaltsamen wie gewaltfreien Widerstandsaktionen von Jüdinnen*Juden oft ungenannt und vom Staub der Geschichte oder sollten wir eher sagen: vom Desinteresse nichtjüdischer Geschichtserzähler*innen verdeckt bleiben. Nach dem Ende des Zweiten Weltkrieges im postnazistischen Deutschland hat sich nur wenig daran geändert. Jüdinnen*Juden werden als Opfer inszeniert. Dazu passt es einfach nicht, dass sie den Finger in die Wunde legen, dass sie immer wieder die Lügen der Vergangenheitsbewältigung aufdecken und dass sie eben nicht nur für sich, sondern für eine Gesellschaft der Vielen kämpfen. Es passt nicht, dass sie kämpfen, dass sie sich auflehnen und widersprüchliche Verhaltensweisen an den Tag legen. Es passt nicht, dass ihre Erfahrungen nicht nur durch Antisemitismus geprägt sind, sondern dass Rassismus, Sexismus, Klassismus, Queerfeindlichkeit und Ableismus ebenfalls relevant sind.

Manche Kontinuitäten vermitteln das Gefühl, dass bestimmte gesellschaftliche Entwicklungen in Stein gemeißelt sind. Mehr als zwei Jahrtausende der Jüdinnen*Judenfeindschaft sind ein guter Grund, verzweifelt oder skeptisch zu sein. Sie sind ein guter Grund dafür, Bewegungen zu misstrauen, unter deren pluralistischem Schirm sich doch immer wieder auch antisemitische Diskriminierung und Gewalt ausbreiten. Sie sind ein guter Grund dafür, den Fokus auf den eigenen Wohlstand und die damit einhergehende Mobilität zu setzen. Doch gleichermaßen erzählt die Geschichte des Antisemitismus im postnazistischen Deutschland auch davon, wie (junge) Jüdinnen*Juden diesen Kampf angenommen haben, eben auch als Teil dieser Bewegungen. Wie sie ihre Talente nutzen, um in den diversen Bereichen dieser Gesellschaft Impulse zu setzen, aufzuklären und zu sensibilisieren. Wir haben gezeigt, wie verschieden die Stimmen sind und wie unterschiedlich die Faktoren, die sie zu ihrem Engagement ermutigen. Und ebenso plural sind die Artikulationsformen, die sie nutzen, um sich zu engagieren, ob durch Rap, Kunstausstellungen, Tifo, Filme, Studierendengruppen, Studienwerke, queere Verbände, große jüdische Institutionen mit einer noch größeren Geschichte, Partei(jugend)en und politische Jugendverbände oder einfach als Individuen. Junge Jüdinnen*Juden sind in nahezu jedem Bereich dieser Gesellschaft aktiv, selbst wenn das zumeist nur wenig Aufmerksamkeit erfährt.

Mit diesem Buch erzählen wir Geschichten, die zur Identifikation einladen, ohne die Personen dabei zu ikonisieren. Wir erzählen von Menschen mit all ihren Widersprüchen und Biografien mit all ihren Brüchen. Wir wollten darüber berichten, wie junge Jüdinnen*Juden die gesellschaftlichen Umstände wahrnehmen, annehmen und in ihnen tätig werden, um sie zu verändern. Es ist kein Buch, das den Anspruch erhebt, vollumfänglich die Gedanken und Gefühle einer ganzen Generation darzustellen. Vielmehr liefert es Fragmente, die uns dabei helfen, zu begreifen, was jüdische Widerständigkeit heute bedeutet oder bedeuten kann. Wie sie andere inspirieren kann. Sie helfen uns dabei, zu verstehen, wie sich politische Kämpfe mit der jüdischen Gemeinschaft zusammen verändert haben.

כל העולם כלו גשר צר מאד והעקר לא לפחד כלל.

Kol Ha'Olam Kulo gesher tzar meod v'haikar lo l'fached klal.
Die ganze Welt ist eine schmale Brücke und die Hauptsache ist, keine Angst zu haben.

Anmerkungen

1   Dischereit, Esther (1998): „Kein Ausgang aus diesem Judentum", in: Dies.: Übungen, jüdisch zu sein: Aufsätze, Frankfurt am Main: Suhrkamp, S. 16–35, hier S. 19f.

2   Tefilin (hebr.: תפילין) bedeutet auf Deutsch „Gebet". Dabei handelt es sich um Gebetsriemen aus Leder, die beim Morgengebet getragen werden.

3   Siehe auch: Gerczikow, Ruben / Ott, Monty (2021): „Rollen sprengen, Gegennarrative aufbauen", online verfügbar: https://www.belltower.news/juedische-widerstandskaempfer-rollen-sprengen-gegennarrative-aufbauen-124005/, zuletzt abgerufen am 20.07.2022; Ott, Monty (2020): „Queeres Judentum? Verschwunden", online verfügbar: https://www.zeit.de/kultur/2020-01/juedisches-leben-homosexualitaet-judentum-queer?utm_referrer=https%3A%2F%2Fwww.google.com%2F, zuletzt abgerufen am 13.11.2022.

4   Von Seiten der Forschung wird hier diskutiert, inwiefern das auf Sinti*zze zutraf. Da die Presseberichte mehrheitlich von Sinti*zze und Rom*nja sprachen, haben wir uns für diese Formulierung entschieden.

5   Wir benutzen häufiger die Begriffe „jüdische Communities" und „Jüdischkeit", die wir an dieser Stelle kurz erklären möchten. Sie zu verwenden – anstatt von häufig synonym gebrauchten Begriffen wie „jüdische Gemeinschaft", „jüdische Gemeinde" – verfolgt eine ähnliche Zielsetzung: die Pluralität jüdischer Selbstidentifikationen sichtbar zu machen und aufzuzeigen, dass diese keineswegs an institutionalisierte Formen wie jüdische Gemeinden gebunden ist. Den Begriff „Jüdischkeit" verwenden wir dabei angelehnt an den Literaturwissenschaftler Caspar Battegay. Battegay entlehnt ihn der englischen Übersetzung von „Jewishnesss": „Er bezeichnet weniger den religiösen Gehalt des Jüdisch-Seins, als vielmehr den kulturellen, sinnlichen und emotionalen Aspekt von jüdischer Identität." (Battegay, Caspar: „Wie nicht erinnern? Die Frage nach der Jüdischkeit in Heinrich Heines autobiographischen Texten", in: *PaRDeS – Zeitschrift der Vereinigung für Jüdische Studien* E. V. Heft 12 / Themenheft zum 150. Todestag von Heinrich Heine, hrsg. von Nathanael Riemer (2006), S. 8–26, hier S. 10 (Fußnote 15).). Das heißt allerdings nicht, dass wir in Folge Begriffe wie „jüdische Gemeinde" aussparen. Eher werden wir sie dort nutzen, wo sie tatsächlich zutreffend sind.

6   Pokatzky, Klaus (2018): „Die Kindheit war der Nährboden für meine historische Neugier". Interview mit Dan Diner, online verfügbar: https://www.deutschlandfunkkultur.de/historiker-dan-diner-die-kindheit-war-der-naehrboden-fuer-100.html, zuletzt abgerufen am 04.07.2022.

7   Alijah (hebr.: עליה) bedeutet „Aufstieg" und bezeichnet die Einwanderung nach Israel.

8   Pokatzky (2018): Kindheit (wie Anm. 6).

9   Löwenthal, Leo / Adorno, Theodor W. (1990): „Briefwechsel", in: Löwenthal, Leo: Judaica, Vorträge, Briefe. Schriften 4. Hrsg. v. Helmut Dubiel, Frankfurt am Main: Suhrkamp, S. 153–181, hier S. 174; Schneider, Christian (2011): „Deutschland I: Der exemplarische Intellektuelle der Bundesrepublik", in: Klein, Richard / Kreuzer, Johann / Müller-Doohm, Stefan (Hrsg.): Adorno-Handbuch: Leben – Werk – Wirkung, Stuttgart / Weimar: J. B. Metzler, S. 431–435, hier S. 433.

10 Vgl. ebd.

11 BDS steht für „Boycott, Divestment and Sanctions (Boykott, Desinvestitionen und Sanktionen) und ist eine transnationale Kampagne, die sich 2005 zusammengeschlossen hat. Ihr Ziel ist es, Israel auf politischer, kultureller, wissenschaftlicher und wirtschaftlicher Ebene zu boykottieren. Viele Expert*innen, jüdische Institutionen und der Deutsche Bundestag sehen BDS als antisemitisch an.

12 Kraushaar, Wolfgang (2013): „Wann endlich beginnt bei Euch der Kampf gegen die heilige Kuh Israel?" München 1970: Über die antisemitischen Wurzeln des deutschen Terrorismus, Rein-

bek bei Hamburg: Rowohlt, S. 804f.; Kraushaar, Wolfgang (1998) (Hrsg.): Frankfurter Schule und Studentenbewegung. Von der Flaschenpost zum Molotowcocktail. 1946–1995, Bd. 2. Dokumente, Hamburg: Rogner & Bernard, S. 652.

13 Vgl. Ben-Natan, Asher (2005): Brücken bauen – aber nicht vergessen. Als erster Botschafter Israels in der Bundesrepublik (1965–1969), Düsseldorf: Droste, S. 131.

14 Ebd., S. 132; Kraushaar (2013): Kampf, S. 804 (wie Anm. 12).

15 Kashi, Uriel (2005): Religiöse und kulturelle Identität jüdischer Studenten in West-Deutschland zwischen 1968 und 1989 – Eine Untersuchung am Beispiel der Geschichte des Bundesverbands Jüdischer Studenten in Deutschland, Freie Universität Berlin, Institut für Judaistik (unveröffentlichte Magisterarbeit), S. 34, Fußnote 106.

16 Vgl. ebd., S. 35.

17 Ebd.

18 Vgl. ebd.

19 Vgl. ebd.

20 Bei Matzpen (hebr.: מצפן, dt.: Kompass) handelt es sich genau genommen nur um die Zeitung der Organisation, die unter diesem Namen angesprochen wird. Der vollständige Name lautet eigentlich: Halrgun HaSozialisti BeJisrael (hebr.: הארגון הסוציאליסטי בישראל, dt.: „Die Sozialistische Organisation in Israel").

21 Unter Internationalismus ist eine politische Haltung zu verstehen, die politischen Problemen durch Allianzbildungen über den nationalen Rahmen und dessen Grenzen hinaus begegnen will. Besonders innerhalb linker Bewegungen haben internationalistische Vorstellungen eine besondere Bedeutung gewonnen.

22 Zu jener Zeit waren die späteren Grünen-Politiker in der Studierendenbewegung in Deutschland und Frankreich aktiv.

23 Vgl. Kashi: Identität (wie Anm. 15), S. 47.

24 Ebd.

25 Erst 1971 wurde der Namenszusatz „Bund der Antifaschisten" angehängt (seitdem VVN – BdA), um auch für nichtkommunistische Aktivist*innen eine Möglichkeit für politisches Engagement darzustellen.

26 Vgl. Razumovsky, Dorothea (2007): „Credo, Kanon, Theorie und Praxis", in: Müller-Doohm, Stefan (Hrsg.): Adorno-Portraits. Erinnerungen von Zeitgenossen, Frankfurt am Main: Suhrkamp, S. 277–283, hier: S. 280.

27 Der Gemeindetag ist die größte jüdische Veranstaltung in Deutschland. Der Zentralrat organisiert ihn und lädt alle drei Jahre die Mitglieder der jüdischen Gemeinden ein.

28 Vgl. Jüdisches Europa (o. A.): „Vorstand des JSUD gewählt. Neue überregionale Interessenvertretung junger jüdischer Studenten", online verfügbar: https://www.juedisches-europa. net/archiv-seite-4-1/2-2017/vorstand-des-jsud-gewählt/, zuletzt abgerufen am 04.08.2022.

29 Kashi, Uriel (2012): „Jüdische Studierendenverbände im Nachkriegsdeutschland. Versuch einer Selbstverortung", online verfügbar: https://www.yadvashem.org/de/education/newsletter/8/jewish-students-in-germany-post-war.html, zuletzt abgerufen am 04.08.2022.

30 Vgl. Kashi (2012): Studierendenverbände (wie Anm. 29).

31 Ebd.

32 Ebd.

33 Ebd.

34 Vgl. Kashi: Identität (wie Anm. 15), S. 51f.

35 Vgl. Brumlik, Micha (1991): „Zur Identität der Juden in der Bundesrepublik", in: Presser, Ellen / Schoßig, Bernhard (Hrsg.): Junge Juden in Deutschland. Protokoll einer Tagung. Mit einem historischen Beitrag von Schalom Ben-Chorin, München, S. 11–21, hier: S. 16.

36 Diner, Dan (1970): „Der Zionismus und die jüdische Frage heute", in: Deutscher Koordinierungsrat der Gesellschaften für Christliche-Jüdische Zusammenarbeit / Deutsch-Israelische Gesellschaft / Bundesverband Deutsch-Israelischer Studiengruppen in Verbindung mit dem Bundesverband Jüdischer Studenten in Deutschland (Hrsg.): Emuna. Horizonte zur Diskussion über Israel und das Judentum, Köln: Emuna-Verlags-Verein, S. 153–159, hier: S. 153.

37 Diner (1970): Zionismus (wie Anm. 36), S. 158.

38 Siehe hierzu u. a.: Salzborn, Samuel (2020): Kollektive Unschuld. Die Abwehr der Shoah im deutschen Erinnern, Hentrich & Hentrich: Berlin / Leipzig.

39 Siehe hierzu: Kraushaar (2013): Kampf (wie Anm. 12); Postone, Moishe (2005): „Bitburg: 5. Mai 1985 und danach. Ein Brief an die westdeutsche Linke", in: Fried, Barbara / Kleist, Olaf / Wolf, Gerhard / Wehrhahn, Sebastian (Hrsg.): Deutschland, die Linke und der Holocaust: Politische Interventionen, Freiburg im Breisgau: ça ira, S. 51–58.

40 Kashi (2005): Identität (wie Anm. 15), S. 51.

41 Ebd., S. 55f.

42 Ebd., S. 56.

43 Ebd., S. 57f.

44 Vgl. Kashi (2012): Studierendenverbände (wie Anm. 29).

45 Vgl. ebd.

46 Gemeint ist damit ein Spalt bzw. eine Lücke.

47 Das einmal jährlich stattfindende Seminar zeigt den Teilnehmenden der Alltag innerhalb der Europäischen Union und organisiert z. B. Treffen mit Politiker*innen der Europäischen Institutionen oder NGOs.

48 Die Summer U(niversity) ist ein jährlich stattfindendes Sommerprogramm der European Union of Jewish Students an dem in der Regel bis zu 400 europäische junge Jüdinnen*Juden (und weitere außereuropäische) teilnehmen.

49 Neben der bundesweiten Vertretung durch die JSUD gibt es regionale und lokale Vertretungen für jüdische Studierende. Hierbei kann in lokale Hochschulgruppen an den Universitäten oder regionale Studierendenverbände für die Bundesländer unterschieden werden.

50 Jüdische Studierendenunion Deutschlands (o. A.): „Über Uns", online verfügbar: https://www.jsud.de/ueber-uns, zuletzt abgerufen am 17.07.2021.

51 Die „WUJS Student Awards" wurden im Jahr 2014 etabliert, um die Arbeit und das Engagement von jüdischen Studierenden zu würdigen, die einen Beitrag zum jüdischen Leben in ihrem universitären Alltag geleistet haben.

52 Hierzu zählen neben ELES: Evangelisches Studienwerk Villigst, Cusanuswerk und Avicenna-Studienwerk.

53 Dazu gehören: Konrad-Adenauer-Stiftung, Friedrich-Ebert-Stiftung, Hanns-Seidel-Stiftung, Heinrich-Böll-Stiftung, Rosa-Luxemburg-Stiftung, Friedrich-Naumann-Stiftung.

54 Dippel, Carsten (2019): „Begabtenförderungswerk ELES. Labor der jüdischen Identitäten", online verfügbar: https://www.deutschlandfunk.de/begabtenfoerderungswerk-eles-labor-der-juedischen-100.html, zuletzt abgerufen am 08.08.2022.

55 Ehrlich, Ernst Ludwig (Dezember 1968): „Karl Thieme – und wo stehen wir heute?", in: Eckert, Willehad / Gießler, Rupert / Hüssler, Georg et al. (Hrsg.). Freiburger Rundbrief XX, Nr. 73 / 76, S. 21–24, hier: S. 23.

56 Dippel (2019): Begabtenförderungswerk (wie Anm. 54).

57 Bei Machloket (hebr.: מחלוקת, dt. sinngemäß: Streitbarkeit) ist das jüdische Prinzip des am Erkenntnisgewinn orientierten Streits gemeint. Orientiert ist das ganze an der jüdischen Streitkultur, wie sich z. B. in religiösen Texten wie dem Talmud findet. Wenn dort die Diskussion zweier Rabbiner wiedergegeben wird, geht es nicht entsprechend dem bekannten Ausspruch „Die Geschichte wird von den Siegern geschrieben" zu. Beide Meinungen werden vollständig wiedergegeben und finden Einzug in die weitere Diskussion, selbst die unterlegene.

58 Zitiert nach: Dippel (2019): Begabtenförderungswerk (wie Anm. 54).

59 Zitiert nach: Wittich, Elke (2022): „Förderung für Begabte", online verfügbar: https://www.juedische-allgemeine.de/kultur/foerderung-fuer-begabte/, zuletzt abgerufen am 08.08.2022.

60 Solomon, Norman (2009 [1999]): Das Judentum. Eine kleine Einführung, übers. von Ekkehart Schöller, Stuttgart: Reclam, S. 15; zitiert nach: Coffey, Judith / Laumann, Vivien (2021): Gojnormativität: Warum wir anders über Antisemitismus sprechen müssen, Berlin: Verbrecher Verlag, S. 32.

61 Vgl. Dippel (2019): Begabtenförderungswerk (wie Anm. 54).

62 Zitiert nach: Ebd.

63 Wittich (2022): Förderung (wie Anm. 59).

64 Zitiert nach: Ebd.

65 Zitiert nach: Ebd.

66 Zentralrat der Juden in Deutschland (2022): „Presseerklärung zu Untersuchung der Vorwürfe sexualisierter Belästigung", online verfügbar: https://www.zentralratderjuden.de/aktuelle-meldung/artikel/news/presseerklaerung-zu-untersuchung-der-vorwuerfe-sexualisierter-belaestigung/, zuletzt abgerufen am 09.08.2022.

67 Adler, Sharon (2022): „Junge jüdische Menschen empowern". Interview mit Dalia Grinfeld, online verfügbar: https://www.bpb.de/themen/deutschlandarchiv/505853/dalia-grinfeld-junge-juedische-menschen-empowern/, zuletzt abgerufen am 11.06.2022.

68 Vgl. ebd.; Adler, Sharon (2022). „Vita von Dalia Grinfeld", online verfügbar: https://www.bpb.de/themen/deutschlandarchiv/505863/vita-von-dalia-grinfeld/, zuletzt abgerufen am 11.06.2022.

69 Brandenburg, Klaas-Wilhelm / rbb (2018): „Wir tummeln uns im kunterbunten Paradies!": Jüdisch und queer in Berlin, nicht mehr online zugänglich.

70 Vgl. Shapira, Avner (2014): „Berlin: The ‚New Zion' for LGBTQ Israelis?", online verfügbar: https://www.haaretz.com/2014-06-11/ty-article/.premium/the-new-zion-for-lgbtq-israelis/0000017f-db12-df9c-a17f-ff1a55b60000, zuletzt abgerufen am 14.06.2022; siehe auch: Kranz, Dani (2015): „Israelis in Berlin. Wie viele sind es und was zieht sie nach Berlin?", online verfügbar: https://www.bertelsmann-stiftung.de/de/publikationen/publikation/did/israelis-in-berlin-1, zuletzt abgerufen am 14.06.2022.

71 Antmann, Debora (o. J.): „Über Debora Antmann", online verfügbar: https://missy-magazine.de/blog/author/deboraantmann/, zuletzt abgerufen am 14.04.2022.

72 Ebd.

73 Burzlaff, Miriam / Balling, Jonathan Rafael (2017): „Rainbow Chavurah. Ein Empowerment-Raum für queere, jüdische Menschen", in: *Jalta. Positionen zur jüdischen Gegenwart*. Ausgabe 1: Selbstermächtigung. Hrsg. v. Brumlik, Micha / Chernivsky, Marina / Czollek, Max / Peaceman, Hannah / Schapiro, Anna / Wohl von Haselberg, Lea, S. 138f., hier: S. 138.

74 Ebd.

75 Burzlaff / Balling (2017): Rainbow Chavurah, S. 138 (wie Anm. 73)

76 In Deutschland leben nur wenige modern-orthodoxe Rabbinerinnen. Sie sind nicht Teil der Orthodoxen Rabbinerkonferenz und haben insofern nur wenig Einfluss auf die Entscheidungen, die in diesem Gremium für orthodoxe Gemeinden getroffen werden.

77 Darunter wird ein Verhalten beschrieben, das Menschen als „Andere" konstruiert und vom „wir" unterscheidet. Die „Anderen" werden dabei zumeist als minderwertig und fremd beschrieben. Aufgrund des Machtgefälles, das diesem Prozess zugrunde liegt, können sich die vom Othering Betroffenen nicht gegen die Zuschreibungen wehren.

78 Vgl. Ott, Gwen (2021): „BDS-CSD: Auch Antisemit:innen feiern Pride", online verfügbar: https://www.belltower.news/bds-csd-auch-antisemitinnen-feiern-pride-119127/, zuletzt abgerufen am 15.06.2022.

79 Ebd.

80 Im Mai 2021 erreichte ein jahrzehntelanger Konflikt um Eigentumsrechte in Ostjerusalem bzw. in der Nachbarschaft Sheikh Jarrah einen Höhepunkt, der weit über die Region hinausreichte. Nachdem es in Jerusalem zu Zusammenstößen mit palästinensischen Angriffen und Aufmärschen mit der Beteiligung von rechtsradikalen Jüdinnen*Juden in arabischen Wohnvierteln kam, begann die den Gazastreifen beherrschende islamistische Terrororganisation Hamas Raketen auf Israel abzufeuern. In Deutschland kam es u. a. zu Solidaritätsdemonstrationen mit der palästinensischen Seite, auch in sozialen Netzwerken waren Solidaritätsadressen zu beobachten.

81 Volkov, Shulamit (1990): Jüdisches Leben und Antisemitismus im 19. und 20. Jahrhundert, München: C. H. Beck, S. 84.

82 Zu Token siehe u. a.: Spivak, Gayatri Chakravorty (1988): In Other Worlds: Essays in Cultural Politics, New York: Routledge, S. 107; Amjahid, Mohamed (2017): Unter Weißen. Was es heißt, privilegiert zu sein, Berlin: Hanser Berlin, S. 53.
Zur Instrumentalisierung von Jüdinnen*Juden siehe u. a.: Gerczikow, Ruben / Ott, Monty (2022): „Antisemitismus: Wie jüdische Stimmen gegeneinander in Stellung gebracht werden", online verfügbar: https://www.berliner-zeitung.de/politik-gesellschaft/wie-juedische-stimmen-gegeneinander-in-stellung-gebracht-werden-li.212626, abgerufen am: 22.05.2022.

83 Adler (2022): Interview (wie Anm. 67).

84 Gesprochen wird es „Jewess", wie die englische Übersetzung für „Jüdin".

85 Vgl. Adler, Sharon (2022): „Es braucht Räume, in denen verhandelt wird, was jüdischer Feminismus ist". Interview mit Laura Cazés, online verfügbar: https://www.bpb.de/themen/deutschlandarchiv/507012/laura-cazes-es-braucht-raeume-in-denen-verhandelt-wird-was-juedischer-feminismus-ist/, zuletzt abgerufen am 11.06.2022.

86 Ebd.

87 Merkel, Ronja (2019): „Feminismus spielt in jeder Lebensrealität eine Rolle". Gespräch mit Laura Cazés, online verfügbar: https://www.journal-frankfurt.de/journal_news/Gesellschaft-2/Gespraech-mit-Laura-Cazs-Feminismus-spielt-in-jeder-Lebensrealitaet-eine-Rolle-33476.html, zuletzt abgerufen am 15.08.2022.

88 Majić, Danijel (2019): „Jüdische Frauen diskutieren in Frankfurt über ‚toxische Maskulinität' und Gleichberechtigung", online verfügbar: https://www.fr.de/frankfurt/jewish-women-empowerment-summit-juedische-frauen-frankfurt-11791146.html, zuletzt abgerufen am 14.06.2022.

89 Merkel (2019): Feminismus (wie Anm. 87).

90 Ebd.

91 Majić (2019): Frauen (wie Anm. 88).

92   Adler (2022): Räume (wie Anm. 85).

93   Ebd.

94   Vgl. ebd.

95   Ebd.

96   Majić (2019): Frauen (wie Anm. 88).

97   Der Begriff geht auf die US-amerikanische Rechtswissenschaftlerin Kimberlé Crenshaw zurück und baut auf den Betrachtungen des Combahee River Collective auf, die durch ihr Statement ähnlich wie auch Audre Lorde ein intersektionales Verständnis avant la lettre veröffentlichen. Ursprünglich sollte ‚Intersektionalität‘ dazu dienen, die Leerstellen in Antidiskriminierungsrecht, feministischer Theorie und antirassistischer Politik zu beleuchten, die vor allem hinsichtlich der Situation Schwarzer Frauen bestanden.

98   Zum Problem der Kategorienbildung in Deutschland siehe auch: Coffey / Laumann (2021): Gojnormativität (wie Anm. 60).

99   Adler (2022): Räume (wie Anm. 85).

100 Vgl. ebd.

101 Ebd.

102 Ebd.

103 Ebd.

104 Ebd.

105 Zitiert nach: Feuerherdt, Alex / Markl, Florian (2018): Vereinte Nationen gegen Israel. Wie die UNO den jüdischen Staat delegitimiert, Berlin: Hentrich & Hentrich, S. 176.

106 Vgl. ebd.

107 World Conference of the International Women's Year (1975): „Declaration of Mexico on the Equality of Women and Their Contribution to Development and Peace", online verfügbar: http://www.un-documents.net/mex-dec.htm, zuletzt abgerufen am 15.06.2022 (eigene Übersetzung).

108 Ebd.

109 Adler (2022): Räume (wie Anm. 85).

110 Ebd.

111 Ebd.

112 Zitiert nach: Kessler, Martin / Mayntz, Gregor (2009): „Aus Grünen Schwarze machen", online verfügbar: https://rp-online.de/politik/deutschland/aus-gruenen-schwarze-machen_aid-12046775, zuletzt abgerufen 16.09.2022.

113 Zitiert nach: Schuler, Katharina (2014): „Spahn siegt, Gröhe verzichtet", online verfügbar: https://www.zeit.de/politik/deutschland/2014-12/cdu-praesidium-hermann-groehe-rueckzug?utm_referrer=https%3A%2F%2Fwww.google.com%2F, zuletzt abgerufen am 19.08.2022.

114 Gemeint ist der Anschlag, der am 27. Juli 2000 am Bahnhof Düsseldorf Wehrhahn stattgefunden hat und bei dem eine antisemitische und rassistische Motivation vermutet wird.

115 Siehe hierzu u. a.: Tagesschau (2021): „Wegen rechtsextremer Chats. Frankfurter SEK wird aufgelöst", online verfügbar: https://www.tagesschau.de/inland/sek-frankfurt-rechtsextreme-chats-aufgeloest-101.html, zuletzt abgerufen am 26.08.2022.

116 Tagesspiegel (2021): „Merz droht CDU-Mitgliedern mit Parteiausschluss", online verfügbar: https://www.tagesspiegel.de/politik/mit-mir-wird-es-eine-brandmauer-zur-afd-geben-merz-droht-cdu-mitgliedern-mit-parteiausschluss/27920620.html, zuletzt abgerufen am 04.09.2022.

117 Siehe hierzu auch: Gerczikow, Ruben / Ott, Monty (2020): „Kitt der Demonstranten", online verfügbar: https://taz.de/Antisemitismus-unter-Coronaleugnern/!5734818/, zuletzt abgerufen am 05.09.2022.

118 Vgl. Linden, Markus (2021): „Apologeten der Diktatur", in: *Zeitschrift für Politik*, Jahrgang 68, Heft 1, S. 28f.

119 Zitiert nach: Steffen, Tilman (2022): „AfD stellt CDU-Politiker Otte als Kandidaten auf", online verfügbar: https://www.zeit.de/politik/deutschland/2022-01/bundespraesidentenwahl-max-otte-afd-kandidat-cdu-parteiausschluss?utm_referrer=https%3A%2F%2Fwww.google.com%2F, zuletzt abgerufen am 04.09.2022.

120 Zitiert nach: Am Orde, Sabine / Litschko, Konrad (2020): „Die Werteunion nach Thüringen: Die Brückenschläger", online verfügbar: https://taz.de/Die-Werteunion-nach-Thueringen/!5660291/, zuletzt abgerufen am 04.09.2022.

121 Stark, Holger (2001): „Joschka Fischer: Der Außenminister bekennt: Wir haben Steine geworfen", online verfügbar: https://www.tagesspiegel.de/politik/joschka-fischer-der-aussenminister-bekennt-wir-haben-steine-geworfen/190976.html, zuletzt abgerufen am 06.09.2022.

122 Ebd.

123 Mehr dazu: Nowotny, Konstantin (2022): „Fürs Klima – und gegen Israel?", online verfügbar: https://taz.de/Klimabewegung-und-Antisemitismus/!5876248/, zuletzt abgerufen am 06.09.2022.

124 BDS Movement (2019): „Palestine is a climate justice issue – Israeli apartheid is not ‚green'", online verfügbar: https://bdsmovement.net/news/palestine-climate-justice-issue-israeli-apartheid-not-green, zuletzt abgerufen am 06.09.2022.

125 Der Begriff BIPoC steht für Black, Indigenous, und People of Color. Er soll dabei helfen, Schwarze und indigene Identitäten sichtbarer zu machen und es ermöglichen, sowohl anti-Schwarzen Rassismus als auch die Diskriminierung indigener Gemeinschaften zu benennen und zu bekämpfen.

126 Roth, Claudia et. al. (2019): „Kampf gegen Antisemitismus", online verfügbar: https://claudia-roth.de/kampf-gegen-antisemitismus/, zuletzt abgerufen am 06.09.2022.

127 Am 4. November 2011 enttarnte sich das NSU-Kerntrio um Uwe Mundlos, Uwe Böhnhardt und Beate Zschäpe selbst. Zwischen 2000 und 2007 ermordete die rechtsterrorische Gruppe neun Menschen mit Migrationsgeschichte (Enver Şimşek, Abdurrahim Özüdoğru, Süleyman Taşköprü, Habil Kılıç, Mehmet Turgut, Ismail Yaşar, Theodoros Boulgarides, Mehmet Kubaşık und Halit Yozgat) sowie die Polizistin Michèle Kiesewetter. Außerdem verübten sie mehrere Sprengstoffanschläge. Infolge ihrer Selbstenttarnung begangen Uwe Mundlos und Uwe Böhnhardt Suizid. Beate Zschäpe wurde am 11. Juli 2018 vom Oberlandesgericht München zu einer lebenslangen Haftstrafe verurteilt.

128 Der Spiegel (2002): „Die Zitate, die die Republik bewegen", online verfügbar: https://www.spiegel.de/politik/deutschland/moellemann-affaere-die-zitate-die-die-republik-bewegen-a-199445.html, zuletzt abgerufen am 03.09.2022.

129 Gerhard Papke ist ein nordrhein-westfälischer FDP-Politiker. Er war von 2005 bis 2012 Vorsitzender der Landtagsfraktion. Von 2012 bis 2017 war er 3. Vizepräsident des Landtages. In seiner Funktion als Präsident der Deutsch-Ungarischen Gesellschaft in der Bundesrepublik Deutschland fällt er regelmäßig mit Sympathiebekundungen für Ungarns rechts-autoritären Präsidenten Viktor Orbán sowie seiner Queer- und migrationsfeindliche Politik auf.

130 Im Juni 2022 entschied das Bundesverfassungsgericht, dass die Aussagen von Angela Merkel die Rechte der AfD verletzt haben.

131 Siehe dazu: Drucksache, 19 / 16046 (2019, 17. Dezember), online verfügbar: https://dserver. bundestag.de/btd/19/160/1916046.pdf, zuletzt abgerufen am 14.09.2022.

132 Auf dem 45. Bundeskongress der JuLis am 13.10.2012 in Halle an der Saale wurde der Antrag „Im Zweifel für die Freiheit des Kindes" beschlossen. Er richtet sich u. a. gegen die Beschneidung von Jungen.

133 Bei den *Grauen Wölfen* (auf Türkisch „Bozkurtlar") handelt es sich um die rechtsradikalen Anhänger*innen des türkischen Nationalismus.

134 Heute findet sich das Dokument auf dem Blog des Gründungsmitgliedes Benjamin-Christopher Krüger mit dem Titel „Milch und Honig": BAK Shalom (2007): „Gründung des BAK Shalom", online verfügbar: http://www.benjamin-krueger.net/?p=7, zuletzt abgerufen am 07.09.2022.

135 Gemeint ist damit der „Ship-to-Gaza-Konvoi". Hierbei handelt es sich um eine Affäre aus dem Jahr 2010. Dabei versuchten sechs Schiffe, die Seeblockade zu durchbrechen, die die israelische Armee 2007 um den Gaza-Streifen errichtet hat, wobei es zu gewaltsamen Auseinandersetzungen kam. Unter den 581 mitgereisten Aktivist*innen befanden sich auch Vertreter*innen der Linkspartei.

136 An dieser Stelle möchten wir uns bei der Antisemitismusforscherin Merle Stöver bedanken, die uns auf den Einsatz der jüdischen Aktivist*innen aufmerksam gemacht hat.

137 Im sächsischen Hoyerswerda wurden zwischen dem 17. und 23. September 1991 ein Wohnheim für Vertragsarbeiter*innen und ein Flüchtlingswohnheim angegriffen.

138 Bei einem rassistisch-motivierten Brandanschlag auf ein Familienhaus im schleswig-holsteinischen Mölln am 23. November 1992 wurden drei türkischstämmige Familienmitglieder ermordet.

139 Vgl. Leggewie, Claus (1993): Druck von rechts: Wohin treibt die Bundesrepublik?, München: C. H. Beck, S. 27.

140 Vgl. ebd.

141 Vgl. Drucksache 12 / 4312, (1993, 10. Februar), online verfügbar: http://dipbt.bundestag.de/doc/btd/12/043/1204312.pdf, zuletzt abgerufen am 05.06.2022.

142 Politisch stehen sie der größten rechts-konservativen Partei Israels dem Likud nahe.

143 Bei UEJF handelt es sich um die Jüdische Studierendenunion Frankreichs.

144 Porajmos (dt.: „das Verschlingen") bezeichnet den Völkermord an mindestens 500 000 Sinti*zze und Rom*nja während der Zeit des Nationalsozialismus.

145 Siehe hierzu: Oeser, Adrian (2022): „Der lange Weg der Sinti und Roma", online verfügbar: https://www.ardmediathek.de/video/geschichte-im-ersten/der-lange-weg-der-sinti-und-roma/das-erste/Y3JpZDovL2Rhc2Vyc3RlLmRlL2dlc2NoaWNodGUtaW0tZXJzdGVuLzcY-WU0NTU4LWIzZWUtNDFjNi1hMjY3LTNjOTBhYzMzM2EwNQ, zuletzt abgerufen am 05.06.2022.

146 Klarsfeld, Serge (1992): „Was ich am 19.10.1992 in Rostock gesehen habe", in: Förderverein Roma e. V.: Rostocker Mahntafel hängt jetzt am Römer. Presseschau Oktober 1992, online verfügbar: http://www.foerdervereinroma.de/romaffm/rostock.htm, zuletzt abgerufen am 29.05.2021.

147 Klarsfeld, Beate und Serge (2017): Erinnerungen. München / Berlin: Piper, 2017, S. 489.

148 Ebd.

149 Ebd.

150 Frankfurter Rundschau (1992): „Rostocker Aktion französischer Juden sollte Deutsche mobilisieren. Angriff auf Pariser Goethe-Institut als Vergeltung für Verhaftungen / Beate Klarsfeld

wirft Polizei Brutalität vor", zitiert nach: Förderverein Roma e. V. (o. A.): Rostocker Mahntafel hängt jetzt am Römer. Presseschau Oktober 1992, online verfügbar: http://www.foerderver-einroma.de/romaffm/rostock.htm, zuletzt abgerufen am 30.05.2021.

151 Ebd.

152 Vgl. Förderverein Roma e. V. (1992): „Rostocker Mahntafel hängt jetzt am Römer. Presseschau Oktober 1992", online verfügbar: http://www.foerdervereinroma.de/romaffm/rostock.htm, zuletzt abgerufen am 30.05.2021.

153 Vgl. Kaps, Bettina (1992): „Protest vor der deutschen Botschaft", in: *taz am Wochenende*, online verfügbar: https://taz.de/!1646818/, zuletzt abgerufen am 01.06.2021.

154 Ebd.

155 Frankfurter Rundschau (1992): Aktion (wie Anm. 150).

156 Frankfurter Allgemeine Zeitung (1992): Deutsches Kulturzentrum in Paris verwüstet (Archivkopie liegt den Autoren vor).

157 Vgl. Frankfurter Allgemeine Zeitung (1992): „Juden demonstrieren abermals vor der deutschen Botschaft in Paris", in: Förderverein Roma e. V.: Rostocker Mahntafel hängt jetzt am Römer. Presseschau Oktober 1992, online verfügbar: http://www.foerdervereinroma.de/romaffm/rostock.htm, zuletzt abgerufen am 02.06.2021.

158 Seit dem 15. Jahrhundert wird das Frankfurter Rathaus als „Römer" bezeichnet.

159 Vgl. Kaps (1992): Protest (wie Anm. 153).

160 Klarsfeld (2017): Erinnerungen, S. 490 (wie Anm. 147).

161 Frankfurter Allgemeine Zeitung (1992): Gedenktafel an Rathausmauer (Archivkopie liegt den Autoren vor).

162 Vgl. Förderverein Roma e. V. (1992): Mahntafel (wie Anm. 152).

163 Schüler, Katrin (2012): „Erinnerung an die Opfer von Lichtenhagen", online verfügbar: https://www.fr.de/politik/erinnerung-opfer-lichtenhagen-11358587.html, zuletzt abgerufen am 02.06.2021.

164 Klarsfeld (2017): Erinnerungen, S. 491, (wie Anm. 147).

165 Adorno, Theodor W. (2001): Minima Moralia: Reflexionen aus dem beschädigten Leben. Sonderausgabe, Berlin / Frankfurt am Main: Suhrkamp, S. 200.

166 Vgl. taz. Die Tageszeitung (2002): „Juden lehnen Israeldemo ab", online verfügbar: https://taz.de/Juden-lehnen-Israeldemo-ab/!1092437/, zuletzt abgerufen am 03.06.2002.

167 Vgl. Israelnetz (2002): „Israelfreunde unerwünscht? BJSD-Flugblätter gegen Demo in Berlin", online verfügbar: https://www.israelnetz.com/nachrichten/2002/08/26/israelfreunde-uner-wuenscht-bjsd-flugblaetter-gegen-demo-in-berlin/, zuletzt abgerufen am 03.06.2021.

168 Als Judenmission wird die christliche Missionstätigkeit beschrieben, damit Jüdinnen*Juden Jesus Christus als ihren Messias anerkennen. Vgl. Kashi, Uriel & Glatz, Oliver (2000): „NAI und die Missionierung der Juden", online verfügbar: https://www.hagalil.com/israel/fundamentalismus/nai.htm, zuletzt abgerufen am 03.06. 2021.

169 Israelnetz (2002): Israelfreunde (wie Anm. 167).

170 Vgl. European Union Agency for Fundamental Rights (2019): Young Jewish Europeans: perceptions and experiences of antisemitism. Luxembourg: Publications Office of the European Union, S. 8.

171 Madrich (hebr.: מדריך) bezeichnet die Position eines Jugendleiters auf einer jüdischen Ferienfreizeit.

172 Al-Quds ist die arabische Bezeichnung für Jerusalem.

173 Vgl. Wolter, Udo (2004): Gutachten – Beispiel Al-Quds-Tag. Islamistische Netzwerke und Ideologien unter Migrantinnen und Migranten in Deutschland und Möglichkeiten zivilgesellschaftlicher Intervention. Berlin: Im Auftrag der Beauftragten der Bundesregierung für Migration, Flüchtlinge und Integration, S. 16.

174 Vgl. Jansen, Frank (2003): „Erstmals Protest gegen jährliche Anti-Israel-Demo Aufmarsch von Islamisten am", in: *Tagesspiegel*, online verfügbar: https://www.tagesspiegel.de/berlin/erstmals-protest-gegen-jaehrliche-anti-israel-demo-aufmarsch-von-islamisten-am/465126.html?fbclid=IwAR1NfAGqLQSUusCcy_yQdKdWMGDKZpbNO7cG3V4UxK_klzmfhDhmfrajiGY, zuletzt abgerufen am 04.06.2021.

175 Kvutza (hebr.: קבוצה) bedeutet übersetzt „Gruppe".

176 European Union Agency for Fundamental Rights (2019): Europeans, S. 17 (eigene Übersetzung) (wie Anm. 170).

177 Gegen den Quds-Marsch Berlin (2021): Facebook-Beitrag vom 15.04.2021, online verfügbar: https://www.facebook.com/gegenqudsmarschberlin/posts/285922626375165, zuletzt abgerufen am 04.06.2021.

178 Damals stellte das American Jewish Committee eine Strafanzeige.

179 Vgl. Gegen den Quds-Marsch Berlin (2021): Facebook-Beitrag (wie Anm. 177).

180 Kamann, Matthias (2017): „AfD ist einer der wenigen Garanten jüdischen Lebens", online verfügbar: https://www.welt.de/politik/deutschland/article163446354/AfD-ist-einer-der-wenigen-Garanten-juedischen-Lebens.html, zuletzt abgerufen am 05.06.2022.

181 Rose, Hannah (2020): The New Philosemitism: Exploring a Changing Relationship Between Jews and the Far-Right, London: The International Centre for the Study of Radicalisation (ICSR) (eigene Übersetzung).

182 Siehe dazu: „Antisemitismus in Deutschland – Eine Repräsentativbefragung" des American Jewish Committee: https://ajcgermany.org/de/broschuere/antisemitismus-deutschland-eine-repraesentativbefragung.

183 Vgl. Rose (2020): Philosemitism, S. 23ff. (wie Anm. 181).

184 Vgl. ebd., S. 24ff.

185 Passauer Neue Presse (2018): „Zentralrat der Juden: Kein Verständnis für Engagement von Juden bei AfD", online verfügbar: https://www.pnp.de/nachrichten/politik/3085203_Zentralrat-der-Juden-Kein-Verstaendnis-fuer-Engagement-von-Juden-bei-AfD.html, zuletzt abgerufen am 05.06.2022.

186 Zentralrat der Juden in Deutschland K. d. ö. R. (2018): „Gemeinsame Erklärung gegen die AfD", online verfügbar: https://www.zentralratderjuden.de/fileadmin/user_upload/pdfs/Gemeinsame_Erklaerung_gegen_die_AfD_.pdf, zuletzt abgerufen am 12.06.2022.

187 Jüdische Studierenden Union Deutschland (2018): Facebook-Veranstaltung „Kundgebung #AfNee! Diese Alternative ist nicht koscher", online verfügbar: https://www.facebook.com/events/629018374160758/, zuletzt abgerufen am 01.08.2022.

188 Rensmann, Lars (2021 [2020]): „Die Mobilisierung des Ressentiments. Zur Analyse des Antisemitismus in der AfD", online verfügbar: https://ajcgermany.org/system/files/document/AJC_AfD-Broschuere_final_digital.pdf, zuletzt abgerufen am 12.06.2022.

189 Gerczikow, Ruben / Rose, Hannah (2021): „Why Jews join the German Far-Right", online verfügbar: https://www.haaretz.com/world-news/.premium.HIGHLIGHT-why-jews-join-the-german-far-right-1.10269252, zuletzt abgerufen am 02.11.2021.

190 Zeising, Max (2021): „Menschliche Abgründe", online verfügbar: https://www.nd-aktuell.de/artikel/1146085.oberlandesgericht-naumburg-menschliche-abgruende.html, zuletzt abgerufen am 07.06.2022.

191 Bundesministerium der Justiz und für Verbraucherschutz.

192 Die Mobile Beratungsstelle ist ein Projekt, das sich der Unterstützung von Betroffenen von rechter Gewalt verschrieben hat.

193 Mitteldeutscher Rundfunk (2020): „Besitzer des Kiez-Döner in Halle: ‚Fühlen uns im Stich gelassen'", online verfügbar: https://www.mdr.de/nachrichten/sachsen-anhalt/halle/halle/kiez-doener-halle-nach-anschlag-100.html, zuletzt abgerufen am 01.08.2022.

194 Jüdische Studierendenunion Deutschland (2020): „Solidarität mit dem Kiez-Döner", online verfügbar: https://www.jsud.de/beitrag/solidaritat-mit-dem-kiez-doner-halle, zuletzt abgerufen am 05.06.2022.

195 Heute: *AK 9. Oktober Halle.* Heute: Die Initiative hat sich nach dem Anschlag gegründet. Sie unterstützen die Betroffenen und leisten erinnerungspolitische Arbeit vor Ort.

196 Im Jahr 2021 hat sich *Base Berlin* in *Hillel Deutschland* umbenannt. Aus diesem Grund wird im weiteren Textverlauf *Hillel Deutschland* verwendet. Auf ihrer Webpräsenz bezeichnet sich *Hillel Deutschland* als „pluralistische jüdische Organisation, in der sich junge Juden treffen, um zu feiern, zu lernen, Rituale zu begehen und sich miteinander zu verbinden".

197 Jüdische Studierendenunion Deutschland (2020): „Solidarisch gegen Antisemitismus und rechten Terror", online verfügbar: https://www.jsud.de/beitrag/solidarisch-gegen-antisemitismus-und-rechten-terror, zuletzt abgerufen am 08.06.2022.

198 Im Mai 2022 gaben die Besitzer des Tekiez die Aufgabe des Betriebes bekannt.

199 Bei der Sukka handelt es sich um eine Laubhütte (hebr.: סכה). Und bei den Vier Arten (hebr.: ארבע מינים , transkr.: Arba Minim) geht es um die Zitrusfrucht Etrog, ein Palmzweig, drei Myrtenzweige sowie zwei Weidenzweige.

200 Base Berlin (2020): Facebook-Veranstaltung, online verfügbar: https://www.facebook.com/events/810979172974839/, zuletzt abgerufen am 05.06.2022 (eigene Übersetzung).

201 „Du und ich können die Welt verändern" (hebräisch: אני ואתה נשנה את העולם).

202 Makkabi Deutschland hat im Jahr 2021, in Kooperation mit dem Zentralrat der Juden in Deutschland, mit dem Projekt erstmals Antidiskriminierungsarbeit im organisierten Sport mit dem Schwerpunkt Antisemitismusprävention geschaffen.

203 Der Begriff „Sommermärchen" wird nicht nur im positiven Sinn verwendet. Ebenfalls wird mit ihm kritisch-ironisch darauf hingewiesen, dass es zu einer neuen Phase des deutschen Nationalismus gekommen ist. Hierbei sind insbesondere Begriffe wie „Wiedergutwerdung" (Eike Geisel) genutzt worden, um diese Kritik zu verdeutlichen.

204 Als Groundhopper werden Fußballfans bezeichnet, denen es darum geht, so viele Spiele in möglichst verschiedenen Stadien zu besuchen.

205 Am 21. Juni 1998 absolvierte Deutschland sein Vorrundenspiel gegen Jugoslawien in Lens. Während der Partie kam es außerhalb des Stadions zu einem Angriff deutscher Hooligans auf französische Polizisten. In der Folge des Angriffs lag Daniel Nivel mehrere Wochen im Koma, ist auf einem Auge erblindet und ist auf einen Rollstuhl angewiesen.

206 Bewusst haben wir uns an dieser Stelle dagegen entschieden, den Begriff maskulin zu gendern. Da Gewalt in geschlechtsbezogenen Diskursen weiterhin vor allem mit Männlichkeit verknüpft und hier eben diese Stereotypie beschrieben wird, würde die ent-genderte Variante unzutreffend sein. Gleichermaßen möchten wir jedoch betonen, dass wir uns bewusst sind, dass auch Frauen wichtige Funktionen in der Szene ausüben und zu ihrem Erhalt beitragen

und dass Frauen ebenfalls in der Lage sind, physische und psychische Gewalt auszuüben. Über Menschen innerhalb dieser Szene, die sich mit keinem der genannten Gender identifizieren, liegen uns derzeit keine belastbaren Daten vor.

207 Vgl. Gerczikow, Ruben (2020): „Renommierte Auszeichnung für FC-unterstütztes Projekt: Julius Hirsch Preis 2020 für ‚Scoring Girls‘", online verfügbar: https://effzeh.com/julius-hirsch-preis-scoring-girls-hawar-help-dfb-auszeichnung-1-fc-koln-stiftung/, zuletzt abgerufen am 01.07.2021.

208 Ma Kore, Achim Sheli (hebr.: מה קורה אחים שלי) übersetzt: „Was geht, meine Brüder?"

209 Jeschiwa (hebr.: ישיבה) ist eine jüdisch-religiöse Schule in der sich mit dem Studium von Tora und Talmud gewidmet wird.

210 Kölsch für Karneval.

211 Definitionsmacht Colonia (o. A.): „Über uns", online verfügbar: https://definitionsmachtcolonia.wordpress.com/about/, zuletzt abgerufen am 05.06.2022.

212 Ebd.

213 Vgl. Deutscher Fußball-Bund (2020): „Vor 120 Jahren: Der DFB wird gegründet", online verfügbar: https://www.dfb.de/news/detail/vor-120-jahren-der-dfb-wird-gegruendet-212342/, zuletzt abgerufen am 01.07.2021.

214 Innerhalb der Satzung der Deutschen Fußball Liga e. V. besagt die 50+1 Regel, dass die Mehrheit der Vereinsanteile bei den Mitgliedern liegen soll. Durch diese Regel soll der Einfluss von Investor*innen im deutschen Fußball begrenzt werden.

215 Bei Chemiker*in handelt es sich um die Eigenbezeichnung von Fans der BSG Chemie Leipzig.

216 Diese Form des Antisemitismus äußert sich in Chiffren, Symbolen und Denkstrukturen, die die traditionellen Elemente der Jüdinnen*Judenfeindschaft aufgreifen, ohne dabei das traditionelle Vokabular zu benutzen. Die Verschwörungserzählung ist der klassische Ausdruck strukturellen Antisemitismus.

217 Brunssen, Pavel (2021): Antisemitismus in Fußball-Fankurven - Der Fall RB Leipzig. Beltz Juventa: Weinheim, S. 86.

218 Vgl. ebd., S. 82ff.

219 „Kein Mensch ist illegal" auf Romani.

220 Der SK Bar Kochba Leipzig war ein jüdischer Fußballclub, der 1939 zwangsaufgelöst wurde. Yuval hat im August 2020 sein Buch *Mit Sportgeist gegen die Entrechtung. Die Geschichte des jüdischen Sportvereins Bar Kochba Leipzig* veröffentlicht. Das ehemalige Vereinslogo vom SK Bar Kochba Leipzig hat einen blauen Davidstern.

221 Der Fanclub La Familia und die Fanszene von Beitar Jerusalem gelten als politisch rechts und fielen immer wieder mit Rassismus gegenüber Araber*innen auf.

222 Vgl. chemiehalle.de (2019): „Theo Weiland – Mohammad KHAVARI" [Video], online verfügbar: https://www.youtube.com/watch?v=ZQtb3wblB1g, zuletzt abgerufen am 01.07.2021.

223 Die Ultras der BSG Chemie Leipzig sind mit den Ultras von Eintracht Frankfurt befreundet.

224 BSG Chemie Leipzig (2020): Tweet vom 09.12.2020, online verfügbar: https://twitter.com/nur_die_bsg/status/1336616526603018240, zuletzt abgerufen am 05.06.2022. Beim Champions League Gruppenspiel zwischen Paris Saint-Germain und Başakşehir FK am 8. Dezember 2020 soll der vierte Schiedsrichter Sebastian Constantin Coltescu Başakşehirs Co-Trainer Pierre Webo rassistisch umschrieben haben.

225 Vgl. Heffer, Greg (2020): „David Baddiel hits out as Oxford English Dictionary updates ‚Yid‘ definition to include Spurs fans", online verfügbar: https://news.sky.com/story/david-

baddiel-hits-out-as-oxford-english-dictionary-updates-yid-definition-to-include-spurs-fans -11932367, zuletzt abgerufen am 02.02.2022.

226 Vgl. Cloake, Martin / Fisher, Alan (2016): „Spurs and the Jews: the how, the why and the when", online verfügbar: https://www.thejc.com/lifestyle/features/how-tottenham-became-the-jewish-football-team-1.53784, zuletzt abgerufen am 02.02.2022.

227 Mehr dazu unter: NSU-Watch (o. A.:) „Global White Supremacist Terror: Halle", online verfügbar: https://halle.nsu-watch.info/, zuletzt abgerufen am 29.04.2022.

228 DAGESH (o. A.): „Verleihung des zweiten DAGESH-Kunstpreises an Talya Feldmann", online verfügbar: https://dagesh.de/angebote/2-dagesh-kunstpreis/, zuletzt abgerufen am 30.04. 2022.

229 Zum 30. Jahrestag des Mordes wurde im Beisein von Familienangehörigen eine Gedenktafel im Kettenhofweg / Ecke Niedenau angebracht. Das geschah aufgrund einer zivilgesellschaftlichen Petition, die im Jahr 2021 eine Gedenktafel für Blanka Zmigrod gefordert hatte.

230 Mehr dazu: Voigts, Hanning (2022): „Frankfurt: ,Ich will so lange und so gut wie möglich leben'", online verfügbar: https://www.fr.de/frankfurt/frankfurt-ich-will-so-lange-und-so-gut-wie-moeglich-leben-blanka-zmigrod-erinnerung-91275245.html, zuletzt abgerufen am 30.04. 2022.

231 Timo Büchner schreibt u. a. für *Belltower.News* und den Störungsmelder von ZEIT Online und hat die Bücher *Weltbürgertum statt Vaterland. Antisemitismus im RechtsRock* (2018), *Der Begriff ,Heimat' in rechter Musik. Analysen – Hintergründe – Zusammenhänge* (2020) und *Rechtsrock. Business, Ideologie & militante Netzwerke* (2021) veröffentlicht.

232 YouTube / ARD (2015): „Wohltäter Hitler: Besuch bei Auschwitz-Leugnern", online verfügbar: https://www.youtube.com/watch?v=FfcoxBFpwQU&t=156s, zuletzt abgerufen am 05.06. 2022.

233 Vgl. Frankenreiter, Renan Sarah (2019): „,Die Rechte' provoziert vor Pforzheimer Synagoge", online verfügbar: https://bnn.de/pforzheim/die-rechte-provoziert-vor-pforzheimer-synagoge, zuletzt abgerufen am 01.11.2021.

234 Siehe hierzu u. a.: Tobias, Jim G. / Zinke Peter (1995): Nakam. Jüdische Rache an NS-Tätern, Hamburg: Konkret Literaturverlag; Geisel, Eike (1998): Triumph des guten Willens: Gute Nazis und selbsternannte Opfer. Die Nationalisierung der Erinnerung, Berlin: Edition Tiamat; Porat, Dina (2021): „Die Rache ist Mein allein": Vergeltung für die Schoa: Abba Kovners Organisation Nakam, Paderborn: Ferdinand Schöningh; Ott, Monty (2021): „Juden, die Deutsche töten", online verfügbar: https://www.zeit.de/zett/2021-08/plan-a-film-holocaust-ueberlebende-juden-rache-rezension?utm_referrer=https%3A%2F%2Fwww.google.com%2F, zuletzt abgerufen am 25.06.2022.

235 Leder, Stella (2021): Einleitung, in: Dies. (Hrsg.): Über jeden Verdacht erhaben? Antisemitismus in Kunst und Kultur, Berlin / Leipzig: Hentrich & Hentrich, S. 9–14, hier: S. 9f.

236 Adorno, Theodor W. (1972): Was bedeutet: Aufarbeitung der Vergangenheit, in: Ders.: Erziehung zur Mündigkeit, Frankfurt am Main: Suhrkamp, S. 10–28, hier S. 11f.

237 Im Jahr 2005 erschien der, auf dem von Charles Lewinsky verfassten Kammerspiel basierende, deutsche Spielfilm *Ein ganz gewöhnlicher Jude*. In 89 Leinwandminuten verfolgt Oliver Hirschbiegel als Regisseur Ben Becker, wie er hauptsächlich zwischen Erregung und Trauer durch eine riesige Hamburger Hochhauswohnung streift und über jüdisches Leben monologisiert.

238 Haase-Hindenberg, Gerhard (2021): „Zwischen Karies und Kunst". Interview mit Leo Khasin, online verfügbar: https://www.juedische-allgemeine.de/unsere-woche/zwischen-karies-und-kunst/, zuletzt abgerufen am 29.06.2022.

239 Ebd.

240 Ebd.

241 Zingher, Erica (2020): „Als wäre ‚Jude' ein Schimpfwort". Interview mit Leo Khasin, online verfügbar: https://taz.de/Regisseur-Leo-Khasin-ueber-Antisemitismus/!5724123/, zuletzt abgerufen am 29.06.2022.

242 Ebd.

243 Ebd.

244 Ebd.

245 Filmdienst (o. J.): „Das Unwort", online verfügbar: https://www.filmdienst.de/film/details/615822/das-unwort, zuletzt abgerufen am 29.06.2022.

246 Die Soziologin Julia Bernstein schreibt: „Heute sind 60 Prozent der Gemeindemitglieder über 51 Jahre alt und 48 Prozent […] über 61 Jahre alt. Ca. 30 Prozent russischsprachiger Zugewanderter waren bei der Einreise über 60 Jahre alt. Heute werden sie in der Regel von der Grundsicherung unterstützt." (Bernstein, Julia (2021): „Man hat Juden erwartet und es sind Menschen gekommen", online verfügbar: https://www.bpb.de/themen/zeit-kulturgeschichte/juedischesleben/331911/man-hat-juden-erwartet-und-es-sind-menschen-gekommen/, zuletzt abgerufen am 04.07.2022). Günter Jek von der ZWST betont, „dass von der deutschen Wohnbevölkerung 2,4 Prozent Grundsicherung im Alter beziehen – bei den zugewanderten Kontingentflüchtlingen [liegt] die Zahl aber zwischen 30 und 50 Prozent". (Rosbach, Jens (2016): „Juden aus der Ex-Sowjetunion in Sozialnot. Erst Arzt, dann Almosenempfänger", online verfügbar: https://www.deutschlandfunkkultur.de/juden-aus-der-ex-sowjetunion-in-sozialnot-erst-arzt-dann-100.html, zuletzt abgerufen am 04.07.2022).

247 U. a.: Makowski, Elisa (2021): „Juden in Deutschland. ‚Wir haben nach wie vor einen Exotenstatus'", online verfügbar: https://www.migazin.de/2021/01/20/juden-in-deutschland-wir-haben-nach-wie-vor-einen-exotenstatus/, zuletzt abgerufen am 04.07.2022.

248 Name geändert. Asur (hebr.: אסור) bedeutet „verboten" und bezieht sich darauf, dass Streetart am Rande der Legalität stattfindet.

249 Bei einem Graffiti Tag handelt es sich um den geschriebenen Namen eines Writers.

250 Inzwischen steuert die Vereinsführung des BVB aktiv entgegen: Sie ist eine Partnerschaft mit der israelischen Holocaustgedenkstätte Yad Vashem eingegangen und hat mit *Tennis Borussia Berlin* als erster Profiverein im Jahr 2020 die IHRA-Arbeitsdefinition von Antisemitismus in die eigene Vereinsarbeit implementiert.

251 Hierbei handelt es sich um einen Künstlernamen.

252 Jewish Street Art Festival (o. J.): „About the Festival", online verfügbar: https://jewishstreetart.com/#about, zuletzt abgerufen am 05.06.2022 (eigene Übersetzung).